Dr. Thorsten Schneider

Das SEO-Praxisbuch 2017

Ein Webmasters Press Lernbuch

Version 6.0.0 vom 8.12.2016

Autorisiertes Curriculum für das Webmasters Europe Ausbildungs- und Zertifizierungsprogramm.

www.webmasters-europe.org

Made with Prince Print with CSS

Über den Autor

Dr. Thorsten Schneider ist Web-Spezialist der ersten Stunde. Nach einem naturwissenschaftlichen Studium absolvierte er Mitte der 1990er Jahre eine der weltweit ersten Webmaster-Ausbildungen an der kanadischen Dalhousie University, arbeitete anschließend als Internet-Experte in einem IT-Systemhaus in Mainz und gründete 1998 die Webmasters Akademie, die er bis heute als Direktor und Leiter des Fachbereichs Web Business & Online Marketing leitet. Er ist außerdem Präsidiumsmitglied des Europäischen Webmasterverbandes Webmasters Europe e.V. (WE) und aktiv an der Entwicklung des internationalen WE-Ausbildungs- und Zertifizierungsprogramms beteiligt.

Kontakt zum Autor

XING https://www.xing.com/profile/Thorsten_Schneider8

t.schneider@webmasters-akademie.de

Jetzt Buch registrieren und Begleitmaterial herunterladen!

Registrieren Sie Ihr Buch auf webmasters-press.de und laden Sie sich die Übungsdateien und Lösungen herunter:

www.webmasters-press.de/register
Registrierungscode: 1273d7c5c47d

www.webmasters-press.de

Webmasters Akademie Nürnberg GmbH
Neumeyerstr. 22–26
90411 Nürnberg
Germany
www.webmasters-akademie.de

Printed books made with Prince

Art.-Nr. 1273d7c5c47d
Version 6.0.0 vom 8.12.2016

Inhaltsverzeichnis

Vorwort

Fast alle Internetnutzer verwenden Suchmaschinen, um im World Wide Web Informationen, Dienstleistungen oder Produkte zu finden. Marktstudien zeigen, dass Suchmaschinen in jeder Phase des Kaufentscheidungsprozesses verwendet werden.

Das zeigt, wie wichtig es für den Erfolg im Web ist, in Suchmaschinen gut gefunden zu werden. Gerade für ein Unternehmen, das neu und noch unbekannt ist und nicht über das Marketing-Budget eines Konzerns verfügt, bietet das Web hervorragende Möglichkeiten, sich von seiner Zielgruppe finden zu lassen.

Aber auch für bereits etablierte Unternehmen ist es wichtig, im Web leicht gefunden zu werden. Denn die Markenloyalität nimmt stetig ab, und der Wettbewerb ist nur einen Mausklick entfernt. In Suchmaschinen gut gefunden zu werden, ist für viele Unternehmen heute ein kritischer Erfolgsfaktor. Das Thema ist schon längst zur Chefsache geworden.

Daher beschäftigen sich praktisch alle im Web erfolgreichen Unternehmen mit Suchmaschinenoptimierung (Search Engine Optimization, SEO). Inzwischen ist eine ganze Branche an Dienstleistern rund um SEO entstanden. Es gibt unzählige Unternehmen und freie Experten, die SEO-Beratung anbeiten, es existieren zahlreiche Bücher und Kongresse zum Thema.

Dabei hat die Komplexität von SEO in den letzten Jahren kontinuierlich zugenommen. Je »schlauer« Google wird, je komplexer die Rankingalgorithmen sind und je mehr Kriterien Google auswertet, desto komplizierter wird es, Webseiten zu optimieren.

Das macht es nicht unbedingt einfacher, eine Webseite in Google ganz nach oben zu bringen. Aber umso wichtiger ist es, sich eingehend mit dem Thema SEO zu beschäftigen. Sonst überlassen Sie den Erfolg Ihren Wettbewerbern!

Die gute Nachricht ist jedoch: SEO ist keine Hexerei. Sie müssen nicht unbedingt teure Experten beauftragen, sondern können die Sache selbst in die Hand nehmen oder innerhalb Ihres Unternehmens ansiedeln. Sie können mit etwas Aufwand (aber dafür ohne viel Geld) unglaublich viel erreichen. Das werde ich Ihnen beweisen.

Schritt für Schritt lernen Sie, was zu tun ist, um mit den für Sie relevanten Suchbegriffen auf die erste Ergebnisseite der Google-Suche (und dort möglichst weit nach oben) zu gelangen, denn nur dann werden Sie in einem signifikanten Umfang Interessenten abholen und auf Ihre Website leiten.

Und das ist die Basis für den wirtschaftlichen Erfolg im Web. Je mehr Besucher Sie auf Ihre Website bekommen, desto größer sind auch Ihre Chancen, neue Kunden zu gewinnen und Ihre Umsätze zu steigern.

Erreichen können Sie das nur, wenn Sie verstehen, wie Google »denkt« und welche Kriterien (Google nennt diese »Signale«) Google bei der Berechnung des Rankings wie stark berücksichtigt.

Der große Vorteil von SEO gegenüber vielen anderen Marketing-Maßnahmen ist, dass der Effekt nachhaltig ist und nicht so schnell verpufft. Auch wenn Google seine Algorithmen ständig weiterentwickelt und verbessert, halten sich Webseiten, die fundiert (und ohne unlautere Tricks anzuwenden) optimiert sind, hartnäckig in den oberen Ranking-Plätzen, ohne dass Sie allzu viel nachjustieren müssen.

Einschränkend möchte ich anmerken, dass das alleine natürlich nicht reicht. SEO ist kein Allheilmittel gegen wirtschaftlichen Misserfolg. Die Basis dafür sind immer gute Produkte oder Dienstleistungen, die die Bedürfnisse einer Zielgruppe optimal erfüllen. Ein weiterer wichtiger Faktor ist Ihre Website selbst. Inhalt und Usability müssen stimmen, sonst flüchten die Besucher Ihrer Website schneller wieder, als sie gekommen sind. Das sind heute sogar wichtige Rankingkriterien, die Google berücksichtigt!

Nur wenn diese Voraussetzungen erfüllt sind, kann SEO seine ganze Wirkung entfalten, und aus Ihren Besuchern werden tatsächlich auch Kunden.

Natürlich bin ich auch auf Ihre Meinung sehr gespannt, freue mich über Lob und Tadel, konstruktive Kritik und Verbesserungsvorschläge. Gerne können Sie mich z. B. über *XING*[1] kontaktieren.

In diesem Sinne wünsche ich Ihnen viel Spaß bei der Lektüre, viel Erfolg bei Ihrer SEO-Arbeit und freue mich darauf, den einen oder anderen von Ihnen auch einmal online oder in »Real Life«, z. B. auf einer SEO-Konferenz oder in meinem SEO-Seminar, kennenzulernen.

Happy SEO!

Ihr

Thorsten Schneider

---

1. *https://www.xing.com/profile/Thorsten_Schneider8*

Die Macht der Suchmaschinen

1

In dieser Lektion lernen Sie

- wie Internetnutzer Suchmaschinen nutzen.
- welche Suchmaschinen sich den Markt wie aufteilen.
- wie sich die Suchmaschinen entwickelt haben.

1.1 Suchmaschinen-Nutzung

Laut einer *Marktstudie der Arbeitsgemeinschaft Online Forschung aus dem Jahr 2015*[2] sind Suchmaschinen für 92,9% der Internetnutzer die wichtigste Anwendung im Internet überhaupt, noch vor privaten E-Mails.

Eine (nicht veröffentlichte) Studie der Marktforscher Fittkau & Maaß hat ergeben, dass Suchmaschinen von Internetnutzern in jeder Phase des Kaufentscheidungsprozesses genutzt werden, nicht nur zu Beginn, sondern oftmals auch noch kurz vor dem tatsächlichen Kauf.

Demnach geht fast ein Drittel der Suchmaschinennutzer davon aus, dass Anbieter, die in den Suchergebnissen immer wieder weit oben auftauchen, führende, bekannte Anbieter sind, und glaubt außerdem, dass ein Anbieter, der bei der Suche nach einem Produkt in der Ergebnisliste nicht auftaucht, das Produkt gar nicht führt.[3]

Diese Erkenntnisse der Marktforschung machen mehr als deutlich, wie wichtig es für den Erfolg im Web ist, in Suchmaschinen gut gefunden zu werden, egal um welche Art von Webauftritt es sich handelt.

2. *http://www.agof.de/download/Downloads_digital_facts/Downloads_Digital_Facts_2015/Downloads_Digital_Facts_2015_07/07-2015_df_Grafiken_digital_facts_2015-07.pdf?8e20e8*
3. *Neue Studie zur Nutzung von Suchmaschinen. CPC Consulting. (https://www.cpc-consulting.net/Nutzung-Suchmaschinen)*

1.2 Marktanteile verschiedener Suchmaschinen

Google ist im Jahr 2016 mit fast 90% Marktanteil weltweit mit Abstand die am meisten genutzte Suchmaschine und dominiert den Suchmaschinenmarkt fast schon monopolartig. Andere Suchmaschinen spielen global kaum eine Rolle.

Suchmaschine	**Globaler Marktanteil (%)**
Google	89,38
Bing	4,20
Yahoo!	3,37
Baidu	0,71
andere	2,34

Tabelle 1.1 *Globale Marktanteile von Suchmaschinen. Quelle: https://www.statista.com/statistics/216573/worldwide-market-share-of-search-engines/*

Allerdings gibt es regionale Unterschiede, die wichtig sind, wenn Sie auf bestimmten Zielmärkten aktiv sind. Während Google in Deutschland, den meisten europäischen Ländern, Südamerika und Afrika über 90% Marktanteil hat, dominieren in einigen Ländern wie z. B. Russland, Tschechien und Süd-Korea jeweils lokale Suchmaschinen. Interessanterweise kommt die Suchmaschine Google in ihrem eigenen Heimatland, den USA, »nur« auf knapp unter 70% Marktanteil.

Land	**Google-Marktanteil (%)**	**Größter Google-Konkurrent (%)**
Indien	96,6	Yahoo! (1,5)
Brasilien	95,3	Bing (2,1)
Niederlande	94,2	Bing (2,5)
Deutschland	93,3	Bing (2,9)
Frankreich	93,0	Bing (2,7) Yahoo! (2,7)
Großbritannien	90,5	Bing (4,9)

Tabelle 1.2 *Marktanteile von Google in einigen ausgewählten Ländern. Quelle: https://www.luna-park.de/blog/9907-suchmaschinen-marktanteile-weltweit-2016/*

Land	Google-Marktanteil (%)	Größter Google-Konkurrent (%)
Estland	79,9	Yandex (11,6)
Tschechien	73,2	Seznam (24,3)
USA	67,4	Bing (19,3) Yahoo! (10,0)
Japan	64,8	Yahoo! (30,1)
Russland	29,7	Yandex (60,5)
Südkorea	1,9	Naver (77,0) Daum (18,8)
China	0,37	Baidu (56,0) Qihoo (29,0) Sogou (12,8)

Tabelle 1.2 *Marktanteile von Google in einigen ausgewählten Ländern. Quelle: https://www.luna-park.de/blog/9907-suchmaschinen-marktanteile-weltweit-2016/*

Demnach ist Google nur in wenigen Ländern nicht unangefochtener Marktführer, sondern muss sich mit lokalen Konkurrenten auseinandersetzen. In den USA und Japan sind traditionell die von Microsoft betriebenen Suchmaschinen ***Bing*** und ***Yahoo!*** (wird heute von der Bing-Suchmaschine »gepowert«) stark. In Russland dominiert ***Yandex***, während Google in vielen russischsprachigen Ländern Zentralasiens den russischen Marktführer Yandex inzwischen mehr und mehr vom Markt verdrängt und schon auf einen Marktanteil von 67% kommt.

Eine spezielle Situation ergibt sich in China: Aufgrund der strengen Zensur werden Google-Dienste weitgehend blockiert. Neben der dort marktführenden Suchaschine ***Baidu*** haben mit *Qihoo 360* und *Sogou* noch zwei weitere lokale Suchmaschinen Marktanteile von über 10%

1.3 Die Anfänge der Suchmaschinen

Bereits seit den Anfängen des WWW gab es Bestrebungen, Webseiten mit relevanten Informationen auffindbar zu machen. Einer der ersten Ansätze waren von Hand gepflegte Listen von Webservern, die mit dem Internet verbunden waren. Der Erfinder des WWW, Tim Berners-Lee, pflegte in den ersten Jahren eigenhändig eine solche Liste und veröffentlichte sie auf dem Webserver des Forschungsinstituts CERN[4], an dem er tätig war.

Andere Web-Kataloge ordneten die Websites in Kategorien und Unterkategorien ein und konstruierten so ein hierarchisches Verzeichnis, das man durchblättern oder durchsuchen konnte. Diesen Ansatz verfolgten u.a. das bekannte ***Yahoo!-Verzeichnis*** und später das von der Firma Netscape ins Leben gerufene *Open Directory Project (ODP)*[5], das es heute noch gibt.

Als sich das enorme Wachstum des WWW abzeichnete, wurde klar, dass von Hand gepflegte Listen nicht geeignet waren, alle Websites zu erfassen und die Einträge aktuell zu halten. Die Lösung konnte nur darin bestehen, eine Software zu programmieren, die das WWW permanent nach neuen Webseiten durchsucht und einen Index der gefundenen Seiten automatisch erstellt.

Die erste Suchmaschine wurde 1993 entwickelt und hatte den Namen *JumpStation*. Sie benutzte bereits einen ***Web-Robot***, eine Software, die Webseiten im WWW finden und automatisch einen Index dieser Seiten erstellen konnte. Aufgrund der limitierten Hardware-Ressourcen, die dieser Suchmaschine zur Verfügung standen, extrahierte JumpStation nur die Titel und Überschriften aus den gefundenen Webseiten und speicherte diese in ihrem Index ab. Ein Jahr später erschien mit *WebCrawler* jedoch eine Suchmaschine, die den gesamten Text einer Webseite herunterlud und für den Aufbau ihres Suchindex verwendete. Bei WebCrawler konnten die Suchenden daher nach beliebigen Begriffen und Begriffskombinationen suchen und erhielten als Ergebnis eine Liste von Webseiten, auf denen diese Begriffe irgendwo im Text vorkamen. Das Prinzip der *Volltext-Indexierung* ist auch heute noch der Standard bei allen aktuellen Suchmaschinen.

Schon zu dieser Zeit war klar, dass Suchmaschinen im WWW zukünftig eine entscheidende Rolle spielen würden. Entsprechend groß war das Interesse von Visionären dieser Zeit, eigene Suchmaschinen zu entwickeln. Bis Mitte der 1990er Jahre entstanden u.a. die Suchmaschinen *Lycos, AltaVista, Excite, Infoseek, Northern Light* und *Inktomi* (die später von Yahoo! aufgekauft wurde).

Der Wettbewerb zwischen verschiedenen Suchmaschinen-Betreibern wurde in den kommenden Jahren so groß, dass der Webbrowser-Hersteller Netscape 1996 von fünf Suchmaschinen jeweils 5 Millionen Dollar pro Jahr nur dafür kassieren konnte, dass er in seiner Browser-Software auf jede dieser fünf Suchmaschinen in Rotation verlinkte!

Schauen wir uns die wichtigsten der heute relevanten Suchmaschinen etwas näher an.

4. CERN ist die Europäische Organisation für Kernforschung, eine Forschungseinrichtung im Kanton Genf in der Schweiz
5. *http://www.dmoz.org*

1.4 Google

Die Google-Story begann Mitte der 1990er Jahre, als zwei Doktoranden der Stanford University, Sergey Brin und Larry Page, sich im Rahmen eines Forschungsprojektes Gedanken darüber machten, wie man eine bessere Web-Suchmaschine konstruieren könnte. Damalige Suchmaschinen wie z.B. *Altavista* hatten nämlich das Problem, dass die Qualität der Suchergebnisse immer weiter abnahm. Das lag daran, dass es Webseitenbetreibern zunehmend gelang, durch die Anwendung verschiedener Tricks ihre Seiten in den Suchergebnissen auf die oberen Plätze zu bringen, auch wenn diese für die von den Suchenden eingegebenen Suchbegriffe gar nicht wirklich relevant waren.

Die beiden Google-Gründer Larry Page und Sergey Brin glaubten, für das Problem eine Lösung gefunden zu haben. Sie stellten die Hypothese auf, dass eine Suchmaschine, die bei der Relevanzberechnung die *Verlinkung* der Webseiten im WWW berücksichtigt, bessere Resultate liefert als herkömmliche Suchmaschinen, die das nicht taten.

Der von ihnen entwickelte Algorithmus, das sog. ***PageRank-Verfahren***, analysiert die gesamte Verlinkungsstruktur des World Wide Web und ermittelt für jede Webseite einen Wert, den sog. ***PageRank***, der auch heute noch ein wichtiger Rankingfaktor ist. Mit Hilfe dieses Algorithmus gelang es Google tatsächlich, deutlich bessere Suchergebnisse zu generieren als die Konkurrenz. Das war sicherlich ein wesentlicher Grund für den großen Erfolg des Unternehmens Google. Das PageRank-Verfahren erläutere ich im Detail in Lektion 4.

Im September 1998 gründeten Page und Brin das Unternehmen Google Inc. Als Unternehmen ist Google überaus erfolgreich. Google war bereits im dritten Jahr seiner Unternehmensgeschichte profitabel, und seitdem haben sich Umsatz und Gewinn prächtig entwickelt (Abb. 1.1).

Im Jahr 2015 machte Google unglaubliche 74,5 Milliarden Dollar Umsatz und 23,4 Milliarden Dollar Gewinn.[6]

Im August 2015 kündigte Google-Chef Larry Page an, den Konzern umzustrukturieren. Die Suchmaschine wurde von den anderen Geschäftsbereichen (u.a. Youtube, der Gesundheitsfirma Calico und den Investmentbereichen Google Ventures und Google Capital) getrennt, und alle Geschäftsbereiche werden seit dem unter dem Dach einen neuen Holding mit dem Namen *Alphabet Inc.* zusammengefasst.

6. Quelle: *https://abc.xyz/investor/index.html*

Anfang Februar 2016 verdrängte der Google-Mutterkonzern Alphabet mit einem Börsenwert von 570 Milliarden Dollar den iPhone-Hersteller Apple von Platz 1 der Liste der wertvollsten börsennotierten Unternehmen der Welt.[7]

Heute ist Alphabet ein multinationaler Konzern, der weltweit mehr als 66.000 Angestellte beschäftigt.[8]

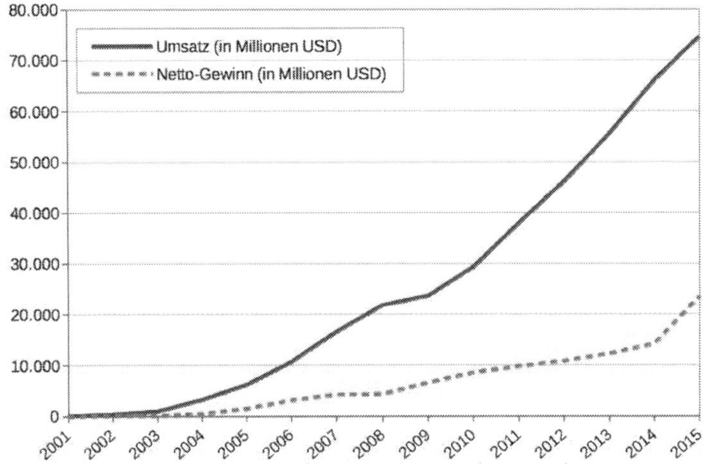

***Abb. 1.1** Geschäftszahlen von Google Inc. bzw. seit 2015 Alphabet Inc. in den Jahren 2001 bis 2015 (Quelle: https://abc.xyz/investor/index.html)*

Die Suchmaschine Google selbst besteht aus einem Cluster aus mehreren hunderttausend (!) Servern, die in mehr als 60 Rechenzentren über den gesamten Globus verteilt sind. Dabei setzt Google auf billige PC-Hardware und Linux als Betriebssystem. Diese Architektur garantiert eine größtmögliche Ausfallsicherheit (der Ausfall einzelner Server ist völlig unkritisch) und sehr kurze Reaktionszeiten, da die Anfragen immer an ein Rechenzentrum in geografischer Nähe weitergeleitet werden.

Es wird geschätzt, dass Google insgesamt rund eine Million Server betreibt, um seine verschiedenen Web-Dienste am Laufen zu halten.[9] Durch den Kauf anderer Internet-Firmen und durch Eigenentwicklungen betreibt Google heute außer der Suchmaschine noch eine Vielzahl weiterer Web-Dienste, darunter den E-Mail-Dienst *Gmail*, das Online-Office-Paket *Google Docs*, das Video-Portal *Youtube*, das

7. Quelle: *Alphabet ist wertvollstes Unternehmen der Welt (http://www.zeit.de/wirtschaft/unternehmen/2016-02/google-alphabet-quartalszahlen-rekord)*
8. Quelle: *https://en.wikipedia.org/wiki/Alphabet_Inc.*
9. Quelle: *Google: One Million Servers And Counting (http://www.pandia.com/articles/gartner)*

Blog-Portal *Blogger*, die Foto-Community *Google Photos (ehemals Picasa)* und das soziale Netzwerk *Google+*.

Kern von Google und mit Abstand größte Einnahmequelle ist jedoch auch heute noch die Suchmaschine bzw. das damit verbundene Werbenetzwerk *Adwords*, über das Google immer noch mehr als 90% seiner Einnahmen generiert.

Diese Fakten belegen eindrucksvoll, über welche finanziellen und personellen Ressourcen und damit Marktmacht Google verfügt und wie schwer es Wettbewerber haben dürften, Google diese Marktposition streitig zu machen.

1.5 Yahoo!

Die Wurzeln des Unternehmens Yahoo! reichen bis ins Jahr 1994 zurück, als die beiden Studenten Jerry Yang und David Filo eine Website mit dem Namen »David and Jerry's Guide to the World Wide Web« online brachten. Diese Website beinhaltete einen hierarchisch aufgebauten Katalog von Websites, der von den beiden händisch gepflegt und erweitert wurde. Schon nach wenigen Monaten wurde das Verzeichnis in Yahoo! umbenannt. Das Unternehmen entwickelte sich zu einem Portal weiter, das über Werbeeinnahmen Geld verdienen konnte, und baute seinen Webkatalog immer weiter aus. Als ein von Menschen gepflegtes Verzeichnis, in das neue Websites nur nach Prüfung ihres Nutzwerts aufgenommen wurden, war Yahoo! praktisch das Gegenmodell zu dem Ansatz der Suchmaschinen, die bestrebt waren, über automatisierte Verfahren alle öffentlich zugänglichen Webseiten des WWW auffindbar zu machen.

Allerdings musste auch Yahoo! einsehen, dass ein redaktionell geführtes Web-Verzeichnis mit dem starken Wachstum des WWW nicht mithalten kann. Ab dem Jahr 2000 bot Yahoo! auch eine Web-Suche an und war dafür Lizenznehmer von Google. Durch den Erwerb der Suchmaschine Inktomi holte sich Yahoo! eine eigene Suchtechnologie ins Haus, so dass der Vertrag mit Google 2004 gekündigt wurde und Yahoo! in direkte Konkurrenz zu Google und Microsofts Bing-Suchmaschine trat.

Nachdem Microsoft im Jahr 2008 erfolglos versuchte hatte, Yahoo! zu übernehmen, einigten sich die beiden Unternehmen überraschenderweise 2009 auf eine Kooperation: Die Yahoo!-Suchtechnologie ist 2013 komplett durch Microsoft Bing ersetzt worden, alle Suchanfragen an die Yahoo!-Websites werden heute von Bing beantwortet.

1.6 Bing

Bing[10] heißt die aktuelle Suchmaschine von Microsoft und ist bereits der dritte Versuch des IT-Giganten aus Redmond, im Suchmaschinenmarkt Fuß zu fassen. Die erste Microsoft-Suchmaschine nannte sich *MSN Search* und erschien 1998, im Gründungsjahr von Google. MSN Search verfügte bereits über einen eigenen Suchindex und ein Web-Crawler-System, griff jedoch teil- bzw. zeitweise auch auf Suchergebnisse anderer Suchmaschinen (Inktomi, Looksmart, AltaVista) zu. In den folgenden Jahren entwickelte Microsoft dann aber eine eigene Suchtechnologie, die 2006 unter dem Namen *Windows Live Search* (ab 2007 nur noch *Live Search* genannt) unter der Domain *live.com* veröffentlicht wurde. Im Juni 2009 schließlich erfolgte die Umbenennung in die neue Marke *Bing*.

Nach der überraschenden Vereinbarung mit Yahoo! 2009 gelang Microsoft im Sommer 2011 ein weiterer spektakulärer Deal: Der chinesische Suchmaschinenbetreiber Baidu kündigte an, dass Suchanfragen an Baidu mit englischen Begriffen zukünftig an Bing weitergeleitet werden.

Microsoft hat jüngst in den USA offenbar Marktanteile dazugewinnen können. Eine Studie sieht Bing und Yahoo! zusammen aktuell bei über 30%.[11]

1.7 Yandex

Yandex (russisch Яндекс) ist die in Russland am meisten verwendete Suchmaschine mit einen Marktanteil von über 60%. Das russisch-niederländische Unternehmen hat seinen Hauptsitz in Amsterdam und eine Zentrale in Moskau. Neben der Suchmaschine bietet Yandex ähnlich wie Google auch verschiedene Internet-Dienstleistungen und Produkte an wie u.a. einen eigenen Webbrowser, eine Landkarten-Anwendung, Webmail, Clouddienste, Online-Übersetzungen und Internet-Werbung. Nach Google, Baidu, Bing und Yahoo! ist Yandex die fünftgrößte Suchmaschine der Welt, die außer in Russland auch in einigen anderen Ländern Osteuropas einen signifikanten Marktanteil hat. Yandex hat eine Kooperation mit Microsoft und ist dadurch die voreingestellte Suchmaschine in Windows 10 für den russischen Markt, in der Ukraine und einigen anderen Ländern, u.a. der Türkei.[12]

10. *http://www.bing.com*
11. *Bing slowly eating away at Google Search with new market share gain (http://news.thewindowsclub.com/bing-slowly-eating-away-google-search-new-market-share-gain-81397/)*
12. *Yandex Continues Its Momentum as Market Share Rises (http://www.fool.com/investing/general/2016/04/29/yandex-continues-its-momentum-as-market-share-rise.aspx)*

Seit Mai 2010 ist die Suchmaschine auch in einer *englischen Version*[13] global verfügbar. Einige Branchen-Insider trauen Yandex zu, zu einem ernsthaften Google-Konkurrenten heranzuwachsen.

Yandex ist definitiv wichtig, wenn Sie in russischsprachigen Ländern gefunden werden wollen.

1.8 Baidu

Baidu ist die markführende Suchmaschine in China (Marktanteil knapp 60%). Das chinesische Unternehmen arbeitet eng mit den chinesischen Behörden zusammen und blockiert Inhalte, die von der chinesischen Regierung zensiert werden. Baidu ist an der Börse notiert und verdient sein Geld mit Online-Werbung. Neben der textbasierten Suchmaschine bietet Baidu auch eine Büchersuche und eine Suche nach MP3-Audiodateien an. Durch eine Kooperation mit Microsoft werden Suchanfragen an Baidu mit englischen Begriffen seit Ende 2015 an Bing weitergeleitet. Im Gegenzug ist *Baidu.com*[14] in Microsoft Windows 10 für den chinesischen Markt die voreingestellte Suchmaschine. Google dagegen hat sich nach einem Streit mit den chinesischen Behörden über deren Forderung nach Zensur bestimmter Inhalte vom chinesischen Markt weitgehend zurückgezogen.

1.9 Alternative Suchmaschinen

Außer in einigen wenigen Ländern ist Google mit Abstand der unangefochtene Marktführer. Zwar gab und gibt es immer wieder Versuche, mit Neuentwicklungen und neuen Technologien die Marktmacht des Suchmaschinen-Giganten zu brechen, bisher war aber kein Versuch von dauerhaftem Erfolg gekrönt. Zu diesen gescheiterten Projekten gehören u.a. *Cuil, Viewzi, Wikia Search*, *SearchMe* und *Blekko*. Darüber hinaus gibt es aber auch noch zahlreiche zwar noch aktive, aber wenig erfolgreiche Projekte wie z.B. *Wolfram Alpha* (leitet seine Suchergebnisse inzwischen an Bing weiter), *Excite* (fristet ein Nischendasein), *Altavista* (gehört heute Yahoo!), *Exalead* (erfolgloser europäischer Google-Kontrahent) und zahlreiche weitere Projekte.

Nach dem Bekanntwerden des Überwachungsprogramms PRISM und durch zunehmende Kritik an Google als »Datenkrake« konnten in jüngster Zeit einige neuere Suchmaschinen Marktanteile gewinnen, die damit werben, keine persönlichen Informationen zu sammeln. Dazu gehören die Suchmaschinen *Duck-*

13. *https://www.yandex.com/*
14. *http://Baidu.com*

DuckGo[15], *Ixquick*[16] und *Startpage*[17]. Während es sich bei Ixquick und Startpage um Meta-Suchmaschinen handelt, die andere Suchmaschinen (auch Google) anonymisiert abfragen, verfügt DuckDuckGo auch über einen eigenen Webcrawler, den DuckDuckBot.

1.10 Fazit

Google dominiert den globalen Suchmaschinenmarkt. Nur in wenigen Ländern spielen andere Suchmaschinen eine Rolle. Ich behandle daher in diesem Buch ausschließlich die Optimierung für Google unter Berücksichtigung der Funktionsweise und der Rankingfaktoren von Google. Über die genaue Funktionsweise und die Rankingfaktoren von Yandex, Baidu, Naver, Seznam und anderen Suchmaschinen kann ich nichts sagen. Wenn das für Sie wichtig ist, dann müssen Sie sich explizit damit auseinandersetzen. Die Microsoft-Suchmaschine Bing und damit auch die Yahoo!-Suche scheinen dagegen technisch den Google-Algorithmen sehr ähnlich zu sein, so dass Webseiten, die für Google optimiert wurden, in der Regel auch in Bing und Yahoo! gut ranken.

1.11 Testen Sie Ihr Wissen!

1. Warum ist es für den Erfolg einer Website so wichtig, in Suchmaschinen gut gefunden zu werden?
2. In welchen Ländern der Erde ist Google **nicht** Marktführer?
3. Wie heißen die marktführenden Suchmaschinen in diesen Ländern?
4. Nennen Sie einen wichtigen Grund für den großen Erfolg der Suchmaschine Google!
5. Woher bezieht die Suchmaschine Yahoo! seit 2013 ihre Ergebnisse?
6. Nennen Sie drei Suchmaschinen, die damit werben, keine persönlichen Informationen des Suchenden zu speichern.
7. Wie unterscheidet sich DuckDuckGo von Startpage und Ixquick?

15. *https://https://duckduckgo.com//*
16. *https://www.ixquick.com/*
17. *https://www.startpage.com/*

2

Aufbau und Funktionsweise von Suchmaschinen

In dieser Lektion lernen Sie

- wie groß das World Wide Web ist und wie viele es nutzen.
- wie Suchmaschinen aufgebaut sind.
- wie Suchmaschinen funktionieren.

2.1 Wie groß ist eigentlich das World Wide Web?

Seit der Erfindung des World Wide Web (WWW) durch Tim Berners-Lee im Jahre 1990 hat sich das Internet in vielen Ländern zu einem Massenmedium entwickelt. Aktuell (d.h. im Jahr 2016) nutzen weltweit mehr als 3,6 Milliarden Menschen das Internet,[18] und das Internet besteht aus mehr als einer Milliarde Hosts.[19], [20]

Eine interessante Frage ist, aus wie vielen einzelnen (unterschiedlichen und indexierbaren) Webseiten[21] das WWW besteht. Ein Website-Betreiber konkurriert letztlich mit all diesen Seiten um die Auffindbarkeit im Web, und je mehr Seiten zu einem Thema bzw. Keyword es gibt, desto schwieriger wird es prinzipiell, dafür gut gefunden zu werden.

Da es unmöglich ist, die einzelnen Seiten direkt zu zählen, gibt es dazu nur Schätzungen. Diese beruhen größtenteils auf der Auswertung der Größe des Suchindex der großen Suchmaschinen. Wenn man davon ausgeht, dass eine Suchmaschine wie Google bemüht und prinzipiell in der Lage ist, alle im WWW erreichbaren und zugänglichen Seiten zu indexieren, entspräche die Größe des Index ziemlich genau der Summe aller Seiten im WWW.

18. Quelle: *http://www.internetworldstats.com/stats.htm*
19. Ein Host bezeichnet in diesem Zusammenhang (etwas vereinfacht ausgedrückt) einen Server, der über eine IP-Adresse und einen dieser IP-Adresse zugeordneten Namen im Internet erreichbar ist, z.B. www.google.com oder www.w3.org
20. Quelle: *https://www.isc.org/network/survey/*
21. Begriffserläuterung: Eine Website besteht aus einer Vielzahl einzelner Webseiten, die jeweils mit einer weltweit eindeutigen Adresse, URL genannt, aufgerufen werden können.

Abb. 2.1 *Startseite von Google im September 2005. Quelle: http://web.archive.org/web/20050901125225/http://www.google.com/*

Leider verrät Google dies schon seit einigen Jahren nicht mehr. Bis September 2005 blendete Google die Zahl der Dokumente im Index auf der Startseite des Suchinterfaces ein (vergl. Abb. 2.1), dann verschwand diese Zahl. Der damalige Google CEO Eric Schmidt begründete dies damit, dass keine einheitliche Zählweise existiere. Google-Konkurrent Yahoo! warb zu diesem Zeitpunkt nämlich mit einer größeren Zahl auf seiner eigenen Startseite — wofür Google die höhere Zahl an nicht bereinigten Dubletten verantwortlich machte. Viele Seiten im WWW lassen sich ja unter unterschiedlichen URLs[22] aufrufen, obwohl sie inhaltlich identisch sind. Eine Dublettenbereinigung ist also sinnvoll, wenn man die tatsächliche Zahl unterschiedlicher Webseiten ermitteln möchte. Offenbar lösten Google und Yahoo! ihren Streit um den größten Index damit, dass sie übereinkamen, öffentlich keine Angaben zur Größe ihres Index mehr zu machen.

Heute kennt also niemand (außer vielleicht Google) die Größe des WWW genau. Es gibt aber wissenschaftliche Ansätze zur Abschätzung der Größe des WWW. Der Niederländer Maurice de Kunder hat im Rahmen seiner Master-Abschlussarbeit an der Tilburg University eine Methode entwickelt, die auf der Analyse der Suchindexe der Suchmaschinen Google und Bing basiert. Je nachdem, welchen Index man analysiert, erhält man für die Größe des WWW unterschiedliche Zahlen. Diese liegen für den Google-Index aktuell bei ca. 46-49 Milliarden Webseiten und hat

22. URL = Uniform Resource Locator, eindeutige Adresse eines Dokumentes im WWW wie z.B. http://de.webmasters-europe.org/zertifizierung

sich in den letzten zwei Jahren kaum verändert (Abb. 2.2). Die genaue Methodik erklärt de Kunder auf seiner *Website*[23].

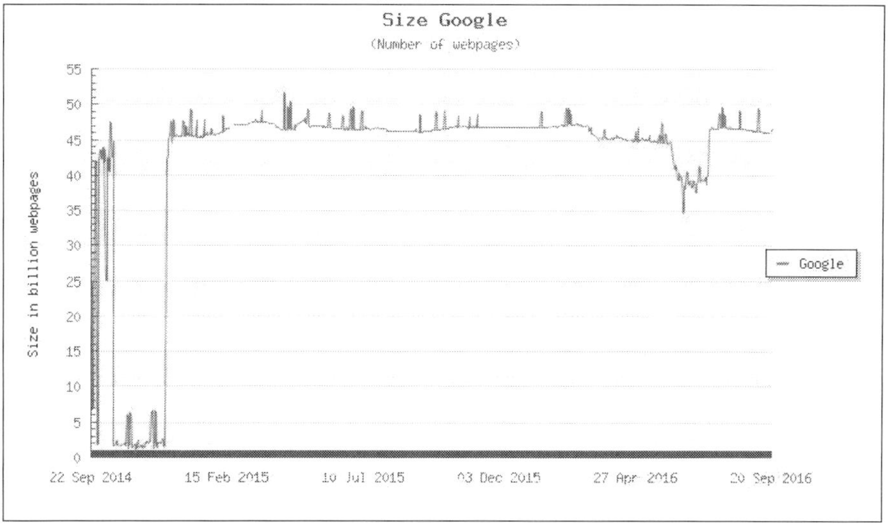

Abb. 2.2 *Eine wissenschaftliche Methodik zur Ermittlung der Größe des World Wide Web hat Maurice de Kunder entwickelt. Quelle: http://www.worldwidewebsize.com*

2.2 Die Architektur von Suchmaschinen

Wie Sie gesehen haben, besteht das World Wide Web aktuell aus fast 50 Milliarden Webseiten. Wenn Sie wissen möchten, welche dieser Webseiten Informationen zu einem bestimmten Thema enthalten, müssten Sie sich im Prinzip alle Seiten anschauen und diese beurteilen. Das würde reichlich lange dauern (nehmen wir einmal an, Sie wären ein absoluter Schnell-Leser und würden sich jede Sekunde eine neue Webseite anschauen, dann bräuchten Sie genau genommen 1585 Jahre – natürlich ohne Ihre Zeit mit essen, trinken, schlafen und anderen unnützen Dingen zu vertrödeln…).

Natürlich würde niemand auf die Idee kommen, auf diese Weise relevante Informationen zu suchen. Suchmaschinen haben aber im Prinzip dasselbe Problem. Sie müssen alle Seiten des World Wide Web analysieren, um Ihnen eine Auswahl von Seiten auf der Suchergebnisseite als relevant für Ihre Suchwörter zu präsentieren. Dabei ist es technisch schlicht unmöglich, diese 50 Milliarden Seiten live zu durchsuchen, wenn ein Benutzer auf der Webseite einer Suchmaschine eine Anfrage absetzt.

23. *http://www.worldwidewebsize.com*

Selbst wenn eine Suchmaschine in der Lage wäre, viele Milliarden Webseiten gleichzeitig aufzurufen: Diese herunterzuladen und zu analysieren würde Zeit kosten und die Geduld des Suchenden arg strapazieren, ganz davon abgesehen, dass der eine oder andere Webserver sicherlich in die Knie ginge, wenn er alle auf ihm gespeicherten Webseiten gleichzeitig ausliefern müsste.

Suchmaschinen müssen also einen anderen Ansatz verfolgen. Das Grundprinzip besteht darin, die im World Wide Web auf Servern gespeicherten Dokumente zunächst herunterzuladen, zu analysieren und einen durchsuchbaren Index anzulegen.

Etwas vereinfacht dargestellt, bestehen heutige Suchmaschinen aus vier Systemkomponenten:

- dem Webcrawler-System
- dem Index
- dem Scheduler
- dem Such-Interface

2.3 Das Webcrawler-System

Das ***Webcrawler***-System besteht aus Computerprogrammen, die das World Wide Web automatisch durchsuchen und Webseiten herunterladen und analysieren können. Die Webcrawler (auch *Spider*, *Searchbot* oder (Suchmaschinen-)*Robot* genannt) sind softwaretechnisch sehr ähnlich zu einem Webbrowser wie Sie ihn kennen, z.B. Firefox, Safari oder Google Chrome. Der Crawler startet auf einer beliebigen Webseite, lädt diese für die weitere Analyse und Verarbeitung in den *Store Server* herunter und erstellt eine Liste der auf dieser Webseite vorhandenen Hyperlinks zu anderen Webseiten. Diese Liste wird an den *Scheduler* übergeben. Dabei werden u.a. auch die HTTP-Statuscodes ausgewertet, die die Webserver beim Übertragen der Dokumente an die Webcrawler mitschicken. Ist z.B. eine URL, die ein Webcrawler aufzurufen versucht, nicht mehr gültig, weil die Datei inzwischen auf dem Server gelöscht wurde, liefert der Server den HTTP-Statuscode *404 File not found* zurück. Die URL muss also aus dem Dokumentenindex entfernt werden, und der Scheduler muss keine weiteren Crawler zu dieser Adresse mehr entsenden.

2.3.1 Die Googlebots

Google z.B. verwendet eine ganze Reihe unterschiedlicher Robots für den Aufbau und die Aktualisierung des Index (vergl. Abb. 2.3). Die meisten Robots verwenden als HTTP-UserAgent die Bezeichnung *Googlebot*.

Im Logfile findet sich nach dem Besuch eines Googlebots z. B. folgender Eintrag:

```
Mozilla/5.0 (compatible; Googlebot/2.1; +http://www.google.com/
bot.html)
```

Crawler	User agent token	Full user agent string (as seen in website log files)
Googlebot (Google Web search)	Googlebot	Mozilla/5.0 (compatible; Googlebot/2.1; +http://www.google.com/bot.html) or (rarely used): Googlebot/2.1 (+http://www.google.com/bot.html)
Googlebot News	Googlebot-News (Googlebot)	Googlebot-News
Googlebot Images	Googlebot-Image (Googlebot)	Googlebot-Image/1.0
Googlebot Video	Googlebot-Video (Googlebot)	Googlebot-Video/1.0
Google Mobile (feature phone)	Googlebot-Mobile	• SAMSUNG-SGH-E250/1.0 Profile/MIDP-2.0 Configuration/CLDC-1.1 UP.Browser/6.2.3.3.c.1.101 (GUI) MMP/2.0 (compatible; Googlebot-Mobile/2.1; +http://www.google.com/bot.html) • DoCoMo/2.0 N905i(c100;TB;W24H16) (compatible; Googlebot-Mobile/2.1; +http://www.google.com/bot.html)
Google Smartphone	Googlebot	Mozilla/5.0 (Linux; Android 6.0.1; Nexus 5X Build/MMB29P) AppleWebKit/537.36 (KHTML, like Gecko) Chrome/41.0.2272.96 Mobile Safari/537.36 (compatible; Googlebot/2.1; +http://www.google.com/bot.html)
Google Mobile AdSense	Mediapartners-Google or Mediapartners (Googlebot)	[various mobile device types] (compatible; Mediapartners-Google/2.1; +http://www.google.com/bot.html)
Google AdSense	Mediapartners-Google Mediapartners (Googlebot)	Mediapartners-Google
Google AdsBot landing page quality check	AdsBot-Google	AdsBot-Google (+http://www.google.com/adsbot.html)
Google app crawler (Used to fetch resources for mobile apps, obeys AdsBot-Google robots rules.)	AdsBot-Google-Mobile-Apps	AdsBot-Google-Mobile-Apps

Abb. 2.3 *Die von Google verwendeten Robots. Quelle: https://support.google.com/webmasters/answer/1061943*

Man kann die Googlebots aber auch noch unter einem anderen Aspekt beleuchten: Die sog. ***Freshbots*** besuchen neu gefundene Seiten. Diesen Robots ist zu verdanken, dass neue Seiten in der Regel sehr schnell im Google-Index erscheinen. Sie kommen außerdem in den folgenden Tagen wieder, um herauszufinden, wie häufig eine Seite aktualisiert wird. Wird eine Seite aktualisiert, behalten die Freshbots ihre Besuchsfrequenz bei. So wird sichergestellt, dass sich im Google-Index immer möglichst aktuelle Kopien der Webseiten befinden. Die Freshbots analysieren vor allem reine Text-Inhalte und gehen nicht sehr tief in eine Site hinein, so dass (in der Regel) zuerst die Startseite und die direkten Unterseiten, die mit einem Klick erreichbar sind, im Index erscheinen. Wird eine Seite nicht regelmäßig aktualisiert, lässt auch die Besuchsfrequenz der Freshbots nach.

Die sog. ***Deepbots*** erfassen dagegen möglichst viele Seiten einer Website und berücksichtigen ein weit größeres Spektrum an Dateitypen (u.a. Bilder, PDF-Dateien, sogar Word-, Powerpoint- und Postscript-Dateien, dynamische Seiten mit Parametern). Bis diese Inhalte im Index erscheinen, dauert es in der Regel länger (Tage bis Wochen).

2.4 Der Scheduler

Der Scheduler sammelt und verwaltet die Adressen der Webseiten (URLs) und steuert die automatisierte Aussendung von Crawlern zu diesen Adressen. Er bekommt von den Crawlern ständig neue URLs gemeldet, die diese in den besuchten Webseiten finden, und gleicht diese URLs mit den bereits bekannten ab. Da nahezu alle Webseiten direkt oder indirekt miteinander verlinkt sind, können die Crawler auf diese Weise durch das gesamte World Wide Web wandern und die gefundenen Seiten herunterladen.

Es wird dabei jedoch immer auch Seiten geben, die die Crawler nicht finden können, z.B. weil es keinen einzigen Link von anderen Webseiten auf sie gibt, sie also völlig isoliert sind. Oder weil man diese Seiten erst erreicht, wenn man zuvor ein Formular ausfüllt oder sich registriert, was ein Crawler typischerweise nicht tut. Die Seiten, die Suchmaschinen aus solchen Gründen nicht finden, bezeichnet man übrigens als ***Deep Web***. Manche Experten gehen davon aus, dass das Deep Web nochmals deutlich größer ist als das von Suchmaschinen-Robots durchsuchbare Web.

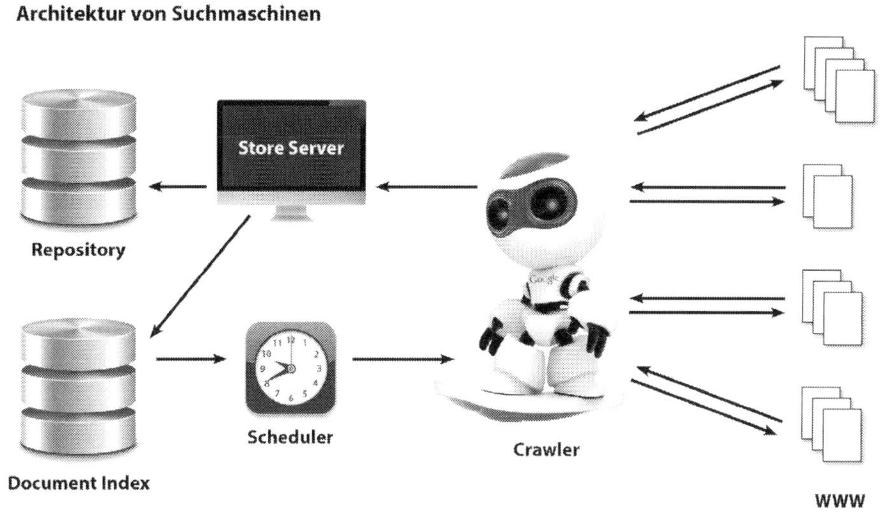

Abb. 2.4 *Architektur von Suchmaschinen: Verschiedene Komponenten arbeiten zusammen, um die Funktionalität einer Suchmaschine zu gewährleisten.*

2.5 Der Index

Die von den Crawlern heruntergeladenen Dokumente werden einer eingehenden Analyse unterzogen und dabei in ihre Bestandteile (Text, Bilder, Videos, HTML-Code) zerlegt. Ziel der Analyse ist, für jedes Dokument zu ermitteln, für welche Suchbegriffe es wie relevant ist. Dabei verwenden moderne Suchmaschinen wie Google inzwischen mehr als 200 verschiedene Kriterien.

Der auf diese Weise aufgebaute Index dient dazu, bei späteren Suchanfragen über das Such-Interface verwendet zu werden. Um das zu erleichtern, wird ein sog. ***invertierter Index*** angelegt. Dabei werden den potenziellen Suchbegriffen (die man als ***Keywords*** bezeichnet), die aus den heruntergeladenen Web-Dokumenten gewonnen werden, jeweils die URLs der Dokumente zugeordnet. Anschließend berechnet die Suchmaschine für jeden der Suchbegriffe die Relevanz der einzelnen Dokumente. Ein sehr einfaches Kriterium für Relevanz kann z.B. sein, dass ein bestimmter Begriff oder eine Kombination von Begriffen in einem Dokument überhaupt vorkommt, wie häufig er vorkommt und an welcher Stelle des HTML-Dokumentes (z.B. im Titel oder in einer Überschrift) er steht. Jede Zuordnung hat eine berechnete Relevanz (Ranking), die darüber entscheidet, auf welcher Position der Suchergebnisliste eine URL gelistet wird.

Gibt ein Nutzer nun einen Suchbegriff in die Suchmaschine ein, so durchsucht diese den zuvor aufgebauten Index, nicht etwa die Dokumente selbst (und schon gar nicht die Originaldateien auf den Servern im WWW). Der Index der Suchmaschine ist quasi ein Abbild des WWW und enthält Kopien der Dokumente des World Wide Web zu einem bestimmten Zeitpunkt.

Ein großer Vorteil dieses Prinzips ist Geschwindigkeit. Mit entsprechendem technischen Aufwand kann der Index sehr schnell durchsucht werden. Bei Google z. B. dauert dieser Suchvorgang in der Regel weniger als ½ Sekunde!

Abb. 2.5 *Google benötigt nur 0,41 Sekunden, um den ca. 50 Milliarden Seiten starken Suchindex nach relevanten Webseiten für die Suchanfrage »seo seminar« zu durchsuchen und 519.000 Treffer zu finden.*

Das Prinzip hat aber auch Nachteile:

- Den Index aufzubauen erfordert einen enormen technischen Aufwand. Der Index muss permanent aktualisiert werden, was nicht minder aufwendig ist, da jeden Tag im WWW Webseiten hinzukommen, gelöscht oder geändert werden.
- Um den Index wenigstens tagesaktuell zu halten, müsste eine Suchmaschine jeden Tag das gesamte WWW crawlen, was selbst für Google eine nur schwer lösbare Aufgabe darstellt.

Google hat die Index-Technologie im Laufe der Jahre immer weiter verbessert. Bei der ersten Generation der Index-Technologie (1998-2003) hat Google zunächst das gesamte WWW gecrawlt, was mehrere Wochen dauerte, und dann den Index komplett neu aufgebaut, was nochmals mehrere Tage dauerte. Während dieses Update-Prozesses passierte es regelmäßig, dass verschiedene Google-Rechenzentren unterschiedliche Ergebnislisten auslieferten, was man als den *Google Dance* bezeichnete. Es dauerte zu dieser Zeit regelmäßig mehrere Wochen, bis eine neue Webseite im Google-Index enthalten war und gefunden werden konnte.

Im Jahr 2003 wurde die Index-Technologie erstmals stark verbessert. Der Index wurde in verschiedene Schichten unterteilt, wovon einige schneller aktualisiert wurden als andere. In den »oberen« Schichten, die häufiger aktualisiert wurden, befanden sich z. B. besonders beliebte Webseiten und Seiten, deren Inhalte häufig aktualisiert wurden.

Unter dem Codenamen ***Caffeine*** führte Google im Jahr 2010 eine komplett neue Index-Technologie ein, die einen inkrementellen (schrittweisen) und kontinuierlichen Crawling- und Indexierungsprozess erlaubt. Webseiten können nun innerhalb von Sekunden, nachdem sie gecrawlt worden sind, in den Index aufgenommen werden. Nach eigenen Angaben von Google erhalten Suchende seit der Einführung von Caffeine bis zu 50% aktuellere Suchergebnisse. Neue Webseiten oder Aktualisierungen bestehender Seiten erscheinen bei wichtigen Domains bereits innerhalb von Stunden oder wenigen Tagen im Suchindex. Bei besonders zeitkritischen Informationsquellen wie z. B. Twitter nähert sich Google sogar immer mehr einer Echtzeit-Suchmaschine an.

Durch Caffeine ist die Speicherkapazität des Index außerdem stark gestiegen und lässt sich besser skalieren. Die aktuelle Größe des Index dürfte bei mehr als 100 Millionen Gigabyte liegen. Dadurch können auch Datentypen wie Videos und Bilder schnell auffindbar gemacht werden.

2.6 Das Such-Interface

Last but not least verfügen Suchmaschinen natürlich auch noch über ein Such-Interface in Form einer Website, auf der Internetnutzer ihre Suchbegriffe in ein Formular eingeben können. Die Startseite des Such-Interfaces ist bei den meisten modernen Suchmaschinen sehr einfach aufgebaut und konzentriert sich auf das Wesentliche: ein einzeiliges Formularfeld, in das der Suchende Suchwörter eingeben kann. Vorreiter für diese Form des Such-Interfaces war das Unternehmen Google, das als erstes erkannte, welche Bedürfnisse die Suchenden in Bezug auf das Such-Interface haben:

- Das Suchinterface muss sehr schnell laden. Wer pro Tag viele Male eine Suchmaschine verwendet, möchte nicht warten müssen, bis das Suchinterface in seinem Webbrowser geladen ist. Bei Google dauert es in der Regel nur Bruchteile einer Sekunde, bis das Suchinterface im Browser erscheint.
- Das Suchinterface soll den Suchenden nicht mit Informationen »belästigen«, die ihn nicht interessieren. Auch das hat zuerst Google erkannt und präsentierte schon 1998 ein Interface, das keine Nachrichten und keine Werbung enthielt, sondern sich auf den »Suchschlitz« beschränkte.

Ein wesentlicher Erfolgsfaktor der Suchmaschine Google bestand sicherlich darin, dass Google mehr als die Wettbewerber die Bedürfnisse der Suchenden verstand und das Suchinterface konsequent darauf ausrichtete. Eine neuere Entwicklung bei Google ist *Google Instant*[24] – eine Technologie, die das Suchergebnis bereits einblendet, während der Suchende seine Suchwörter noch in das Suchformular eingibt.

24. *https://www.google.com/intl/de_ALL/insidesearch/features/instant/about.html*

Abb. 2.6 *Das Google-Suchinterface 1999: Konsequent auf die Bedürfnisse der Suchenden optimiert.*

Abb. 2.7 *Das Google-Suchinterface 2016: Immer noch konsequent auf die Bedürfnisse der Suchenden optimiert.*

Die Profi-Suche

Praktisch alle Suchmaschinen, die heute eine Rolle spielen, bieten den Suchenden neben dem einfachen Suchinterface auch eine komplizierter aufgebaute »Profisuche« bzw. »Erweiterte Suche« an. Hier kann der Suchende seine Suche mit zahlreichen Optionen verfeinern. Eine Statistik, wie viele Suchende anstelle des einfachen Suchinterfaces z. B. bei Google die erweiterte Suche verwenden, ist mir nicht bekannt. Ich vermute jedoch, dass dies nur ein sehr kleiner Teil der Suchenden insgesamt ist.

Abb. 2.8 *Die erweiterte Suche von Google*[25] *erreichen Sie (nicht sehr intuitiv) über das Menü* ***Einstellungen*** *auf der Google-Startseite.*

2.7 Testen Sie Ihr Wissen!

1. Wie lässt sich die Größe des WWW näherungsweise ermitteln?
2. Aus welchen Systemkomponenten bestehen indexbasierte Suchmaschinen?
3. Welche Aufgabe hat das Subsystem *Webcrawler*?
4. Welche beiden Arten von Googlebots gibt es und wie unterscheiden sie sich?
5. Welche Aufgabe hat das Subsystem *Scheduler*?

25. *https://www.google.de/advanced_search*

6. Erklären Sie den Begriff *Deep Web*!
7. Was ist ein *invertierter Index*?
8. Wie arbeitet die *Google Instant Search*?

Die Google-Suchergebnisseite

3

In dieser Lektion lernen Sie

- wie die Suchergebnisseite von Google aufgebaut ist.
- wie die sog. Universal Search von Google funktioniert.
- aus welchen Elementen ein einzelner Suchtreffer besteht.
- wie einzelne Suchtreffer mit erweiterten Informationen angereichert werden.
- was der Google Knowledge Graph ist.

Als Ergebnis einer Eingabe in das Suchformular liefern Suchmaschinen eine Ergebnisseite mit einer Liste der Webseiten, die die Suchmaschine für relevant (bezogen auf den eingegebenen Suchbegriff) hält; der Fachbegriff dafür lautet ***Search Engine Results Page (SERP)***. Dabei werden alle gefundenen Suchtreffer absteigend nach Relevanz sortiert. Google wendet dabei ein sog. *Paging* an, d.h. die gesamte Suchergebnisliste wird in Bildschirmseiten unterteilt.

Die Aufgabe von SEO besteht nicht nur darin, gute Rankings auf der Sucherbebnisseite zu erzielen, sondern auch, dafür zu sorgen, dass der Suchtreffer von Google so gestaltet wird, dass gute Klickraten (engl.: Click-Through-Rate, CTR)[26] erreicht werden.

Der Aufbau der Suchergebnisseite und der Aufbau der einzelnen Suchtreffer ist zumindest bei Google sehr komplex bzw. variabel. Die Seite und die einzelnen Treffer können viele verschiedene Elemente beinhalten, die wir uns im Detail anschauen wollen.

3.1 Bezahlte Anzeigen (Google Adwords und Google Shopping)

Google bietet Werbetreibenden die Möglichkeit an, auf der Suchergebnisseite Werbung einzublenden. Die Anzeigenplätze, die sich über und unter den sog.

26. Click-Through-Rate: Prozentsatz der Betrachter der SERP, die auf den Suchtreffer klicken. Klicken z.B. von 100 Betrachtern der SERP fünf auf einen Treffer, beträgt die Click-Through-Rate 5%.

organischen Suchergebnissen befinden, und mit dem Hinweis »Anzeige« gekennzeichnet sind, werden an Werbetreibende mit Hilfe der Google-Dienste Adwords und Google-Shopping versteigert.

Die Werbetreibenden bieten Geld für Keywords, d. h. Begriffe, die die Suchenden eingeben. Die Anzeigenplätze werden dann an die meistbietenden Werbetreibenden vergeben und deren Anzeigen eingeblendet. Die Einblendung der Anzeigen ist prinzipiell kostenlos. Erst wenn jemand auf eine Anzeige klickt (Pay-per-Click-Verfahren), wird der Geldbetrag fällig. Die Platzierungen im sog. organischen Bereich können dagegen nicht ersteigert werden.

> Google Adwords und Shopping haben mit SEO nichts zu tun und werden hier nicht weiter behandelt. SEO beschäftigt sich ausschließlich mit den organischen Suchergebnissen, in denen man Platzierungen nicht kaufen kann.

3.2 Organische Suchergebnisse

Die SERP enthält eine Liste der von der Suchmaschine als für die eingegebenen Suchbegriffe relevant erachteten Webseiten oder anderer Dateitypen, die im Web vorkommen. Standardmäßig zeigt Google auf der ersten Suchergebnisseite 10 Treffer an.

Die meisten bekannten Suchmaschinen analysieren nicht nur Text-Inhalte, sondern auch Bilder, Videos, PDF-Dateien, Audio-Dateien usw. Google beispielsweise indexiert sogar Microsoft Word- und Powerpoint-Dateien, reine Textdateien, Postscript-Dateien und Shockwave-Flash-Dateien (.swf).

3.2.1 Woher stammen die Suchtreffer? Google Vertical und Universal Search

Google hat zahlreiche Spezial-Suchmaschinen entwickelt, die gezielt spezielle Bereiche des World Wide Web oder spezielle Dateiformate oder Dokumente mit speziellen Eigenschaften berücksichtigen. Ein einfaches Beispiel dafür ist die Google-Bildersuche, mit der Sie gezielt nach Bildern im Web suchen können. Die Suche mit Hilfe dieser Spezialsuchmaschinen wird im Fachjargon auch als ***Vertical search*** (vertikale Google-Suche) bezeichnet.[27]

27. vergl. *http://en.wikipedia.org/wiki/Vertical_search*

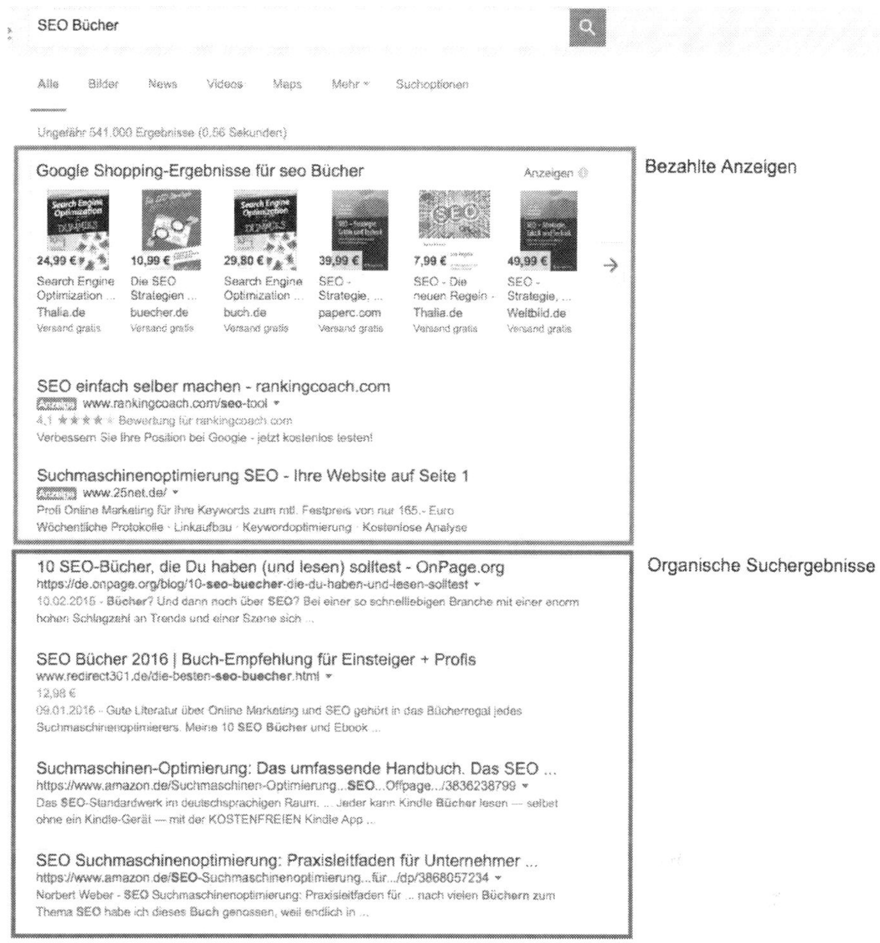

Abb. 3.1 *Auf der Suchergebnisseite von Google werden (je nach Suchbegriff) bezahlte Anzeigen (Google Adwords) oder Produkhinweise (Google Shopping) angezeigt. Diese sind mit dem Hinweis »Anzeigen/n« gekennzeichnet.*

Die Spezial-Suchmaschinen werden nicht nur von vielen Suchenden genutzt, sondern Google hat schon 2007 damit begonnen, diese bei jeder Suchanfrage mit abzufragen, auch wenn der Suchende diese nicht explizit auswählt, und die Ergebnisse auf der Suchergebnisseite ebenfalls (d.h. zuätzlich zu dem Ergebnis der reinen Web-Suche nach Hypertext-Dokumenten) einzublenden. Dieses Konzept bezeichnet Google als ***Universal Search***.

Das sollten wir uns näher anschauen, um zu verstehen, woher die auf der Suchergebnisseite eingeblendeten Suchtreffer im Einzelnen stammen können (Abb. 3.2).

Abb. 3.2 *Google Universal Search: Auf der Ergebnisseite werden auch Ergebnisse aus verschiedenen Google-Spezialsuchmaschinen (hier: Bilder- und Videosuche) eingeblendet.*

Die Google Spezial-Suchmaschinen

Sie können die Google-Spezialsuchmaschinen auch gezielt aufrufen, auch wenn Google sie gut versteckt hat.

Auf der Google-Startseite ist nur die Bildersuche direkt verlinkt. Die Links zu den anderen Spezialsuchmaschinen verbergen sich hinter dem Symbol mit den neun Quadraten und dem Tooltip »Google Apps« (vergl. Abb. 3.3).

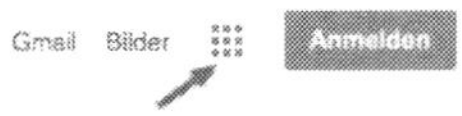

Abb. 3.3 *Der Weg zu den Google-Spezialsuchmaschinen führt über das Symbol mit den neun Quadraten und dem Tooltip »Google Apps«.*

Wählen Sie im Dropdown-Menü unten »mehr« und anschließend »Noch mehr von Google«. Die Links zu den Spezialsuchmaschinen finden sich in den Kategorien *Web, Medien, Geo-Produkte* und *Spezialisierte Suche.*

Abb. 3.4 *Die Google-Spezialsuchmaschinen*

Die Wichtigsten der Spezial-Suchmaschinen sind:

- Google Bildersuche
- Google Videosuche
- Google Maps
- Google News
- Google Shopping
- Google Bücher
- Google Scholar

Google Bildersuche

Geben Sie doch mal Ihren Namen in den Suchschlitz ein und finden Sie heraus, welche Fotos von Ihnen es im Web gibt. Sie können seit Kurzem sogar Bilddateien in den Google-Suchschlitz ziehen (sogar von Ihrem Desktop aus!), und Google sucht nach ähnlichen Bildern. Probieren Sie das mal mit einem Foto von Ihnen und schauen Sie sich Ihre Doppelgänger an :-)

Google Videosuche

Das Web ist inzwischen voll von Videos, und Google bemüht sich, diese zu finden. Dabei kommt es Google sehr entgegen, dass Youtube inzwischen zum Konzern gehört und Google direkten Zugang zum Datenbestand von Youtube hat. Google findet aber auch Videos auf anderen Websites.

Google Maps

Der Kartendienst von Google bietet neben der Suche nach Orten und Adressen auch einen Routenplaner, eine Satellitenansicht und das berühmte Google Streetview an. Interessant ist jedoch, dass Google Maps direkt mit ***Google My Business (ehemals Google Places)*** verknüpft ist. Google My Business bietet Unternehmen die Möglichkeit, ein Profil bei Google einzutragen. Auf diese Profile greift Google immer dann zu, wenn die Suche einen lokalen Charakter hat (Abb. 3.5).

Google selbst bewirbt das so:

> *Millionen Menschen täglich führen Suchen in Google Maps durch. Mit einem kostenlosen Google Maps-Eintrag machen Sie es ihnen leichter, Sie zu finden. Sie können in Google My Business einen kostenlosen Eintrag erstellen. Wenn potenzielle Kunden in Maps nach örtlichen Informationen suchen, finden sie Ihr Unternehmen mit Adresse, Öffnungszeiten und sogar Fotos Ihres Unternehmens oder Ihrer Produkte. Es ist einfach, kostenlos, und Sie benötigen keine eigene Website.*

Falls Sie mit der Maps-Suche noch nicht so vertraut sind: Geben Sie doch in der Google Maps-Suche einmal den Namen eines Unternehmens oder einen Suchbegriff wie »Hotel Toronto« ein (Abb. 3.5).

Die Internetnutzer können Einträge in Google Maps auch bewerten, und Google zeigt diese Bewertungen u. U. dann auch auf der Suchergebnisseite an (Abb. 3.1).

Mit Google My Business beschäftigen wir uns näher in Lektion 12.

Google News

Die Spezial-Suchmaschine *Google News Search* konzentriert sich auf das Aufspüren aktueller Informationen, die von bekannten Nachrichtenportalen wie Tageszeitungen, Pressediensten, Fernsehportalen usw. publiziert werden. Neue Nachrichten werden oftmals schon Minuten nach der Publikation von Google News gefunden.

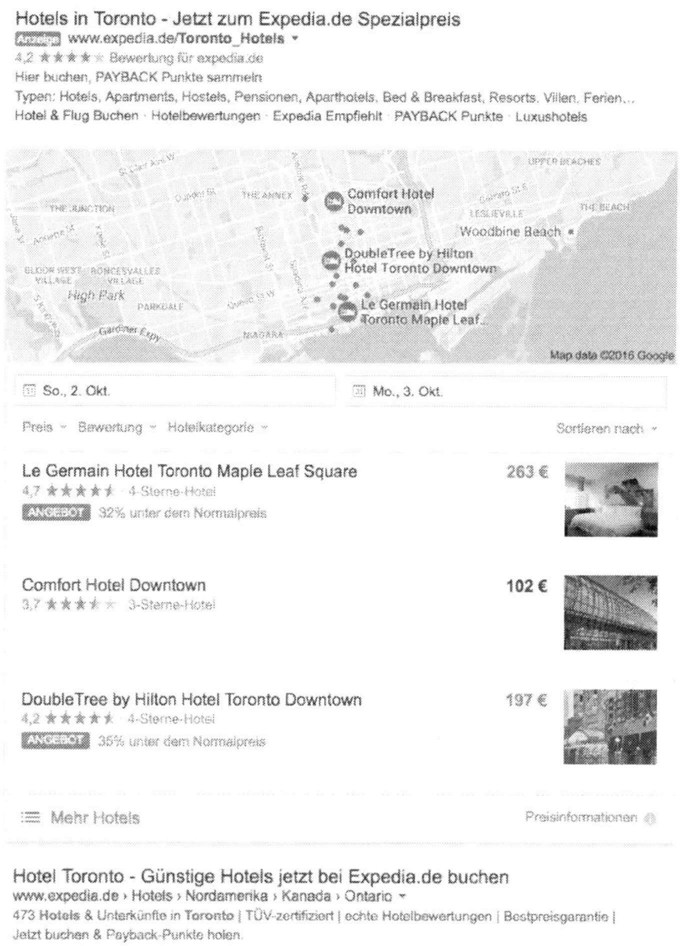

Abb. 3.5 *Bei Suchanfragen mit lokalem Bezug (hier: »Hotel Toronto« blendet Google auf der Suchergebnisseite Daten aus Google Maps bzw. Google My Business ein.*

Google Shopping

Die spezielle Produkt-Suchmaschine von Google (bis 2007 *Froogle* genannt), durchsucht speziell Online-Shops nach käuflichen Artikeln. Sie bietet auch die Möglichkeit des Preisvergleichs. Für Händler ist das Einstellen von Shopangeboten kostenlos. Die Internetnutzer können Angebote bewerten. Auf diese Bewertungen kann Google zugreifen und sie auf der Suchergebnisseite anzeigen (Abb. 3.1).

Google Bücher

Google Bücher verwendet Daten aus zwei unterschiedlichen Quellen. Zum einen existiert seit 2004 eine Kooperation mit einigen Verlagen, die ihre Bücher in gedruckter oder digitaler Form Google zur Verfügung stellen. Google erfasst die Bücher elektronisch und erstellt einen Volltext-Index des Materials, ähnlich wie der Google-Index der Webseiten des WWW. Dieser Bücher-Index ist seit 2005 online durchsuchbar. Allerdings können Internetnutzer nur einen Teil der Buchseiten einsehen und diese weder auf einfache Weise drucken oder speichern. Denn natürlich haben die Verlage ein Interesse daran, die Bücher weiterhin zu verkaufen. So dient das Ganze eher der Vermarktung der Bücher, der Nutzwert für den Suchenden ist eher limitiert.

Die Datenbasis der Google-Büchersuche wird aber noch aus einer anderen Quelle gespeist: dem ***Google Library Project***. Im Rahmen einer Kooperation mit einigen großen öffentlichen und universitären Bibliotheken lässt Google seit 2005 historische Bücher einscannen und digitalisieren. An dem Projekt beteiligen sich neben der New York Public Library zahlreiche amerikanische Universitätsbibliotheken (u.a. Harvard und Stanford), in Europa u.a. die Oxford University und die Bayerische Staatsbibliothek in München. Urheberrechtsfreie Werke stehen dann im Volltext zur Verfügung oder können heruntergeladen werden. In die Kritik geriet das Projekt, weil Google auch urheberrechtlich geschützte Bücher digitalisiert, sofern die Rechteinhaber dem nicht widersprochen haben. Als Antwort auf die Kritik von Autoren und Verlagen setzte Google das Einscannen zeitweise aus und forderte die Rechteinhaber auf mitzuteilen, welche Bücher sie nicht digitalisiert haben wollen. Dies ist zwar in Einklang mit amerikanischem Recht, wird von einigen Autoren und Verlagen jedoch als nicht hinreichend angesehen.

Google Scholar

In dem Projekt *Google Scholar* erfasst Google wissenschaftliche Publikationen und indexiert diese, um sie der Web-Suche zugänglich zu machen. Dazu zählen z.B. Seminararbeiten, Magister-, Diplom- und Doktorarbeiten, Bücher und vor allem auch Fachartikel, die von akademischen Verlagen, Berufsverbänden, Universitäten und anderen Bildungseinrichtungen veröffentlicht werden.

3.3 Aufbau eines einzelnen Suchergebnisses

Google verwendet Informationen aus sehr unterschiedlichen Quellen, um die einzelnen Suchtreffer darzustellen. Google nennt diese Darstellung ***Snippet*** (dt.: Schnipsel). Neben Informationen aus dem HTML-Quelltext der indexierten Webseite selbst holt sich Google u.U. auch Informationen aus der gesamten Website der Trefferseite, aus dem Unternehmensverzeichnis Google My Business, Google Maps, der Bilder- und Videosuche und diversen Bewertungsportalen.

In der einfachsten Form besteht ein Snippet aus folgenden Elementen:

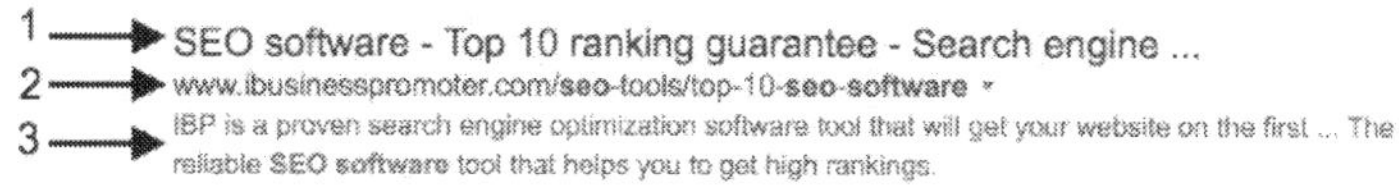

Abb. 3.6 *Aufbau eines Snippets in der einfachsten Form bei einer Suche nach »SEO Software«.*

Der Titel eines Treffers (1) ist in der Regel der Seitentitel der referenzierten Webseite, stammt also aus dem HTML-Tag `<title>` der Webseite. Darunter (2) wird in der Regel die URL des Suchtreffers angezeigt. Innerhalb der URL werden die Suchbegriffe fett hervorgehoben. Unter der URL Darunter wird der Beschreibungstext des Suchtreffers angezeigt (3). Dieser stammt in der Regel aus dem HTML-Tag `<meta name="description">` der gefundenen Seite. Falls es auf der gefundenen Seite diesen HTML-Tag nicht gibt, oder dieser Text enthält, der nicht zum Inhalt der Seite passt, bastelt sich Google einen eigenen Beschreibungstext aus dem Text der Seite, der sich in der Nähe der Suchbegriffe findet, zusammen.

Sitelinks

Unter Umständen blendet Google unter dem Beschreibungstext sog. ***Sitelinks*** ein. Das sind Links, die zu Unterseiten der Website führen, aus der der Suchtreffer stammt. Unter welchen Umständen Google solche Sitelinks einblendet, ist nicht bekannt. Besonders häufig scheinen diese eingeblendet zu werden, wenn es sich bei dem Suchtreffer um die Startseite einer Website handelt. Google sagt dazu:

> *»Wir zeigen Sitelinks lediglich für Suchergebnisse an, wenn wir sie als hilfreich für den Nutzer erachten. Lässt die Struktur Ihrer Website keine Algorithmen zur Suche nach geeigneten Sitelinks zu oder sind Sitelinks für Ihre Website unserer Auffassung nach für die Suchanfrage des Nutzers nicht relevant, werden sie nicht angezeigt.«*

Mit Hilfe der *Google Search Console*[28] kann man die Sitelinks beeinflussen, in dem man einzelne Sitelinks als wichtiger oder unwichtiger erklärt.

28. *https://www.google.de/intl/de/webmasters/*

Abb. 3.7 *Beispiel für Sitelinks*

Rich Snippets

Die Suchtreffer werden von Google mit immer mehr Informationen »angereichert«, so dass man heute von sog. ***Rich Snippets*** spricht.

Mit Hilfe dieser zusätzlichen Informationen zum Suchtreffer sollen Suchende leichter bzw. schneller erkennen, ob ein Treffer für sie relevant ist.

Bei den zusätzlichen Informationen handelt es sich u.a. um:

- Terminhinweise: Zu Veranstaltungen wie z.B. Konzerten und Seminaren, können Termine angezeigt werden.
- Erfahrungsberichte und Bewertungen: Zu Produkten oder Dienstleistungen können Sternebewertungen oder Links zu Erfahrungsberichten angezeigt werden.
- Breadcrumbs: Als Breadcrumbs (dt: Brotkrumen) bezeichnet man einen Navigationspfad aus mehreren Links. Mit Hilfe dieser Links kann der Suchende die Struktur der Website, auf die der Suchtreffer verweist, erfassen und von der Suchergebnisseite direkt verschiedene URLs ansteuern.
- Koch- und Backrezepte: Es können Kochzeit oder Kalorienangaben angezeigt werden. Auch Sternebewertungen sind möglich.
- Musik: Bei der Suche nach Musikern, Bands, Alben oder Liedern können Informationen wie eine Liste der Songs eines Interpreten oder eines bestimmten Albums mit Hörprobe angezeigt werden.
- Produkte: Es können z.B. Informationen wie Preis oder Verfügbarkeit angezeigt werden.
- Fotos und Videos: In den Suchergebnissen kann ein Foto oder das Thumbnail eines Videos, das zum Suchtreffer passt, angezeigt werden.

Durch solche Zusatzinformationen angereicherte Suchtreffer fallen gegenüber den Standard-Suchtreffern auf und erhöhen u. U. die Wahrscheinlichkeit, dass Suchende auf diese Treffer klicken. Bei Suchtreffern mit Sternebewertungen steigt die Klickrate angeblich um bis zu 5%.

Zwar kann Google solche ***Rich Snippets*** vollkommen automatisch erstellen, aber Sie können Google auch dabei helfen und damit die Wahrscheinlichkeit erhöhen, dass Google für Ihre Webseiten Rich Snippets erstellt, was wiederum die Wahrscheinlichkeit erhöht, dass Suchende auf Ihre Webseite gelangen.

Dazu müssen Sie den HTML-Code Ihrer Webseiten um *semantische Informationen* ergänzen. Wie das geht, erfahren Sie in Lektion 9.

Abb. 3.8 *Anzeige von Konzertterminen der Band Glasperlenspiel in einem Suchergebnis*

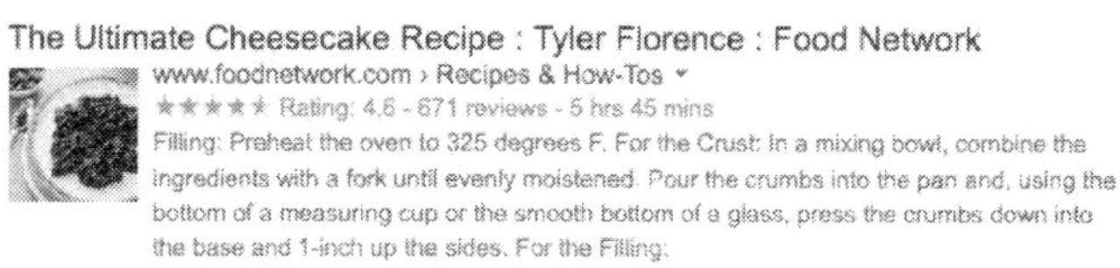

Abb. 3.9 *Erweiterte Informationen in einem Suchtreffer zum Suchbegriff Käsekuchen Rezept (Cheesecake Recipe). Zusätzlich zu den Standard-Informationen enthält der Treffer ein Foto, eine Sternebewertung und Angaben zur Zubereitungszeit des Backrezepts.*

Abb. 3.10 *Erweiterte Informationen in einem Suchtreffer zu einer Musik-CD der Gruppe The Police. Neben der Sternebewertung wird der Preis des Produkts in dem Online Shop sowie die Information, dass das Produkt auf Lager ist, angezeigt.*

3.4 Die Google Answer Box

Für viele Suchanfragen (durchschnittlich 17%[29]) gibt Google über den organischen Suchergebnissen direkt eine Antwort in der sog. ***Answer Box*** aus. Wie diese Answer Box aussieht und woher die Informationen stammen, ist dabei sehr unterschiedlich.

Für einige typische Fragen wie z. B. der Umrechung von Währungen oder Längeneinheiten sowie für Übersetzungen (***Google Translate***) stellt Google sog. ***Widgets*** zur Verfügung.

Abb. 3.11 *Google beantwortet die Suchanfrage »300 miles in km« mit einem Maßeinheiten-Umrechner-Gadget*

Abb. 3.12 *Google beantwortet die Suchanfrage »300 USD in EUR« mit einem Währungsrechner-Widget.*

Andere Antworten stammen aus vielen unterschiedlichen Quelle, z. B. dem Google Dictionary (Lexikon), das inzwischen vollständig in die Suche integriert wurde[30], aus Wikipedia, aber teilweise auch aus beliebigen, auch kommerziellen Webseiten. Für den letzteren Fall scheint das hauptsächliche Kriterium zu sein, dass die Seite in der organischen Suche sehr hoch rankt (Abb. 3.14).

29. Quelle: *Decoding the Google Answer Box Algorithm – a SERP Research on 10.353 Keywords (http://cognitiveseo.com/blog/6266/decoding-google-answer-box-algorithm-serp-research-10-353-keywords/)*

30. Quelle: *Google closes its Dictionary site, wants you to "search" for definitions instead (http://thenextweb.com/google/2011/08/05/google-closes-its-dictionary-site-wants-you-to-search-for-definitions-instead/)*

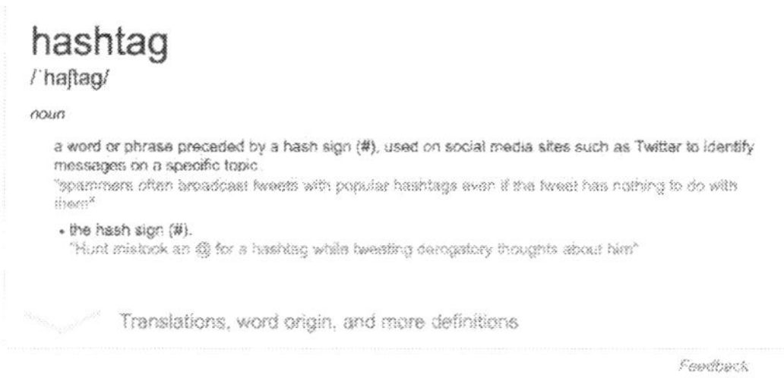

Abb. 3.13 *Googles Antwort auf die Suchanfrage »What is a hashtag«. Die Antwort stammt aus dem Google Dictionary.*

Abb. 3.14 *Google beantwortet die Suchanfrage »what is https« mit einem Ausschnitt einer kommerziellen Webseite, und zwar der, die im organischen Bereich auf Position 1 rankt!*

Google wird auch immer besser darin, Suchanfragen in natürlicher Sprache (Fachbegriff: *natural language search*) zu unterstützen.

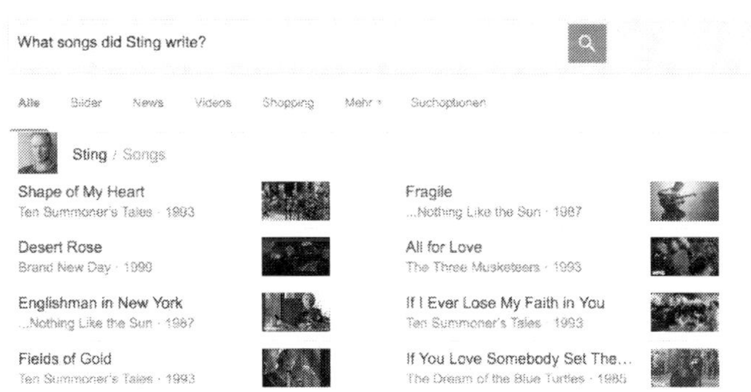

Abb. 3.15 *Google Antwort auf die Suchanfrage »what songs did Sting write?«*

3.5 Der Google Knowledge Graph

Im Jahr 2012 hat Google eine völlig neue Suchtechnologie, den sog. ***Knowledge Graph***, eingeführt. Der Knowledge Graph ergänzt die bisherige Suchtechnologie und soll Google nach eigener Aussage den Weg von einer »Informationsmaschine« zu einer »Wissensmaschine« ebnen.

Was meint Google damit?

Der Knowledge Graph ist ein wissensgestütztes Informationssystem, in dem Faktenwissen gespeichert wird, ähnlich wie in einem Lexikon. Wörter werden zusammen mit ihren möglichen Bedeutungen abgespeichert. Beispielsweise enthält der Knowledge Graph die Information, dass es sich bei der Zeichenkette »Europe« um einen Kontinent oder auch um eine Popband handeln kann.

Beziehungen zwischen Begriffen werden hergestellt. So enthält der Knowledge Graph z.B. die Information, dass Michelangelo und Leonardo da Vinci beide u.a. Maler waren und im Zeitalter der Renaissance lebten.

Die »semantische Nähe« zwischen Begriffen wird ermittelt. Eine semantische Nähe zwischen zwei Begriffen ist dann gegeben, wenn diese Begriffe in Texten oft gemeinsam vorkommen. So gibt es z.B. eine semantische Nähe zwischen den Begriffen »Albert Einstein« und »Relativitätstheorie«.

Wozu ist das gut?

Mit dem Knowledge Graph geht Google einen großen Schritt in Richtung ***semantische Suche***, d.h. einer Suche, die nicht nur Dokumente findet, die für die vom Suchenden eingegebenen Zeichenkette relevant sind, sondern versucht zu berücksichtigen, *wonach*, d.h. nach welchem Ding, welcher Person, welchem Konzept oder was auch immer der Suchende tatsächlich sucht. Mit anderen Worten, Google versucht zu verstehen, was die eingegebene Zeichenkette *bedeutet*, und zu dieser Bedeutung passende Informationen zu finden.

Der Knowledge Graph kennt diese verschiedenen Bedeutungen, und so erhält man nun für Begriffe, die im Knowledge Graph enthalten sind, ein zusätzliches Panel auf der Ergebnisseite. Ist der Suchbegriff nicht eindeutig, werden Boxen mit Informationen zu den verschiedenen Bedeutungen des Suchbegriffs eingeblendet. Der Suchende kann nun wählen, welche Bedeutung des Begriffs er meint und erhält dann spezifische Suchtreffer, die sich auf die gewählte Bedeutung beziehen.

Die erste Funktion des Knowledge Graph besteht also darin, bei Suchbegriffen, die mehrere Bedeutungen haben, herauszufinden, für welche Bedeutung des Suchbegriffs sich der Suchende interessiert (Abb. 3.16).

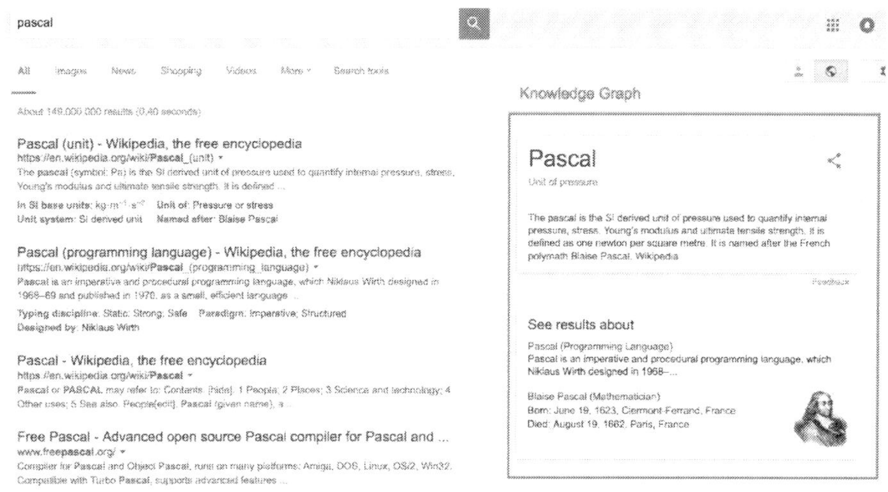

Abb. 3.16 *Suchergebnisseite für den Suchbegriff pascal. Der Knowledge Graph zeigt drei verschiedene Bedeutungen für den Suchbegriff an: eine physikalische Einheit, eine Programmiersprache oder ein französischer Mathematiker des 17. Jahrhunderts.*

Wählt man nun die dritte Bedeutung, den Mathematiker Blaise Pascal, so erhält man nicht nur Suchergebnisse für diese Bedeutung des Begriffs, sondern auch eine ganze Reihe von Detailinformationen dazu, im konkreten Beispiel u.a. Informationen zu Geburts- und Sterbedatum, einige bekannte Zitate, eine Liste seiner Bücher sowie eine Kurzinfo, die aus Wikipedia stammt (Abb. 3.17).

Schauen wir uns noch ein Beispiel an: Der Suchbegriff lautet diesmal *europe*.

Wieder ist der Begriff nicht eindeutig. *europe* könnte für den Kontinent stehen, aber vielleicht sucht der Suchende auch nach Informationen zu der gleichnamige Rock-Band oder gar nach Informationen zur Europäischen Union?

In diesem Fall entscheidet sich Google dafür, die Detailinformationen zur Bedeutung »Kontinent« sofort einzublenden und darunter die beiden anderen Bedeutungen zur Auswahl.

Google zufolge umfasst der Knowledge Graph mehr als 570 Millionen Objekte und mehr als 18 Milliarden Fakten über verschiedene Objekte und deren Beziehungen untereinander.[31]

31. Quelle: *Get smarter answers from the Knowledge Graph from Português to ??? to русский (https://search.googleblog.com/2012/12/get-smarter-answers-from-knowledge_4.html)*

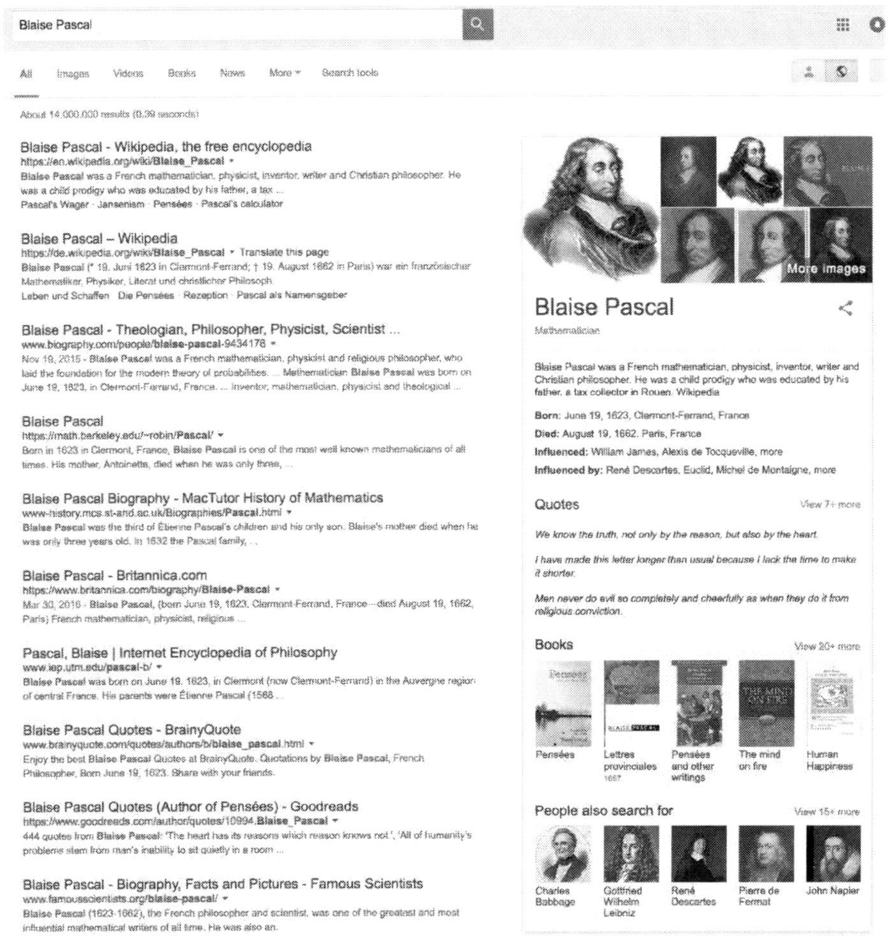

Abb. 3.17 *Informationen aus dem Knowledge Graph zur Person Blaise Pascal.*

Welche Begriffe kennt der Knowledge Graph?

Wir halten also fest, dass der Knowledge Graph mit dem Google-Index zunächst einmal nichts zu tun hat und unabhängig von diesem existiert. Er enthält eine wesentlich kleinere Anzahl an Wörtern und Begriffen als der Suchindex, speichert diese jedoch in einer Art und Weise ab, die es ermöglicht, die verschiedenen Bedeutungen eines Begriffs zu erkennen und die Relevanz dieser Bedeutungen zu bewerten.

Nun könnte man sagen, dass letztlich jedes Wort in jeder x-beliebigen Sprache eine Bedeutung hat und dass am Ende alle Wörter im Knowledge Graph stehen werden. Ich bezweifle jedoch, dass sich der Knowledge Graph in der näheren Zukunft in diese Richtung entwickeln wird. Vielmehr scheint sich Google auf bestimmte Wort-Kategorien/Bedeutungen zu konzentrieren, nämlich solche,

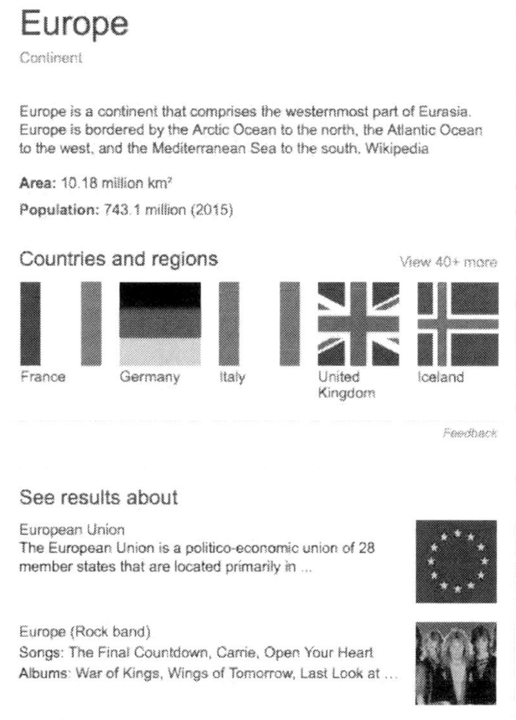

Abb. 3.18 *Der Knowledge Graph rätselt über den eingegebenen Suchbegriff europe. Meint der Suchende den Kontinent, die Rock Band oder sucht er gar nach Informationen zur Europäischen Gemeinschaft?*

deren Bedeutungen sich aus Quellen im Web leicht ableiten und vor allem: für den Suchenden auch anzeigen lassen.

Aktuell scheint der Knowledge Graph vor allem Begriffe aus den folgenden Kategorien zu enthalten:

- bekannte Persönlichkeiten
- Orte (Städte, Länder)
- bekannte Unternehmen
- Organisationen (z.B. EU)
- Sehenswürdigkeiten (z.B. Eiffelturm)
- Kinofilme
- Musikgruppen (z.B. Rolling Stones, The Police)
- Gemälde (z.B. Mona Lisa, Der Schrei, Der Kuss)
- Tiere (z.B. Hund, Pferd)

Einige dieser Kategorien sind noch recht unvollständig besetzt (z. B. Tiere), andere scheinen schon über ein sehr umfangreiches Vokabular zu verfügen (z. B. Orte).

Woher bezieht der Knowledge Graph seine Informationen?

Seine Informationen bezieht der Knowledge Graph aus ganz unterschiedlichen Quellen, aktuell offenbar vor allem aus folgenden:

- Wikipedia
- Wikidata
- CIA World Factbook
- Internet Movie Database (IMDb)
- Last.fm
- Googles eigene Dienste: Google+, My Business, Maps, Books, Shopping, Bildersuche usw.

Bei dieser Liste fällt vor allem auf, dass Google neben den weitbekannten, offenen Quellen wie Wikipedia und der Filmdatenbank IMDb seine eigenen Web-Dienste nutzt, um Informationen zu bestimmten Keywords anzuzeigen! Das ist auf der einen Seite leicht nachvollziehbar, da Google ja aus urheberrechtlichen Gründen nicht einfach umfassendere Informationen aus irgendwelchen beliebigen Webseiten anzeigen kann. Schon bei den altbekannten Text-Snippets, die Google zu jedem Treffer auf der Ergebnisseite anzeigt, gibt es kritische Stimmen. Da ist es für Google natürlich naheliegend, seine eigenen Dienste anzuzapfen. Man könnte auch sagen: Jetzt wird klar, warum Google diese Dienste überhaupt betreibt — um in den Besitz von Informationen zu gelangen, die Google für seine Suchtechnologien benötigt!

> Übrigens: So zurückhaltend Google damit ist, Texte aus beliebigen Websites zu verwenden, so ungeniert zieht sich Google im Knowledge Graph Bilder aus der Google-Bildersuche und damit von beliebigen Websites!

Insgesamt lässt sich feststellen, dass die Google-Suchergebnisseite inzwischen hochkomplex aufgebaut ist und je nach Suchanfrage die unterschiedlichsten Elemente enthalten kann. Für Ihre Aufgaben als SEO ist es sehr wichtig, die verschiedenen Elemente zu kennen und zu verstehen, damit Sie ggf. gezielt dafür optimieren können.

3.6 Testen Sie Ihr Wissen!

1. Was sind die sog. Google Spezialsuchmaschinen (vertical search)? Nennen Sie die wichtigsten!
2. Erläutern Sie, wie *Google Universal Search* funktioniert.
3. Erläutern Sie, wie im einfachsten Fall ein einzelner Suchtreffer auf der Suchergebnisseite von Google aufgebaut ist.
4. Aus welchen Quellen kann der auf der Ergebnisseite von Google angezeigte Beschreibungstext für einen Suchtreffer stammen?
5. Was sind *Sitelinks*?
6. Erläutern Sie den Begriff *Rich Snippets*! Wie können Sie als Webseiten-Autor/Web-Entwickler die Wahrscheinlichkeit erhöhen, dass Google für Ihre Webseiten auf der Suchergebnisseite Rich Snippets anzeigt?
7. Was ist die *Google Answer Box*? Nennen Sie ein Beispiel!
8. Beschreiben Sie in ein bis zwei Sätzen, was genau der Knowledge Graph ist!
9. Unter welchen Umständen werden auf der Suchergebnisseite von Google Informationen aus dem Knowledge Graph eingeblendet und wo?
10. Nennen Sie drei Quellen, aus denen der Knowledge Graph seine Informationen bezieht.

4 Das Ranking

In dieser Lektion lernen Sie

- wie Suchmaschinen vor Google funktionierten und welche revolutionäre Idee die Google-Gründer hatten.
- wie das legendäre PageRank-Verfahren von Googlen funktioniert und welche Rolle es heute noch spielt.
- wie sich die Google-Rankingalgorithmen in den letzten Jahren weiterentwickelt haben.
- was es mit dem *RankBrain* auf sich hat.
- welche Signale heute am Wichtigsten sind, um gut in Google gefunden zu werden.

Nachdem Sie jetzt wissen, wie Suchmaschinen aufgebaut sind und funktionieren, werden Sie sich sicherlich brennend dafür interessieren, wie Google ermittelt, welche Webseiten wie relevant für eine Suchanfrage sind, wie also das ***Ranking*** der Suchergebnisse funktioniert. Welche Webseiten werden auf der Suchergebnisseite ganz oben gelistet, wie kommt die magische Reihenfolge der Suchergebnisse zustande? Schließlich müsste man ja nur wissen, wie Google das macht und welche Kriterien wie wichtig sind, dann müsste man seine Seiten nur entsprechend optimieren und schon wäre man immer an Position 1!

Leider (oder zum Glück), ist das nicht ganz so einfach …

Nach eigenen Aussagen berücksichtigt Google bei der Relevanzberechnung heute mehr als 200 Rankingfaktoren (Google nennt diese »Signale«). Welche das sind, und wie diese algorithmisch ausgewertet werden, legt Google nicht offen, sondern betrachtet das als Betriebsgeheimnis. Trotzdem wissen wir aus verschiedenen Quellen sehr viel über diese Signale und wie Google diese bewertet. Mehr dazu in Lektion 5.

Viele dieser Signale sind relativ einfach zu verstehen. Manche sind jedoch kompliziert. Außerdem ändern sich die Rankingalgorithmen und die betrachteten Signale ständig. Manche verlieren an Wichtigkeit, andere werden wichtiger. Neue Signale und ganz neue Algorithmen kommen hinzu. Das hat zur Folge, dass Optimierungsmaßnahmen, die heute noch gut und richtig sind, morgen bereits unwichtig oder gar schädlich sein können.

In dieser Lektion geben ich Ihnen eine Einführung in das Thema Ranking und erkläre Ihnen, wie sich die Rankingverfahren bei Google über die Jahre hinweg weiterentwickelt haben.

Einige der komplizierteren Verfahren und Algorithmen erläutere ich Ihnen genauer. Dazu zählt das inzwischen schon etwas betagte (aber immer noch wichtige) ***PageRank***-Verfahren. Sie erfahren außerdem, wie das PageRank-Verfahren weiterentwickelt wurde und welche Rolle es heute noch spielt.

Ich erläutere Ihnen, wie Google mit den Algorithmus-Updates ***Panda*** und ***Penguin*** erfolgreich Webspam bekämpft und mit dem ***Hummingbird***-Algorithmus die Content-Qualität bewerten kann. Außerdem erfahren Sie, was es mit Googles KI (künstlicher Intelligenz)-Algorithmus ***RankBrain*** auf sich hat.

Ohne ein Verständnis dieser Technologien lassen sich Top Rankings kaum erreichen. Es lohnt sich also in jedem Fall, diese Lektion aufmerksam durchzuarbeiten :-)

4.1 Wie funktionierte die Relevanzberechnung vor Google?

Zunächst einmal sollten wir uns anschauen, wie Web-Suchmaschinen vor Google funktionierten, z.B. die im Gründungsjahr von Google marktführende Suchmaschine *Altavista*.

Wenn Sie auf der Homepage einer Suchmaschine einen oder mehrere Begriffe eingeben, möchten Sie möglichst relevante Webseiten finden, also solche, die die Informationen beinhalten, nach denen Sie suchen.

Ein offensichtlicher Ansatz ist dabei, im Suchindex nachzuschauen, auf welchen Webseiten das Suchwort überhaupt vorkommt. Ein Dokument, in dem der Suchbegriff nicht vorkommt, enthält wahrscheinlich auch keine Informationen zu diesem Begriff und ist folglich für den Suchenden nicht relevant. Das schließt viele Dokumente schon einmal aus. Jetzt müssen die verbleibenden nur noch nach Relevanz sortiert werden. Dazu braucht man Relevanz-Kriterien, die man gewichtet und aus denen man einen Relevanz-Wert für jede einzelne Seite berechnen kann.

Web-Dokumente bestehen grundsätzlich aus zwei Komponenten: dem Text und dem Markup (HTML). HTML als sog. *Auszeichnungssprache* dient dazu, die Textelemente semantisch auszuzeichnen, also z.B. festzulegen, ob ein Textabschnitt der Titel des Dokuments, eine Überschrift oder ein ganz normaler Absatz des Fließtexts ist. Dazu verwendet HTML sog. *Tags*[32], die ein Textelement umschließen. Die

Tags stehen immer in eckigen Klammern. So wird z.B. ein normaler Absatz des Fließtextes mit dem HTML-Tag `<p>` ausgezeichnet:

```
<p>Das ist ein Absatz</p>
```

Mit dem öffnenden Tag `<p>` wird festgelegt, dass danach der Text des Absatzes beginnt. Mit dem schließenden Tag `</p>` wird festgelegt, dass der Absatz an dieser Stelle endet. In der Regel wird dazu dasselbe Tag wie beim Öffnen verwendet, jedoch ein Schrägstrich (Forward Slash) davorgestellt.

Mit HTML können Sie natürlich auch Tabellen und Listen definieren, innerhalb eines Textteils Wörter hervorheben und einzelne Wörter oder Textpassagen mit anderen Textstellen oder beliebigen anderen Dokumenten des WWW verlinken.

Frühe Suchmaschinen untersuchten für die Relevanzberechnung vor allem die Web-Dokumente selbst und machten dabei u.a. folgende Annahmen:

- Häufigkeit des Suchbegriffs: Je häufiger ein Suchbegriff in einem Dokument vorkommt (absolut oder in Relation zur Gesamttextmenge), desto relevanter ist das Dokument.
- Hervorhebungen: Die Relevanz steigt, wenn das Suchwort durch entsprechende HTML-Tags ausgezeichnet ist, z.B. im Dokumenten-Titel (HTML-Tag `<title>`) oder in Überschriften (HTML-Tag `<h1>`) vorkommt. Ein höherer Relevanzwert ergibt sich auch, wenn das Suchwort im Fließtext z.B. durch den HTML-Tag `<strong>` hervorgehoben wird, als Element in Listen vorkommt (HTML-Tag `<li>`) oder Teil eines Hyperlinks ist (HTML-Tag `<a>`).
- Position innerhalb des Dokuments: Je weiter oben im Fließtext ein Suchwort vorkommt, desto relevanter ist das Dokument.
- Kombination der verschiedenen Kriterien: Ein Dokument ist besonders relevant, wenn das Suchwort im Titel, in der ersten Überschrift und im ersten Absatz des Fließtextes vorkommt.
- Außer diesen reinen Seitenfaktoren wurde auch das Vorkommen des Suchwortes in der URL (z.B. im Domainnamen, Verzeichnisnamen oder Dateinamen) untersucht, wobei das Vorkommen des Suchworts im Domainnamen besonders stark gewichtet wurde. So hätte z.B. eine Domain mit dem Namen *dichter-goethe.de* eine besonders hohe Relevanz für die Suchphrase »Dichter Goethe«.

32. Der englische Begriff tag lässt sich mit Etikett übersetzen. Können Sie sich noch an die Zeit erinnern, als im Supermarkt alle Produkte mit Preis-Etiketten ausgezeichnet waren?

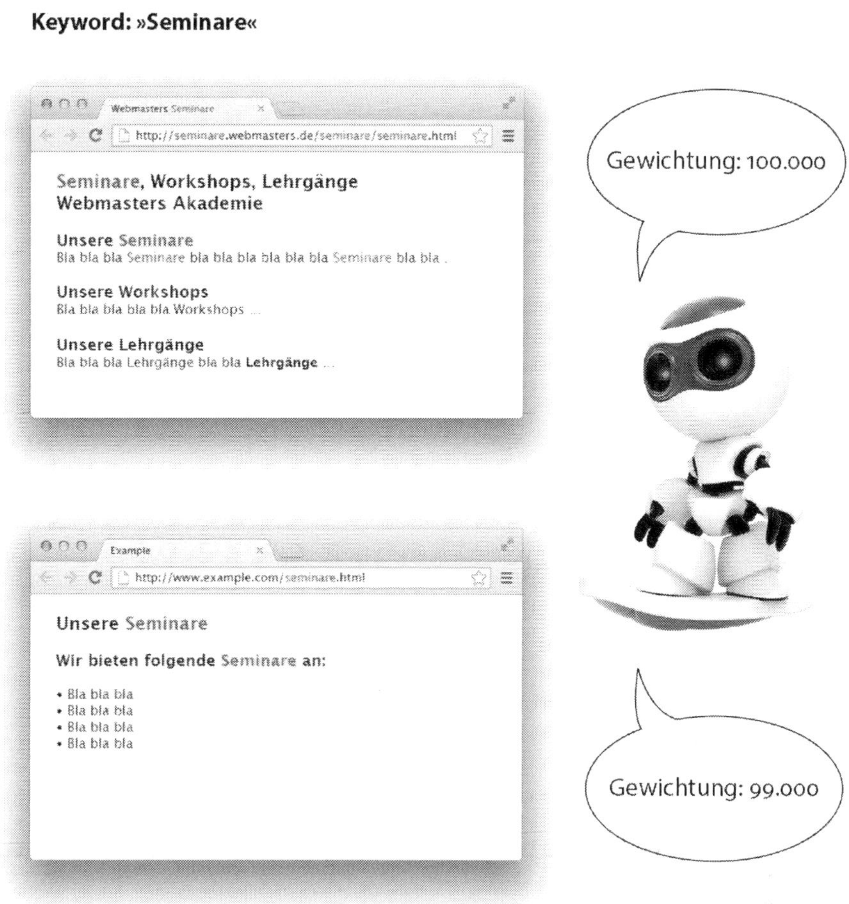

Abb. 4.1 *In der Ära vor Google untersuchten Suchmaschinen lediglich die Webseiten selbst auf das Vorkommen der Suchbegriffe in URL und Quelltext (Häufigkeit, Position, Hervorhebungen usw.).*

Das alles hat eine gewisse Logik, aber leider ein grundsätzliches Problem: Die Suchergebnisse sind leicht zu manipulieren. Und genau das passierte dann auch. Es ist z.B. ein Leichtes, bestimmte Keywords im HTML-Quellcode für den Seitenbetrachter unsichtbar häufig zu wiederholen (z.B. im Meta-Tag *keywords* oder im Body-Bereich der Seite mit einer Schriftfarbe, die der Hintergrundfarbe des Dokumentes entspricht, um die Keyworddichte zu erhöhen).

Diese Manipulationen führten dazu, dass nicht unbedingt die relevantesten Dokumente weit oben in der Trefferliste angezeigt wurden, sondern die Dokumente, die am besten für Suchmaschinen präpariert waren, und die Qualität der Suchergebnisse wurde immer schlechter. Dieses Phänomen war Ende der 1990er Jahre bei den üblichen Suchmaschinen besonders stark zu beobachten und ließ Spielraum für den Newcomer Google.

4.2 Ein revolutionärer Ansatz: das Google PageRank-Verfahren

4.2.1 Die Hypothese der Google-Gründer

Die beiden Google-Gründer Larry Page und Sergey Brin glaubten, für das Problem eine Lösung gefunden zu haben.

Ihre Hypothese war, dass eine Suchmaschine, die bei der Relevanzberechnung die *Verlinkung* der Webseiten im WWW berücksichtigt, bessere Resultate liefert als herkömmliche Suchmaschinen.

Das ist vielleicht nicht gleich offensichtlich, macht aber durchaus Sinn, wenn man sich Folgendes überlegt: Webseitenbetreiber werden in der Regel nur dann auf andere Webseiten verlinken, wenn diese nützliche Informationen bieten und für den Leser ihrer eigenen Webseiten einen Mehrwert liefern. Auf Webseiten, die keinen nützlichen oder passenden Inhalt haben oder die qualitativ schlecht sind, wird auch nicht verlinkt. Webseiten, auf die sehr viele andere Seiten verlinken, müssen demnach besonders gut und nützlich sein.

Eine Suchmaschine, die die Zahl der eingehenden Links (die sog. ***Backlinks***) als Qualitätskriterium bei der Relevanzberechnung mit berücksichtigt, müsste besonders gute Resultate liefern. Webseiten mit vielen eingehenden Links würden in der Ergebnisliste weiter oben gelistet, Webseiten ohne oder mit nur wenigen eingehenden Links weiter hinten. Ein eingehender Hyperlink würde quasi als menschliches Votum für eine bestimmte Webseite gewertet. Die Google-Gründer prägten dafür den Begriff ***Link Popularity*** – die Zahl eingehender Links sagt etwas über die Beliebtheit (Wichtigkeit) einer Webseite aus.

> Die Link Popularity ist als die absolute Zahl der auf eine bestimmte Webseite verweisenden Hyperlinks definiert.

Die Idee ist eigentlich die Übertragung eines Prinzips aus der Wissenschaft: Dort gab es schon seit langem den *Citation Index*, mit dem erfasst wird, wie häufig eine wissenschaftliche Publikation zitiert wird. Die Zitierungshäufigkeit wird als Maß für die Wichtigkeit einer wissenschaftlichen Publikation gewertet und dient auch als Grundlage für die Berechnung des *Journal Impact Factors*, einem Maß für die Wichtigkeit von Fachzeitschriften.

Die Idee, dieses Prinzip auf die Dokumente des World Wide Web anzuwenden, ist zwar interessant, birgt jedoch einige offensichtliche Probleme:

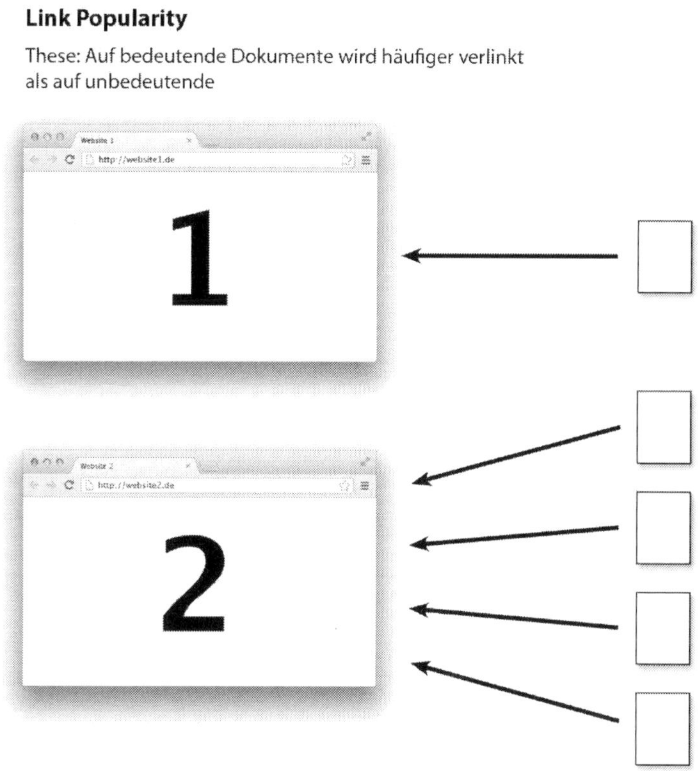

URL	Keyword-Gewichtung	Link Popularity	Gesamt-gewichtung
Seite 1	200.000	1	200.000
Seite 2	100.000	4	400.000

Abb. 4.2 *Eine zentrale These der Google-Gründer war, dass auf bedeutende Dokumente im WWW häufiger verlinkt wird. Die Anzahl der eingehenden Links auf ein Dokument wird als* ***Link Popularity*** *bezeichnet. Lässt man diese als Faktor in die Relevanzberechnung einfließen, kann sich das Ergebnis dramatisch ändern. Im gezeigten Beispiel ist ein halb so relevanter Treffer nun auf einmal doppelt so relevant wie ein anderer: Die relative Relevanz steigt von 100.000 auf 400.000 an (die Zahlen dienen nur der Verdeutlichung).*

- Anders als bei wissenschaftlichen Publikationen, bei der jedes zur Veröffentlichung in einem Fachjournal eingereichte Manuskript einer rigorosen Prüfung durch Fachexperten unterzogen wird (dem sog. *Peer Review*), kann im WWW jeder alles ungeprüft veröffentlichen, ohne jegliche Qualitätskontrolle und Überprüfung des Wahrheitsgehaltes.
- Dadurch kann auch hier die Relevanz einer Webseite leicht manipuliert werden, indem man z.B. eine weitere Webseite ins WWW stellt und auf dieser sehr viele Hyperlinks platziert, die alle zu der Seite verlinken, um diese in der Suchergebnisliste nach oben zu bringen.

Page und Brin mussten daher eine Möglichkeit finden, die Verlinkung der Webseiten auf eine Weise zu berücksichtigen, die sich nicht so einfach manipulieren lässt.

4.2.2 Ein hilfreiches Modell: Der Zufalls-Surfer

Um sich dem Problem zu nähern, erdachten Page und Brin das Modell des ***Zufalls-Surfers (Random Surfer)***: Der Zufalls-Surfer ist eine fiktive Person, die durch das World Wide Web surft, indem sie auf irgendeiner Seite startet und wahllos, ohne den Inhalt zu beachten, auf einen der Hyperlinks klickt, die sich auf der Seite befinden, und so auf die nächste Seite gelangt. Kommt sie auf eine Seite, die keine ausgehenden Links hat, so ruft sie irgendeine andere, zufällig ausgewählte Seite auf, damit der Surf-Prozess nicht abbricht.

Man könnte sich nun die Frage stellen, wie hoch zu einem bestimmten Zeitpunkt die Wahrscheinlichkeit ist, den Zufalls-Surfer auf einer bestimmten Webseite anzutreffen. Durchsurft der Zufalls-Surfer auf die beschriebene Weise permanent das World Wide Web, so wird er sich zu einem bestimmten Zeitpunkt mit höherer Wahrscheinlichkeit auf Seiten befinden, die insgesamt, d.h. direkt oder indirekt, gut verlinkt sind, als auf Seiten, die gar nicht oder nur wenig verlinkt sind.

Man könnte die Frage auch anders stellen: Wie viel Prozent seiner Zeit verbringt der Zufalls-Surfer auf einer bestimmten Seite? Oder noch einmal anders ausgedrückt: Wie häufig bzw. mit welcher Wahrscheinlichkeit ruft er beim Surfen eine bestimmte Seite auf, wenn man einen genügend langen Zeitraum betrachtet?

Die Antwort auf diese Frage muss direkt mit der Wichtigkeit eines Dokumentes korrelieren, die sich aus der gesamten Verlinkungsstruktur des WWW ergibt und dadurch relativ robust gegenüber Manipulationen ist.

4.2.3 Der PageRank-Algorithmus

Jetzt wird es ein klein wenig mathematisch, aber ich verspreche Ihnen, Sie müssen keine Angst davor haben, auch wenn Sie kein Mathe-Crack sind, denn ich halte die Betrachtung des PageRank-Algorithmus mathematisch so einfach und nachvollziehbar wie möglich.

Einen Algorithmus zu finden, der dieses Modell beschreibt und mit dem man die Wahrscheinlichkeit berechnen kann, dass sich der Zufalls-Surfer gerade auf einer bestimmten Seite befindet, ist nämlich gar nicht so kompliziert (wenn Sie das gelesen und verstanden haben, werden Sie sich bestimmt fragen: »Warum nur bin ich nicht darauf gekommen?«):

Nehmen wir an, der Zufalls-Surfer ist gerade auf einer Seite T1, auf der es eine bestimmte Anzahl an Hyperlinks (C) gibt, von denen einer auf die Seite A verlinkt.

Die Wahrscheinlichkeit *p* (für *probability*, dem englischen Wort für Wahrscheinlichkeit), dass der Surfer die Seite A aufruft, ist dann:

```
p(A) = p(T1)/C(T1)
```

wobei gilt:

- p(A) ist die Wahrscheinlichkeit, dass der Surfer auf Seite A gelangt.
- p(T1) ist die Wahrscheinlichkeit, dass der Surfer sich auf der Seite T1 befindet.
- C(T1) ist die Zahl der ausgehenden Hyperlinks auf der Seite T1, wobei einer der Links zur Seite A verweist. Je weniger ausgehende Links es auf der Seite T1 gibt, desto wahrscheinlicher ist es, dass der Surfer beim zufälligen Klicken den Link erwischt, der auf Seite A führt.

Jetzt gibt es möglicherweise nicht nur die Seite T1, die auf die Seite A verlinkt, sondern mehrere oder gar viele (nennen wir die tatsächliche Zahl n). Der Zufalls-Surfer kann von jeder dieser Seiten aus auf die Seite A gelangen. Die Wahrscheinlichkeit, den Zufalls-Surfer auf Seite A anzutreffen, ist dann die Summe aller Wahrscheinlichkeiten:

```
p(A) = p(T1)/C(T1) + p(T2)/C(T2) + ... + p(Tn)/C(Tn)
```

Im World Wide Web gibt es jedoch auch Seiten, auf die Hyperlinks verweisen, die jedoch selbst keine ausgehenden Links tragen. Der Zufallssurfer würde irgendwann auf eine solche Seite gelangen und käme von dieser nicht mehr weg, weil es keine ausgehenden Links gibt, auf die er klicken könnte! Die Wahrscheinlichkeit, dass sich der Zufallssurfer auf einer solchen Seite befindet, wäre bei genügend langer Betrachtung schließlich 100%, die Wahrscheinlichkeit, ihn auf anderen Seite anzutreffen, gleich 0%.

Um dieses Problem zu lösen, gaben die Google-Gründer ihrem Random Surfer noch eine durchaus menschliche Eigenschaft: Irgendwann (d.h. mit einer bestimmten Wahrscheinlichkeit) wird ihm das ewige Klicken auf Hyperlinks langweilig, er bricht es ab und ruft willkürlich irgendeine andere Webseite auf.

Nennen wir die Wahrscheinlichkeit, mit der er überhaupt einem Hyperlink folgt, *d*, dann ergibt sich:

```
p(A) = d (p(T1)/C(T1) + p(T2)/C(T2) + ... + p(Tn)/C(Tn))
```

Der Wert für *d*, den Google eigenen Angaben zufolge zumindest in den frühen Versionen seines Algorithmus verwendet hat, liegt bei 0,85 – also einer 85%igen Wahrscheinlichkeit, dass der Zufalls-Surfer überhaupt einem Link folgt.

Die Wahrscheinlichkeit, dass er keinem Link folgt, sondern stattdessen eine zufällige Seite aufruft, liegt dann bei 0,15 (15%) und lässt sich einfach durch (1-d) ausdrücken.

Die Wahrscheinlichkeit, dass der Zufallssurfer nicht durch Verfolgen von Hyperlinks, sondern durch Aufruf einer zufälligen Seite auf die Seite A gelangt, lässt sich folglich mit der Formel

```
p(A) = (1-d)/N
```

beschreiben, wobei N für die Anzahl aller Seiten des Systems, also des WWW, steht: Mit einer Wahrscheinlichkeit von (1-d) – also angenommenen 0,15 (15%) – ruft der Zufalls-Surfer eine beliebige Seite auf, anstatt einen Link anzuklicken. Mit einer Wahrscheinlichkeit von 1/N handelt es sich dabei um die Seite A.

Ohne diesen sogenannten Dämpfungsfaktor d wären alle Random Surfer irgendwann auf Seiten gefangen, die keine ausgehenden Links tragen, alle anderen Seiten hätten eine Wahrscheinlichkeit von 0.

Die gesamte Wahrscheinlichkeit, den Zufalls-Surfer auf der Seite A anzutreffen, beträgt in unserem erweiterten Zufalls-Surfer-Modell also:

```
p(A) = (1-d)/N + d (p(T1)/C(T1) + p(T2)/C(T2) + ... + p(Tn)/C(Tn))
```

Diese Formel, heute unter Anlehnung an Larry Page allgemein unter dem Namen ***PageRank-Algorithmus*** bekannt, beschreibt im Prinzip eine Wahrscheinlichkeitsverteilung. Sie beantwortet die Frage: Mit welcher Wahrscheinlichkeit befindet sich der Zufalls-Surfer zu einem gegebenen Zeitpunkt auf einer bestimmten Seite des WWW?

Jede Seite hat einen eigenen Wahrscheinlichkeitswert, die Summe aller Wahrscheinlichkeitswerte beträgt 1 (100%).

Page und Brin verstanden, dass die Lösung des Problems darin bestand, nicht nur die direkten eingehenden Links zu analysieren, sondern die Verlinkungsstruktur des gesamten Systems, also des gesamten WWW. Ihr Algorithmus berechnet für jede Webseite im WWW die Wahrscheinlichkeit, dass sich der fiktive Zufalls-Surfer zu einem bestimmten Zeitpunkt dort befindet, und wertet dies als allgemeines Maß für die Wichtigkeit dieser Seite. Lässt man die berechnete allgemeine (da Keyword-unabhängige) Wichtigkeit als Faktor in die Relevanzberechnung der Keywordsuche einfließen, bzw. sortiert – im einfachsten Fall – die Ergebnisliste der für einen Suchbegriff relevanten Seiten nach ihrer allgemeinen Wichtigkeit, so erhält man sehr viel bessere Suchergebnisse als zuvor, weil die insgesamt gut verlinkten, wichtigen Seiten höher gewichtet werden als unwichtige, wenig verlinkte Seiten.

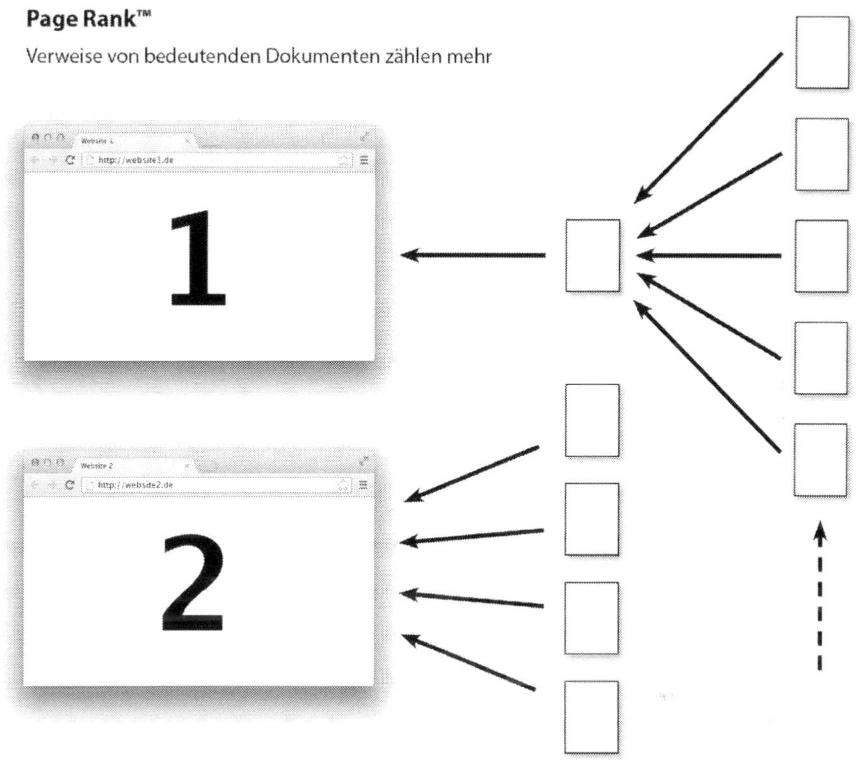

URL	Keyword-Gewichtung	Page Rank	Gesamt-gewichtung
Seite 1	200.000	5	1.000.000
Seite 2	100.000	2	200.000

Abb. 4.3 *Das PageRank-Verfahren berücksichtigt die gesamte Linkstruktur des WWW. Für jede Seite wird iterativ ein PageRank-Wert berechnet, der als Faktor in das Suchwort-Ranking einfließt. Dies verändert die Ergebnisliste dramatisch (die angegebenen Werte sind wiederum nur exemplarisch).*

In ihrer berühmten Publikation *The Anatomy of a Large-Scale Hypertextual Web Search Engine*[33] geben Brin und Page eine leicht modifizierte Form der PageRank-Formel an:

33. *http://infolab.stanford.edu/~backrub/google.html*

```
PR(A) = (1-d) + d (PR(T1)/C(T1) + ... + PR(Tn)/C(Tn))
```

Diese Variante der Formel unterscheidet sich von der bisher von uns betrachteten lediglich dadurch, dass die Gesamtzahl der Seiten im System (also N) nicht miteinbezogen wird. Folglich berechnet diese Formel auch keine Wahrscheinlichkeit, sondern einen Wert, dem Page und Brin den Namen ***PageRank*** gegeben haben.

Der PageRank-Wert ist mathematisch mit dem Wahrscheinlichkeitswert aus der ersten Variante der Formel über N verknüpft, da man ja nur die Wahrscheinlichkeit mit N multiplizieren muss, um den PageRank-Wert zu erhalten. Die Summe der PageRank-Werte aller Seiten ergibt wiederum N.

Mit dem PageRank-Wert anstelle des Wahrscheinlicheits-Wertes zu arbeiten, hat den Vorteil, dass man N nicht kennen muss, um das Gleichungssystem zu lösen (und wahrscheinlich auch, dass man einen neu erfundenen Wert hatte, dem man einen klangvollen Namen geben konnte…)

Mathematisch betrachtet handelt es sich bei dem PageRank-Algorithmus um ein lineares Gleichungssystem mit so vielen Unbekannten, wie es Webseiten gibt. Rein mathematisch ist das Gleichungssystem auch bei vielen Milliarden Unbekannten auflösbar. Weniger rechenintensiv ist jedoch die näherungsweise (iterative) Lösung. In der Patentschrift ist von ca. 100 Iterationen die Rede, die ein hinreichend genaues Ergebnis liefern, und genau diesen Weg dürfte Google auch gehen.

Da der Algorithmus noch als Teil eines Forschungsprojektes an der Stanford University entwickelt wurde, ließ die Stanford University den Algorithmus patentieren. Google erhielt später die Erlaubnis, die Technologie zu nutzen, die Stanford University erhielt im Gegenzug Aktienanteile von Google (und verkaufte diese 2005 für 336 Millionen Dollar).[34] Die Original-Patentschrift ist *im Web veröffentlicht*[35].

In der Zusammenfassung der Patentschrift, die Larry Page als Erfinder nennt, erläutert Page die Methode so (freie Übersetzung):

> *Die Methode weist den Dokumenten in einer verlinkten Datenbank (…) einen Wert für Wichtigkeit (Rang) zu. Dieser Rang eines Dokumentes wird aus den Rangwerten der Dokumente, die darauf verweisen, berechnet. Diese wiederum werden aus einer Konstanten berechnet, die die Wahrscheinlichkeit repräsentiert, mit der jemand, der die Dokumente der Datenbank betrachtet und dabei wahllos den Verlinkungen folgt, zufällig auf ein bestimmtes Dokument stößt. Die Methode ist besonders nützlich dafür, die Qualität von*

34. Quelle: *http://en.wikipedia.org/wiki/Pagerank*
35. *http://www.google.com/patents/US6285999*

Suchergebnissen in Hypermedia-Datenbanken wie dem World Wide Web, wo die Qualität der Dokumente sehr unterschiedlich ist, zu verbessern.

Der PageRank-Algorithmus berechnet also auf Basis der Verlinkung der einzelnen Webseiten im WWW für jede Seite einen Wert (PageRank). Dieser Wert ist umso höher, je mehr Hyperlinks auf eine Seite verweisen. Dabei hat jedoch nicht jeder Link den gleichen Effekt, sondern Links von Seiten, die selbst einen hohen PageRank-Wert haben, zählen mehr.

Und noch eine Erklärung des PageRank, diesmal eine ganz einfache, und zwar von der Google-Website:

PageRank reflektiert unsere Einschätzung der Wichtigkeit einer Webseite. Wichtige Seiten haben einen höheren PageRank und erscheinen mit einer höheren Wahrscheinlichkeit weit oben in der Suchergebnisliste.

Das PageRank-Verfahren ist das Herz der Suchmaschine Google und ein wesentlicher Grund für den Erfolg und die heutige Marktdominanz des Unternehmens.

PageRank-Berechnung: ein Beispiel

Schauen wir uns anhand eines kleinen Beispiels einmal genauer an, wie die PageRank-Formel funktioniert:

Unser Beispiel besteht aus einem Mini-WWW aus nur drei Seiten A, B und C. In unserem Mini-WWW verlinkt die Seite A auf Seite B, B verlinkt auf A und C und C verlinkt auf A:

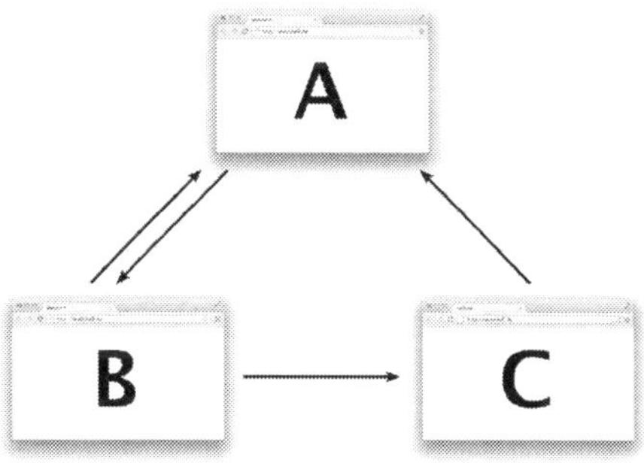

Abb. 4.4 *Mini-WWW bestehend aus nur drei Seiten, zur Demonstration der PageRank-Berechnung.*

Unser PageRank-Gleichungssystem mit drei Unbekannten sieht dann so aus:

```
PR(A) = 0,15 + 0,85 (PR(B)/2 + PR(C))
PR(B) = 0,15 + 0,85 PR(A)
PR(C) = 0,15 + 0,85 PR(B)/2
```

Das Gleichungssystem kann selbst mit rudimentären Mathematikkenntnissen, z. B. mit Hilfe des Einsetzungsverfahrens, gelöst werden.

Das ergibt folgende Lösungen (auf zwei Nachkommastellen gerundet):

```
PR(A) = 1,19
PR(B) = 1,16
PR(C) = 0,64
```

Die Summe der PageRank-Werte ergibt wie erwartet 3 (2,99 wegen der Rundungsfehler), also die Summe aller Webseiten in unserem Mini-WWW.

Alternativ könnten wir jetzt auch die Wahrscheinlichkeitswerte p ausrechnen, dass sich der Zufalls-Surfer zu einem bestimmten Zeitpunkt auf Seite A, B oder C befindet (oder anders betrachtet: wie viel Prozent seiner Surf-Zeit er auf den einzelnen Seiten verbringt). Dazu müssen wir die PageRank-Werte nur durch 3 teilen:

```
p(A) = 0,40
p(B) = 0,39
p(C) = 0,21
```

Das bedeutet: Unseren Zufalls-Surfer treffen wir mit einer Wahrscheinlichkeit von 21% auf Seite C an, mit einer Wahrscheinlichkeit von 39% auf Seite B und 40% auf Seite A.

Seite C ist die am wenigsten wichtige Seite in unserem Mini-WWW, die Seite A und B sind fast gleich wichtig, mit einem leichten Vorsprung für A.

Anhand dieses Beispiels sieht man sehr schön, wie das PageRank-Verfahren funktioniert. Sie können das nun auf beliebige Verlinkungsstrukturen anwenden und natürlich auch mit mehr als drei Seiten. Viel Spaß beim Ausrechnen!

...

Wieder da?

Wenn Sie des manuellen Ausrechnens überdrüssig sind, empfehle ich Ihnen den *PageRank-Simulator von Andrew Scholer*[36] (Chemeketa Community College).

36. *http://faculty.chemeketa.edu/ascholer/cs160/WebApps/PageRank/*

Dort können Sie Verlinkungsstrukturen analysieren und sich den PageRank berechnen lassen.

Ich hoffe, Sie haben inzwischen ein recht gutes Verständnis dafür aufgebaut, was es mit dem PageRank-Verfahren auf sich hat.

4.2.4 Der sog. »Toolbar-PageRank«

Gleich vorweg muss ich leider Folgendes klarstellen: Es gibt kein Tool, das den tatsächlichen PageRank-Wert von Webseiten anzeigt. Die wahren Werte kennt nur Google, und Google verrät diese Werte nicht.

»Bitte?«, werden Sie jetzt fragen…

Wahrscheinlich haben Sie schon gehört, dass jemand den PageRank-Werte seiner Webseiten kennt oder selbst schon PageRank-Werte ermittelt hat.

Möglich war dies bis April 2016 mit der sog. *Google Toolbar*, einer Erweiterung für die Webbrowser Internet Explorer und Firefox. Die Google Toolbar erweitert die Webbrowser um verschiedene Google-bezogene Funktionen wie z.B. ein Google-Suchfeld. Eine dieser Funktionen nannte sich »PageRank«. Damit lieferte Google für jede gerade im Browser angezeigte Webseite einen Wert zurück, der zwischen 0 und 10 lag und grafisch mit einem kleinen grünen Balken in der Google Toolbar dargestellt wurde.

Abb. 4.5 *Die Google-Toolbar im Microsoft Internet Explorer Webbrowser*

Da man den Google Toolbar-PageRank auch über eine Schnittstelle (API) abfragen konnte, entstanden zahlreiche Webbrowser-Addons und SEO-Tools, u.a. auch für Firefox, die den Toolbar-PageRank ebenfalls anzeigten.

Selbstverständlich handelte es sich dabei jedoch **nicht** um den tatsächlichen PageRank-Wert. In Abgrenzung zu dem tatsächlichen PageRank-Wert bezeichnet man den in der Toolbar angezeigten Wert daher als ***Toolbar-PageRank.***

Wie unterscheidet sich der sog. Toolbar-PageRank vom echten PageRank?

Der Toolbar-PageRank basiert auf einer logarithmischen Skala, was im Prinzip nur ein mathematischer Trick ist, den Wertebereich zu verkleinern. Durch diesen Trick ist es möglich, Werte von 0-10 anzuzeigen, wobei jede Zahl für einen mehr oder weniger großen Wertebereich des echten PageRank-Wertes steht. Die Transformationsformel verrät Google natürlich nicht, so dass man den echten PageRank-Wertebereich nicht zurückberechnen kann.

Markus Sobek zeigt in seinem *Artikel zum PageRank-Verfahren*[37] Tabelle 4.1 und vermittelt damit eine Vorstellung davon, wie der Toolbar-PageRank mit dem echten PageRank zusammenhängen könnte. Er weist darauf hin, dass die Werte nur eine Annahme sind, die sich »bei einer angenommenen logarithmischen Basis von 6 ergäben« und dass Google wahrscheinlich keine strikte logarithmische Skalierung verwendet, sondern eine »manuelle Skalierung, die einem logarithmischen Schema folgt, damit Google die volle Kontrolle darüber behält, wie viele Seiten einen bestimmten Toolbar-PageRank inne haben«.

Toolbar-PageRank	**Tatsächlicher PageRank**
0	0,15 - 0,9
1	0,9 - 5,4
2	5 - 32
3	32 - 194
4	194 - 1.166
5	1.166 - 6.998
6	6.998 - 41.990
7	41.990 - 251.942
8	251.942 - 1.511.654
9	1.511.654 - 9.069.926
10	9.069.926 - 0,85 x N + 0,15

Tabelle 4.1 *Zusammenhang zwischen Toolbar-PageRank und den echten PageRank-Werten nach Markus Sobek (Quelle: http://pr.efactory.de/d-pagerank-implementierung.shtml)*

37. *http://pr.efactory.de/d-pagerank-implementierung.shtml*

4.2.5 PageRank 10: Der Blick in den Google-Himmel

Gibt es eigentlich Webseiten mit Toolbar-PageRank 10, und wenn ja, welche sind es? Google selbst bot uns leider nie die Möglichkeit, gezielt nach Webseiten mit PageRank 10 zu suchen. Es gab aber Webseiten, die es sich zur Aufgabe gemacht hatten, die bekannten PageRank 10-Webseiten aufzulisten.

Auch wenn es sich hierbei um inzwischen historische Daten handelt, lässt sich daraus doch einiges lernen: Am Beispiel der Adobe Reader-Download-Seite sieht man, dass eine Unterseite einer Website einen höheren PageRank als die Startseite haben kann, wenn sie viele eingehende Links hat (Abb. 4.6) . Hieraus erkennt man, dass die absolute Zahl der Backlinks nicht das Entscheidende ist.

Title	PR	GBLs (Google's Fake representation)	YBLs (Yahoo's representation)	URL
US Goverment Website	10	20,900	9,652,685	http://www.usa.gov/
Adobe - Adobe Reader Download	10	141,000	31,072,000	http://get.adobe.com/reader/
Adobe - Adobe Flash Player Download	10	141,000	19,090,000	http://get.adobe.com/flashplayer/
United States Department of Health and Human Services	10	9,750	2,308,721	http://www.hhs.gov/
Miibeian	10	70,300	841,149,899	http://www.miibeian.gov.cn/
Social Bookmarking Sharing Button Widget	10	59,300	254,366,607	http://www.addthis.com/bookmark.php
Europeana	10	3,890	140,778	http://www.europeana.eu/portal/
EUA - European University Association	10	1,500	163,899	http://www.eua.be/
Universitas 21	10	422	205,306	http://www.universitas21.com/
Twitter	10	4,590	1,79,090	http://www.twitter.com/
United Nations	10	1,830	62,223	http://www.un.org/en/

Following Site was downgraded to Page Rank 9 from PR 10 in the latest backlink update,

http://www.google.com
http://www.facebook.com/

Abb. 4.6 *Bekannte PageRank 10-Websites (Stand: Mai 2012, Quelle: http://www.searchenginegenie.com/pagerank-10-sites.htm)*

4.2.6 Was folgt aus dem PageRank-Algorithmus?

Aus dem PageRank-Algorithmus lässt sich direkt Folgendes schließen:

- Jeder eingehende Link erhöht den PageRank.
- Eine Seite »vererbt« ihren PageRank an die Seiten, auf die sie verlinkt. Wie hoch der vererbte PageRank ist, hängt davon ab, wie viele ausgehende Links es auf der Seite gibt und in welchem Bereich eines PageRank-Wertes sich die Seite bewegt. Hat die Seite wenige ausgehende Links und bewegt sich eher im oberen Bereich eines bestimmten PageRank-Wertes, vererbt sich der Toolbar-PageRank meist mit PR(A)-1.

- Wenige Links von Seiten mit hohem PageRank bringen mehr als viele Links von Seiten mit geringem PageRank. Ein einzelner Link von einer Seite mit einem hohen PageRank reicht theoretisch aus, um selbst einen hohen PageRank zu bekommen (der Toolbar-PageRank liegt meist ein bis zwei Stufen unter dem der verlinkenden Seite).
- Je mehr Links eine Seite trägt, desto weniger PageRank wird vererbt (da die Zahl der ausgehenden Links in der PageRank-Formel im Nenner steht). Da der PageRank auch innerhalb einer Website vererbt wird (z.B. von der Homepage auf die Unterseiten), empfiehlt es sich, ausgehende Links auf einer Unterseite zu konzentrieren, um möglichst viel PageRank in der Site zu halten.

Wie genau fließt der PageRank nun in die Gewichtung einer Webseite bei spezifischen Suchanfragen ein? Google berücksichtigt bei der Relevanzbeurteilung u.a. die folgenden Faktoren:

- seitenspezifische Faktoren, also z.B. Vorkommen und relative Häufigkeit eines Suchbegriffs im Seitentitel, in der URL, auf der Seite selbst sowie Position auf der Seite, Hervorhebungen usw.
- Vorkommen des Suchbegriffs im Ankertext eingehender Links
- den PageRank der Seite.

Die Erfahrung mit Google zeigt, dass der Einfluss des PageRanks insbesondere wichtig ist bei Suchanfragen, die nur aus einem oder zwei Begriffen bestehen. Bei komplexeren Suchanfragen überwiegt der Einfluss der seitenspezifischen Faktoren, so dass es durchaus möglich ist, durch gezielte Seitenoptimierung alleine für die Kombination mehrerer Suchbegriffe auf der Google-Trefferliste relativ weit nach oben zu kommen.

Oder anders ausgedrückt: Wenn die Suchbegriffe in der Kombination und Reihenfolge, wie sie in die Suchmaske von Google eingegeben werden, auf sehr vielen Webseiten vorkommen und die Gewichtung auf Basis der seitenbezogenen Kriterien ähnlich ist, entscheidet der PageRank maßgeblich (aber nicht alleinig) darüber, welche Seiten in der Ergebnisliste oben angezeigt werden.

4.2.7 Weiterentwicklung des PageRank-Verfahrens

Wie schon erwähnt ist auch das PageRank-Verfahren nicht 100% robust gegen Manipulationen. Das Setzen vieler Links auf ein bestimmtes Dokument nur mit dem Ziel, den PageRank hochzutreiben, wird als ***Linkspam*** bezeichnet und wurde von einigen Webseitenbetreibern und SEOs in den letzten Jahren massiv betrieben. Die Möglichkeiten dazu reichen von gefälschten Gästebucheinträgen, Fake-Threads in Foren und künstlich erzeugten Blog-Kommentaren bis zum Aufbau ganzer Link-Farmen, deren einziger Zweck darin besteht, durch hundertfache Verlinkung von Websites und Webseiten untereinander den PageRank einzelner Seiten zu erhöhen.

Google hat das PageRank-Verfahren seit seiner Einführung kontinuierlich weiterentwickelt, um es robuster gegen solche Manipulationsversuchen zu machen:

Distanz zwischen Webseiten

Google berücksichtigt vermutlich die Distanz zwischen verlinkender und verlinkter Seite, ausgehend von der Annahme, dass folgender Zusammenhang gilt: Je größer die Distanz zwischen Websites, desto geringer ist die Wahrscheinlichkeit, dass die Websites von einer Person kontrolliert werden.

Kriterien für die Distanz können z. B. sein:

- Ob die Seiten auf der gleichen Domain liegen. Site-interne Links würden damit weniger stark gewichtet.
- Ob sich die Websites auf demselben Server befinden. Dies lässt sich leicht anhand der IP-Adresse der Websites ermitteln, da virtuelle Webserver, die sich auf einem physikalischen Server befinden, heute in der Regel alle auf einer IP-Adresse liegen und über den sog. ***Host Name Header***[38] angesprochen werden.
- Anhand der IP-Adressen der verlinkenden Websites kann auch ermittelt werden, in welchen geografischen Regionen die Sites liegen, da IP-Adressen weltweit koordiniert vergeben werden und sich die Informationen über die Zuordnung zwischen IP-Adressbereichen und geografische Region in öffentlich zugänglichen Datenbanken finden lassen.

Eingehende Links von – nach diesen Kriterien – weit entfernten Websites werden höher gewichtet als Links von Websites in der Nähe.

Domain Popularity

Inzwischen wurde bei der Berechnung des PageRanks das Konzept der ***Link Popularity*** weitgehend durch das der ***Domain Popularity*** ersetzt. Nicht mehr die absolute Zahl der eingehenden Links (***Backlinks***) ist entscheidend, sondern die Zahl der eingehenden Links von unterschiedlichen Domains. Es macht also für den PageRank keinen messbaren Unterschied mehr, ob eine Seite von einer bestimm-

38. Die Version 1.1. des HTTP-Protokolls überträgt den Host-Namen (z. B. www.example.org) im Header des HTTP-Requests vom Client (Webbrowser) zum Server. Dieser kann den Namen dann auswerten und die Anfrage einem virtuellen Server zuordnen.

ten Domain viele Links oder nur einen einzigen Link erhält. Auch dies soll die Möglichkeiten der Manipulation durch einzelne Site-Betreiber weiter reduzieren.

Der »Reasonable Surfer«

Google hat bereits im Jahre 2004 ein Patent eingereicht, in dem ein modifiziertes Random-Surfer-Modell beschrieben wird. Die Patentschrift wurde 2010 veröffentlicht.[39]

Darin geht Google nunmehr davon aus, dass der Surfer nicht mehr rein zufällig irgendeinem Link auf einer Webseite folgt, sondern eine Auswahl vornimmt — aus dem Random Surfer wird der *Reasonable (dt.: vernunftbegabte) Surfer.*

Der *Reasonable Surfer* würde z.B. mit einer höheren Wahrscheinlichkeit einem Link folgen, der einen thematischen Bezug zu der Webseite hat, auf der sich der Surfer gerade befindet. Ebenso würde der Surfer mit höherer Wahrscheinlichkeit einen Link anklicken, der sich im Inhaltsbereich der Seite befindet, als z.B. einen Link im Footer.

Zu den Faktoren, die Google heute bei der PageRank-Berechnung zusätzlich berücksichtigt, zählen wahrscheinlich:

- Die Stärke der Hervorhebung eines Links (z.B. Links in Überschriften)
- Die Position des Links innerhalb des Dokumentes (je weiter oben, desto besser vermutlich)
- Die Distanz zwischen Webseiten (s. u.)
- Die Domain Popularity
- Die thematische Nähe der verlinkten Webseite zu der Webseite, auf der sich der Surfer gerade aufhält.

Der »Intelligent Surfer«?

Da Google seit Jahren schon massiv in die Entwicklung von KI-Algorithmen[40] investiert und RankBrain (siehe Abschnitt 4.8) bereits fester Bestandteil der aktuellen Google Suche und Ranking-Algorithmen ist, ist es naheliegend, dass Google auch bei der Analyse der Backlinkstruktur auf künstliche Intelligenz baut. Ich persönlich gehe davon aus, dass aus dem »Reasonable Surfer« inzwischen ein »intel-

39. JA Dean, C Anderson, A Battle - US Patent 7,716,225, 2010: Ranking documents based on user behavior and/or feature data
40. KI = Künstliche Intelligenz

ligent Surfer« geworden ist, der beim virtuellen Klicken auf Hyperlinks ähnliche »Überlegungen« anstellt und Entscheidungen trifft wie Menschen dies tun würden.

Dieser intelligente Surfer würde z.B. nur oder mit einer höheren Wahrscheinlichkeit auf Links klicken, die für die Information auf der Website, auf der sich der Backlink befindet, einen echten Mehrwert darstellen. Auf weiterführende oder ergänzende Informationen zum Thema der Webseite z.B. oder auf verlinkte Quellenangaben, auf verwandte Themenseiten, auf Seiten mit nützlichen Zusatzfunktionen oder Downloads. Der Intelligent Surfer würde sofort erkennen, wenn ein Link unpassend und nutzlos ist und diesen gar nicht erst oder mit einer geringen Wahrscheinlichkeit anklicken. Und er würde selbstständig dazu lernen, je mehr Webseiten er auf diese Weise analyisert. Damit würden in die PageRank-Berechnung nur oder mit viel höherem Gewicht die für Nutzer nützlichen Links herangezogen, unnützliche oder »unnatürliche« Links dagegen weniger oder gar nicht.

Auch wenn Google die Weiterentwicklung des PageRank-Verfahrens in diese Richtung bisher nicht offiziell bestätigt hat, gibt es sehr viele Indizien, dafür. Bekannt ist z.B. schon länger, dass die thematische Nähe zwischen verlinkender und verlinkter Webseite wichtig ist, damit der Link »zählt«. Bekannt ist auch, dass Links aus dem Haupt-Inhaltsbereich (Main Content) der Seite mehr zählen als Links aus Navigations- und Footer-Bereichen. Die Anreicherung des PageRank-Algorithmus um eine KI-Komponente ist daher nur logisch. Ich würde jedenfalls um drei Kästen Bier mit Ihnen wetten, dass Google genau das getan hat.

4.2.8 Der PageRank ist tot — es lebe der PageRank!

Welche Rolle spielt der PageRank heute noch?

Der Toolbar-PageRank wurde von Google leider nur in längeren, unregelmäßigen Abständen von mehreren Monaten aktualisiert, und zuletzt ab Anfang Dezember 2013 gar nicht mehr, so dass die Werte, die man von Google abfragen konnte, zunehmend veralteten.

> Im April 2016 stellte Google schließlich die Veröffentlichung der Toolbar-PageRank-Werte endgültig ein, so dass es heute keine Möglichkeit mehr gibt, (Toolbar-)PageRank-Werte von Google zu erhalten.

In der SEO-Community gibt es schon seit Längerem eine lebhafte Diskussion darüber, welche Rolle der PageRank heute überhaupt noch spielt, einige sind sogar der Ansicht, der PageRank sei nicht mehr wichtig. »PageRank ist tot«, liest man auf vielen Webseiten, die sich mit SEO beschäftigen.

Das hat wahrscheinlich damit zu tun, dass Google selbst sich bereits seit Jahren bemüht, die Bedeutung des PageRanks herunterzuspielen, und den Toolbar-PageRank heute nicht mehr verrät.

Stattdessen lässt Google verlauten, Webseitenbetreiber sollten sich auf die Qualität und den Nutzwert des Contents konzentrieren und den PageRank vergessen.

Sicherlich ist es so, dass Google in den letzten Jahren große Fortschritte darin gemacht hat, die inhaltliche Qualität und den Nutzwert von Webseiten zu ermitteln, und diese Signale heute sehr wichtig sind. Das möchte ich nicht bestreiten.

Was die Bedeutung des PageRanks anbelangt, so bin ich jedoch anderer Meinung als einige andere SEOs: Aus Insider-Kreisen weiß ich, dass Google mit Suchergebnislisten, die ohne PageRank als Rankingfaktor berechnet wurden, experimentiert —und dass diese für die meisten Suchanfragen den Ergebnislisten, die PageRank als Faktor berücksichtigen, qualitativ immer noch weit unterlegen sind. Ausnahmen bestätigen dabei die Regel ;-)

Außerdem dürfen wir nicht vernachlässigen, dass Google das PageRank-Verfahren seit seiner Entwicklung vor fast 20 Jahren umfassend weiterentwickelt hat.

Besonders wertvoll scheint für Google auch eine Kombination aus PageRank und Trust-Berechnung (vergl. Abschnitt 4.3) zu sein, um die besten und nützlichsten Seiten zu einem Thema zu finden.

Ich denke daher, dass Google die Bedeutung des PageRanks nicht deshalb herunterspielt, weil PageRank nicht mehr wichtig ist, sondern dass genau das Gegenteil der Fall ist: Vermutlich hat Google festgestellt, dass es keine gute Idee war, den (Toolbar-)PageRank-Wert zu veröffentlichen, da Webmaster, SEOs und Linkverkäufer damit eine wertvolle Information bekamen und das Verkaufen von Links überhaupt erst lukrativ wurde — und dies hatte das Potenzial, die Google-Suchtechnologie in ihren Grundfesten zu erschüttern.

Die Grundidee hinter dem PageRank-Verfahren war, dass Webseitenbetreiber auf andere Webseiten verlinken, wenn sie diese für gut und nützlich halten. Das mag auch heute im Prinzip noch stimmen, aber es gibt natürlich auch noch andere Gründe für das Setzen von Hyperlinks auf andere Seiten, wie z.B. Gefälligkeits-Links (Links auf die Seiten von Freunden und Bekannten), Linktausch (»Verlink auf mich, dann verlinke ich auf dich«) und Links aus technischen oder juristischen Anforderungen heraus (z.B. die aus juristischen Gründen notwendige Quellenangabe eines Bildes).

Solange diese Gründe, Hyperlinks zu setzen, nur in geringem Maße vorkommen, stellt das für das Grundprinzip des PageRank-Verfahrens kein großes Problem dar. Nimmt es jedoch überhand, dass Webmaster Hyperlinks setzen, weil sie Geld dafür bekommen oder weil sie den PageRank einzelner Seiten gezielt erhöhen wollen, so wird PageRank-als Metrik für die Wichtigkeit einer Webseite immer weniger gültig.

Google unternimmt daher große Anstrengungen gegen diese Tendenzen. Zu diesen gehört z.B., die Bedeutung des PageRanks öffentlich herunterzuspielen und keine (Toolbar) PageRank-Werte mehr zu veröffentlichen.

Und was noch an Backlink-Spam übrigt bleibt, kann Google mit Hilfe von Trust-Berechnung und KI-Algorithmen leicht erkennen und ausfiltern.

Eine moderne Form des PageRank-Verfahrens ist daher aller Wahrscheinlichkeit nach einer der wichtigsten Ranking-Faktoren für Google.

Die aktuellen Erfahrungswerte bestätigen das: Ohne qualitativ hochwertige Backlinks von Websites, die selbst über viel PageRank und Trust verfügen, schafft es kaum eine Webseite auf die erste Ergebnisseite von Google und schon gar nicht zu Top Rankings (Platz 1-3).

Es ist daher essentiell wichtig, dass wir dies bei unserer SEO-Arbeit berücksichtigen.

> Die aktuelle Form des PageRank-Algorithmus liefert Google sehr wahrscheinlich eines der wichtigsten Rankingsignale. Leider gibt es jedoch keine Möglichkeit mehr, von Google PageRank-Werte abzufragen, so dass wir auf die Tools von SEO-Tool-Anbietern angewiesen sind, die auf eigene Faust PageRank und Trust-Werte berechnen (vergl. Abschnitt 4.4).

4.3 Trust und »TrustRank«

Man kann davon ausgehen, dass das ursprüngliche PageRank-Verfahren im Laufe der Zeit weitgehende Veränderungen und Erweiterungen erfahren hat und durch weitere Verfahren ähnlicher Art ergänzt wurde.

Ein für Google offenbar sehr wichtiges Konzept ist das des Trusts — damit meint Google, wie vertrauenswürdig die Informationen auf einer Webseite sind. Google versucht, genau das zu berechnen.

In einem *Video-Blogpost*[41] hat der Google-Ingenieur und Leiter des Webspam-Teams *Matt Cutts* erläutert, was Google unter Trust versteht. Danach ist u.a. PageRank ein wichtiges Trust-Signal.

Experten gehen jedoch davon aus, dass Google darüberhinaus einen Algorithmus verwendet, der an ***TrustRank*** angelehnt ist. TrustRank ist ein an das PageRank-Verfahren angelehnter Algorithmus zur Bewertung der Qualität von Webseiten. Der TrustRank-Algorithmus wurde im Jahr 2004 von Forschern der Stanford University sowie einem Yahoo!-Mitarbeiter publiziert,[42] und ein Jahr später reichte Yahoo! einen darauf basierenden Patentantrag mit dem Titel »*Link-based spam detection*[43]« ein.

Mit Hilfe dieses Algorithmus sollen Suchmaschinen die *Qualität* von Webseiten bewerten können und nicht »nur« – wie der PageRank-Algorithmus – eine Art Beliebtheit, die sich aus der Verlinkungsstruktur ergibt.

Die Grundidee des TrustRank-Algorithmus besteht darin, eine relativ kleine Zahl von besonders vertrauenswürdigen Websites von Hand auszuwählen (sog. *Seed-Sites*) und diesen, nach eingehender Prüfung, den höchsten TrustRank-Wert zuzuweisen, der sich – ähnlich wie beim PageRank-Verfahren – durch ausgehende Links auf andere Seiten vererbt.

Solche besonders vertrauenswürdigen Websites (***Authority Domains***) zeichnet aus, dass diese sorgfältig von Hand gepflegt und aktualisiert werden, dass sie mit einer sehr geringen Wahrscheinlichkeit auf schlechte Webseiten (z.B. Spamseiten) verlinken, jedoch mit hoher Wahrscheinlichkeit auf gute, nützliche Sites. Und natürlich, dass von diesen Seiten keine Backlinks gekauft werden können.

Je weiter eine Website von einer solchen Authority Domain entfernt ist, d.h. je mehr Klicks auf Links benötigt werden, um von der Authority Domain zu einer bestimmten Website zu gelangen, desto weniger Trust kommt dort an.

Berechnet man nun mit dem Algorithmus den TrustRank für alle Domains (oder vielleicht sogar einzelne Webseiten wie beim PageRank), so werden insbesondere die Seiten, die durch Link-Kauf, Link-Tausch oder Link-Farmen einen unnatürlich hohen PageRank-Wert haben, wenig TrustRank aufweisen.

---

41. *https://www.youtube.com/watch?v=ALzSUeekQ2Q*

42. Quelle: Gyöngyi, Zoltán; Hector Garcia-Molina, Jan Pedersen (2004). »Combating Web Spam with TrustRank«. Proceedings of the International Conference on Very Large Data Bases 30: 576. Retrieved 2007-10-26.

43. *https://www.google.com/patents/US7533092*

Das TrustRank-Verfahren kann somit besonders effektiv dazu verwendet werden, solche Spam-Seiten zu identifizieren.

Es ist davon auszugehen, dass Google einen dem TrustRank-Verfahren sehr ähnlichen Algorithmus einsetzt und damit Domains, oder vielleicht sogar einzelnen Webseiten, einen Trust-Wert zuweist und dass dieser, ebenso wie der PageRank, ein wichtiges Rankingsignal ist.

Dieser Trust-Wert dient vermutlich auch dazu, Seiten mit manipulativ erhöhtem PageRank-Wert zu identifizieren und diese dann herunterzustufen.

Google vermeidet jedoch, öffentlich von »TrustRank« zu sprechen, vermutlich, weil es sich dabei nicht um ein Google-Patent handelt.

Google ist wahrscheinlich auch deshalb bemüht, möglichst wenig öffentliche Diskussion zum Thema Trust entstehen zu lassen, und ganz sicher wird es von Google keinen Toolbar-TrustRank geben! Den Fehler, den Google mit dem PageRank begangen hat, wird Google sicherlich nicht noch einmal begehen.

Gehen wir also davon aus, dass Trust heute ein wichtiges Ranking-Kriterium ist, dann muss ein Ziel von SEO sein, den Trust zu erhöhen.

Das können Sie nur dadurch erreichen, dass Sie Backlinks von Seiten mit hohem Trust erhalten. Von besonderem Interesse wäre natürlich, die handverlesenen Seed-Seiten zu kennen – aber diese sind natürlich streng geheim.

Man kann hier nur vermuten, wie Google solche Seiten auswählt. Ein naheliegender Schluss ist der, das die Google-Experten sich insbesondere die Seiten mit hohem PageRank anschauen, da diese sicherlich heiße Kandidaten für die Seiten mit höchstem Trust sind. Zu diesen gehören wahrscheinlich Websites von Universitäten, Regierungen, staatlichen und nicht-staatlichen Organisationen und Verbänden, Nachrichtenportale der als seriös eingestuften Presse und Medien, bekannte Blogs und – höchstwahrscheinlich – auch bestimmte Wikipedia-Seiten.

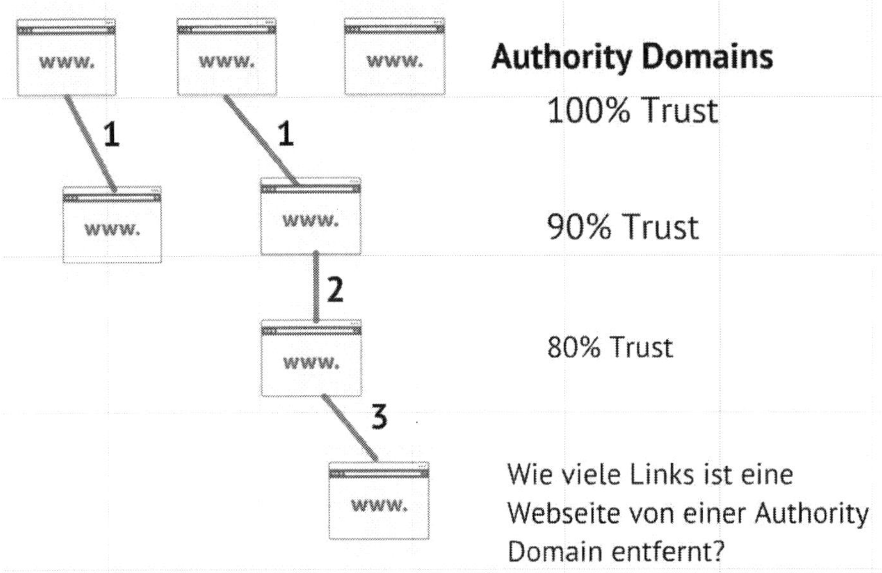

Abb. 4.7 *Modellhafte Darstellung der Trust-Berechnung: Je »näher« sich eine Webseite bei einer Authority Domain befindet, desto höher ist Googles Vertrauen in diese Seite.*

Gibt es eine Möglichkeit, den Trust-Wert einer Domain oder einzelner Webseiten zu ermitteln?

Wie bereits erwähnt, bietet Google hierzu keinerlei Möglichkeit. Es gibt jedoch eine Reihe von SEO-Tool-Anbietern, die eigene Trust-Berechnungen durchführen und Metriken entwickelt haben, mit denen SEOs arbeiten können. Die wichtigsten Tools und Metriken wollen wir uns im folgenden Abschnitt anschauen.

4.4 PageRank- und Trust-Metriken von SEO-Tool-Anbietern

Dass Google den Toolbar-PageRank nicht mehr publiziert, kommt den zahlreichen Anbietern von SEO-Software und -Tools sehr entgegen, denn man ist nun für PageRank- und Trust-Metriken auf diese Tools und deren Metriken angewiesen.

Einige Anbieter haben eigene Metriken entwickelt, die an das Google PageRank- und mutmaßliche Trust(Rank)-Verfahren angelehnt sind und als Alternative zum PageRank verwendet werden können. Dazu analysieren sie jeweils mit eigenen Crawlern die Backlinkstruktur des World Wide Web. Wie umfangreich, aktuell und technisch akurat die jeweilige Datenbasis ist und wie gut die Metriken das reflektieren, was Google für sich berechnet, lässt sich nicht sicher sagen. Die hier vorgestellten Anbieter gehören jedenfalls zu den großen und bekannten der Branche.

Zusätzlich zu PageRank-ähnlichen Metriken bieten sie eine Vielzahl weiterer Tools und Analysemöglichkeiten an, auf die ich hier nicht im Einzelnen eingehen kann.

Alle Tool-Anbieter haben verschiedene monatliche Abo-Modelle, mit denen man dann mehr oder weniger umfassenden Zugang zu den Analysedaten und den verschiedenen Tools erhält. Einige Anbieter bieten kostenlose Test-Accounts an oder bieten ohne Registrierung oder mit einem kostenlosen Konto oder einer Browser-Toolbar Zugang zu einem kleinen Teil ihrer Daten.

4.4.1 LRT Power*Trust

Die in Österreich ansässige Firma *LinkResearchTools*[44] (LRT) wurde 2009 von Christoph C. Cemper gegründet, einem bekannten SEO-Experten, der sich seit 2003 mit Link Building beschäftigt. LinkResearchTools verfügt über eine der umfangreichsten Backlink-Datenbanken des WWW und errechnet auf Basis der Verlinkungsstruktur u.a. die Metrik *LRT Power*, die an den Google PageRank angelehnt ist, und *LRT Trust*, die an das TrustRank-Verfahren angelehnt ist. Beide Metriken basieren auf einer logarithmischen Skala und haben einen Wertebereich zwischen 0 und 10.

Seit August 2015 bietet LRT unter dem Namen *LRT Power*Trust* ein kostenloses *Browser-Addon für die Webbrowser Google Chrome und Firefox*[45] an, das LRT selbst als »perfekten Ersatz für den Google Toolbar-PageRank« preist.

Sehr zu empfehlen ist auch die kostenlose *LRT SEO Toolbar*[46], die es jedoch nur für den Google Chrome Webbrowser gibt. Damit können Sie direkt auf der Suchergebnisseite die LRT-Metriken für die einzelnen Suchtreffer einblenden.

Sowohl die Toolbar als auch das Browser-Addon zeigen für die im Browser gerade besuchte Domain und Webseite die Metriken *LRT Power* und *LRT Trust* sowie die Multiplikation der beiden Werte an; der Wertebereich für die Metrik *Power*Trust* beträgt dann logischerweise 0-100. Dies kommt meiner Meinung nach vermutlich dem sehr nahe, was Google auch macht. Der *LRT Power*Trust*-Wert ist damit eine sehr nützliche Metrik, um das Ranking-Potential einer Domain zu ermitteln.

44. *http://www.linkresearchtools.com*
45. *http://www.linkresearchtools.com/technology/lrt-power-trust/*
46. *http://www.linkresearchtools.com/tools/link-research-seo-toolbar/*

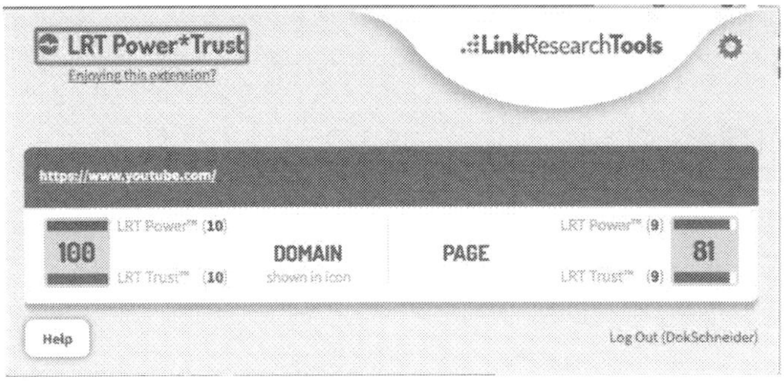

Abb. 4.8 *Das LRT Power*Trust Addon für Google Chrome zeigt für die Domain youtube.com*[47] *einen Traum-Wert von 100 an.*

Außerdem publiziert LRT regelmäßig die *Top-500 LRT Power*Trust Links*[48], d.h. die Domains, mit den höchsten Power*Trust-Werten, jeweils global bzw. für einzelne Länderdomains— eine sehr interessante Lektüre.

LRT bietet auch noch eine ganze Reihe weiterer SEO-Tools, die mit der Analyse und Optimierung der Backlinkstruktur zu tun haben, an. Um diese zu nutzen, benötigen Sie ein kostenpflichtiges Abo.

4.4.2 MOZ Domain Authority (DA) und Page Authority (PA)

Die amerikanische Firma *MOZ*[49] (früherer Name *SEOmoz*) existiert seit dem Jahr 2008. Ihre Backlink-Datenbank umfasst eigenen Angaben zufolge mehr als 641 Milliarden Links.

Mit der *MOZ Domain Authority (DA)* und der *MOZ Page Authority (PA)* hat MOZ zwei Metriken zu bieten, die viele SEO-Experten für den besten Ersatz für den Google Toolbar-PageRank halten und die sich bei der SEO-Arbeit in der Praxis bewährt haben. Die Metriken verwenden eine Skala von 0 bis 100. Die *MOZ Domain Authority* beschreibt das Ranking-Potential der Domain, basierend auf der Backlink-Struktur *(MozRank)* und einer Trust-Metrik *(MozTrust)*, in die u.a. das Alter der Domain als Faktor einfließt. Die *MOZ Page Authority (PA)* ermittelt das Ranking-Potenzial für einzelne Unterseiten der Domain. Darin fließen u.a. die direkten Backlinks auf die entsprechende Unterseite ein. *MozRank* und *MozTrust* sind ebenfalls an Googles PageRank und an den TrustRank-Algorithmus angelehnt und haben auf einer logarithmischen Skala einen Wertebereich von 0 bis 10.

47. *http://youtube.com*
48. *Top-500 LRT Power*Trust Links*
49. *https://moz.com/*

MOZ bietet mit der *MozBar*[50] ein kostenloses Addon für die Webbrowser Google Chrome und Mozilla Firefox an, das für jede besuchte Webseite diese Metriken anzeigt.

Abb. 4.9 *Das Browser-Addon MozBar zeigt für jede besuchte Webseite die Metriken MOZ Page Authority (PA) und MOZ Domain Authority (DA) an. In dem gezeigten Beispiel handelte es sich um eine Unterseite der Domain nytimes.com.*

4.4.3 Ahrefs Rank (AR) von Ahrefs

Das Unternehmen *Ahrefs Pte Ltd.* bietet unter der Adresse *https://ahrefs.com* einen umfangreichen Backlink-Index an. Ahrefs verwendet eine eigene Metrik, um die Wichtigkeit einer verlinkenden Domain bzw. einzelner URLs zu ermitteln: *Domain Rating (DR)* und *URL Rating (UR)*. Beide Metriken verwenden einen Wertebereich zwischen 0 und 100.

Ahrefs hat ebenfalls eine kostenlose Toolbar für die Webbrowser Chrome und Firefox im Angebot, die *Ahrefs SEO Toolbar*[51]. Neben *Domain Rating* und *URL Rating* zeigt diese u.a. noch die Zahl der Backlinks (BL) und die Zahl der verlinkenden Root-Domains (RD) an.

4.4.4 Trust Flow von Majestic SEO

Der Hyperlink-Index der britischen Firma Majestic-12 Ltd, der unter dem Namen *Majestic SEO*[52] vermarktet wird, ist nach eigenen Angaben der größte und aktuellste Hyperlink-Index des WWW, der öffentlich zugänglich ist. Mit einer kostenlosen Registrierung erhält man relativ umfangreiche Informationen zu seinen eigenen Websites.

Die Metric *Trust Flow* von Majestic SEO ist an den TrustRank-Algorithmus angelehnt und berechnet auf einer Skala von 0 bis 100 die relative Nähe einer Domain oder URL zu Webseiten, die von Suchmaschinen als besonders vertrauenswürdig eingestuft werden. Je weniger Klicks ein Surfer theoretisch braucht, um von einer vertrauenswürdigen Webseite auf die betrachtete Webseite zu gelangen, desto höher ist der Trust Flow.

50. *https://moz.com/mozbar*
51. *https://ahrefs.com/labs/seo-toolbar*
52. *https://www.majesticseo.com/*

4.4.5 Page Strength (SPS) von Searchmetrics

Die deutsche Firma *Searchmetrics*[53] hat ebenfalls eine eigene Metrik, die *Searchmetrics Page Strength (SPS)*, im Angebot. Der SPS-Wert wird ähnlich wie der Google PageRank auf einer logarithmischen Skala von 0 bis 10 angezeigt und aus der Anzahl und Qualität aller Links, die auf die Domain bzw. Seite verweisen, berechnet. Der SPS-Wert ist allerdings nur mit einem kostenpflichtigen Abo zu ermitteln.

4.4.6 Übersichtstabelle

In der folgenden Tabelle habe ich die verschiedenen Metriken der genannten SEO-Tools der besseren Übersicht halber für Sie zusammengestellt:

Anbieter	**Seiten-Metriken (Wertebereich)**	**Domain-Metriken (Wertebereich)**
Google	Toolbar-PageRank (PR) (0-10) (Nicht mehr verfügbar!)	—
LRT	LRT Power (Page) (0-10) LRT Trust (Page) (0-10) LRT Power*Trust (Page) (0-100)	LRT Power (Domain) (0-10) LRT Trust (Domain) (0-10) LRT Power*Trust (Domain) (0-100)
MOZ	MozRank (mR) (0-10) MozTrust (mT) (0-10) Page Authority (PA) (0-100)	Domain MozRank (DmR) (0-10) Domain MozTrust (DmT) (0-10) Domain Authority (DA) (0-100)
Ahrefs	URL Rating (UR) (0-100)	Domain Rating (DR) (0-100)
Searchmetrics	Searchmetrics PageStrength (SPS) (0-10)	—

4.5 Das BadRank-Konzept

Das PageRank-Verfahren verhält sich insgesamt sehr robust gegenüber Manipulationsversuchen, weil man entweder extrem viele Links braucht, um den Page-

53. *http://www.searchmetrics.com/de/*

Rank einer Seite manipulativ zu erhöhen, oder Links von Seiten, die selbst über einen hohen PageRank (und wenige ausgehende Links) verfügen, was jedoch in der Regel schwierig zu erreichen ist. Genau diese Robustheit macht das PageRank-Verfahren für Google so wertvoll.

Es gibt jedoch Hinweise darauf, dass Google auch noch Wege verfolgt, um Manipulationsversuche aufzudecken: Seiten manuell aus dem Index zu entfernen, ist eine Option, die sich Google offenhält. Da dies aber mit einem hohen Personalaufwand verbunden ist, vermuten Experten, dass Google für jede Seite außer dem PageRank noch einen anderen, geheimen Wert errechnet, den man als ***BadRank*** bezeichnen könnte.

Nach dieser Vorstellung ist der BadRank quasi eine Umkehrung des PageRank-Verfahrens und errechnet sich auf der Basis aller ausgehenden Links einer Webseite. Verweisen diese Links auf Seiten, die selbst einen hohen BadRank haben, erben die verlinkenden Seiten von diesen BadRank.

Websites, von denen man BadRank erben kann, bezeichnet Google als »bad neighborhood (schlechte Nachbarschaft)« und warnt ausdrücklich davor, auf solche Seiten zu verlinken. Es handelt sich dabei um Websites, die bei Google wegen erheblicher Verstöße gegen die Suchmaschinen-Richtlinien in Ungnade gefallen sind, z.B. weil sie Backlinks verkaufen oder Linkfarmen betreiben, um den PageRank bestimmter Webseiten nach oben zu manipulieren. Solche Websites werden in der Regel auch aus dem Google-Index hinausgeworfen.

4.6 Kampf gegen den Web-Spam: Panda und Penguin

In den Jahren vor 2011 hatte Google mit dem Problem zu kämpfen, dass es viele Websites durch massives Backlink Building, um PageRank zu erhöhen, und aggressive Onpage-Optimierung schafften, mit minderwertigen Webseiten ohne großen Nutzwert für die Nutzer, gute Rankings in Google zu erzielen.

Google hat auf diese Entwicklung spätestens seit dem Jahr 2011 mit einigen Updates seines Ranking-Algorithmus umfassend reagiert.

4.6.1 Panda: Kampf gegen minderwertigen Content

Das sog. ***Panda-Update*** des Jahres 2011 hatte das Ziel, qualitativ minderwertige Seiten bzw. Domains zu identifizieren und in den Suchergebnissen herunterzustufen.

Insbesondere führen seit dem die folgenden Signale zur Abwertung einer Seite im Ranking:[54]

- eine geringe Menge an originalen Inhalten *(unique content)*
- ein hoher Prozentsatz an doppelten Inhalten *(duplicate content)*
- ein hoher Prozentsatz an sog. *Boilerplate*-Inhalten (z. B. gleiche Texte oder Links auf jeder Seite)
- eine hohe Anzahl an irrelevanten Anzeigen (Werbung), generell: zu viel Werbung
- Seiteninhalt und Seitentitel stimmen nicht mit der Suchanfrage überein
- unnatürlich häufiges Vorkommen eines Wortes auf einer Seite

Angeblich handelt es sich bereits bei Panda um einen selbstlernenden Algorithmus, der im Laufe der Zeit selbstständig immer besser darin wird, qualitativ minderwertige Seiten zu erkennen.

4.6.2 Penguin: Kampf gegen den Backlink-Spam

Mit dem ***Penguin-Update*** des Jahres 2012 hat Google Webspam in den Suchergebnissen nochmals radikaler bekämpft. Insbesondere wird nun die Qualität der Backlinks umfassend ausgewertet. Minderwertige Backlinks zählen praktisch nichts mehr, und seit Penguin ist es sogar möglich, dass minderwertige Backlinks negative Ranking-Signale senden können.

Vor Penguin hatte Google immer beteuert, dass Backlinks einer Website niemals schaden können. Zu Zeiten des reinen PageRank-Verfahrens war das auch der Fall. Ausnahmslos jeder eingehende Link hat den PageRank der verlinkten Seite mehr oder weniger stark erhöht.

Seit Penguin gilt das nicht mehr. Verfügt eine Website über viele minderwertige Backlinks, kann diese von Google dafür durch schlechtere Rankings bestraft werden. In der Regel sind Websites betroffen, die in der Vergangenheit einen aggressiven und unvernünftigen Linkaufbau betrieben haben.

Real Time Penguin (Penguin 4.0)

Inzwischen sind wir schon bei Version 4 des Penguin-Algorithmus. Die Version 4.0 wurde im September 2016 released und wird auch als ***Real Time Penguin***

54. *Google Panda Update. Sistrix GmbH. (http://www.sistrix.de/frag-sistrix/google-algorithmus-aenderungen/google-panda-update/)*

bezeichnet: Abstrafungen und Erholungen sollen nun in »Echtzeit« geschehen – also sofort, wenn Google seine Backlink-Daten aktualisiert. Eine weitere Neuerung ist, das positive und negative Backlink-Signale »granularer« ausgewertet werden, womit Google wahrscheinlich einzelne Webseiten meint. So könnten z. B. einzelne Seiten einer Website wegen schädlicher Backlinks abgewertet werden, während andere Seiten der Website nicht betroffen sind. Bisher hatte man eher beobachtet, dass die Website als Ganzes durch Penguin abgestraft wurde.

Mit Penguin haben sich auch die SEO-Anforderungen geändert: Es geht nicht mehr nur um Linkaufbau, sondern um ein umfassendes Backlink-Management.

Wie man minderwertige, schädliche Backlinks erkennt bzw. findet und was Sie dagegen tun können, erläutere ich Ihnen ausführlich in Lektion 11.

4.7 Hummingbird: Google wird schlau

Nachdem Google mit Panda und Penguin umfassende Maßnahmen gegen Webspam getroffen hatte, folgte 2013 der nächste große Wurf: ***Hummingbird***.

Diesmal ging es darum, Suchanfragen besser zu verstehen und relevantere Webseiten mit besserem Content zu identifizieren.

Mit Hummingbird hat Google einen Weg gefunden, Suchanfragen von Nutzern noch besser zu verstehen. Google analysiert nicht mehr nur die Keywords, die in der Suchanfrage vorkommen, sondern versucht, die Intention des Suchenden zu verstehen, d. h. zu begreifen, wonach der Nutzer tatsächlich sucht. Googles Verständnis von Synonymen wurde weiter optimiert. Bei Suchanfragen, die nicht nur aus einzelnen Betriffen bestehen, wird nun der gesamte Satz im Context betrachtet, um den Sinn der Suchanfrage zu verstehen. Dabei hilft Google insbesondere auch der Knowledge Graph (vergl. Abschnitt 3.5) dabei, die möglichen Bedeutungen einzelner Begriffe zu erkennen und durch den Context der Suchanfrage wird klar, welche Bedeutung gemeint ist.

Google kann nun Suchanfragen, die wie in zwischenmenschlichen Dialogen formuliert sind (*natural language search, conversational queries*), besser verarbeiten.

Solche Suchanfragen nehmen kontinuierlich zu. Außerdem werden Suchanfragen immer häufiger per Spracheingabe an Google gerichtet. Allgemein wird davon ausgegangen, dass die hauptsächlich genutzte Schnittstelle zwischen Mensch und Computer in Zukunft die Spracheingabe sein wird. Mit Hummingbird bereitet sich Google auf diese Entwicklung vor.

Das beeinflusst natürlich auch, welche Seiten gut ranken. Es sind nicht mehr unbedingt die Seiten, die für die Keywords, die in einer Suche vorkommen, optimiert sind, sondern Seiten, die auf die Suchanfrage die beste Antwort geben.

Zusätzlich werden auch die Textinhalte der Webseiten auf intelligentere Art und Weise mit Hilfe von Algorithmen, die eine semantische Analyse vornehmen, untersucht. Mit diesen Verfahren gelingt es wesentlich besser als mit so primitiven Ansätzen wie der einfachen Keyworddichte, den Inhalt einer Webseite zu »verstehen«. Einen derartigen Algorithmus, das sog. WDF*IDF-Verfahren, schauen wir uns in Lektion 8 näher an.

Seit Hummingbird ist es nun noch wichtiger geworden, hochwertigen Content zu produzieren, der umfassende Antworten auf die Fragen von Suchenden liefert.

Letztlich sind diese Google-Updates eine schlechte Nachricht für alle, die inhaltsleere oder qualitativ minderwertige Webseiten mit nicht originärem Content, dafür aber massenhaft Werbung, durch gezielte SEO-Maßnahmen auf die vorderen Plätze der Google-Ergebnisliste bringen, um über die Werbung auf den Seiten Geld zu verdienen. Und eine gute Nachricht für alle, die sich die Mühe machen, Webseiten mit nützlichem Original-Content zu erstellen – und zu denen Sie sicherlich gehören ;-)

4.8 RankBrain

Was ist RankBrain?

Nach Aussagen von Google sind ca. 15% aller Sucheingaben für Google neu, d.h. wurden in exakt dieser Form zuvor noch nicht eingegeben. Wahrscheinlich war dieser Umstand Grund genug für Google, einen eigenen Algorithmus zu entwickeln, der sich dieses Problems annimmt.

Im Herbst 2015 hat Google den Hummingbird-Algorithmus durch einen neuen Algorithmus namens RankBrain ergänzt. Mit RankBrain kann Google insbesondere Suchanfragen noch besser verstehen, die komplex oder nicht eindeutig sind oder die Google so noch nie gesehen hat.

Wie funktioniert RankBrain?

RankBrain basiert auf dem Prinzip eines künstlichen, rekurrenten (rückgekoppelten) neuronalen Netzes, einer Architektur, die dem Aufbau des menschlichen Gehirns (genauer: dem Neocortex), nachempfunden ist. Neuronale Netze sind besonders gut dazu geeignet, Problemstellungen der Mustererkennung (z.B. Bilderkennung, Handschrifterkennung, Spracherkennung, Maschinenübersetzung) zu lösen.

RankBrain setzt zusätzlich die Technik des maschinellen Lernens (*machine learning)* ein. Ähnlich wie das menschliche Gehirn lernt RankBrain aus Beispielen, in dem es diese verallgemeinern und auf andere Fälle (Suchanfragen) anwenden kann. RankBrain erkennt also Muster und Gesetzmäßigkeiten in den betrachteten Daten und kann dann auch unbekannte, neue Daten beurteilen.

Dazu analysiert RankBrain u.a. das Verhalten der Nutzer in Bezug auf die Suchergebnisseite (siehe Ranking-Signal UserSignals) und die darauf gelisteten Suchtreffer, um daraus Rückschlüsse zu Suchintention und Zufriedenheit mit dem Suchergebnis zu ziehen.

RankBrain besitzt die Fähigkeit, aus jeder Analyse zu lernen und sich durch Erstellung neuer Verknüpfungen in seinem neuronalen Netz und damit verbunden die Erzeugung neuer Algorithmen selbstständig, d.h. ohne menschliches Zutun von Software-Entwicklern, weiterzuentwickeln. So wird RankBrain automatisch immer besser darin, Suchanfragen zu verstehen und die Webseiten mit den besten Rankings zu belohnen, die für die Nutzer den besten Nutzwert bieten.

Mit RankBrain gelingt es Google noch besser, Webseiten in den Suchergebnissen zu zeigen, die sich eher auf den Kontext bzw. die Intention der Suche beziehen also nur gut zur Syntax (den Keywords) der Suche zu passen.

Zunächst wurde RankBrain von Google nur bei neuen, komplexen oder unverständlichen (z.B. schlampig formulierten) Suchanfragen eingesetzt. Dabei hat RankBrain offenbar so (unerwartet) gut funktioniert, dass der Algorithmus inzwischen nun auch bei »gewöhnlichen« Suchanfragen eingesetzt wird.

Aufgrund der Fähigkeit, selbstständig dazu zu lernen, passt sich RankBrain automatisch einem veränderten Nutzerverhalten, dem Auftauchen ganz neuer Suchbegriffe, Phantasiewörter oder Suchphrasen an.

RankBrain ist der Beginn einer neuen Ära in der Suchtechnologie. Es ist zu erwarten, dass Google an anderen Stellen des Such- und Rankingprozesses früher oder später ebenfalls KI-Technologien einsetzen wird.

Wie verändert RankBrain die Suchergebnisse?

RankBrain ist kein direkter Rankingfaktor, sondern arbeitet auf der Ebene der Suchanfragen und beeinflusst über diesen Weg indirekt die Suchergebnisse. Man kann sich das so vorstellen, dass Google nun vor allem auch längere, mehrdeutige oder unklare Sucheingaben besser versteht und dadurch ganz andere Webseiten in den Ergebnissen anzeigt.

Außerdem kann Google Synonyme und Bedeutungen nun noch besser verstehen und als Suchergebnis Seiten listen, die gut zur Intention der Suche passen, auch wenn diese die in der Suche verwendeten Begriffe gar nicht oder nicht sehr prominent enthalten.

Insbesondere bei längeren Suchanfragen erscheinen nun nicht mehr die Webseiten mit einer exakten Wortübereinstimmung mit der Suchanfrage ganz oben auf der Suchergebnisseite, sondern Webseiten, die die Suchanfrage tatsächlich am besten beantworten.

Auf dem SEODay 2016 in Köln hat *Gero Wenderholm*[55] in seinem Vortrag »Inside Rankbrain - so tickt Googles AI« dazu ein originelles Beispiele gezeigt: Für die extrem umgangssprachlich und »schlampig« formuliert Suchanfrage »wie gehts wenn ich nix tierisches futtere« liefert Google als Ergebnis Webseiten, die sich mit den Folgen veganer Ernährung beschäftigen (Abb. 4.10). Offenbar ist Google dazu in der Lage, die schwer verständliche Suchanfrage zu verstehen und in eine sinnvolle Fragestellung zu übersetzten.

Bemerkenswert ist, dass bei keinem der drei Top-Ergebnisse auch nur einer der Suchbegriffe im Seitentitel vorkommt. In der Ära vor RankBrain hat man solche Effekte als SEO nur im Zusammenhang mit dem Google Bombing (Abschnitt 11.8) gesehen. RankBrain ist also dazu in der Lage, zu einer Suchanfrage völlig andere Suchergebnisse anzuzeigen als zuvor. Laut Aussage von Google beeinflusst RankBrain bereits jetzt die Suchergebnisse in hohem Maße und ist daher zumindest indirekt ein wichtiger Rankingfaktor geworden. Außerdem macht die Lernfähigkeit von RankBrain es für Google einfacher, Suchergebnisse zu personalisieren.

55. *http://www.wenderholm.de/*

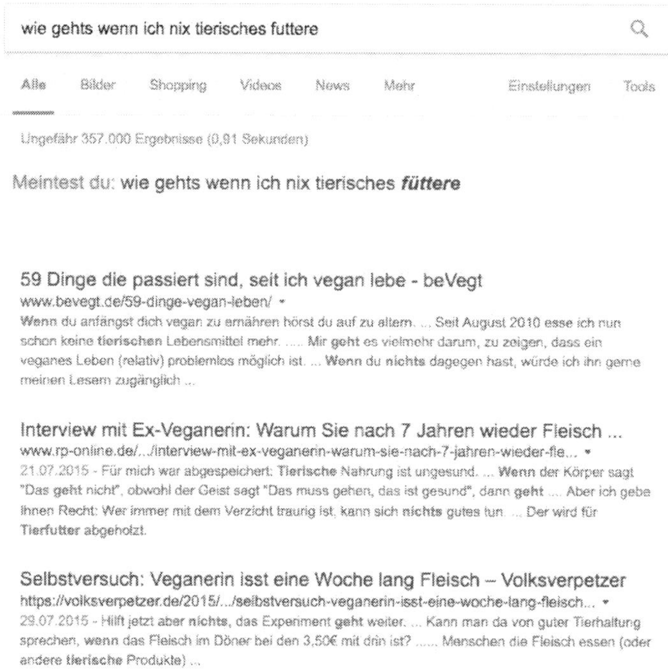

Abb. 4.10 *Google erkennt selbst bei dieser extrem umgangssprachlich formulierten Suchanfrage, wofür sich der Suchende interessiert.*

Was bedeutet das für Webseitenbetreiber und SEOs?

Dadurch, dass die Qualität der Suchergebnisse immer besser wird, werden Suchende immer häufiger bereits unter den ersten Suchtreffern die Seiten finden, die ihre Frage beantworten bzw. das gesuchte Ergebnisse bzw. den gewünschten Nutzwert liefern. Dadurch wird es in Zukunft wohl nicht mehr reichen, nur auf der ersten Suchergebnisseite gelistet zu werden, sondern das Ziel muss sein, Top Rankings unter den ersten 5 Ergebnissen zu erzielen, da schätzungsweise 80% der Besucher auf den obersten fünf Pätzen der Suchergebnisseite »abgeholt« werden.

Inhalte sind der Schlüssel für gute Rankings im Zeitalter von RankBrain. Es kommt darauf an, dass die Inhalte für Menschen klar und verständlich sind, dass sie Antworten liefern und Probleme der Suchenden lösen. Ziel von Seitenbetreibern muss sein, mit hochwertigem und einzigartigem, nützlichem Content und mit vorbildlicher Usability für das perfekte Nutzer-Erlebnis zu sorgen.

Je klarer und verständlicher eine Webseite für Menschen ist und je höher ihr Nutzwert für die Zielgruppe ist, desto besser ist ihr Potential, mit Hilfe von RankBrain gut zu ranken, da RankBrain an die Arbeitsweise des menschlichen Gehirns angelehnt ist.

Was im Detail bei der Gestaltung des Contents und dem Schreiben der Texte zu beachten ist, besprechen wir in Lektion 8.

4.9 Rankingfaktoren sind nicht mehr statisch

Der SEO-Toolanbieter *Searchmetrics*[56] führt regelmäßig Korrelationsstudien durch, um Erkenntnisse zu den Google Rankingfaktoren zu gewinnen. Nach Einschätzung von Marcus Tober[57], Gründer und CTO von Searchmetrics, sind viele Rankingfaktoren heute nicht mehr »statisch«, sondern »flexibel«, d.h. passen sich dem jeweiligen »Objekt« an.

Auf der Basis aktueller Analysen lässt sich z.B. erkennen, dass es eine Korrelation zwischen der Textlänge und besseren Rankings gibt. Webseiten mit längeren Texten tendieren dazu, besser zu ranken.

Das ist jedoch nicht generell für alle Themen bzw. Branchen der Fall. So müssen z.B. Texte rund um Gesundheitsthemen deutlich länger sein (ca. 2400 Wörter), als Texte in Online-Shops (ca. 1700 Wörter) und Texte rund um Finanzprodukte (ca. 1400 Wörter), um ein optimales Ranking-Signale für die Textlänge zu senden.

Welche Werte für einzelne Rankingfaktoren ein optimales Signal senden und welches Gewicht ein einzelner Faktor für das Ranking hat, ist außerdem abhängig von der Suchanfrage selbst.

Gibt man z.B. »security camera systems« in die Suche ein, so verweisen alle Top-Treffer auf Online-Shop-Seiten. Reine Informationsseiten zum Thema tauchen in den Top 10 Suchergebnissen nicht auf, da Google bei dieser Suchanfrage als Suchintention eine Kaufabsicht vermutet. Ein wichtiges Rankingsignal, um bei dieser Sucheanfrage ein Top Ranking zu erzielen, ist dementsprechend wahrscheinlich eine »Add to Cart« (dem Warenkorb hinzufügen)-Funktion im direkt sichtbaren Bereich (above the fold) der Webseite.

Personalisierung von Rankingsignalen?

Zukünftig, so vermutet Tober, werden einige Rankingsignale sogar personalisiert werden. Dazu wird Google mit sog. Personas arbeiten, das sind fiktive Persönlichkeiten, die bestimmte Merkmale in sich vereinen, z.B. der Intelektuelle, der sich in der Regel für ausführliche Informationen und Hintergründe interesssiert, der Käufer-Typ, der bereit ist, Geld auszugeben, oder der Schnäppchenjäger, dem in

56. *https://www.searchmetrics.com/*

57. Quelle: Vortrag auf dem SEODay 2016 in Köln

der Regel günstige Preise wichtig sind. Suchende werden anhand der Informationen, die Google über die Person bekannt sind, in Persona-Gruppen eingeteilt, und die Suchergebnisse für dementsprechend personalisiert.

Ob Google bereits mit Personas arbeitet bzw. ab wann dieser Ansatz in der Praxis zum Einsatz kommt, lässt sich nicht sicher sagen.

> Es gibt Rankingfaktoren, die statisch sind, also unabhängig von der Suchanfrage, der Branche und der Person des Suchenden. Ein Teil der Rankingfaktoren ist heute bereits dynamisch, d.h. welche Wert mit welcher Gewichtung für das Ranking eine Rolle spielt, hängt u.a. von der Suche selbst ab. In Zukunft werden sehr wahrscheinlich einige Rankingfaktoren sogar personalisiert werden, d.h. sind abhängig von der Person des Suchenden und was Google über diese Person weiß.

4.10 Die Zukunft der Suche

In nicht allzu ferner Zukunft werden Sie sich mit Google wahrscheinlich ganz salopp unterhalten können. Ihre Kommunikation mit Google könnte dann z.B. so aussehen:

Google (aus dem iPad in Ihrem Schlafzimmer): »Guten Morgen, mein Lieber! Ausgeschlafen?«

Sie: »Ach ja, geht so. Die Nacht war ein wenig kurz...«

Google: »Ja, du solltest wirklich früher zu Bett gehen... Was kann ich denn heute für dich tun?«

Sie: »Also ich suche heute ein neues Fahrrad. Meines ist ja letzte Woche leider geklaut worden.«

Google: »Oh, das tut mir leid zu hören. Was für ein Rad soll es denn sein?«

Sie: »Also ich stelle mir ein Trackingrad mit 21 bis 27 Gängen vor. Am liebsten wäre mir der Hersteller XY, sofort lieferbar, komplett montiert und probegefahren. Lieferung frei Haus. Ach ja, und ich will nicht mehr als 500 € dafür zahlen!«

Google: »Da kann ich dir helfen. Der Online-Shop *best-bikes-of-the-universe.com* bietet heute Fahrräder des Herstellers Universal Space Bikes, die deinen Vorstellungen entsprechen, mit einem Rabatt von 15% an. Es sind aktuell noch 5 Räder auf Lager. Soll ich gleich eines bestellen?«

Klingt nach Science Fiction? Wir sprechen uns in ein paar Jahren wieder!

4.11 Das Google-Ranking im Überblick

Martin Mißfeldt, Betreiber des *tagSeoBlog*[58], hat in einer wunderbaren Grafik (Abb. 4.11) das Zusammenspiel der wichtigsten Google-Rankingalgorithmen skizziert. Danach senden Webseiten viele verschiedene Signale, die von Google ausgewertet werden. Spam-Seiten werden mit Hilfe der Panda- und Penguin-Algorithmen aussortiert. Während Panda vor allem Seitenfaktoren auf Anzeichen für Spam untersucht, knöpft sich Penguin die Backlinkstruktur vor. Die inhaltliche Bewertung übernimmt der Hummingbird-Algorithmus. RankBrain arbeitet vor allem auf Ebene der Suchanfragen und beeinflusst damit indirekt das Ranking.

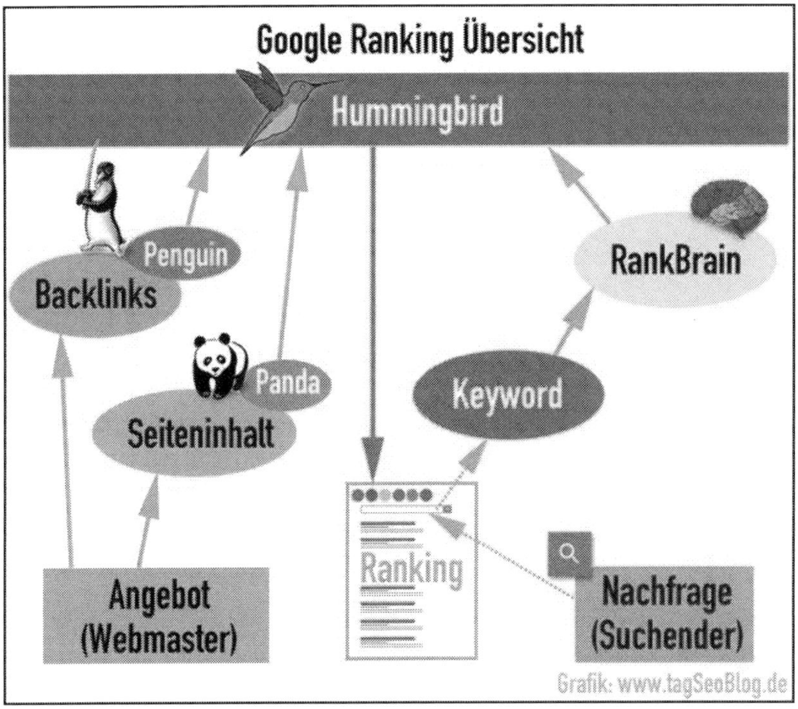

Abb. 4.11 *Zusammenspiel der Google-Ranking-Algorithmen. Wiedergabe mit freundlicher Genehmigung von Martin Mißfeldt (www.tagseoblog.de[59]).*

58. *http://www.tagseoblog.de/*
59. *http://www.tagseoblog.de/aufloesung-phantom-update-war-google-rankbrain*

4.12 Auf den Punkt gebracht: Was ist denn nun tatsächlich wichtig, um gut in Google gefunden zu werden?

Laut Google-Wissenschaftler *Greg Corrado*[60] ist RankBrain bereits das drittwichtigste Signal, das direkten Einfluss auf die Suchergebnisse hat.[61] Die anderen beiden Signale, die noch wichtiger sind, sind laut Andrey Lipattsev, Search Quality Senior Strategist bei Google, Backlinks und Content.[62]

Um das komplexe Thema Ranking am Ende dieser Lektion mal auf den Punkt zu bringen: Was ist also besonders wichtig, bzw. unerlässlich, um in Google gut gefunden zu werden?

- **Content:** Qualitativ hochwertiger, einzigartiger Content, der zur Intention der Suche passt.
- **Backlinks:** Hochwertige Backlinks, d. h. Backlinks von Seiten, die selbst hohe PageRank- und Trust-Werte haben und noch einige weitere Kriterien erfüllen, die wir in Lektion 11 besprechen.
- **Rankbrain**: Hoher Nutzwert für die angesprochene Zielgruppe. Vereinfacht gesagt ist es genau das, was RankBrain auswertet und honoriert.

Natürlich sind das nicht drei einzelne Rankingsignale, an denen man ganz einfach »schrauben« kann, sondern eher Kategorien von Signalen. Es bleibt also noch genügend Stoff, um diese drei »Signalgruppen« im Folgenden im Detail zu betrachten.

4.13 Übungen

Übung 1: PageRank-Alternativen

1. Installieren Sie die kostenlose *LRT SEO Toolbar*[63] und die *MozBar*[64] in Ihrem Google Chrome-Webbrowser.

60. *http://research.google.com/pubs/GregCorrado.html*
61. Quelle: *Google Turning Its Lucrative Web Search Over to AI Machines (https://www.bloomberg.com/news/articles/2015-10-26/)*
62. Quelle: http://webpromo.expert/google-qa-march/
63. *http://www.linkresearchtools.com/tools/link-research-seo-toolbar/*
64. *https://moz.com/mozbar*

2. Besuchen Sie verschiedene Websites (ältere, bekannte Sites, ggf. auch jüngere und weniger bekannte Sites und ggf. natürlich auch Ihre eigenen Sites und die Ihrer wichtigsten Wettbewerber) und notieren Sie sich für jede Domain die von diesen Tools ermittelten Domain-Metriken (siehe).
3. Was können Sie beobachten?

4.14 Testen Sie Ihr Wissen!

1. Welches Problem ergibt sich typischerweise, wenn eine Suchmaschine ausschließlich den Quellcode der Webseiten untersucht, um die Relevanz für die Keywords zu berechnen?
2. Erläutern Sie das Modell des Zufalls-Surfers!
3. Was genau bedeutet der PageRank-Wert einer Webseite?
4. Wie hängt der sog. Toolbar-PageRank bzw. alternative Metriken von SEO-Toolanbietern mit dem tatsächlichen Google PageRank zusammen?
5. Wie kann man den Google Toolbar-PageRank ermitteln?
6. Erläutern Sie die Begriffe *Backlink*, *Link Popularity* und *Domain Popularity*.
7. Erläutern Sie den Begriff *BadRank*!
8. Erläutern Sie, wie das TrustRank-Verfahren funktioniert.
9. Was wollte Google mit dem Panda-Update erreichen?
10. Was macht der Penguin-Algorithmus?
11. Was ist RankBrain?
12. Was unterscheidet RankBrain von anderen Google-Algorithmen?

Die 60 wichtigsten Google-Rankingsignale

5

In dieser Lektion lernen Sie

- woher man etwas über die Rankingfaktoren von Google erfahren kann.
- welche Rankingfaktoren wirklich wichtig sind und wie man diese sinnvoll einteilen kann.

In der letzten Lektion haben Sie gelernt, mit welchen Methoden Google zu relevanten Suchergebnissen kommt und wie sich diese Methoden weiterentwickelt haben. Dabei haben wir uns noch nicht einzelne Rankingsignale im Detail angeschaut. Diese Lektion dient dazu, Ihnen einen Überblick über die aktuellen Google Rankingfaktoren zu geben. Dabei beschränke ich mich auf ca. 60 Signale, die als gesichert und als vergleichsweise wichtig gelten. Auf viele der beschriebenen Faktoren gehe ich in den folgenden Lektionen dann noch ausführlicher ein.

Wie Sie bereits erfahren haben, haben sich die Rankingalgorithmen von Google seit Gründung des Unternehmens im Jahr 1998 kontinuierlich weiterentwickelt. Auch sind immer mehr Rankingfaktoren dazu gekommen, manche wurden auch wieder fallengelassen oder haben an Bedeutung verloren. Das wird sicherlich in Zukunft so weitergehen. Bedenken Sie daher, wenn Sie in dieser Lektion über die aktuellen Rankingsignale lesen, dass sich die Situation schnell ändert. Was heute noch wichtig ist, kann morgen schon unwichtig oder gar schädlich sein. Bei der SEO-Arbeit ist es sehr wichtig, stets auf dem aktuellen Stand zu sein!

5.1 Quellen

Woher stammen also die Informationen über diese Rankingfaktoren, die wir heute haben? Es gibt dafür im Wesentlichen zwei Quellen:

- Google selbst
- Untersuchungen und Erfahrungswerte von SEO-Experten

5.1.1 Informationen von Google

Zwar legt Google die Rankingkriterien und Algorithmen nicht offen, gibt aber über verschiedene Kanäle Informationen darüber preis. An vielen Kerntechnologien hält Google Patente, und die Patentschriften sind öffentlich zugänglich. So kann man z.B. darin nachlesen, wie der berühmte PageRank-Algorithmus funktioniert. Darüber hinaus hat Google verschiedene Kommunikationskanäle eingerichtet, um sich mit der Webmaster- und SEO-Community auszutauschen (siehe) und Fragen zum Thema Ranking und SEO zu beantworten.

5.1.2 Untersuchungen von SEO-Experten

Einige SEO-Firmen und Experten führen eigene Untersuchungen durch, um herauszufinden, welche Rankingkriterien Google verwendet, was sich positiv und was sich negativ auf das Ranking einer Webseite auswirkt und wie wichtig die einzelnen Signale sind.

Dabei werden in der Regel die Top-Suchergebnisse für eine Anzahl von Keywords untersucht und analysiert, ob die gut rankenden Seiten bestimmte vermutete Rankingkriterien erfüllen. Damit soll die Frage beantwortet werden: Was unterscheidet Seiten auf den vorderen Positionen der SERPs von denen, die weiter hinten platziert sind?

Es werden dann Korrelationen zwischen Ranking-Positionen und den einzelnen vermuteten Rankingfaktoren untersucht. Solche Korrelationsstudien sind allerdings tückisch: Eine positive Korrelation bedeutet nicht automatisch, dass das untersuchte Signal für das gute Ranking verantwortlich ist, also dass es einen kausalen Zusammenhang gibt. Es bedeutet nicht einmal, dass es sich bei dem betrachteten Signal überhaupt um ein (wichtiges) Rankingsignal handelt. Eine positive Korrelation ist nicht viel mehr als ein Indiz dafür, dass das Signal eine Rolle spielen *könnte*.

Korrelation ≠ Kausalität

Die SEO-Experten von Searchmetrics, einem der führenden SEO-Tool-Anbieter, schreiben über ihre eigene Korrelationsstudie: »Es ist jedoch nachdrücklich darauf hinzuweisen, dass Korrelationen nicht gleichbedeutend sind mit kausalen Zusammenhängen, und folglich keine Garantie besteht, dass die jeweiligen Faktoren tatsächlich einen Einfluss auf das Ranking haben – oder überhaupt von Google als Signal genutzt werden.«[65]

65. Quelle: *http://www.searchmetrics.com/de/was-ist-ein-ranking-faktor/*

Beispiel: Im Sommer steigen sowohl der Absatz von Speiseeis als auch das Vorkommen von Sonnenbränden. Bei einer Untersuchung ergäbe sich zwischen beiden Fakten eine positive Korrelation. Es wäre aber falsch, daraus den Schluss zu ziehen, dass man vom Speiseeis-Verzehr Sonnenbrand bekommt. Vielmehr ist es in diesem Fall so, dass es einen dritten Faktor gibt, der kausal beides bewirkt, nämlich die Sonneneinstrahlung.[66]

Bei der Interpretation der Ergebnisse solcher Korrelationsstudien müssen wir also vorsichtig sein. Eine positive Korrelation bedeutet nicht unbedingt, dass es auch tatsächlich einen direkten kausalen Zusammenhang zwischen einem vermuteten Rankingsignal und einem positiven Effekt auf das Ranking gibt. Diese Korrelationsstudien sind trotz dieser Einschränkungen das Beste, was wir haben, um den Google-Rankingsignalen auf die Schliche zu kommen.

Eine weitere beliebte Methode, um Aussagen über die Google Rankingsignale zu treffen, ist die Befragung von SEO-Experten und die Auswertung Ihrer Erfahrungswerte. Manche Studien kombinieren auch mehrere der genannten Methoden.

In dieser Lektion gebe ich Ihnen einen zusammenfassenden Überblick über die aktuellen Erkenntnisse zu den Google-Rankingfaktoren. Meine Quellen dafür sind im wesentlichen folgende Studien sowie eigene Erfahrungswerte:

Search Engine Ranking Factors 2015 von MOZ

Das amerikanische SEO-Unternehmen MOZ, einer der bekanntesten SEO-Toolanbieter, interviewt alle zwei Jahre führende SEO-Experten und führt eigene Korrelationsstudien durch. In der *aktuellen Studie*[67] hat MOZ mehr als 150 Experten über ihre Meinung zu mehr als 90 potentiellen Rankingfaktoren befragt.

Google Ranking Factors von NORTHCUTT

Das US-Unternehmen Northcutt hat sich etwas Besonderes ausgedacht: Eine *interaktive Webseite*[68], auf der man mehr als 270 potentielle Rankingfaktoren untersuchen und nach verschiedenen Kriterien filtern kann. Für alle Kriterien werden die Informationsquellen angegeben, oftmals Patentschriften von Google oder Aussagen aus Videobotschaften des Google-Mitarbeiters Matt Cutts. Mit Hilfe der Filter ist es z. B. möglich, nur die Kriterien anzuzeigen, die als sicher gelten oder nur die, die eindeutig nur Mythen sind.

66. Quelle: *https://de.wikipedia.org/wiki/Korrelation#Korrelation_und_Kausalzusammenhang*
67. *https://moz.com/search-ranking-factors*
68. *https://northcutt.com/wr/google-ranking-factors/*

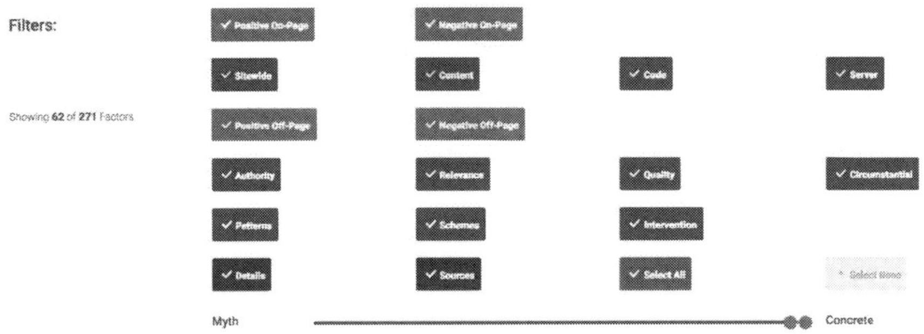

Abb. 5.1 *Die Filterfunktion von Northcutt: 62 von 271 untersuchten Rankingsignalen können als gesichert gelten, d.h. es gibt dafür eindeutige Quellen, bei 29 handelt es sich um reine Mythen (Filtereinstellung im Screenshot nicht gezeigt).*

Ranking-Faktoren-Studie 2015 von Searchmetrics

Das Berliner Unternehmen Searchmetrics gehört ebenfalls zu den bekannten Größen der SEO-Branche. Die Berliner veröffentlichen regelmäßig ihre *Ranking-Faktoren-Studie*[69], die auf umfassenden Korrelationsanalysen beruht.

Google Rankingfaktoren 2016 — Metastudie von seo2b GmbH

Die seo2b GmbH hat 2016 eine *Meta-Studie*[70] ins Web gestellt, für die nicht nur 13 SEO-Experten befragt wurden, sondern auch insgesamt 117 potentielle Rankingfaktoren auf der Basis von acht verschiedenen Quellen und eigenen Erfahrungen analysiert und bewertet worden sind.

5.2 Gliederung/Einteilung der Ranking-Signale

Ich finde es hilfreich, die Ranking-Signale in verschiedene Gruppen bzw. Kategorien zu unterteilen, die sich an den praktischen Arbeitsebenen und Aufgabenteilungen, die es typischerweise gibt, orientieren. So lassen sie sich besser verstehen und bei der Arbeit berücksichtigen.

Meine persönliche Einteilung besteht aus den folgenden acht Kategorien:

- Webpage-Signale
- Website-Signale

69. *http://www.searchmetrics.com/de/knowledge-base/ranking-faktoren/*
70. *http://www.seo2b.de/google-rankingfaktoren.html*

- Domain-Signale
- Server-Signale
- Nutzer-Signale
- Markensignale
- Soziale Signale
- Negative Signale

5.3 Webpage-Signale

Webpage-Signale sind Signale, die einzelne Webseiten senden und die bei der Optimierung einzelner Seiten berücksichtigt werden sollten. Diese haben zu tun mit dem Inhalt (Content) der Seite, dem HTML-Quellcode, der Ladegeschwindigkeit, aber auch dem PageRank und anderen Backlink-Signalen.

5.3.1 Content-Qualität

Google hat in den letzten Jahren enorme Fortschritte darin gemacht, Suchanfragen und Texte auf Webseiten nicht nur als einfache Zeichenketten zu behandeln, sondern zu »verstehen«, wonach ein Nutzer sucht und worum es inhaltlich auf einer Webseite geht. Insbesondere das ***Hummingbird-Update*** des Jahres 2014 hat Google in die Lage versetzt, die inhaltliche Ausrichtung einer Webseite zu analysieren und die inhaltliche Qualität zu bewerten.

Folgende Signale sind besonders wichtig:

Originalität

Der Inhalt muss original sein, d. h. keine Kopie! Erstellen Sie einzigartige Inhalte, die es so auf anderen Webseiten nicht gibt. Falls dieser Inhalt unter weiteren URLs aufrufbar ist, dann haben Sie ein Duplicate-Content-Problem, das Sie lösen sollten (siehe Abschnitt 8.2).

Nutzwert

Google versucht, den Nutzwert des Contents anhand von Nutzer-Signalen (siehe Abschnitt 5.7) zu bewerten.

Länge des Textes

Text, der den Anspruch erfüllen soll, ein bestimmtes Thema umfassend und hintergründig zu behandeln, muss zwangsläufig über eine gewisse Länge verfügen. Zwischen der Textlänge und dem Ranking auf oberen Positionen gibt es eine deutlich positive Korrelation. Allgemein wird davon ausgegangen, dass Webseiten mit längeren Texten tendenziell besser ranken als kurze Dokumente. Laut einer Anlalyse von *backlinko.com*[71] enthält die auf Position 1 rankende Webseite durchschnittlich 1.890 Wörter. Bedenken Sie jedoch, dass insbesondere dieser Faktor inzwischen »dynamisch« ist, d.h. dass die optimale Textlänge u.a. von der Branche und der konkreten Suchanfrage abhängt (vergl. Abschnitt 4.9).

Semantische Text-Optimierung

Welche Methoden Google verwendet, um Texte auf Webseiten zu analysieren und zu bewerten, ist ansatzweise bekannt. Das können Sie sich zunutze machen, um Ihre Text zu optimieren, so dass diese maximal positive Signale senden. Näheres dazu in Lektion 8.

Bilder

Google bewertet es positiv, wenn eine Webseite Bilder enthält, die zum Thema der Webseite passen und die Informationen der Webseite ergänzen. Da Google inzwischen über sehr ausgereifte Bilderkennungsverfahren verfügt, muss man davon ausgehen, dass Google erkennen kann, was in einer Abbildung oder einem Foto dargestellt wird. Bilder sollten für eine schnelle Ladezeit der Webseite optimiert sein. Auch bei der Einbindung in den HTML-Code ist einiges zu beachten (vergl. Abschnitt 8.3).

Videos

Nutzer lieben Videos, und weil das so ist, liebt auch Google Videos. In eine Webseite eingebundene, thematisch passende Videos von hoher Qualität senden ein positives Signal. Videos können aber auch unabhängig von Webseiten auf der Suchergebnisseite gelistet werden (Universal Search), insbesondere wenn Sie auf Youtube veröffentlicht werden. Mehr zum Thema Optimierung von Videos in Abschnitt 8.4).

71. *http://www.backlinko.com/search-engine-ranking*

Ergänzende Inhalte (Supplementary Content)

Unter *Supplementary Content* versteht Google Informationen oder Funktionen, die den eigentlichen Inhalt einer Webseite ergänzen und den Nutzwert erhöhen. In den *Search Quality Rating Guidelines*[72] sind einige Beispiele für solche Elemente zu finden. Einen besonderen Stellenwert haben offenbar Links zu weiterführenden oder verwandten Themen innerhalb derselben Website (sog. »related« Links).

***Abb. 5.2** Beispiel für sinnvolle interne Verlinkung zu Webseiten mit ähnlichen oder weiterführenden Inhalten. Gesehen auf The Moz Blog*[73].

Auch spezielle Funktionen auf der Webseite zählen zu diesen ergänzenden Inhalten, z.B. die Möglichkeit auf der Webseite eines Kochrezepts, das Rezept in einer Rezept-Box zu speichern, die Zutaten auf eine Einkaufsliste zu setzen oder das Rezept einem Menü hinzuzufügen.

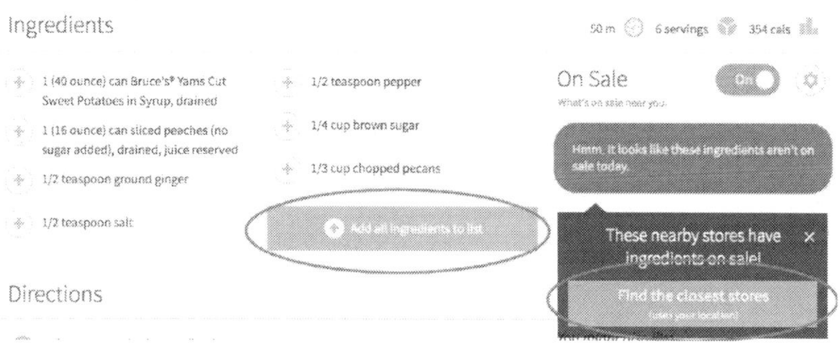

***Abb. 5.3** Beispiel für sinnvollen »Supplementary Content« auf der Website allrecipes.com/*[74].

5.3.2 Keywords

Die Fixierung auf Keywords ist spätestens seit dem Hummingbird-Update des Jahres 2014 vorbei, da Google nun intelligentere Methoden anwendet, um die Relevanz einer Webseite für eine bestimmte Suchanfrage zu ermitteln als nur Keyword-bezogene Rankingsignale auszuwerten. Und Dank RankBrain-Algorith-

72. *https://webmasters.googleblog.com/2015/11/updating-our-search-quality-rating.html*
73. *https://moz.com/blog*
74. *http://allrecipes.com/*

mus ist Google seit 2015/16 noch besser in der Lage, Webseiten als relevant zu erkennen, die nicht für die in der Suchanfrage verwendeten Begriffe optimiert wurden.

Das bedeutet jedoch nicht, dass Keywords gar keine Rolle mehr spielen. Selbstverständlich ist es nach wie vor hilfreich, wenn die Keywords auf der Webseite vorkommen und das Ranking-Signal senden, dass es auf der Website um eben diese Themen geht, die durch die Keywords beschrieben werden. Aber Keywords alleine reichen ganz einfach nicht mehr. Eine zu starke Konzentration auf die Keywords kann sich sogar negativ auswirken, da dies für Google nach einer Über-Optimierung aussieht. Vor allem bei der Keyworddichte (vergl. Abschnitt 8.1.2) sollten Sie aufpassen.

Nach wie vor jedoch beginnt jedes SEO-Projekt mit einer Betrachtung der Keywords, d. h. der Begriffe die die potentiellen Kunden in Google eingeben. Den Keywords widme ich daher eine eigene Lektion (Lektion 7).

Keywords im Title-Tag

Nach wie vor senden Keywords im Title-Tag ein starkes Signal, dass es in dem Dokument um das Thema des Keywords geht. Keywords im Title der Webseite sind nach wie vor sinnvoll/hilfreich.

Keywords in der Meta-Description

Keywords im Meta-Tag `<meta name="description" content="...">` senden nur ein schwaches Ranking-Signal, sind jedoch wichtig, da Google den Inhalt dieses Tags in der Regel als Beschreibungstext des Search Snippets auf der Suchergebnisseite verwendet. Das kann die Click-Through-Rate erhöhen. Keywords in der Meta-Description sind daher wichtig.

Keywords in Überschriften

Keywords in Überschriften, vor allem in Überschriften der Ebene `<h1>`, senden nach wie vor bedeutsame Ranking-Signale. Es spricht nach wie vor alles dafür, auf einer Webseite Keywords in Überschriften einzubauen.

Keywords im ersten Absatz des Fließtextes

Das oder die Keywords sollten möglichst weit oben im Fließtext vorkommen, um das Signal zu senden, dass es in dem Dokument um genau diese Keywords geht. Keywords im ersten Absatz des Fließtextes zu verwenden, ist nach wie vor zu empfehlen.

Insbesondere die Kombination aus den Elementen Title, Meta-Description, h1-Überschrift und erster Absatz sendet ein starkes keywordbezogenes Ranking-Signal. Ich empfehle daher, die Keywords konsequent in diese Elemente einzubauen.

Keyworddichte

Die Keyworddichte ist definiert als die Häufigkeit des Vorkommens eines bestimmten Terms (Worts) bezogen auf die Dokumentenlänge. Kommt ein Term in einem Dokument, das 1000 Wörter lang ist, 10 mal vor, dann beträgt die Keyworddichte 1%. Für frühe Suchmaschinen (vor Google) war die Keyworddichte ein wichtiges Rankingsignal, und sie ließen sich dadurch austricksen, dass Dokumente mit Keywords »vollgestopft« wurden (Keyword Stuffing).

SEO-Experten sind sich darüber einig, dass die auf diese Weise berechnete Keyworddichte heute kein sinnvolles Rankingsignal mehr ist, da Google wesentlich bessere Methoden hat, um herauszufinden, worum es in einem Dokument geht. Trotzdem ist es richtig, dass es hilfreich ist, wenn die Keywords, mit denen eine Seite gefunden werden soll, innerhalb des Textes wiederholt vorkommen. Ein zu häufiges Vorkommen ist jedoch schädlich. Stellt sich also die Frage, wie häufig gerade richtig ist, um ein positives Rankingsignal zu senden. Die Antwort darauf und wie Sie insgesamt mit diesem sensiblen Thema am Besten umgehen, erläutere ich Ihnen in Lektion 8.

5.3.3 HTML-Code

Auch wenn die Qualität des HTML-Codes vermutlich nur ein schwaches Rankingsignale ist, gibt es viele gute Gründe, auf modernes (HTML 5) und valides (gültiges) HTML zu achten. Mehr dazu in Abschnitt 8.7.3.

5.3.4 Semantische Auszeichnung mit Mikroformaten

Mit Hilfe der sog. ***Mikroformate*** können Sie Inhalte auf Ihrer Website semantisch auszeichnen und es Google damit erleichtern, diese Inhalte zu verstehen und diese auf der Suchergebnisseite in Form von ***Rich Snippets*** zu verarbeiten. Der direkte Einfluss auf das Ranking ist zwar eher gering, aber durch Rich Snippets werden auf der Suchergebnisseite höhere Durchklickraten erreicht, was per se gut ist (mehr Besucher) aber auch als User Signal wiederum das Ranking direkt positiv beeinflusst. Ich rate daher unbedingt zur semantischen Auszeichnung von Inhalten mit Mikroformaten. Diesem relativ komplexen Thema ist eine eigene Lektion gewidmet (Lektion 9).

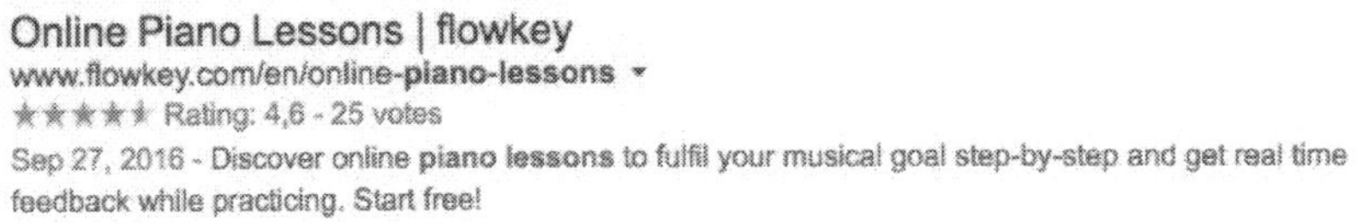

Abb. 5.4 *Sternebewertungen in einem Suchtreffer auf der Google-Suchergebnisseite können mit Hilfe von semantischen Auszeichnungen getriggert werden.*

5.3.5 Layout

Laut Google ist ein »nutzerfreundliches« Layout ein wichtiges Qualitätskriterium und damit auch ein Rankingsignal. Ob und in welchem Umfang das algorithmisch ausgewertet werden kann bzw. wird, ist nicht bekannt. Bei der Beurteilung der Suchergebnisse duch die ***Search Quality Raters*** spielt dieser Aspekt jedenfalls eine wichtige Rolle. Kriterien für ein nutzerfreundliches Layout sind dabei u. a.:

- Der Haupt-Inhalt muss sofort erkennbar und leicht zugänglich sein. Er sollte das Erste sein, was ein Besucher sieht.
- Werbung und »Nebeninhalte« dürfen den Haupt-Inhalt nicht überdecken und sollten nicht zu sehr von ihm ablenken.
- Werbung muss als solche gekennzeichnet sein. In vielen Ländern, u. a. auch Deutschland, ist das rechtlich ohnehin vorgeschrieben.
- Das Seitenlayout (Navigation, Zeichensätze, Raumaufteilung usw.) muss professionellen Ansprüchen genügen und sollte zeitgemäß (vor allem ***responsive***) sein.

Dieses Rankingsignal macht deutlich, dass SEO immer weniger isoliert betrachtet werden kann, sondern inzwischen stark verzahnt ist mit anderen Disziplinen wie z. B. Webdesign und Usability.

5.3.6 Optimierung für Mobilgeräte

Seit April 2015 ist ein offiziell bestätigtes Rankingsignal, ob eine Website für mobile Endgeräte (vor allem Smartphones) optimiert ist. Zumindest bei der Suche mit mobilen Endgeräten (»mobile search«) werden Seiten, die sich auf diesen Geräten nicht gut bedienen lassen, abgewertet und verlieren im Ranking. Näheres dazu in Abschnitt 8.7.2.

5.3.7 Ladezeit

Wie schnell eine Webseite lädt, ist ein wichtiges Rankingsignal, da Google genau weiß: Nichts hasst der Mensch so sehr, wie auf einen Computer zu warten ;-) Das

Thema ist jedoch komplex, da die Ladezeit von sehr vielen verschiedenen Faktoren abhängt. Wie Sie die Ladezeit Ihrer Webseiten messen können und dabei erfahren, was optimiert werden sollte, erfahren Sie in Abschnitt 10.3.1.

5.3.8 URL (lokaler Pfad)

URLs (Uniform Ressource Locators) sind die weltweit eindeutige Adresse einer Webseite, z. B. *https://www.example.org/example.html*. Was hinter der Top Level Domain (im Beispiel .org) steht, bezeichnet man als lokalen Pfad. Auch wenn man diesen Pfad nicht im Quellcode der Website, sondern auf dem Server oder Webanwendung festlegt, betrachte ich ihn als eine Eigenschaft der Webseite. Aufbau und Keywords innerhalb der URL senden Rankingsignale, darin sind sich alle SEO-Experten einig. Über Keywords im Domainnamen siehe Abschnitt 5.5.2. Keywords im lokalen Pfad senden ebenfalls ein Rankingsignal, dessen Gewichtung in den letzten Jahren jedoch geringer geworden ist. Als optimal gilt, wenn die seitenrelevanten Keywords direkt zu Beginn des lokalen Pfades stehen. Beispiel:

/senseo-kaffeemaschine

Mehr zum Thema URL-Optimierung erfahren Sie in Abschnitt 10.1.

5.3.9 Eingehende Links (Backlinks)

Ich zähle alle Signale, die mit Backlinks zu tun haben, zu den Seitensignalen, da es sich im Prinzip um individuelle Eigenschaften einzelner Webseiten handelt, auch wenn diese von außen kommen. In letzter Zeit hört bzw. liest man immer öfters, Backlinks seien nicht mehr wichtig und PageRank sei »tot«. Mit diesem gefährlichen Mythos habe ich in Abschnitt 4.2.8 ja schon aufgeräumt. Backlinks sind immer noch so wichtig, dass ich dem Backlink-Management eine eigene Lektion widme (Lektion 11). Darin erfahren Sie alles darüber, wie Linkaufbau und modernes Backlink-Management aussehen.

PageRank

Der PageRank-Wert einer Webseite ist ein wichtiges, keyword-unabhängiges Rankingsignal. Webseiten mit hohen PageRank-Werten haben es viel leichter, für ihre relevanten Keywords gut zu ranken. Es rentiert sich also in jedem Fall, an der Steigerung des PageRanks zu arbeiten. Da Google die PageRank-Werte nicht mehr verrät, sind wir für die Auswertung und Erfolgskontrolle dabei auf Tools von Drittanbietern angewiesen (Abschnitt 4.4).

Trust

Auch der Trust-Wert einer Webseite ist ein keyword-unabhängiger Rankingfaktor, der das Ranking deutlich beeinflusst. PageRank und Trust bilden diesbezüglich eine Einheit und sollten zusammen betrachtet werden. Problematisch kann sein, wenn eine Website deutlich mehr PageRank als Trust hat, da dies für künstlichen Backlink-Aufbau spricht. Auf diese Problematik gehe ich in Lektion 11 näher ein.

Domainpopularität der Seite

Die Domainpopularität ist die Anzahl an Backlinks von unterschiedlichen Domains. SEOs sind sich darüber einig, dass es ein positives Rankingsignal ist, wenn eine Webseite von vielen verschiedenen Domains Backlinks bekommt. Dabei zählen Domains mit hohem Trust und thematischer Nähe mehr als Domains, die diese Kriterien nicht erfüllen.

Anzahl der verlinkenden Seiten einer verlinkenden Domain (Linkgeber)

Es wirkt sich positiv auf das Ranking einer Webseite aus, wenn nicht nur von einer Webseite einer anderen Domain, sondern von mehreren Webseiten aus Backlinks auf diese Seite zeigen.

Ankertexte

Google analysiert die Ankertexte (Linktext) der Backlinks, das ist der Text innerhalb der HTML-Tags `<a>` und `</a>`. Beispiel:

```
<a href="https://www.example.org/example.html">Das ist der
Ankertext</a>
```

Die verlinkte Website wird relevanter für Keywords, die sich im Ankertext befinden. Dieser Effekt war einmal so stark, dass Google Webseiten für Keywords als extrem relevant eingestuft hat, die auf der Webseite selbst kein einzige Mal vorkommen. Dies konnte sogar ausgenutzt werden, um fremde Webseiten gezielt mit verunglimpfenden Begriffen zu assoziieren (Google Bombing). Auch wenn das heute in dieser extremen Form nicht mehr funktioniert, senden Keywords in Ankertexten immer noch starke Rankingsignale und sind nach wie vor ein Mittel der Suchmaschinenoptimierung. Das sollte jedoch mit Bedacht eingesetzt werden, da eine Über-Optimierung an dieser Stelle zu Abstrafungen führen kann. Näheres dazu erfahren Sie in Abschnitt 11.3.2.

Umgebungstext von Backlinks

Oftmals tauchen die relevanten Keywords nicht im Ankertext auf, sondern stehen in der Nähe des Links. Beispiel:

```
Wenn Sie mehr zum Thema SEO wissen möchten, klicken Sie <a
href="https://www.example.org/seo.html">hier</a>. Sie erfahren
dort, wie das Ranking funktioniert, ...
```

Das ist vielleicht keine vorbildliche Art der Verlinkung, kommt aber in der Praxis sehr häufig vor. Worum es auf der verlinkten Seite geht, steht hier nicht im Ankertext, sondern im Satzteil vor dem verlinkten Text. Google analysiert daher den Text in der Umgebung eines Backlinks, da dieser oftmals Hinweise dafür gibt, welchem Zweck der Backlink dient und worum es auf der Zielseite geht. Die Relevanz der Zielseite kann dadurch für die Keywords im Umgebungstext des Links steigen.

Thematische Nähe von verlinkenden Seiten

Backlinks von Webseiten, die sich mit ähnlichen Themen beschäftigen wie die verlinkte Seite, sind besonders nützlich, d.h. sie senden stärkere positive Rankingsignale als Backlinks von Webseiten, die sich mit ganz anderen Themen beschäftigen oder zu einer ganz anderen Branche gehören.

Linkposition auf der Seite

Links, die im Quelltext weit oben stehen, senden stärke Rankingsignale als Links, die weit unten stehen. Ebenso werden Links aus dem Hauptinhalt der Seite stärker positiv gewertet als Links in Seitenleisten oder Fußbereichen.

Natürliches Linkprofil (Vielfalt der Linktypen)

SEOs sind sich darüber einig, dass ein natürlich aussehendes Linkprofil ein positives Rankingsignal sendet, ein unnatürlich, d.h. künstlich erzeugtes Linkprofil dagegen negative Signale. Ein natürliches Linkprofil zeichnet sich vor allem dadurch aus, dass es Links von ganz unterschiedlichen Seiten gibt, wie z.B. Links von thematisch verwandten Webseiten, redaktionellen Seiten, Presseportalen, Foren/Blogs, Links aus Web-Verzeichnissen, hochwertiger Linktausch und Links aus sozialen Netzwerken. Eine magische Formel, wie sich die Links prozentual in diese Linktypen aufteilen sollten, gibt es nicht. Das hängt inzwischen sehr von der Branche und den betrachteten Keywords ab.

Linkwachstum

Google analysiert, wie sich die Backlinks zu einer Webseite mit der Zeit verändern. Es ist ein positives Signal, wenn die Zahl der Backlinks über einen längeren Zeitraum (Wochen/Monate oder gar Jahre) hinweg kontinuierlich wächst, da dies für ein natürliches Linkwachstum und eine wachsende Beliebtheit der verlinkten Seite spricht. Dagegen senden ein sich verlangsamendes Linkwachstum, eine Stagnation oder gar eine Linkabnahme negative Rankingsignale. Ein unnatürlich aussehendes Linkwachstum (viele Links in kurzer Zeit, dann ein unmittelbarer Einbruch des Linkwachstums) kann ebenfalls negative Signale senden, da dies für künstlich erzeugtes Linkwachstum spricht.

Alter der Links

Gut rankende Seiten haben oftmals viele ältere Links, also Links, die es schon sehr lange gibt. Je länger ein Link besteht, desto wertvoller wird er.

5.3.10 Interne Links

Die interne Verlinkung der einzelnen Seiten einer Website untereinander aus dem Fließtext des Haupt-Inhalts heraus kann das Ranking auf verschiedene Art und Weise beinflussen. Außerdem kann eine gute interne Verlinkung auch zu einer besseren oder schnelleren Indexierung von Unterseiten führen, da die Crawler der Suchmaschinen die Seiten schneller und einfacher finden. Als Rankingsignal einer einzelnen Webseite ist relevant, welche internen Links auf diese Seite verweisen. Auch innerhalb einer Website wertet Google die Ankertexte und den Text in der Nähe des Links aus, um daraus Rankingsignale zu gewinnen. Durch eine sinnvolle interne Verlinkung erhöht sich auch der Nutzwert für die Besucher und die Usability kann sich verbessern. Es gibt also viele gute Gründe, der internen Verlinkung einen hohen Stellenwert einzuräumen und diese in den SEO-Prozess einzubeziehen.

5.4 Website-Signale

Website-Signale sind Signale, die die gesamte Website, d.h. die Summe aller einzelnen Seiten, sendet. Webpage-Signale können Website-Signale beeinflussen oder Teil derselben sein und Website-Signale beeinflussen das Ranking einzelner Seiten der Site.

5.4.1 Nützliche und einzigartige Inhalte

Google »liebt« Websites, die nützliche und einzigartige Inhalte haben, im Gegensatz zu Websites, die Inhalte aufweisen, die es auch anderswo im Web gibt, die keine Mehrwerte bieten oder die nur zu SEO-Zwecken erstellt wurden. Vom Vorhandensein nützlicher, einzigartiger Inhalte profitiert die gesamte Website und rankt insgesamt besser.

5.4.2 Informationsarchitektur der Website

Die Informationsarchitektur einer Website lässt sich z. B. mit Hilfe einer sog. *Sitemap* grafisch darstellen. Aus ihr geht u. a. hervor, aus welchen Haupt- und Unterbereichen eine Website besteht; man könnte auch sagen, welche inhaltliche Cluster gebildet wurden. Die Informationsarchitektur beeinflusst das Ranking auf verschiedene Art und Weise indirekt: Sie beeinflusst die Usability und ist damit ein *User Signal*. Sie steuert den »Fluss« von PageRank und Trust innerhalb der Website, da sich diese Werte über Hyperlinks auch innerhalb einer Website »vererben«. Aus SEO-Sicht ist es daher wichtig, sich umfassend mit der Informationsarchitektur auseinanderzusetzen. Mehr dazu erfahren Sie in Abschnitt 10.2.

5.4.3 Aktualisierungen der Website

Webseiten, auf denen aktiv etwas Neues passiert, senden positive Rankingsignale. Positiv auf das Ranking wirkt es sich in der Regel aus, regelmäßig (und nicht nur sporadisch bzw. unregelmäßig) neuen Content zu publizieren und ggf. bestehenden Content zu aktualisieren.

5.4.4 Anzahl der Seiten

Die Anzahl der Seiten einer Website korreliert positiv mit dem Ranking einzelner Seiten und der Gesamt-Sichtbarkeit der Website für viele betrachtete Keywords. Das ist nur logisch, da mit vielen Seiten auch viele unterschiedliche Keywords bedient werden können. Auf der anderen Seite sendet eine Website, die aus vielen Seiten besteht, das Signal, dass es sich um eine große, möglicherweise alleine schon deshalb bedeutende Website handelt. Allerdings nur dann, wenn die einzelnen Seiten auch einzigartige Inhalte haben.

5.4.5 Zunahme der Seiten

Eine stetig steigende Zahl an Webseiten sendet das Signal, dass die Website aktiv ist und wird als positives Rankingsignale gewertet. Auch hier: Das gilt natürlich nur, wenn die neuen Seiten wiederum einzigartige, nützliche Inhalte besitzen.

5.4.6 Anbieter-Infos (Impressum, Datenschutzbestimmungen etc.)

Seriöse Websites haben aussagekräfte Informationen über den Anbieter (Über uns, Über das Unternehmen, Team etc.), berücksichtigen einschlägige Rechtsvorschriften (in Deutschland z. B. Datenschutz-Hinweise, Impressum) und bieten Kontaktmöglichkeiten (Kontaktformular, Telefon, E-Mail-Adressen). Diese Elemente sind vermutlich ein Trust-Signal. Fehlen diese Elemente, kann sich das dagegen negativ aufs Ranking auswirken, da Google die Website möglicherweise nicht für besonders seriös hält.

5.4.7 Backlinks

Anzahl der verlinkenden Domains auf die gesamte Domain

Die Domainpopularität der Website beeinflusst das Ranking einzelner Seiten, auch wenn auf diese nicht von außen verlinkt wird.

Natürliches Linkprofil, Alter der Links und Linkwachstum

Linkprofil, Alter der Backlinks und das Linkwachstum der Website insgesamt können das Ranking einzelner Seiten der Website beeinflussen.

5.5 Domain-Signale

Die Domain, z. B. *www.example.com*, ist der Name der Website und Teil aller URLs der einzelnen Webseiten. Der Domainname verfügt über eigene Signale, die Google auswertet.

5.5.1 Domain-Historie

Google wertet aus, wann eine Domain zum ersten Mal registriert wurde, und wie sich sich im Laufe der Jahre entwickelt. Je mehr positive Signale der zur Domain gehörigen Website im Laufe der Zeit registriert wurden, desto höher bewertet Google das Vertrauen der Domain. Zu den (allerdings weniger starken) positiven Signalen gehört auch, für welchen Zeitraum die Domain registriert wurde. Domains, die nicht nur für ein Jahr, sondern für längere Zeiträume vorab registriert sind, senden ein positives Vertrauenssignal. Die Veränderung der Backlinkstruktur mit der Zeit wird ebenfalls ausgewertet. Positiv wirkt sich ein natürlich aussehendes, kontinuierliches Linkwachstum über einen längeren Zeitraum hinweg aus. Unnatürliches Linkwachstum mit vielen minderwertigen Backlinks in der Domain-

Historie wirkt sich dagegen negativ aus. Beim Kauf einer »gebrauchten« Domain sollte das unbedingt bedacht und vorher analysiert werden, da es schwierig sein kann, eine Domain mit einer »unrühmlichen Vergangenheit« wiederzubeleben, d.h. zu guten Rankings zu führen.

5.5.2 Keywords im Domainnamen

Von allen Stellen innerhalb der URL, senden Keywords im Domainnamen (Second Level Domain, Beispiel: www.keyword.com) immer noch die stärksten Signale, auch wenn dieses Signal in den letzten Jahren immer weniger wichtig geworden ist. Aspekte zur Domain-Registrierung besprechen wir in .

5.6 Server-Signale

Websites werden auf Webservern gehostet, die in Rechenzentren stehen. In der Regel kommen dazu heute Web-Anwendungen zum Einsatz, z.B. Content Management Systeme (CMS), Web-Shops oder Eigenentwicklungen, die spezielle Anforderungen erfüllen. Server und Software senden ebenfalls Signale, die Google auswertet.

5.6.1 Verfügbarkeit

Google wertet aus, wie verfügbar Ihr Server ist. Vermeiden Sie längere oder öfters auftretende Down-Zeiten, das kann sich negativ auf das Ranking der betroffenen Domains auswirken.

5.6.2 Performance

Die Ladezeit einer Webseite und die durchschnittliche Ladezeit aller Webseiten einer Domain sind **sehr** wichtige Rankingsignale. Sehr viele Faktoren haben Anteil an der Ladezeit, darunter auch der Server (Hardware, Netzwerkanbindung).

5.6.3 HTTPS

Google hat im August 2014 mitgeteilt, dass die Verwendung des https-Protokolls anstelle von http ab sofort ein Rankingsignal ist und dass die Stärke des Signals im Laufe der Zeit zunehmen soll. Näheres dazu in Abschnitt 10.5.

5.7 Nutzer-Signale (User Signals)

Google versucht, die Interaktion von echten Benutzern mit der Suchergebnisseite und den gefundenen Webseiten zu analysieren, um herauszubekommen, wie nützlich die Webseiten für die Nutzer tatsächlich sind. Eine Schlüsseltechnologie dafür ist der ***Google Chrome Webbrowser***, der viele Nutzerdaten an Google sendet, wenn er nicht im anonymen Modus betrieben wird. Außerdem geht man davon aus, dass Google die Interaktion der Suchenden mit der Suchergebnisseite intensiv auswertet. Ob Google auch Daten aus Google Analytics, Googles eigenem beliebten und kostenlosen Webanalyse-Tool, auswertet, ist nicht bekannt.

Eine weitere Quelle für User Signals sind die ***Search Quality Rater*** — das sind Menschen, die von Google beaufragt werden, die Qualität der Suchergebnisse manuell zu überprüfen und zu bewerten. Im *Webmaster Central Blog schreibt Google dazu*[75]:

»Änderungen am Suchalgoritmus vorzunehnen ist immer ein Experiment. Teil dieses Experiments sind Prüfer — Menschen, die die Qualität der Google Suchergebnisse manuell überprüfen und uns Feedback geben. Diese Feedbacks beeinflussen nicht das Ranking einzelner Websites, sondern helfen uns dabei, die Auswirkungen unserer Experimente mit Änderungen des Rankingalgorithmus zu verstehen.«

Das bedeutet: Die Search Quality Rater beinflussen nicht direkt das Ranking einzelner Webseiten, sondern die Weiterentwicklung des Ranking-Algorithmus insgesamt und damit das Ranking vieler Webseiten gleichzeitig. Der Einfluss ihrer Arbeit ist nicht zu unterschätzen. Die Richtlinien, nach denen diese Qualitätsbewerter vorgehen sollen, werden inzwischen von Google sogar publiziert. Das *Dokument*[76] können Sie auch als Richtlinie für die Optimierung der eigenen Seiten verwenden — wenn die Search Quality Rater Ihre Website für gut befinden, wird auch Google sie mögen!

5.7.1 Durchklickrate (Click Through Rate)

Google wertet aus, wie häufig Suchende auf der Suchergebnisseite auf einen bestimmten Suchtreffer klicken. Wird ein bestimmter Treffer im Vergleich zu anderen auf der Seite häufiger angeklickt, dann kann sich das Ranking dieses Treffers um einige Plätze verbessern. Optimieren Sie daher die Click Through Rate durch Optimierung des SERP Snippets (Title und Meta-Description der Webseite) und mit Hilfe von Mikrodaten (Lektion 9).

---

75. *https://webmasters.googleblog.com/2015/11/updating-our-search-quality-rating.html*
76. *http://www.google.com/insidesearch/howsearchworks/assets/searchqualityevaluatorguidelines.pdf*

5.7.2 SERP Return Rate

Google wertet aus, wie viel Prozent der Suchenden, die ein bestimmtes SERP Snippet anklicken, schnell wieder zur Google-Suche zurückkehren. Dies wird als Indiz dafür gewertet, dass die Suchenden auf der Webseite nicht die gesuchten Informationen gefunden haben. Eine hohe SERP Return Rate kann sich negativ auf das Ranking auswirken. Sie können dies nur dadurch beeinflussen, dass die Suchenden auf Ihrer Webseite nützliche und zum rankenden Keyword bzw. der Suchintention passende Informationen finden.

5.7.3 Time on Site

Google wertet aus, wie lange Suchende auf einer gefundenen Webseite bleiben, bevor sie wieder zu Google zurückkommen. Denkbar ist auch, dass Google die Verweildauer direkt über den Chrome-Webbrowser messen kann (natürlich nur bei Nutzern, die Chrome verwenden). Eine längere Verweildauer auf der gefundenen Webseite ist ein positives Rankingsignal, eine sehr kurze Verweildauer vermutlich ein negatives.

5.7.4 Bounce Rate (Absprungrate)

Die Absprungrate ist definiert als der Prozentsatz der Besucher einer Website, die nur ein einzige Seite der Website betrachten und danach die Website sofort wieder verlassen. Sie können die Absprungrate Ihrer Website mit Hilfe eines Webanalyse-Tools, z.B. Google Analytics oder Piwik, messen. Google kann die Absprungrate vermutlich über den Chrome-Browser ermitteln. Die Absprungrate kann sowohl für die Website insgesamt als auch für einzelne Seiten gemessen werden. Eine hohe Absprungrate deutet darauf hin, dass die Webseite keine Anreize bietet, tiefer in die Website einzusteigen, d.h. weitere Seiten aufzurufen. Welche Absprungraten als hoch oder niedrig gelten, lässt sich nicht pauschal sagen, sondern hängt vom Zweck der Site/Seite und der Branche ab.

Niedrige Absprungraten (im Branchenvergleich) senden vermutlich positive Rankingsignale, während hohe Absprungraten (wiederum im Branchenvergleich) vermutlich negative Rankingsignale senden. Aus SEO-Sicht sind daher Maßnahmen, die zur Senkung der Absprungrate führen, sinnvoll.

5.7.5 Nutzer-Interaktionen mit der Seite

Nutzer-Interaktionen mit der Website bzw. Webseite senden positive Rankingsignale. Solche Interaktionen können z.B. das Hinterlassen eines Kommentars oder einer Bewertung sein, das Hinzufügen eines Artikels zum Warenkorb, ein Registrierungsprozess, das Aufrufen einer speziellen Funktion usw.

5.8 Markensignale

Der ehemalige Goolgle-CEO Eric Schmidt sagte im Jahr 2008 (frei übersetzt):

> *Marken sind die Lösung, nicht das Problem. Mit Hilfe von Marken sortieren wir den Spam aus.*[77]

Seit dem hat Google stark daran gearbeitet, Signale auszuwerten, die sich in irgendeiner Form auf Marken beziehen. Marken sind für Google im Wesentlichen Wort- bzw. Wort/Bild-Marken von Unternehmen bzw. von Produkten wie z. B. »Google« oder »Coca Cola« (die wahrscheinlich berühmteste Marke der Welt). Häufig kommen Markenbegriffe in Domainnamen vor. Google untersucht z. B., wie häufig Markenbegriffe im Web erwähnt werden, wer der Markeninhaber ist, welche Websites und Social Media-Kanäle dieser beitreibt, was Internetnutzer über ihn sagen, wie also seine Reputation ist. SEO-Studien zeigen, dass in den Top-Suchergebnissen immer häufiger bekannte Marken vorkommen. Markensignale sind also in letzter Zeit offenbar immer wichtiger geworden.

5.8.1 Vertauenswürdige Marke

Steht eine Website/Webseite im Zusammenhang mit einer vertrauenswürdigen Marke? Für Google sprechen u. a. folgende Indizien dafür:

- Seriöse Website mit Impressum, Anbieter-Infos, Rechtskonformität und Kontaktinfos
- Aktive Social Media Accounts
- Niedrige Bounce Rates
- Domain-Registrierung für längeren Zeitraum
- Backlinks von Authority Domains, seriösen Publikationsorganen und Unternehmens-Websites

77. Original-Zitat: »Brands are the solution, not the problem. Brands are how you sort out the cesspool.« Quelle: *http://adage.com/article/media/google-s-schmidt-internet-cesspool-brands/131569/*

5.8.2 Reputation

Google analysiert, was andere im Web über eine Website sagen und wertet dazu vor allem Bewertungen, Kundenmeinungen und Rezensionen in unabhängigen Bewertungsportalen aus. Viele positive Bewertungen können das Ranking positiv beeinflussen, während negative Rezensionen und Bewertungen ein negatives Rankingsignal senden. Reputationsmanagement ist daher heute auch eine wichtige SEO-Aufgabe.

5.8.3 Nennungen ohne Link (»Mentions«,)

Häufige Nennungen der Marke auf vielen verschiedenen Seiten im Web sprechen für einen hohen Bekanntheitsgrad der Marke und senden ein positives Rankingsignal.

5.8.4 Suchvolumen für Suche nach der Marke

Wie häufig ein Markenname in der Google-Suche eingegeben wird, und ob sich die Häufigkeit verändert, dient ebenfalls als Rankingsignal. Ein steigendes Suchvolume spricht für wachsende Beliebtheit/Bekanntheit der Marke (positives Rankingsignal), während ein sinkendes Suchvolumen für schwindendes Interesse spricht (negatives Rankingsignal).

5.9 Soziale Signale

Schon seit Jahren wird in der SEO-Branche diskutiert, ob und in welchem Umfang Google Signale aus Social-Media-Plattformen wie Twitter, Facebook und Google+ auswertet. Bekannt ist, dass Google mit diesen Signalen schon seit längerem experimentiert, jedoch bisher stets betont hat, dass Social Signals (noch) keine direkten Rankingfaktoren sind. Verschiedene SEO-Studien haben jedoch inzwischen Hinweise dafür gefunden, dass zumindest in manchen Situation Signale aus Social Media-Plattformen eine Rolle spielen.

Es ist aktuell nicht möglich, an dieser Stelle konkrete Social Media Plattformen zu benennen und die Wichtigkeit dieser Plattformen und der Signale aus diesen zu bewerten. Eindeutig ist dies nur für Google+, Googles eigene soziale Plattform, wenn es um das Ranking von vor allem lokal agierenden Unternehmen in Suchanfragen mit lokalem Bezug geht. Mehr dazu in Lektion 12.

Signale aus Social Media können das Ranking einer Domain/Website insgesamt auf unterschiedliche Weise indirekt positiv beeinflussen, u.a. in Form von Markensignalen.

5.10 Negative Signale

Negative Signale beeinflussen das Ranking negativ oder führen gar zu einer Bestrafung durch Google (***Google Penalty***), die bis zum kompletten Ausschluss einer Domain aus dem Suchindex führen kann. Diese Signale gilt es unbedingt zu vermeiden.

Jeden Tag werden Tausende nutzlose Seiten ins Web gestellt, die mit vielerlei Tricks versuchen, an die Spitze der Suchergebnisse zu gelangen, um mit wenig Aufwand viele Besucher zu bekommen, um diesen dann z. B. irgendetwas zu verkaufen, was sie gar nicht gesucht haben.

Google bekämpft solche Spam-Seiten mit einer Kombination aus Algorithmen, die Spam-Seiten automatisch erkennen und im Ranking herunterstufen, und Teams aus menschlichen Qualitätsbewertern, die die Suchergebnisse, die Google ausliefert, bzw. die dort gelisteten Webseiten überprüfen[78].

5.10.1 Minderwertiger Content

Seit dem Panda-Update straft Google Webseiten mit minderwertigem Content massiv ab. Vor allem betroffen sind Seiten mit automatisch erstelltem Content, kopierten Inhalten und störender Werbung.

5.10.2 Schädliche Backlinks

Seit dem Penguin-Update führen minderwertige Backlinks zur Abwertung von Websites. Betroffen sind vor allem Websites, die in der Vergangenheit massiv und ohne Augenmaß Backlinkaufbau betrieben haben. Was Google unter minderwertigen Backlinks versteht, wie man diese Backlinks findet und sie loswird, erkläre ich in Lektion 11.

5.10.3 Schädliche ausgehende Links

Google selbst warnt schon seit vielen Jahren: »Don't link to bad neighbourhood« (vergl. Abschnitt 4.5). Ausgehende Links zu Websites, die gegen *Googles Webmaster Richtlinien*[79] verstoßen und z. B. Linkfarmen betreiben, Links verkaufen oder zu Spam-Seiten mit nutzlosem Content, dafür aber viel Werbung, kann gefährlich

78. Quelle: *https://www.google.com/insidesearch/howsearchworks/fighting-spam.html*
79. *https://support.google.com/webmasters/answer/35769*

sein. Auch auf pornografische Webseiten oder Webseiten mit illegalem Content zu verlinken, kann sich negativ auswirken.

5.10.4 Viele gebrochene Links

Internetnutzer hassen gebrochene Links, d.h. Links die zu Seiten führen, die es unter der verlinkten URL nicht mehr gibt. In der Regel sieht man dann eine 404-Fehlerseite. Und weil Nutzer gebrochene Links hassen, hasst Google gebrochene Links. Achten Sie unbedingt darauf, dass Ihre internen und externen Links funktionieren. Es gibt Tools, sog. ***Linkchecker***, mit denen Sie diese Kontrolle automatisieren können. Gebrochene interne Links, werden auch in der ***Google Search Console*** angezeigt.

5.10.5 Technische Probleme oder Hindernisse

Häufige oder längere Nicht-Erreichbarkeit der Domain, lange Ladezeiten einzelner Seiten oder schlechter Durchschnittswert aller Seiten, Blockieren von CSS- oder JavaScript-Dateien in der *robotos.txt* — all das sendet negative Rankingsignale. Achten Sie darauf, dass Ihre Website hoch verfügbar ist, dass die einzelnen Seiten schnell laden und dass eingebundene CSS- und JavaScript-Dateien nicht von der Indexierung ausgeschlossen sind. Vermeiden Sie auch aus der Mode gekommene Technologien wie Adobe Flash und HTML-Framesets. Achten Sie auf gültiges und am besten modernes HTML (HTML5).

5.10.6 Verstoß gegen die Google Webmaster-Richtlinien

Google erläutert in den sog. *Webmaster Richtlinien*[80], welche Maßnahmen zur Verbesserung der Auffindbarkeit in Google erlaubt sind und welche nicht. Unerlaubte SEO-Maßnahmen (sog. ***Black Hat SEO***) können zur Abwertung im Ranking oder sogar zum kompletten Ausschluss aus dem Google-Index führen. Dazu zählt:

- Brückenseiten (engl.: *Doorway Pages*). Brückenseiten sind speziell für Suchmaschinen optimierte Webseiten, die menschliche Besucher der Website nicht zu Gesicht bekommen, weil ihr Browser mit Hilfe von JavaScript direkt auf eine andere Seite weitergeleitet wird. Die Robots der Suchmaschinen sollen dagegen diese Brückenseiten indexieren.
- Einen ähnlichen Ansatz verfolgt das sog. *Cloaking* (engl. Verhüllen). Das ist eine Technik, bei der den Robots einer Suchmaschine unter derselben URL

80. *https://support.google.com/webmasters/answer/35769*

eine andere Seite ausgeliefert wird als einem »normalen« Webbrowser, den ein Mensch bedient. Ziel ist auch dabei, der Suchmaschine eine für bestimmte Keywords optimierte Seite zu präsentieren, um ein besonders gutes Ranking zu erreichen. Technisch erreicht man das z. B. mit Hilfe eines Skriptes, das auswertet, welche Art Browser oder Robot die Seite besucht, und dann in Abhängigkeit vom Ergebnis dieser sog. User-Agent-Auswertung eine andere Seite zu dem Client, der die HTTP-Anfrage gesendet hat, zurückschickt.

- automatisch erstellter Content
- Einfügen von Inhalten anderer Webseiten
- Teilnahme an Linktauschprogrammen
- Kaufen von Backlinks
- Verborgener Text (engl.: hidden content): Das sind Textinhalte und Links, die zwar im Quellcode der Webseite stehen, jedoch für die Besucher unsichtbar bleiben.

Solche Ansätze werden von Google heute relativ leicht erkannt, und die betroffene Website wird abgestraft (»Penalty«). Achten Sie darauf, dass auch von Ihnen ggf. beauftragte Dienstleister nicht mit solchen Methoden arbeiten.

5.10.7 Überoptimierung

Eine Über-Optimierung wie z. B. eine zu hohe Keyworddichte (Keyword-Stuffing), zu viele Links mit Keywords im Ankertext (unnatürliches Linkprofil) und auch ein zu rasantes, ungleichmäßiges Linkwachstum kann zur Abstrafung führen.

5.10.8 Gastbeiträge in Blogs (»Guest Blogging«)

Gastbeiträge in Blogs zu platzieren war vor einigen Jahren eine sehr beliebte Methode, um Backlinks zu generieren. So beliebt, dass Google sich genötigt sah, dagegen vorzugehen. Das heißt aber nicht, dass jede Form von Guest Blogging generell schlecht sein muss. Wenn Sie mit dieser Methode arbeiten wollen, agieren Sie bitte vorsichtig und beachten dabei Folgendes:

- Vermeiden Sie Blogs, die ganz offenbar nur für den Zweck erstellt wurden, den Autoren Backlinks zu geben. Solche Blogs haben in der Regel sehr viele verschiedene Autoren, aber keinen eigenen Blog-Betreiber, der maßgeblich als Autor in Erscheinung tritt.
- Publizieren Sie nicht denselben Artikel auf verschiedenen Blogs.
- Vermeiden Sie, dass aus der Autor-Box auf Ihre Website verlinkt wird; viel besser ist es, wenn der Link im Textbereich des Artikels platziert ist und auf eine themenverwandte Seite Ihrer Website verweist.

5.10.9 Negative Bewertungen

Bewertungen und Rezensionen durch Nutzer werden von Google in letzter Zeit immer intensiver ausgewertet, vor allem solche aus unabhängigen Bewertungsportalen. Negative Bewertungen und Meinungen können das Ranking negativ beeinflussen. Es wird also zunehmend wichtiger, ein aktives ***Reputationsmanagement*** aufzubauen.

5.10.10 Manuelle Bestrafung durch Google

Google hat die Möglichkeit, gegen eine Website sog. ***manuelle Maßnahmen*** zu verhängen, z. B. wenn die Site massiv gegen die Webmaster-Richtlinien verstößt.

Die Information über sog. »manuelle Maßnahmen« gibt es bereits seit 2008.[81] in der Google Search Console. Damit soll der Betreiber einer Website darüber informiert werden, ob Google gegen seine Site manuelle Anti-Spam-Maßnahmen aufgrund von Verstößen gegen die Google Webmaster-Richtlinien ergriffen hat.

Sie finden diese Information in der Google Search Console unter **Suchanfragen > Manuelle Maßnahmen** (Abb. 5.5).

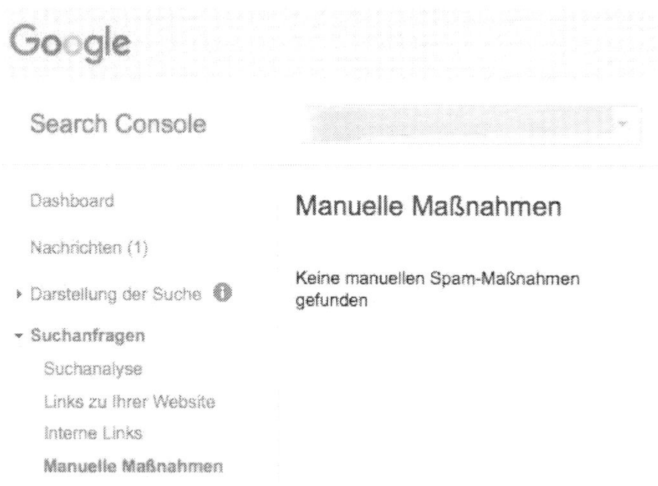

Abb. 5.5 *In der Search Console informiert Google über manuelle Anti-Spam-Maßnahmen gegen die Website.*

Google nennt beispielhaft elf verschiedene Gründe für Maßnahmen gegen eine Website: [82]

81. Quelle: *http://googlewebmastercentral-de.blogspot.de/2013/08/manuelle-webspam-massnahmen-in-webmaster-tools.html*

- Unnatürliche Links zu Ihrer Website
- Gehackte Website
- Nutzergenerierter Spam
- Kostenlose Spamhosts
- Markup, das Spamstrukturen aufweist
- Unnatürliche Links zu Ihrer Website
- Inhalte von geringer Qualität mit geringem oder gar keinem Mehrwert
- Cloaking bzw. irreführende Weiterleitungen
- Unnatürliche Links von Ihrer Website
- Reine Spamwebsite
- Verborgener Text bzw. überflüssige Keywords

Auf der referenzierten Support-Seite können Sie zu jedem dieser Punkte eine genauere Beschreibung aufrufen.

5.11 Wie geht es weiter?

Herzlichen Glückwunsch! Jetzt haben Sie einen Überblick über die wichtigsten Rankingsignale von Google bekommen und zusammen mit den vorausgegangenen Lektionen eine wirklich gute Basis aufgebaut, um in den nächsten Lektionen in den SEO-Prozess einzusteigen. Darin beschäftigen wir uns mit der Frage, wie der SEO-Prozess aussieht, wie man sinnvolle Ziele definiert, wie man diese schrittweise erreicht und wie man die Zielerreichung messen kann.

5.12 Testen Sie Ihr Wissen!

1. Woher stammt unser Wissen über die Google-Rankingfaktoren?
2. Wie beurteilt Google die Qualität einer Webseite?
3. Was versteht Google unter »Supplementary Content«?
4. Sie können Sie es Google erleichtern, für eine Website Rich Snippets zu erzeugen?
5. Warum ist die interne Verlinkung einer Website wichtig?

82. Quelle: *https://support.google.com/webmasters/answer/2604824?hl=de*

6. Wie viel Prozent sollte die Keyworddichte idealerweise betragen?
7. Nennen Sie drei User Signals, die Google höchstwahrscheinlich als Rankingsignal verwendet.
8. Was ist Cloaking?
9. Was sind Brückenseiten?
10. Nennen Sie weitere SEO-Techniken, die heute nicht mehr angewandt werden sollten.

6 SEO-Prozess und SEO-Ziele

In dieser Lektion lernen Sie

- aus welchen einzelnen Schritten eine Suchmaschinenoptimierung besteht.
- wie Sie sinnvolle und erreichbare SEO-Ziele festlegen.
- welche Startpunkte es im SEO-Prozess gibt.

6.1 Der Prozess der Suchmaschinenoptimierung

SEO war einmal denkbar einfach: Mit ein bisschen Onpage-Optimierung und reichlich Backlinks konnte man noch vor wenigen Jahren ohne Weiteres Top-Rankings erreichen. Diese Zeiten sind inzwischen vorbei: SEO wird von Jahr zu Jahr aufwändiger. Das liegt daran, dass Google immer »schlauer« wird und sich nicht mehr so einfach austricksen lässt. Wie Sie bereits erfahren haben, wertet Google bei der Berechnung der Rankings mehr als 200 »Signale« aus. Nun ist es aber sehr schwierig bzw. praktisch unmöglich, mit 200 Signalen zu »jonglieren«, damit meine ich, an der Optimierung aller Signale gleichzeitig und gleichermaßen zu arbeiten.

Wie geht man also am Besten in der Praxis vor, um eine Webseite zu optimieren?

Um den Prozess praktikabel zu gestalten, habe ich insgesamt acht Schritte (bzw. »Arbeitsbereiche«) definiert:

1. Keywords
2. Content
3. Quellcode
4. Offpage-Optimierung
5. Backlinks
6. Local SEO
7. Erfolgskontrolle
8. SEO-Check

Die ersten fünf Schritte sind essentiell. Schritt 6 (Local SEO) betrifft nur Anbieter von lokalen Dienstleistungen. Schritt 7 (Erfolgskontrolle) ist wiederum Pflicht und

Schritt 8 ist der erste Schritt, wenn es um die Optimierung einer bestehenden Site geht.

Die Schritte 2 (Content) und 3 (Quellcode) werden manchmal auch unter dem Begriff ***Onpage-Optimierung*** zusammengefasst.

Diese acht Schritte müssen Sie nicht zwangsläufig in dieser Reihenfolge abarbeiten, und Sie müssen in einem SEO-Projekt nicht einmal unbedingt alle Schritte angehen. Je nach Projekt ist es sinnvoll, sich auf ausgewählte Schritte zu konzentrieren.

Ich gebe Ihnen im Folgenden einen kurzen Überblick über alle Schritte. In den folgenden Lektionen gehen wir dann jeweils ins Detail.

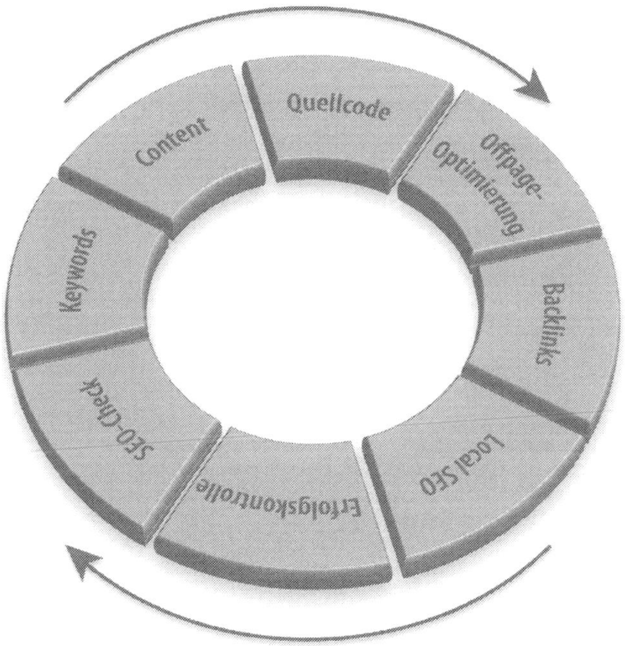

Abb. 6.1 *Der SEO-Prozess als Kreislauf, der aus acht Schritten besteht.*

Keywords

Wenn man sagt, dass eine bestimmte Webseite in Google gut gefunden wird, dann muss man immer auch den Suchbegriff angeben, für den das der Fall ist. In der Keyword-Analyse geht es darum, die Keywords zu finden, die für eine bestimmte Website relevant sind, d.h. von der Zielgruppe auch tatsächlich verwendet werden. Außerdem hilft die Keyword-Analyse dabei, das Kosten-Nutzen-Verhältnis einer Optimierung auf ein bestimmtes Keyword zu ermitteln, da mit Hilfe der

Keyword-Analyse auch geschätzt wird, wie viele zusätzliche Besucher (und damit verbunden Kunden bzw. Käufer) mit Hilfe von SEO überhaupt möglich sind.

Content

Mit Content-Optimierung ist die Optimierung aller Inhaltselemente einer Website für bestimmte Keywords bzw. Themen gemeint. Zu diesen Inhaltselementen gehören der Text der Webseite sowie alle darin eingebundenen Inhalte wie z.B. Bilder, Videos und PDF-Dateien. Wie Sie bereits erfahren haben, wird die Optimierung des Contents immer wichtiger, da der Content und dessen Qualität eines der wichtigsten Rankingsignale überhaupt ist.

Quellcode

Webseiten bestehen aus Quellcode (im Wesentlichen HTML, CSS und JavaScript) und Inhaltselementen. Der Quellcode, vor allem das HTML, lässt sich in vielerlei Hinsicht für Suchmaschinen optimieren.

Offpage-Optimierung

Die Offpage-Optimierung umfasst alle Optimierungsschritte, die nicht direkt mit den eigentlichen Webseiten zu tun haben. Dazu gehören z.B. die Informationsarchitektur der Website, die URLs der einzelnen Seiten, die Ladegeschwindigkeit (sog. ***Web Performance Optimization, WPO***).

Backlinks

Backlinks, d.h. »eingehende Hyperlinks von anderen Webseiten« sind nach wie vor ein wichtiges Rankingsignal. Google wendet komplexe Algorithmen an, um aus den Backlinks zu ermitteln, wie wichtig bzw. beliebt und wie vertrauenswürdig eine Webseite im Web ist. Backlinks können aber nicht nur nützen, sondern sogar schädlich sein, wenn sie von den falschen Seiten ausgehen. Bei der Backlink-Optimierung geht es um ein umfassendes ***Backlink-Management***, mit dem Ziel, eine Backlink-Struktur zu schaffen, die ein möglichst positives Rankingsignal sendet.

Local SEO

Local SEO ist die Optimierung einer Website für die Sichtbarkeit in lokalen Suchergebnissen, also Suchergebnissen, die für den Standort des Suchenden optimiert sind. Wichtig ist dies für Unternehmen, die z.B. ein lokales Ladengeschäft, ein Restaurant, ein Hotel, ein Sportstudio o.ä. betreiben.

Erfolgskontrolle

Am Ende des SEO-Prozesses steht die Erfolgskontrolle. Dabei überprüfen Sie, ob und in welchem Umfang sich die Rankings der optimierten Seiten verbessert haben.

SEO-Check

Geht es um die Optimierung einer bestehenden Website, dann analysieren Sie zuerst, wie es um die Sichtbarkeit (Fachbegriff: Visibility) der Site in Google bestellt ist, und ob Sie Hinweise auf technische Probleme oder Hindernisse feststellen können, welche das Ranking negativ beeinflussen. Manche SEOs bezeichnen den SEO-Check auch als ***Site Clinic***.

> Ich empfehle Ihnen, den SEO-Prozess als Teil der fortwährenden Online-Marketing-Aufgaben zu betrachten und nicht zu unterbrechen. Wenn Sie mit allen Schritten durch sind, fangen Sie ganz einfach vorne wieder an ;-) Wenden Sie den Prozess für jede Website so lange an, wie die Website benötigt wird; so erzielen Sie den maximalen Effekt.

6.2 Startpunkt des SEO-Prozesses

Der SEO-Prozess startet entweder bei Schritt 1 (Keywords) oder bei Schritt 8 (SEO-Check). Geht es um die Optimierung einer bestehenden, bereits online befindlichen Website, so starten Sie mit dem SEO-Check, um sich einen Überblick über die Visibility der Site zu verschaffen und Probleme bzw. Optimierungspotenziale zu erkennen.

Geht es jedoch um die Erstellung einer komplett neuen Website bzw. um einen vollständigen Relaunch, so beginnen Sie bei Punkt 1 (Keywords). Es ist sehr wichtig, die Keyword-Analyse bereits sehr frühzeitig in der Konzeptionsphase eines Web-Projektes durchzuführen. Sowohl die Content-Lieferanten (Texter, Grafiker usw.) als auch die technischen Experten (Webdesigner, Web-Entwickler) müssen wissen, für welche Keywords die Site optimiert werden soll, um dies bei der Erstellung des Contents und der technischen Umsetzung zu berücksichtigen.

> Es ist ein großer Fehler, eine neue Website zuerst komplett zu erstellen und dann anschließend das Thema SEO anzugehen. Im schlimmsten Fall bedeutet dies, dass Sie an vielen Stellen nochmal von vorne anfangen müssen und doppelten Aufwand (und Kosten) haben!

6.3 Ziele der Suchmaschinenoptimierung

Wie bei jedem Projekt sollten Sie im Vorfeld die Projektziele definieren. Auch bei SEO-Projekten ist es wichtig, die Projektziele strikt von strategischen Zielen zu unterscheiden.

6.3.1 Strategische SEO-Ziele

Strategische Ziele beschreiben, was mittel- und/oder langfristig mit Hilfe von SEO erreicht werden soll. Es ist wichtig, die strategischen Ziele zu kennen. Nur dann können SEO-Projekte so ausgelegt werden, dass sie konkret dazu beitragen, die strategischen Ziele zu erreichen.

Zu den strategischen SEO-Zielen kann z. B. gehören:

- das Unternehmen und/oder seine Marken dadurch bekannter machen (Branding), dass entsprechende Webseiten häufiger in den Trefferlisten der Suchmaschinen erscheinen
- die Zahl der Besucher einer Website oder in einem Online-Shop erhöhen, um die Neukunden-Umsätze zu steigern
- Bestandskunden in Suchmaschinen abholen und auf die eigene Website leiten
- Marketing-Kosten einsparen (z. B. im Print-Bereich)
- Mitarbeiter-Akquise durch gute Auffindbarkeit von Stellenangeboten auf der eigenen Website
- Zahl der Backlinks erhöhen durch gute Auffindbarkeit von verlinkenswertem Content

6.3.2 Projektziele für SEO-Projekte

Einzelne SEO-Projekte mit definierten Start- und Endzeitpunkten, dienen immer dazu, der Erreichung der strategischen Ziele näher zu kommen.

Wie definieren Sie für SEO-Projekte Projektziele, die klar und eindeutig und erreichbar sind? Repetieren wir kurz die Kernaussagen dazu aus der Projektmanagement-Disziplin:

- Projektziele sind dann klar und eindeutig, wenn alle Beteiligten das Gleiche darunter verstehen. Um dies sicherzustellen, definiert man die Projektziele so, dass die Zielerreichung mit möglichst einfachen Mitteln überprüft werden kann. Beim Durchlesen des Ziels muss ein Leser mit dem passenden fachlichen Hintergrund sagen können, was er/sie konkret wann tun würde, um zu überprüfen, ob das Ziel erreicht wurde.

- Um die Wahrscheinlichkeit zu erhöhen, dass die Projektziele erreichbar sind, sollte das Projektteam (d.h. die Experten, die an der Umsetzung der Projektanforderungen arbeiten) an der Zieldefinition beteiligt werden. Nur diese verfügen über genügend Erfahrung, um abschätzen zu können, ob ein Ziel im vorgegebenen Zeitrahmen und mit den zur Verfügung stehenden Mitteln und Ressourcen erreicht werden kann.

Eine Zieldefinition umfasst in der Regel vier Dimensionen:

- die Zielrichtung
- die Messgröße
- die Höhe der Messgröße
- den Bezugswert

Bei SEO-Projekten ist die Zielrichtung grundsätzlich die Auffindbarkeit in Suchmaschinen bezogen auf genau festgelegte Suchbegriffe bzw. -Phrasen. Die Bezugnahme auf die Suchwörter ist zwingend notwendig: Eine Webseite steht niemals ganz allgemein »auf dem 1. Platz bei Google«, sondern höchstens bei der Eingabe genau definierter Suchbegriffe.

Nach der Optimierungsarbeit soll eine bestimmte Webseite natürlich weiter oben in der Ergebnisliste erscheinen (Messgröße).

Ein in der Regel erreichbares und wirtschaftlich sinnvolles Ziel ist eine Auflistung unter den ersten 5 oder 10 Treffern (Höhe der Messgröße). Man könnte natürlich auch als Ziel ausgeben, dass eine Seite auf Platz 1 gelistet wird, läuft dann aber Gefahr, dass das Ziel möglicherweise nicht oder nur mit einem wirtschaftlich nicht vertretbaren Aufwand zu erreichen ist. Was erreichbar ist, hängt im Wesentlichen von drei Faktoren ab:

1. Der Anzahl der Konkurrenzseiten (wie viele Seiten hält Google bei dem betrachteten Keyword für relevant?)
2. Dem Optimierungsgrad der top-rankenden Webseiten (wie stark optimiert sind die top-rankenden Seiten?)
3. Der Kompetenz des SEO-Experten ;-)

Der Wahl der Suchwörter bzw. der Suchphrase kommt dabei eine wichtige Bedeutung zu. So macht es z.B. wenig Sinn, als Ziel zu definieren, dass eine Website für ein einzelnes, sehr allgemeines Suchwort auf Platz 1 der Trefferliste erscheinen soll, da die Konkurrenz sehr groß ist.

Beispiel

Ein Berliner Web-Entwickler könnte als SEO-Ziel vorgeben, dass seine Website bei Eingabe des Begriffes »PHP« auf der ersten Ergebnisseite (also unter den Top 10) von Google erscheint. Für das Suchwort »PHP« findet Google heute »ungefähr 25.270.000.000 Ergebnisse«. Auf Platz 1 steht die Seite mit der URL *http://de.wikipedia.org/wiki/PHP*.

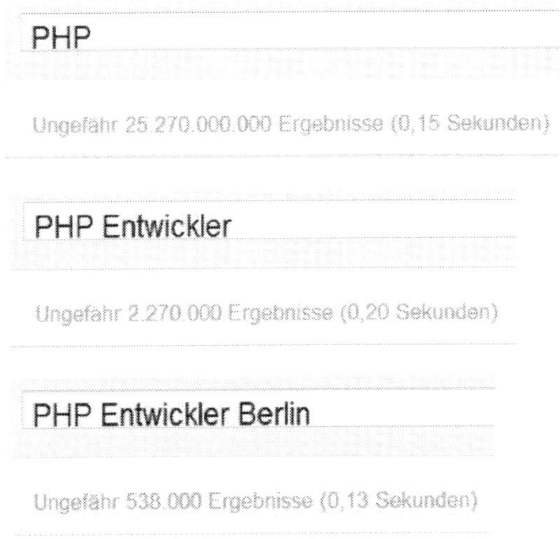

Abb. 6.2 *Mit jedem weiteren Suchbegriff in einer Suchanfrage nimmt die Zahl der Treffer rapide ab. Es wird dann immer leichter, ein Ranking auf der ersten Ergebnisseite zu erreichen. Bei der Auswahl einer Suchwort-Kombination sollten Sie immer die Zahl der konkurrierenden Treffer mit berücksichtigen.*

Bei dieser massiven und starken Konkurrenz ist es sicherlich schwierig, unter die Top 10 zu kommen, nahezu unmöglich dürfte es jedoch sein, den Wikipedia-Artikel von Position 1 zu verdrängen, da diese Seite über gigantisch hohe PageRank- und Trustwerte verfügt. Ein derartiges Ziel wäre höchstwahrscheinlich nicht erreichbar (zumindest nicht mit den zur Verfügung stehenden Mitteln), und daher wäre das Projekt schon bei der Zieldefinition gescheitert.

Mit einem so allgemeinen Suchwort wie »PHP« auf Position 1 gefunden zu werden, dürfte für die meisten Websites aber auch gar nicht nötig sein, da die Streuverluste dabei sehr hoch wären. Nur ein kleiner Teil der Suchenden, die PHP eingeben, wird wohl tatsächlich einen PHP-Entwickler suchen, aber genau die möchte man ja erreichen.

Zudem wissen die Suchenden, dass sie bessere Ergebnisse bekommen, wenn sie mehrere Suchbegriffe kombinieren. Durch die Einführung von *Google Instant* hat sich dieser Trend offenbar noch verstärkt. Insbesondere die Häufigkeit von Suchanfragen, die aus mehr als vier Wörtern bestehen, hat zugenommen.[83]

Wie viele Begriffe kombinieren Internetnutzer in ihren Suchanfragen?

Markstudien zeigen, dass die Zahl der Begriffe, die Suchende in ihren Suchanfragen eingeben, tendenziell zunimmt. Allerdings gibt es zwischen verschiedenen Sprachen große Unterschiede, wie Tabelle 6.1 zeigt.

Suchbegriffe	Deutschland	USA
1	65,2	29,03
2	22,23	28,24
3	8,09	20,14
4	2,72	10,64
5	0,97	5,84
6	0,36	2,62
7	0,18	1,48
8	0,11	0,81
9	0,07	0,50
10 und mehr	0,07	0,71

Tabelle 6.1 *Anzahl der Suchbegriffe pro Suchanfrage in Deutschland und den USA (Jahr 2016. Quelle: http://de.statista.com/)*

Bei Suchanfragen in deutscher Sprache verwenden Suchende durchschnittlich weniger Keywords als bei Suchanfragen in englischer Sprache, da im Deutschen durch die Zusammensetzung mehrerer Wörter neue Substantive gebildet werden können. Im Englischen heißt es z.B. Search Engine Optimization (drei Wörter), im Deutschen Suchmaschinenoptimierung (ein Wort). Noch ein Beispiel: Web Design (englisch), Webdesign (deutsch).

In der Praxis lässt sich oftmals mit Wortkombinationen aus zwei Begriffen am besten arbeiten, aber das muss für jedes SEO-Projekt und jede Webseite individuell entschieden werden. Dabei sollte man immer die Zahl der konkurrierenden Websites im Auge behalten: Meiner Erfahrung nach ist es in der Regel relativ leicht, bei

83. Quelle: *http://www.distilled.net/blog/seo/impact-of-google-instant/*

einigen Hunderttausend Konkurrenten unter die Top 5 zu kommen, bei mehreren Millionen wird es schon deutlich schwieriger bzw. aufwändiger.

Wie könnte nun eine klare, eindeutige und erreichbare Zieldefinition für ein SEO-Projekt aussehen?

Für unser Beispiel, den Berliner PHP-Entwickler, vielleicht so:

Beispiel

Ziel: »Die Startseite der Website *www.example.org* soll bis spätestens (DATUM) bei Eingabe der Suchbegriffe *PHP Entwickler* in Google unter den ersten 5 Suchergebnissen gelistet werden.«

Dieses Ziel ist klar und eindeutig, da sofort jedem, der es liest, klar ist, wie überprüft werden kann, ob das Ziel erreicht wurde: An dem genannten Datum gibt man in Google *PHP Entwickler* ein und prüft, ob die Startseite der benannten Website unter den ersten 5 Treffern gelistet wird.

Ob das Ziel erreichbar ist, lässt sich natürlich nicht exakt vorhersagen, da dies von vielen Faktoren abhängt. Mit ein wenig Erfahrung lässt sich jedoch ein Gespür dafür bekommen, was machbar ist und was eher nicht.

Visibility einer gesamten Website

Klar ist außerdem, dass die Projektziele in den meisten SEO-Projekten umfassender sein werden als in diesem Beispiel. Es soll ja in der Regel nicht nur erreicht werden, dass eine einzelne Seite mit bestimmten Suchwörtern gut gefunden wird, sondern viele Seiten für die jeweils seitenspezifischen Keywords. Je nach Website können das sehr viele sein. Geht es z. B. um einen Online-Shop mit 10.000 verschiedenen Artikeln in der Produktdatenbank, soll idealerweise jede einzelne Artikelseite mit den jeweils für sie spezifischen Keywords gefunden werden – am besten unter den Google Top Ten, also auf der ersten Suchergebnisseite. Das dieses Ziel sehr schwierig zu erreichen ist, wird man sich bei der Zieldefinition wahrscheinlich auf einen Teil der Seiten bzw. Keywords beschränken.

Als Ziel könnte definiert werden, dass eine Website mit einer bestimmten Zahl an Keywords Rankings in einem definierten Bereich erzielt. Beispiel: »Website XY soll bis DATUM bei Google mit 100 Keywords in den Top 10 gefunden werden«. Solche Zieldefinitionen machen z. B. bei Online-Shops Sinn bzw. immer dann, wenn innerhalb der Website viele URLs existieren, die mit ihren spezifischen Keywords gefunden werden sollen.

6.3.3 Wirtschaftliche SEO-Ziele

Alternativ dazu, SEO-Projektziele so zu definieren, dass für spezifische Keywords Ranking-Bereiche (»unter den Top 5«) definiert werden, kann man auch mit Umsatz-Zielen arbeiten:

In Lektion 7 erkläre ich Ihnen, wie Sie für jedes Keyword den zu erwartenden Umsatz berechnen können. Es ist also durchaus möglich, ein SEO-Ziel so zu definieren: »Im Jahr XY soll über den Kanal der organischen Google-Suche der Umsatz gegenüber dem Vorjahr um XY gesteigert werden«. Die Schwierigkeit besteht hier darin, die Umsätze dem Kanal der organischen Suche einwandfrei zuzuordnen, um die Erreichung des Ziels überprüfen zu können. In der Regel bzw. in den meisten Fällen, lässt sich dieser Umsatz jedoch recht gut abschätzen, indem man z.B. die Adwords-Umsätze sowie andere Umsätze, die sich exakt zuordnen lassen, abzieht.

6.4 Messung der Zielerreichung

In jedem Projekt ist es wichtig zu prüfen, ob die definierten Projektziele erreicht wurden. Die Erreichung wirtschaftlicher SEO-Ziele erfordert, dass Sie mit Hilfe von Web-Analyse-Tools und einer Segmentierung der Umsätze nach Marketing-Kanal die Umsätze der organischen Suche hinreichend genau zuordnen können. Wie diese Aufgabe zu bewältigen ist, ist zu komplex und von Unternehmen zu Unternehmen zu unterschiedlich, um das hier im Detail zu erörtern.

Einfacher ist die Messung der Ranking-Ziele. Dazu werden die Rankings am Stichtag, der im Projektziel festgelegt ist, kontrolliert. Geben Sie die Suchbegriffe aber nicht einfach in Google ein! Durch die Personalisierung und Lokalisierung der Suchergebnisse sehen Sie möglicherweise ganz andere Treffer als die meisten anderen Suchenden. Da das Thema der Erfolgskontrolle recht komplex ist, habe ich ihm eine eigene Lektion gewidmet.

Ich erwähne das trotzdem an dieser Stelle, da es durchaus sinnvoll ist, zu Beginn eines SEO-Projektes ein Keyword-Monitoring aufzusetzen. Wenn Sie jetzt gerade mit einem SEO-Projekt beginnen, dann sollten Sie jetzt einen kurzen Ausflug in Lektion 13 unternehmen.

6.5 Testen Sie Ihr Wissen!

1. Welche SEO-Schritte werden unter dem Begriff Onpage-Optimierung zusammengefasst?

2. Nennen Sie drei Beispiele für strategische SEO-Ziele!

3. Mit welchem Schritt beginnt der SEO-Prozess für eine komplett neu zu erstellende Website?
4. Mit welchem Schritt beginnt der SEO-Prozess für eine existierende Website, die optimiert werden soll?
5. Wie formuliert man klassischerweise ein SEO-Ziel? Formulieren Sie ein Beispiel!
6. Ein Online-Shop verfügt über 1000 Artikelseiten mit jeweils einem spezifischen, relevanten Keyword. Wie könnte ein SEO-Ziel für diesen Shop aussehen?

Keywords

7

In dieser Lektion lernen Sie

- welche Bedeutung Keywords im SEO-Prozess haben.
- wie Sie Keyword-Kandidaten ermitteln können.
- was Keyword-Kandidaten von relevanten Keywords unterscheidet.
- wie sie herausfinden, für welche Keywords sich eine Optimierung wirklich lohnt.

7.1 Die Bedeutung von Keywords im SEO-Prozess

Wie Sie schon gelernt haben, ist dank Hummingbird- und RankBrain-Algorithmen eine enge Fokussierung auf einzelne Keywords nicht mehr zielführend. Das heißt jedoch nicht, dass Sie den Keyword-Aspekt ignorieren sollten. Nach wie vor ist wichtig, sich zu überlegen, welche Suchbegriffe Ihre potentiellen Kunden verwenden und für welche Suchanfragen Ihre Webseiten dementsprechend gut ranken sollen. Was sich durch die o.g. Algorithmen geändert hat, betrifft vor allem die Content-Optimierung, und wir werden das daher in Lektion 8 besprechen.

7.2 Keyword-Kandidaten ermitteln

Im ersten Schritt geht es darum, für jede einzelne Seite Ihrer Website, die Sie gerne gut auffindbar machen möchten, die Keywords festzulegen, für die die jeweilige Seite gefunden werden soll.

Dabei stellt sich u.a. die Frage, wie häufig bestimmte Suchwörter eingegeben werden. Es macht keinen Sinn, die Website auf Begriffe zu optimieren, die von Suchenden nicht oder nur sehr selten verwendet werden.

Über verschiedene Methoden kommen Sie in der Regel sehr schnell zu vielen verschiedenen Begriffen, die als Keywords in Frage kommen. Diese nenne ich gerne ***Keyword-Kandidaten***, so lange, bis bewiesen ist, dass diese Begriffe von den Suchenden tatsächlich auch mit einer nennenswerten Häufigkeit verwendet werden. Das machen Sie am besten über eine Auswertung des ***Suchvolumens***, wozu Google und andere Anbieter entsprechende Online-Tools anbieten.

> Die ***relevanten Keywords*** sind die Begriffe, die Ihre potenziellen Kunden in die Suchmaske der Suchmaschinen eingeben und mit denen Ihre Website gefunden werden soll.

Die Ermittlung der relevanten Keywords findet am besten zu Beginn eines Webprojektes statt, noch bevor die erste Webseite gestaltet wird, da die Keywords in den Gestaltungsprozess einfließen müssen. So sparen Sie sich unnötigen Zusatzaufwand, der entsteht, wenn Sie die Suchmaschinenoptimierung erst am Ende oder gar erst nach Launch der Website durchführen.

Um Keyword-Kandidaten zu ermitteln, haben sich u.a. die folgenden Techniken bewährt:

- Brainstorming
- Kundenbefragungen
- Wettbewerberanalyse
- freie Online-Tools
- kostenpflichtige Keyword-Datenbanken

7.2.1 Brainstorming

Führen Sie ein Brainstorming mit den Betreibern der zu optimierenden Website durch. Die zentrale Frage lautet: Wonach suchen die potenziellen Kunden im Web, welche Begriffe geben sie in Suchmaschinen ein? Dazu fällt den Teilnehmern des Brainstormings bestimmt eine Menge ein.

7.2.2 Kundenbefragungen

Wenn Sie die Möglichkeit dazu haben, befragen Sie Kunden, Freunde und Kollegen, mit welchen Suchbegriffen sie die zu optimierende Website suchen würden. Bitten Sie sie, jeweils fünf Suchbegriffe zu benennen, die ihnen spontan einfallen. Fragen Sie auch die Personen im Unternehmen, die regelmäßig Kundenkontakt haben (z.B. am Telefon). Diese können Ihnen sicherlich Begriffe nennen, die Kunden oder Interessenten häufig im Zusammenhang mit den von Ihnen angebotenen Produkten oder Dienstleistungen verwenden.

7.2.3 Wettbewerberanalyse

Schauen Sie sich die Webseiten der Wettbewerber an. Welche Begriffe werden auf diesen häufig verwendet? Schauen Sie sich auch den Quellcode der Webseiten an.

Häufig werden die Keywords noch in den Meta-Tag <meta name="Keywords" content="Keyword1, Keyword2, ..."> eingetragen, obwohl die meisten Suchmaschinen diesen Meta-Tag heute nicht mehr berücksichtigen.

> In meinen SEO-Seminaren sage ich dann immer: Der einzige Zweck des Meta Tags name="keywords" besteht darin, Ihren Wettbewerbern Ihre Keywords zu verraten! Mein Ratschlag: Lassen Sie diesen Meta-Tag einfach weg!

Bedenken Sie dabei, dass die Begriffe, die Sie auf diese Weise finden, nur die Begriffe sind, die Ihre Wettbewerber für relevante Keywords halten. Für Sie sind es erst einmal nur weitere Keyword-Kandidaten, die möglicherweise interessant sind.

7.2.4 Der MetaGer-Web-Assoziator

Es existieren einige Online-Tools, die Sie bei der Suche nach den relevanten Keywords unterstützen können.

Unter der Adresse *https://metager.de/klassik/asso/* finden Sie den ***MetaGer-Web-Assoziator***, ein nützliches Tool, das vom Rechenzentrum der Universität Hannover bereitgestellt wird, wo auch die Meta-Suchmaschine MetaGer zuhause ist.

Der Web-Assoziator untersucht, welche Begriffe von Suchenden zusammen mit anderen Begriffen bei der Suche verwendet wurden und zeigt solche Begriffe als Ergebnis an. Auf diese Weise finden Sie schnell weitere Keyword-Kandidaten und laufen nicht Gefahr, interessante Kandidaten zu übersehen.

Beispiel

Falls Ihr Kunde, dessen Website Sie optimieren sollen, z. B. Hersteller von »Zeckenzangen« ist, versuchen Sie es einmal mit dem Begriff »Zecken«: Bei Eingabe des Begriffes »Zecken« liefert der Assoziator u. a. die Begriffe »Borreliose« (eine durch Zeckenbisse übertragbare bakterielle Erkrankung) und »FSME« (Frühsommer-Meningo-Enzephalitis, eine durch Zeckenbisse übertragbare, durch Viren ausgelöste Hirnhautentzündung).

Falls Ihr Kunde ein Reiseanbieter ist: Die Assoziationen für den Begriff »Reise« zeigen, dass mit diesem Begriff am häufigsten »reisen« assoziiert ist, also wahlweise die Pluralform (Reisen) bzw. das Verb (reisen) (Abb. 7.1). Weitere häufige Assoziationen sind »Urlaub«, »buchen« und »Airlines«.

Abb. 7.1 *Assoziationsanalyse mit dem MetaGer-Web-Assoziator für den Begriff »Reise«.*

7.2.5 Der Google Keyword-Planer

Ihre Keyword-Kandidaten sind sicherlich jetzt zu einer eindrucksvollen Liste angewachsen. Aber welche dieser Begriffe geben die Suchenden tatsächlich auch ein, und in welcher Kombination?

Was liegt näher, als die marktführende Suchmaschine selbst danach zu fragen?

Google bietet mit dem ***Keyword-Planer*** ein Werkzeug an, das genau das leisten kann, was wir jetzt brauchen. Der Keyword-Planer ist Bestandteil von Google Adwords, den bezahlten Anzeigen auf der Google-Ergebnisseite.

Leider hat Google den Zugriff auf den Keyword-Planer in den letzten Jahren immer weiter eingeschränkt. Aktuell ist es so, dass Sie eine kostenpflichtige Adwords-Kampagne laufen haben müssen, die (bei Google) auch tatsächlich Umsatz generiert, Sie also Geld kostet, um im Keyword-Planer exakte Suchvolumina angezeigt zu bekommen.

Ohne eine kostenpflichtige Kampagne zeigt der Keyword-Planer nur noch ungenaue Suchvolumen-Bereiche (Suchanfragen pro Monat) an in der Form:

- 0-10
- 10-100
- 100-1.000
- 1.000-100.000
- 100.000 - 1.000.000
- 1.000.000 - 10.000.000

Keyword (nach Relevanz)	Durchschnittl. Suchanfragen pro Monat
adwords google	10 Tsd. bis 100 Tsd.
adwords com	1 Tsd. bis 10 Tsd.
adwords google com	1 Tsd. bis 10 Tsd.
googl adwords	1 Tsd. bis 10 Tsd.
www adwords	1 Tsd. bis 10 Tsd.
adwords analyse	100 bis 1 Tsd.
adwords marketing	100 bis 1 Tsd.

Abb. 7.2 *Das Tool Keyword-Planer in Google Adwords zeigt nur noch Suchvolumen-Bereiche an, wenn man nicht eine kostenpflichtige Adwords-Kampagne laufen lässt.*

Leider gibt es auch kein anderes kostenloses Tool, das exakte Suchvolumina anzeigt und einen ähnlichen Funktionsumfang hat wie der Keyword-Planer.

Als Adwords-Kunde haben Sie kein Problem, da in Ihrem Adwords-Konto die exakten Suchvolumina angezeigt werden. Wenn Sie Adwords nicht (kostenpflichtig) nutzen und auch nicht nutzen möchten, haben Sie zwei Optionen:

1. Sofern Sie noch kein Adwords-Konto haben, registrieren Sie sich unter *http://adwords.google.de*. Legen Sie eine fiktive Kampagne an mit Tagesbudget 0,10 Euro. Tragen Ihre Kreditkartendaten ein (ja, auch das ist leider notwendig). Anschließend können Sie die Kampagne jedoch sofort pausieren oder sogar auch ganz löschen. In jedem Fall können Sie dann den Keyword-Planer aufrufen, erhalten darin aber leider nur die ungenauen Suchvolumen-Angaben. Das ist besser als gar nichts. Sie haben dann die Möglichkeit, jederzeit eine Adwords-Kampagne zu starten, die auch Geld kostet, und erhalten dann ein paar Tage später die exakten Suchvolumina. Wie viel Geld Sie mindestens investieren müssen, sagt Google nicht. Vermutlich ist nur wichtig, dass Ihre Anzeigen tatsächlich auch geschaltet werden und Klicks generieren. Wenn Sie die Kampagne geschickt einstellen, kommen Sie vermutlich mit einem Monatsbudget von 30-60 Euro schon hin.

a) Suchvolumen-Trends: Hier wird die Entwicklung des monatlichen Suchvolumens über die letzten 12 Monate angezeigt. Beachten Sie, dass das monatliche Suchvolumen (je nach Suchbegriff) im Jahresverlauf stark schwanken kann.

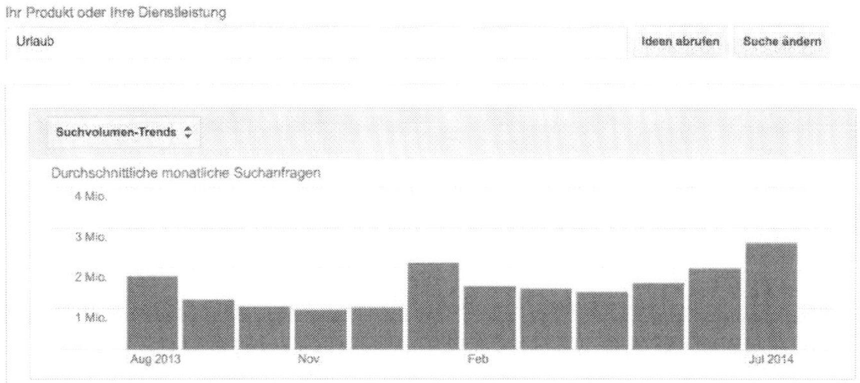

b) Suchbegriffe: Hier wird das durchschnittliche monatliche Suchvolumen für die von Ihnen eingegebenen Suchbegriffe angezeigt.

c) Keywords: Hier werden Suchbegriffe angezeigt, die Ihr Keyword enthalten. Google bezeichnet diese als Keyword-Ideen. Die Keyword-Ideen bestehen aus Ihrem Keyword plus Begriffen, die von Suchenden häufig damit kombiniert eingegeben werden. Zu jeder Begriffskombination wird wiederum das Suchvolumen (durchschnittliche Suchanfragen pro Monat) angezeigt.

6. Sortieren Sie die Liste der Keywords nach den durchschnittlichen Suchanfragen pro Monat, indem Sie auf den entsprechenden Spaltentitel klicken, bis ein kleiner nach unten zeigender Pfeil angezeigt wird.

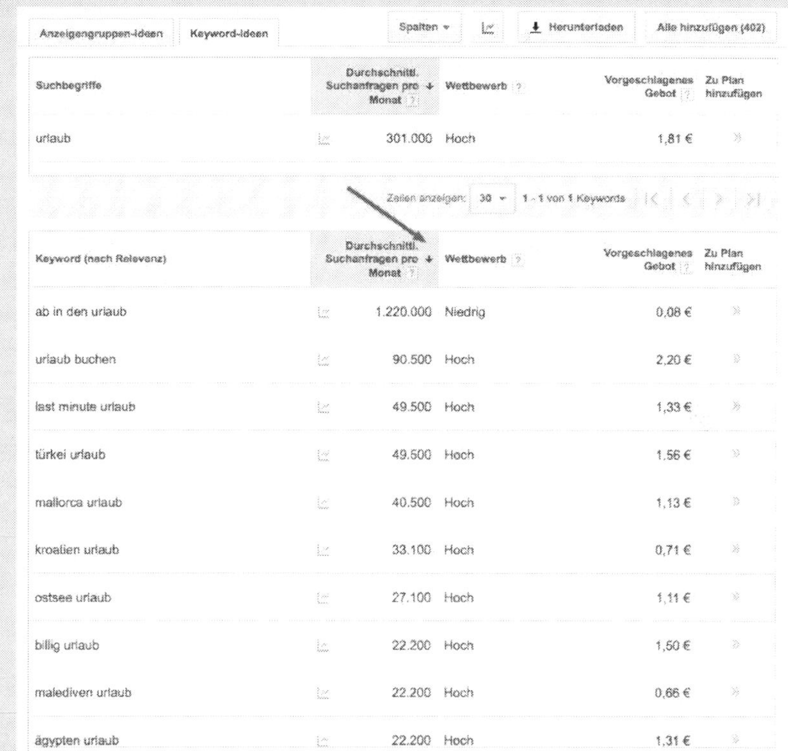

Suchbegriffe		Durchschnittl. Suchanfragen pro Monat	Wettbewerb	Vorgeschlagenes Gebot	Zu Plan hinzufügen
urlaub		301.000	Hoch	1,81 €	

Keyword (nach Relevanz)		Durchschnittl. Suchanfragen pro Monat	Wettbewerb	Vorgeschlagenes Gebot	Zu Plan hinzufügen
ab in den urlaub		1.220.000	Niedrig	0,08 €	
urlaub buchen		90.500	Hoch	2,20 €	
last minute urlaub		49.500	Hoch	1,33 €	
türkei urlaub		49.500	Hoch	1,56 €	
mallorca urlaub		40.500	Hoch	1,13 €	
kroatien urlaub		33.100	Hoch	0,71 €	
ostsee urlaub		27.100	Hoch	1,11 €	
billig urlaub		22.200	Hoch	1,50 €	
malediven urlaub		22.200	Hoch	0,66 €	
ägypten urlaub		22.200	Hoch	1,31 €	

In der Spalte *Wettbewerb* steht ein Hinweis darauf, wie viele Adwords-Kunden für die jeweiligen Keywords bieten, was den Preis für die Anzeigenschaltung beeinflusst, da die Anzeigenplätze bei Google-Adwords versteigert und an den Meistbietenden verkauft werden.

Ein starker Wettbewerb bedeutet, dass viele Anzeigenkunden für ein Keyword (Keyword-Kombination) bieten und die Anzeigenpreise entsprechend hoch sind. Diese Angabe hat nichts mit der Zahl der Treffer zu einem bestimmten Keyword auf der Suchergebnisseite zu tun.

Für uns ist diese Spalte hier daher **nicht** relevant, da es uns nicht um die Schaltung von Adwords-Anzeigen geht.

7. Schauen Sie sich die Ergebnisliste genau an und versäumen Sie auch nicht, die weiteren Seiten der Ergebnisliste aufzurufen. Interessant sind letztlich alle Wortkombinationen, für die es ein signifikantes monatliches Suchvolumen gibt.

7.3 Alternativen zum Google Keyword-Planer

7.3.1 Kostenlose Alternativen

Nach langer Recherche habe ich doch noch ein Tool gefunden, dass selbst mit einem kostenlosen Nutzerkonto exakte Suchvolumina anzeigt und mehr als nur sehr eine Abfrage pro Tag erlaubt: *SEMrush*[84]. Das 2008 in St. Petersburg gegründete Unternehmen bietet eine webbasierte Software für Wettbewerbsanalysen und Business Intelligence. SEMRush ist international aufgestellt und hat Büros in Russland, den USA, der Tschechischen Republik und auf Zypern.

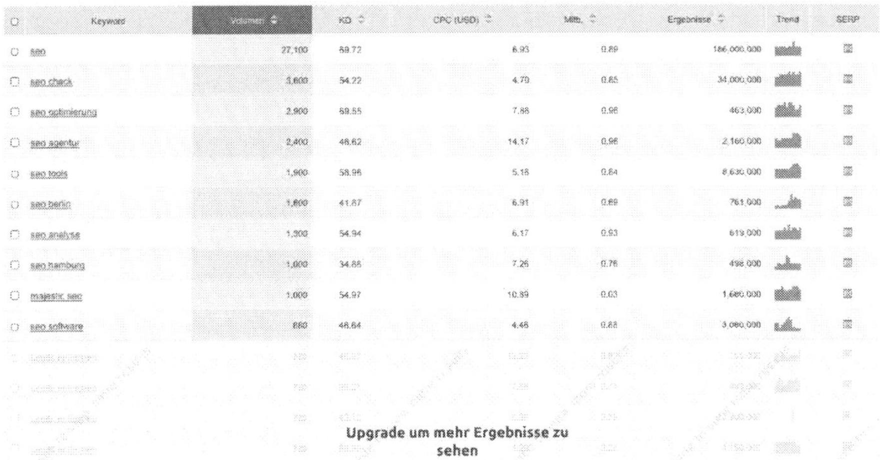

Keyword	Volumen	KD	CPC (USD)	Mitb.	Ergebnisse	Trend	SERP
seo	27,100	69.72	6.93	0.89	186,000,000		
seo check	3,600	54.22	4.79	0.85	34,000,000		
seo optimierung	2,900	69.55	7.88	0.98	463,000		
seo agentur	2,400	48.62	14.17	0.98	2,160,000		
seo tools	1,900	58.96	5.18	0.84	8,630,000		
seo berlin	1,600	41.87	6.91	0.89	761,000		
seo analyse	1,300	54.94	6.17	0.93	619,000		
seo hamburg	1,000	34.86	7.26	0.78	498,000		
majestic seo	1,000	54.97	10.89	0.03	1,660,000		
seo software	880	48.64	4.48	0.88	3,060,000		

Abb. 7.3 *Keyword Analytics im Tool von SEMrush*[85]

Das Keyword-Tool (»Keyword Analytics«) von SEMrush greift offensichtlich auf die Google Keyword-Daten zu. Mit der kostenlosen Registrierung erhalten Sie exakte Suchvolumina zum Keyword und 10 Keyword-Vorschläge, die das Keyword enthalten. Pro Tag sind zehn Abfragen möglich. Weitere Vorschläge und mehr Analysen pro Tag gibt es nur mit einem kostenpflichtigen Abonnement.

84. *https://www.semrush.com/*

85. *https://www.semrush.com/*

Sehr praktisch ist, dass die Zahl der Google-Suchergebnisse für die einzelnen Keywords gleich mit angezeigt wird. Mit der KD (Keyword Difficulty) bietet SEMrush ein Metrik (Messwert) dafür an, wie schwierig es ist, für das jeweilige Keyword ein Top Ranking in der organischen Google-Suche zu erreichen. Die Gültigkeit/Qualität dieser Metrik kann ich allerdings nicht beurteilen. Vermutlich beruht die KD auf einer ähnlichen Berechnung wie der Keyword Effectivenes Index (siehe Abschnitt 7.4).

7.3.2 Kostenpflichtige Alternativen

Es gibt jede Menge kostenpflichtige Alternativen zum Google Keyword-Planer. Die meisten der Tools, die ich mir angeschaut habe, konnten mich jedoch nicht überzeugen, da wichtige Funktionen fehlen. Natürlich kann sich das schnell ändern, da jederzeit neue Funktionen dazukommen können. Seitdem der Google Keyword-Planer quasi kostenpflichtig geworden ist, ist Bewegung in die Branche der Keyword-Tools gekommen.

Unter den kostenpflichtigen Tools ist aktuell mein Favorit der Keywords Explorer 2.0 von *Ahrefs*[86], der einige sehr interessante Funktionen bietet, die man anderswo nicht findet. In einem *Blogbeitrag*[87] werden diese ausführlich erläutert.

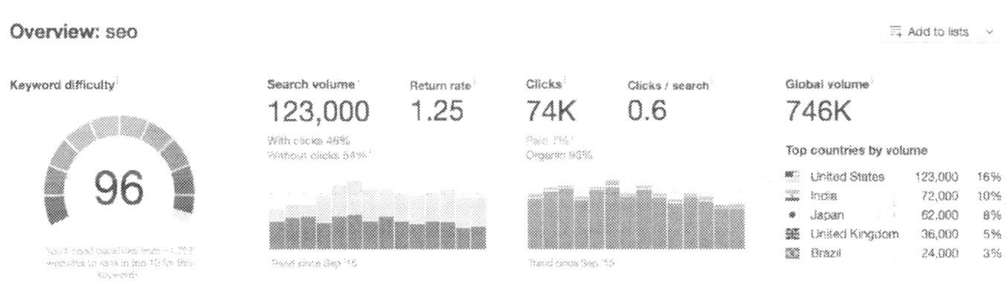

Abb. 7.4 *Der Keywords Explorer 2.0 von Ahrefs (ahrefs.com).*

Weitere, mir bekannte Keyword-Tools, die es sich anzuschauen lohnt:

- *Keywordtool.io*[88]
- *KWFinder.com*[89]
- *Wordtracker*[90]

86. *https://ahrefs.com*
87. *https://ahrefs.com/blog/keyword-generator/*
88. *http://keywordtool.io/*
89. *https://kwfinder.com/*
90. *https://app.wordtracker.com/*

Auch viele der einschlägig bekannten, großen SEO-Tool-Anbieter wie *MOZ*[91], *XOVI*[92], *Sistrix*[93], und *Searchmetrics*[94] bieten Keyword-Tools an.

7.4 Aus Keyword-Kandidaten werden relevante Keywords: der Keyword Effectiveness Index (KEI)

Was lernen wir nun aus diesem Ergebnis? Ich gehe immer so vor, dass ich mir die **gesamte** Ergebnisliste anschaue, die Google ausgibt, und diejenigen Wortkombinationen in ein Spreadsheet eintrage, für die ich das Potenzial sehe, dafür optimierte Seiten zu erstellen.

Es ist aber in den meisten Fällen unmöglich, eine Website für alle gefundenen relevanten Keyword-Paare zu optimieren, also muss in der Regel eine Auswahl getroffen werden.

Schön wäre es, wenn man irgendwie ermitteln könnte, für welche Keywords zu optimieren sich wirklich lohnt, d.h bei welchen Keywords Optimierungsaufwand und Nutzen in einem guten Verhältnis stehen.

Prinzipiell sollte dies dann gegeben sein, wenn ein Keyword auf der einen Seite ein hohes Suchvolumen aufweist, es auf der anderen Seite jedoch nur verhältnismäßig wenige Webseiten gibt, die für dieses Keyword relevant sind und in Suchmaschinen gefunden werden. Dann sollte es recht einfach sein, eine Webseite durch SEO-Maßnahmen auf einen vorderen Platz der Trefferliste zu hieven, und es würde sich lohnen, weil ja viele Nutzer danach suchen! Keywords, die diese Bedingungen erfüllen, werden in der SEO-Gemeinde auch als ***Money Keywords*** bezeichnet – Keywords, für die zu optimieren sich richtig lohnen kann.

Je höher das Suchvolumen ist, desto lohnender ist die Optimierung. Auf der anderen Seite gilt jedoch: Je größer die Konkurrenz (Anzahl der Suchtreffer) ist, desto höher ist der Optimierungsaufwand. Daraus folgt, dass der Quotient aus Suchvolumen und Suchtreffer etwas darüber aussagen müsste, für welche Keywords sich zu optimieren wirklich lohnt!

Der SEO-Spezialist Sumantra Roy hat sich schon vor vielen Jahren genau zu dieser Frage Gedanken gemacht und eine Formel entwickelt, mit der für jedes Keyword

91. *https://moz.com/*
92. *http://www.xovi.de/*
93. *https://www.sistrix.de/*
94. *http://www.searchmetrics.com/*

ein von ihm so genannter ***Keyword Effectiveness Index (KEI)***[95] berechnet werden kann.[96] Je höher der KEI, desto besser ist das Aufwand-Nutzen-Verhältnis bei der Optimierung. Die Roy'sche KEI-Formel wird z. B. von dem bekannten Keyword-Tool *Wordtracker*[97] verwendet.

Die Formel zur Berechnung des KEI sieht folgendermaßen aus:

```
KEI = P/C * P * 1000
```

oder anders geschrieben:

```
KEI = P²/C * 1000
```

Dabei gilt:

- P ist die Popularität des Keywords, hierfür lässt sich das im Google Keyword-Planer ermittelte Suchvolumen (durchschnittliche Suchanfragen pro Monat) verwenden.
- C steht für die Konkurrenz (engl.: *Competition*), d. h. für die Zahl der Seiten, die eine Suchmaschine für das Keyword insgesamt findet. Die Zahl lässt sich ganz einfach mit einer Suchanfrage in Google ermitteln, da Google die Zahl der Suchtreffer auf der Suchergebnisseite anzeigt.

Dass das Verhältnis aus Suchvolumen (P) und Suchtreffer (C) Sinn macht, habe ich bereits erläutert. Warum aber quadriert Roy in seiner Formel das Suchvolumen und multipliziert das Ergebnis dann noch mal Tausend?

> Wenn Sie das genau wissen wollen, dann senden Sie eine leere E-Mail an die Adresse *kei@sendfree.com*. Sie erhalten dann umgehend eine ausführliche Erläuterung von Mr. Roy per E-Mail zurück!

Ich fasse Mr. Roy's Erläuterungen kurz zusammen:

Er schreibt, dass er sich bei der Entwicklung der KEI-Formel durch drei Axiome[98] hat leiten lassen:

---

95. Vielerorts auch als *Keyword Efficiency Index* bezeichnet
96. Quelle: *http://www.1stsearchranking.net/keywords.htm*
97. *http://www.wordtracker.com*
98. zur Erläuterung des Begriffs *Axiom* siehe *http://de.wikipedia.org/wiki/Axiom*

1. Der KEI für ein Keyword soll steigen, wenn das Suchvolumen für das Keyword steigt.
2. Der KEI für ein Keyword soll kleiner werden, wenn die Konkurrenz (die Zahl der Suchtreffer für dieses Keyword) steigt.
3. Wenn das Suchvolumen für ein Keyword steigt und gleichzeitig die Zahl der konkurrierenden Seiten um den gleichen Wert steigt, dann soll der KEI größer werden.

Die ersten beiden Axiome bedürfen keiner weiteren Erläuterung, wir haben sie bereits besprochen. Um sie zu erfüllen, würde ein einfacher Quotient aus Suchvolumen und Anzahl der Suchtreffer ausreichen. Das dritte Axiom erläutert Mr. Roy anhand eines Beispiels:

Nehmen wir an, das Suchvolumen eines Keywords beträgt 4 und in der Trefferliste einer Suchmaschine finden sich 100 Suchtreffer, dann beträgt der Quotent aus Suchvolumen und Suchtreffer 4/100 = 0,04.

Nehmen wir dann an, dass sich das Suchvolumen auf 40 erhöht und die Suchtreffer auf 1000, dann beträgt der Quotient immer noch 0,04 (40/1000 = 0,04).

Es ist jedoch offensichtlich, dass eine Optimierung im ersten Fall, d. h. bei einem derart geringen Suchvolumen, keinen Sinn macht. Bei einem 10-fach höheren Suchvolumen ist eine Optimierung in jedem Fall lohnender, auch wenn der Aufwand dafür aufgrund der höheren Konkurrenz höher ist.

Um diesem Zusammenhang Rechnung zu tragen, hat Roy in seiner Formel die Quadratur von P eingeführt. So ist dann auch das dritte Axiom erfüllt.

Die Multiplikation mit dem Faktor 1000, die an einer KEI-Rangliste untersuchter Keywords nichts ändert, hat Roy nur deshalb gewählt, weil sonst die errechneten Werte oft sehr viel kleiner als 1 und damit beim Vergleichen verschiedener Keywords nicht sehr gut lesbar waren. Es ist also völlig unkritisch, bei eigenen Berechnungen des KEI den Faktor beliebig zu verändern, sofern Sie natürlich bei einer vergleichenden Analyse verschiedener Keywords immer denselben Faktor verwenden.

Roy hat bei der Entwicklung seiner Formel vor mehr als einer Dekade mit dem Tool *Wordtracker* für die Ermittlung des Suchvolumens und der Suchmaschine Altavista für die Ermittlung der Konkurrenz gearbeitet. Mit diesen Werkzeugen und in der damaligen Zeit war die Zahl der Konkurrenz-Seiten in der Regel sehr viel größer als das Suchvolumen, so dass er die Ergebnisse mit dem Faktor 1000 multiplizierte, um gut lesbare Resultate zu erhalten. Mit Google als Werkzeug und in der heutigen Zeit stellt sich die Situation anders dar. Ich multipliziere das Ergebnis in der Regel mit dem Faktor 0,1 und erhalte damit gut lesbare Werte.

Auch zum Exponenten 2 hat Mr. Roy eine Erläuterung gegeben. Er erklärt, dass der Exponent nicht zwangsläufig 2 betragen muss, um das dritte Axiom zu erfüllen. Ein höherer Wert als 2 stärkt den Einfluss des Suchvolumens auf den KEI, während ein kleinerer Wert als 2 den Einfluss verringert. Roy empfiehlt, dass erfahrende SEO-Experten, die sich auch bei großem Wettbewerb eine Optimierung auf Top-Positionen zutrauen, den Wert erhöhen können, während Anfänger den Wert eher reduzieren sollten (jedoch sollte der Exponent größer als 1 sein). Im Zweifelsfall solle man mit dem Wert 2 arbeiten.

Den Wert für C (Konkurrenz) ermitteln

Zur Ermittlung des Wertes für C (Konkurrenz) geben Sie die Keywords am besten als Phrasensuche, also innerhalb von Anführungszeichen, als Suchanfrage bei Google ein und notieren die Zahl der Treffer, die Google liefert. Diese Zahl zeigt Google direkt über der Ergebnisliste an. Beispiel: *Ungefähr 37.900.000 Ergebnisse (0,16 Sekunden).* Ich verwende dafür die Phrasensuche, da meines Erachtens nur die dann noch gefundenen Seiten eine ernstzunehmende Konkurrenz sind. Außerdem schwankt die Zahl der »ungefähren Ergebnisse« viel stärker, wenn man keine Anführungszeichen verwendet, wodurch die Analyse wenig reproduzierbar wird.

Lassen Sie uns das doch gleich einmal ausprobieren: Tabelle 7.1 zeigt einen Ausschnitt der Analyse für unser Beispiel *»urlaub«*. Bei der KEI-Berechnung habe ich den Exponenten 2 verwendet, die Werte dann jedoch nicht mit 1000, sondern mit 0,1 multipliziert, um gut lesbare Ergebnisse zu erhalten. Wie Sie bereits gelernt haben, ist diese Modifikation problemlos möglich. Den höchsten KEI hat die Keyword-Kombination »urlaub buchen«. Von den betrachteten Keywords würde sich somit eine Optimierung für diese Wortkombination am ehesten lohnen. Das schlechteste Aufwand-Nutzen-Verhältnis hätte das Keyword »last minute urlaub«; für dieses Keyword ist das Suchvolumen relativ gering, die Konkurrenz jedoch vergleichsweise hoch.

Keywords	**Popularity (P)**	**Competition (C)**	**KEI**
urlaub	301.000	114.000.000	79
urlaub buchen	74.000	958.000	572
urlaub mit hund	49.500	1.210.000	203
billig urlaub	27.100	184.000	399

Tabelle 7.1 *Suchwort-Kombinationen und Suchvolumen. Der Keyword Effectiveness Index (KEI) gibt einen Anhaltspunkt zum Kosten-Nutzen-Verhältnis der Optimierungsarbeit. Der KEI wurde hier mit der Formel KEI =* $P^2/C * 0,1$ *berechnet. P = Durchschnittliche Suchanfragen in Google pro Monat; C = Suchtreffer in Google*

Keywords	Popularity (P)	Competition (C)	KEI
kroatien urlaub	27.100	422.000	174
last minute urlaub	14.800	893.000	25
seychellen urlaub	6.600	24.100	181
urlaub im kloster	2.900	22.800	37
azoren urlaub	2.400	6.060	95

Tabelle 7.1 *Suchwort-Kombinationen und Suchvolumen. Der Keyword Effectiveness Index (KEI) gibt einen Anhaltspunkt zum Kosten-Nutzen-Verhältnis der Optimierungsarbeit. Der KEI wurde hier mit der Formel KEI =* $P^2/C * 0{,}1$ *berechnet. P = Durchschnittliche Suchanfragen in Google pro Monat; C = Suchtreffer in Google*

Bei der Interpretation dieser Werte ist aber in jedem Fall Vorsicht geboten. Der KEI ist kein wissenschaftlich gesicherter Wert für das Kosten-Nutzen-Verhältnis. Ein Erfolg ist nicht garantiert, er hängt von einer Vielzahl weiterer Faktoren ab. Der KEI kann aber eine wertvolle Entscheidungshilfe bei der Auswahl der Keywords sein.

Bedenken Sie bitte:

- Es gibt keinen Schwellenwert, ab dem man sagen könnte, dass ein Keyword erfolgversprechend ist. Der KEI liefert lediglich eine relative Aussage darüber, welche Keywords für die Optimierung ein günstiges Kosten-Nutzen-Verhältnis haben. Die absoluten KEI-Werte schwanken je nach betrachteten Keywords sehr stark.
- Bei einer sehr hohen Konkurrenz (mehrere Millionen) steigt der Aufwand, Seiten auf die erste Ergebnisseite zu bringen, u. U. so stark an, dass trotz eines günstigen KEI-Wertes das Kosten-Nutzen-Verhältnis schlecht ist oder das Ziel, unter die Top 10 zu kommen, schlicht gar nicht erreicht werden kann.
- Es gilt also, den vermutlichen Aufwand bzw. die Chancen für die Optimierung realistisch einzuschätzen und bei der Entscheidung zu berücksichtigen. Hat die zu optimierende Webseite z. B. einen hohen PageRank (LRT Power von 3 oder höher) und möglicherweise auch noch das Keyword im Domainnamen in der URL, dann stehen die Chancen gar nicht so schlecht, auch bei vielen Millionen konkurrierenden Seiten unter die Top 10 zu kommen.
- Bei einem sehr niedrigen Suchvolumen ist der Nutzen u. U. niedrig, da einfach zu wenig Traffic generiert werden kann, um die gewünschte Umsatzsteigerung zu erzielen. Wo genau die Grenze liegt, hängt dabei sehr stark vom betrachteten Keyword, der Branche und den Produkten/Dienstleistungen ab, die auf der Zielseite verkauft werden sollen, und lässt sich nicht pauschal sagen.

- Der KEI sagt nichts über die semantische Qualität der Keywords aus, d.h. ob ein Keyword auch zu dem Angebotsspektrum der zu optimierenden Website passt. Ein (vielleicht etwas krasses) Beispiel soll das verdeutlichen: Wenn Sie Luxusautos verkaufen, für die Wortkombination *»Autos günstig«* einen hohen KEI ermitteln und dann Ihre Website auf *»günstige Autos«* optimieren, leiten Sie höchstwahrscheinlich die falsche Zielgruppe auf Ihre Website.

Marktnischen finden mit der KEI-Methode

Der Online-Marketing-Spezialist Adam Short (*Niche Profit Classroom*) berät Kunden, die Marktnischen suchen und mit zielgerichteten Websites und Online-Shops bedienen möchten. Mit seinem *Moneyword Matrix Chart* kann man das Potenzial von Keywords ablesen, solche Nischen zu besetzen (Abb. 7.5). Lesen Sie auf der Y-Achse das monatliche Suchvolumen ab, auf der X-Achse die Zahl der konkurrierenden Webseiten. Der Chart verrät Ihnen dann, wie hoch das Potenzial des Keywords ist, ein Money Keyword zu werden. Auch wenn die verwendeten Zahlen nicht mehr ganz zeitgemäß sind, illustriert das Diagramm sehr schön den grundlegenden Zusammenhang, dem im Wesentlichen der KEI-Ansatz zugrunde liegt.

Moneyword Matrix Chart*		Competing Web Sites				
		0 to 9,999	10,000 to 19,999	20,000 to 29,999	30,000 to 49,999	50,000 or more
Searches Per Month	0 to 499	Fair	Poor	Poor	Poor	Poor
	500 to 999	Good	Fair	Poor	Poor	Poor
	1000 to 4,999	Excellent	Good	Fair	Poor	Poor
	5,000 or more	Jackpot	Excellent	Good	Fair	Poor

* Copyright Niche Profit Classroom

Abb. 7.5 *Der »Moneyword Matrix Chart« von Adam Short. Quelle: http://www.nicheprofitclassroom.com/.*

> Im Begleitmaterial finden Sie ein Excel-Spreadsheet, mit dem Sie den KEI mit der hier geschilderten Methode berechnen können.

7.5 Was das Suchvolumen wirklich bedeutet

Die Bedeutung des Suchvolumens ist nicht zu unterschätzen.

Optimieren Sie niemals eine Webseite für bestimmte Keywords, ohne das Suchvolumen zu kennen! Sie laufen sonst Gefahr, dass sich der Optimierungsaufwand nicht lohnt.

Anhand einer kleinen Anekdote aus meinem Leben möchte ich Ihre Sensibilität für die Wichtigkeit des Suchvolumens schärfen:

Seit Jahren ist eine »Spielwiese« von mir die Optimierung einer Webseite für die Keyword-Phrase *»SEO Seminar«*.

Als ich mich vor mehr als 10 Jahren das erste Mal damit beschäftigte, optimierte ich die Seite, bis sie bei Google auf Position 1 stand. Innerhalb weniger Wochen hatte ich dieses Ziel erreicht und erwartete dann voller Vorfreude die zahlreichen Buchungen meines Seminars. Ich wartete vergeblich. Die Zahl der Anfragen und Buchungen erreichte bei weitem nicht das erhoffte Niveau. Als ich dann einige Jahre später anfing, systematisch für alle Keywords das Suchvolumen zu analysieren, traute ich meinen Augen kaum: Das durchschnittliche monatlische Suchvolumen im deutschsprachigen Internet für das Keyword *»SEO Seminar«* lag bei gerade einmal 210!

Jetzt fing ich an zu überlegen: Was genau bedeutet nun eigentlich die Zahl 210? Ich fragte bei Google nach: Laut einer Adwords-Support-Mitarbeiterin erhöht sich das Suchvolumen jedesmal um 1, wenn der Suchbegriff in Google eingegeben wird. Ich frage nach: »Wenn eine einzige Person einen Suchbegriff in einem Monat 100 mal eingibt, beträgt das Suchvolumen dann 100?« Antwort: »Ja.« Frage an Google: »Warum gibt Google nicht an, wie viele Personen den Begriff in der Suche eingegeben haben (die Daten dürfte Google zumindest annähernd kennen)?« Antwort: »Wir veröffentlichen diese Daten nicht.« Frage: »Ist Ihnen eine Studie oder Statistik bekannt, wie die Zahl der Suchanfragen zu einem Keyword mit der Zahl der individuellen Suchenden zusammenhängt?« Antwort: »Nein, ist uns nicht bekannt.«

O.K., halten wir also fest: Das Suchvolumen, das Google angibt, steht tatsächlich für die Zahl der Suchanfragen, unabhängig davon, wie viele Personen diese Anfragen abgesetzt haben.

Für uns interessant wäre aber tatsächlich die Zahl der individuellen Personen, die für diese Suchanfragen verantwortlich sind, da diese letztlich die Größe unseres Zielmarktes darstellen. Dann könnten wir eher entscheiden, wie viele potenzielle Kunden wir über Google erreichen können. Hierzu gibt es aber offenbar keine belastbaren Daten, also müssen wir dazu selbst ein paar Überlegungen anstellen:

1. Mit Sicherheit ist die Zahl individueller Suchender deutlich niedriger als das von Google angegebene Suchvolumen, da die meisten Suchenden den Suchbegriff nicht nur einmal in Google eingeben werden. Geben die Suchenden z. B. den Suchbegriff durchschnittlich zweimal ein, dann wäre die Zahl der individuellen Suchenden nur halb so groß wie das angegebene Suchvolumen.
2. Um die Größe des Marktes abzuschätzen, ist es in den meisten Fällen wahrscheinlich nicht sinnvoll, das monatliche Suchvolumen zu betrachten, sondern das jährliche Suchvolumen, da das Suchvolumen bei den meisten Keywords größeren saisonalen Schwankungen unterworfen ist und in einem bestimmten Monat nur ein Teil der gesamten Zielgruppe eine Suche durchführt. Die meisten für Suchmaschinen optimierten Webseiten dürften jedoch Produkte oder Dienstleistungen anbieten, die nicht nur kurzfristig verfügbar sind.
3. Da viele Personen des Zielmarktes nicht nur in einem Monat suchen, ist die Marktgröße (individuelle Personen) bezogen auf das jährliche Suchvolumen sicherlich nochmals deutlich kleiner. Ich persönlich schätze, dass die Marktgröße nicht mehr als ca. 10% des jährlichen Suchvolumens beträgt.

Wir hätten damit also einen groben Anhaltspunkt über die ungefähre Marktgröße, die in Google nach unserem Keyword sucht. Aber wie viele davon können wir realistischerweise als Kunden gewinnen?

Gehen wir einmal davon aus, dass es uns gelingt, unsere Webseite für das Keyword unter die Top 5 Ergebnisse zu bringen und wir damit 80% der Suchenden auf unsere Seite leiten können. Gehen wir ferner davon aus, dass unsere Seite nicht nur SEO-technisch, sondern auch in Bezug auf die Usability optimiert ist und unser Produkt im Vergleich mit dem Wettbewerb sehr gut bestehen kann. Rechnen wir also mit einer sehr guten Konversionsrate von 5%.

Für mein Beispiel »*SEO Seminar*« würde sich das dann wie folgt darstellen:

Jährliches Suchvolumen	Marktgröße (individuelle Suchende, 10% des Suchvolumens)	Besucher der optimierten Website (bei Click-Through-Rate von 80%)	Konversionen, z. B. Käufe (bei Conversion Rate von 5%)
2520	252	202	10

Tabelle 7.2 *Abschätzung der Marktchancen in Abhängigkeit vom Suchvolumen*

Mit Hilfe der Tabelle 7.2 können Sie auch selbst eine Einschätzung vornehmen, welches wirtschaftliche Potenzial die Optimierung für ein bestimmtes Keyword hat. Bedenken Sie bitte, dass dies nur eine sehr grobe Schätzung ist, und dass die angenommenen Werte für Marktgröße, Click-Through-Rate und Conversion Rate je nach Keyword, Produkt, Wettbewerb und optimierter Webseite variieren können.

Mir haben diese Überlegungen trotzdem sehr dabei geholfen, das Marktpotenzial für SEO-Seminare besser einzuschätzen. Mir ist klar geworden, dass ich bei einem durchschnittlichen monatlichen Suchvolumen von nur 210 nicht mit mehr als ca. 10 Buchungen pro Jahr rechnen kann, zumindest was den Marketing-Kanal der organischen Suche in Google anbelangt. Dazu müsste ich aber wohl mindestens jeden zweiten Monat ein Seminar anbieten, und diese würden sich mit durchschnittlich 1–2 Teilnehmern nicht lohnen… Das bedeutet, dass der Google-Kanal alleine nicht ausreicht und ich meine Kunden noch über weitere Kanäle erreichen muss – wie z. B. dieses Buch ;-)

Übrigens: Die Zahl der tatsächlichen Buchungen über diesen Kanal haben meine Überlegungen fast exakt bestätigt. Das zeigt, dass meine Annahmen zumindest für das zugrundeliegende Keyword *»SEO Seminar«* recht gut sein müssen.

> Mein Rat an Sie: Schätzen Sie für jedes Keyword, für das Sie eine Seite optimieren wollen, zunächst das Marktpotenzial ab und urteilen Sie dann, ob sich der Optimierungsaufwand lohnt. Gehen Sie für eine grobe Schätzung davon aus, dass Sie pro 200 Suchanfragen ca. eine Konversion erzielen können.
>
> Im Begleitmaterial finden Sie ein Excel-Spreadsheet, mit dem Sie die Konversions mit der hier geschilderten Methode berechnen können.

7.6 Google Trends

Beachten Sie unbedingt auch, dass das Suchvolumen für bestimmte Begriffe kein statischer Wert ist, sondern sich sehr schnell verändern kann, wenn Bedürfnisse bzw. Interessen der Suchenden sich ändern!

Mit *Google Trends*[99] können Sie das Suchvolumen für verschiedene Keyword-Kandidaten miteinander vergleichen und dabei verschiedene Filter setzen, z. B. über bestimmte Regionen, Kategorien, Zeiträume und Webdienste. Damit können Sie z. B. auch ermitteln, wie sich das Suchvolumen für bestimmte Keywords über einen frei wählbaren Zeitraum hinweg verändert.

99. *https://www.google.de/trends/*

Überprüfen Sie mindestens einmal jährlich die Suchvolumina und die KEI-Werte Ihrer relevanten Keywords, für die Sie Seiten optimiert haben. Untersuchen Sie mit Hilfe von Google Trends auch, wie sich das Suchvolumen in den letzten Jahren entwickelt hat, um rechtzeitig auf Marktveränderungen reagieren zu können!

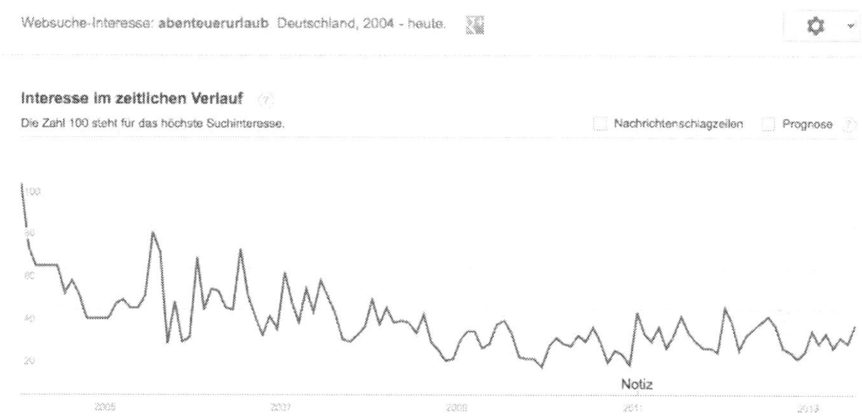

__Abb. 7.6__ Entwicklung des Suchvolumens des Begriffs abenteuerurlaub von 2004 bis 2013 mit Google Trends. Das höchste Suchvolumen im Betrachtungszeitraum wird von Google auf 100% gesetzt (y-Achse), und die restlichen Werte werden darauf bezogen. Die Grafik zeigt, dass das Suchvolumen für abenteuerurlaub im Jahr 2013 nur etwa 1/4 des Volumens des Jahres 2004 beträgt.

7.7 Ergebnis der Keyword-Analyse

Als Ergebnis der Keyword-Analyse und -Definition sollten Sie eine Tabelle vorliegen haben, in der alle Webseiten Ihrer Website, die Sie optimieren wollen, den von Ihnen ermittelten und festgelegten relevanten Keywords zugeordnet sind. Dieses Ergebnis ist dann zugleich die Basis für die nächsten Schritte im SEO-Prozess.

Beschränken Sie sich bei deutschsprachigen Webseiten auf 1-3 Keywords, je nach Begriff und Konkurrenzsituation. Ich trage gerne den Wert für die Konkurrenz, also: wie viele Seiten Google für die jeweiligen Keywords für relevant hält, in eine dritte Spalte ein, damit ich immer im Blick habe, gegen welche Konkurrenz ich optimieren muss.

URL	Keywords	Konkurrenz
www.webmasters-akademie.de/seo-seminar	seo seminar	1.620.000
...	...	...

Tabelle 7.3 *Ergebnis des Keyword-Analyse: Eine Tabelle, die für jede zu optimierende Webseite die relevanten Keywords festlegt, für die die jeweilige Seite optimiert werden soll.*

Wie eine optimale URL aufgebaut ist, lernen Sie in Abschnitt 10.1.

Experten-Tipp: Sie können die Tabelle um weitere Spalten erweitern, die Ihnen bei der SEO-Arbeit wertvolle Informationen anzeigen, beispielsweise das Suchvolumen, den KEI, die Marktchance (vergl. Tabelle 7.2), Metriken für PageRank und Trust usw. Einen interessanten Blogbeitrag zu diesem Thema hat Rand Fishkin, Gründer und Chef des SEO-Toolanbieters MOZ, veröffentlicht.

Abb. 7.7 *Rand Fishkin, Gründer des SEO-Toolanbieters MOZ, erklärt wie eine Content → Keyword Tabelle für SEOs aussehen kann (Quelle: How to Build a Killer Content → Keyword Map for SEO*[100]*. MOZ.)*

7.8 Testen Sie Ihr Wissen!

1. Wie unterscheiden sich *Keyword-Kandidaten* von *relevanten Keywords*?
2. Nennen Sie vier Techniken, um Keyword-Kandidaten zu ermitteln.

100. *https://moz.com/blog/build-content-keyword-map-for-seo-whiteboard-friday*

3. Wie hat *Google Instant* das Suchverhalten beeinflusst?

4. Was sind *Money Keywords* und wie findet man diese?

5. Was ändert sich in Tabelle 7.1, wenn Sie in der KEI-Formel als Exponent nicht 2, sondern 1,5 verwenden? Welches Keyword hat dann den höchsten KEI-Wert?

6. Mit wie vielen zusätzlichen Konversionen pro Monat können Sie (ganz grob überschlagen) rechnen, wenn Sie eine Seite für ein Keyword erfolgreich optimieren, nach dem pro Monat durchschnittlich 5000 Mal gesucht wird?

7. Was ist das Ergebnis der Keyword-Analyse?

8 Seitenoptimierung

In dieser Lektion lernen Sie

- welche Elemente einer Website zu optimieren sind.
- wie Sie den Text-Content einzelner Webseiten optimieren.
- wie Sie mit »Duplicate Content« (Dubletten) umgehen.
- wie Sie Grafiken, Videos und PDFs optimieren und was bei der Einbindung zu beachten ist.
- warum die Optimierung für mobile Endgeräte wichtig ist und wie Google das analysiert.

Nachdem Sie im letzten Arbeitsschritt relevante Keywords ermittelt haben, erfolgt nun im nächsten Schritt die Optimierung der einzelnen Webseiten der zu optimierenden Website, die sog. ***Onpage-Optimierung***. Ziel dieses Optimierungsschritts ist, dass nach der Optimierung die einzelnen Seiten optimale Onpage-Signale an Google senden, dass sie für die jeweiligen Suchanfragen das optimale Suchergebnis sind.

Die Onpage-Optimierung betrifft alle Elemente, die Bestandteil einzelner Webseiten sind. Das sind im Einzelnen:

- der Text-Content
- der HTML-Code
- eingebundener Content wie z.B. Bilder, Videos, Flash-Dateien, PDFs
- eingebundene CSS- und JavaScript-Dateien

8.1 Text-Optimierung

8.1.1 Content-Qualität als Ranking-Faktor

Noch bis ins Jahr 2010 war es vergleichsweise einfach, den Text einer Webseite für das optimale Ranking in Suchmaschinen zu optimieren. Im Wesentlichen musste das Keyword in einer ausreichend hohen Dichte im Text enthalten sein und geschickt auf Hervorhebungen wie Überschriften und Listen verteilt werden. Es musste im Seitentitel enthalten sein und im Beschreibungstext der Seite im Meta-Tag `<meta name="description" content="Beschreibungstext">`.

Man kann sich leicht vorstellen, dass auf diese Weise sehr viele Seiten für die Auffindbarkeit in Suchmaschinen optimiert wurden, die nicht unbedingt den besten und relevantesten Inhalt zum Thema aufweisen konnten...

Google hat auf diese Entwicklung spätestens seit dem Jahr 2011 mit einigen Updates seines Ranking-Algorithmus umfassend reagiert. Das sog. ***Panda-Update*** des Jahres 2011 (vergl. Abschnitt 4.6.1) hatte das Ziel, qualitativ minderwertige Seiten bzw. Domains zu identifizieren und in den Suchergebnissen herunterzustufen. Mit dem ***Penguin-Update*** des Jahres 2012 (vergl. Abschnitt 4.6.2) wurde Webspam in den Suchergebnissen nochmals radikaler bekämpft. Und seit dem ***Hummingbird-Update*** des Jahres 2013 (vergl. Abschnitt 4.7) ist Google in der Lage, den Inhalt einer Website zu »verstehen« und dessen Qualität zu messen.

Google selbst hat seitdem immer wieder betont, dass die Qualität einer Webseite ein wichtiges Rankingsignal ist. Als Website-Betreiber solle man sich folgende Fragen stellen:

- Würden Sie den Informationen auf der Webseite vertrauen?
- Sind die Inhalte für die Leser interessant und nützlich oder zielen die Inhalte im Wesentlichen darauf ab, in Suchmaschinen gut zu ranken?
- Wird das Thema, um das es auf der Webseite geht, umfassend und fundiert behandelt?
- Bietet die Webseite Mehrwerte im Vergleich mit anderen Webseiten, die im Suchergebnis auftauchen?
- Würden Sie die Seite bookmarken oder weiterempfehlen?

Gute Webseiten zeichnen sich dadurch aus, dass diese Fragen mit »ja« beantwortet werden.

Wie aber kann Google dies messen?

Ein Ansatz besteht darin, die Interaktion der Benutzer mit den gefundenen Webseiten zu untersuchen, um über diesen indirekten Weg dann Rückschlüsse auf die Qualität bzw. den Nutzwert der Webseiten für die Suchenden zu ziehen (vergl. Abschnitt 5.7).

Zu den Ansätzen von Google, die Qualität und vor allem den Nutzwert von Webseiten zu beurteilen, gehört auch der Einsatz menschlicher Qualitätsbewerter. Das sog. *Search Quality Team* von Google beurteilt Webseiten manuell auf der Basis der inzwischen offengelegten *Search Quality Rating Guidelines*[101] und kann Seiten auch manuell herabstufen oder hochstufen, wenn die Bewertung durch den Ranking-

Algorithmus ein nicht-plausibles Ergebnis erbringt. Wie häufig und in welchem Ausmaß das vorkommt, ist nicht bekannt. Jedenfalls ist es **nicht** so, dass die Suchergebnisliste ausschließlich das Ergebnis eines unbestechlichen Algorithmus wäre, wie die meisten Suchenden glauben.

Viel wichtiger als früher ist nun die inhaltliche Ausrichtung und Qualität des Textes. Achten Sie darauf, dass für die zu optimierenden Seiten professionellen Ansprüchen genügende Texte erstellt werden, die inhaltlich zur Suchanfrage passen. Hohes Sprachniveau und Fehlerfreiheit (inhaltlich und orthografisch) sollten selbstverständlich sein.

8.1.2 Von der Keyworddichte zur Termgewichtung mit IDF*WDF

Eingangs hatte ich erwähnt, dass eine recht einfache Methode zur Feststellung, ob ein Dokument für einen bestimmten Suchbegriff relevant ist, darin besteht, zu ermitteln, ob und wie häufig der Begriff in dem Dokument vorkommt. Das ist im Prinzip logisch. Ein Aufsatz über Leben und Werk des Dichters Goethe wird die Begriffe »Dichter« und »Goethe« mindestens einige Male beinhalten, und daher ist das Dokument auch relevant für die Suchphrase »Dichter Goethe«. Ein von Suchmaschinen schon seit vielen Jahren verwendetes Ranking-Kriterium ist daher die Keyworddichte (KD). Die Keyworddichte beschreibt, wie häufig ein Term (Wort- oder Wortkombination) in einem Dokument bezogen auf die Gesamtzahl aller Terme vorkommt. Sie ist der Quotient aus der absoluten Anzahl des Vorkommens eines bestimmten Terms und der Anzahl aller Terme im Dokument.

Die Formel lautet entsprechend:

```
KD(i) = Freq(i,j) / L * 100
```

i = Wort
j = Dokument
L = Gesamtzahl der Wörter in Dokument j
Freq(i, j) = Häufigkeit des Wortes i im Dokument j

Die so berechnete Keyworddichte kann zwischen 0% und 100% liegen. Es liegt auf der Hand, dass die Relevanz eines Dokuments für einen bestimmten Suchbegriff nicht unbedingt linear mit der Keyworddichte korreliert. Wäre im vorliegenden Fall die Keyworddichte des Dokumentes für den Term »Dichter Goethe« bei 100%, weil das Dokument z. B. aus 500 Wiederholungen des Terms und sonst nichts besteht,

101. *http://www.google.com/insidesearch/howsearchworks/assets/searchqualityevaluatorguidelines.pdf*

wäre das Dokument trotz oder eher gerade wegen der hohen Keyworddichte kein besonders nützliches Dokument.

Wo aber liegt die Grenze? Welche Keyworddichte ist optimal und wo beginnt die Über-Optimierung, aber der mit einer Abstrafung wegen Keyword-Stuffing zu rechnen ist? Und bringt die Betrachtung der Keyworddichte in Zeiten von Hummingbird und RankBrain überhaupt noch etwas?

Früher ging man davon aus, dass die ideale Keyworddichte für ein optimales Rankingsignal bei 2-5% liegt, bezogen auf den Body-Teil des HTML-Dokuments. Eine höhere Keyworddichte galt als gefährlich.

Damit ließ sich bei der Erstellung der Texte sehr einfach arbeiten: Der Autor achtete darauf, dass der Suchterm, für den Sie die Webseite optimieren, mit einer Häufigkeit von ca. 2-5% im Fließtext vorkommt. Das wäre also ca. 2-5 Mal pro 100 Wörter.

Das ist zwar sehr einfach, nachvollziehbar und auch leicht umsetzbar, jedoch arbeiten moderne Suchmaschinen schlicht nicht mit dieser einfachen Formel für die Keyworddichte. In SEO-Kreisen ist die Keyworddichte aus diesem Grund inzwischen weitgehend verpönt. Angesagt ist gerade, stattdessen mit den Konzepten ***Within Document Frequency (WDF)*** und ***Inverse Document Frequency (IDF)*** zu arbeiten.

Wie schon erläutert, hat die Keyworddichte das Problem, dass ihr Wert prinzipiell zwischen 0 und 1 (bzw. zwischen 0% und 100%) liegen kann und die Relevanz des Dokumentes mit Sicherheit nicht linear vom Wert der Keyworddichte abhängt. In der Praxis dürfte es in der Regel so sein, dass relevante Dokumente den Suchterm mit einer bestimmten Häufigkeit enthalten, aber eine weiter steigende Häufigkeit nicht bedeutet, dass ein Dokument noch relevanter ist. Das hat auch der Google-Mitarbeiter Matt Cutts, Leiter des Webspam-Teams, in einem Video so erläutert:[102] Die Keywords, mit denen ein Dokument gefunden werden soll, sollten natürlich in dem Dokument auch prominent und häufiger vorkommen, aber es bringt nichts, die Häufigkeit über ein natürliches Maß weiter zu erhöhen. Im Gegenteil: Eine gar zu häufige Wiederholung des Keywords wirkt sich negativ auf das Ranking aus.

Eine Formel, die diesen gewünschten Zusammenhang mathematisch besser beschreibt als die Formel für die Keyworddichte, ist die ***Within Document Frequency, WDF***:

```
WDF(i) = log₂(Freq(i,j) +1) / log₂(L)
```

102. Quelle: *https://www.youtube.com/watch?v=Rk4qgQdp2UA*

i = Wort
j = Dokument
L = Gesamtzahl der Wörter in Dokument j
Freq(i, j) = Häufigkeit des Wortes i im Dokument j

Formeln, die Logarithmen beinhalten, sehen ja für die meisten Nicht-Mathematiker immer ein wenig furchteinflößend aus, aber keine Angst, Sie werden die Formel dennoch gleich verstehen (die mathematisch Versierten unter Ihnen mögen mir diesen kleinen Exkurs verzeihen):

Wie Sie sicherlich gleich gesehen haben, ist die Formel nur eine leichte Modifikation der Formel zur Berechnung der Keyworddichte: Im Zähler steht nach wie vor die Häufigkeit des betreffenden Terms im Dokument `Freq(i,j)` und im Nenner die Gesamtzahl der Wörter im Dokument `L`. Der große Unterschied besteht darin, dass von beiden Werten jeweils der Logarithmus zur Basis 2 gebildet wird. Im Zähler steht also übersetzt: »Zwei hoch wie viel ergibt die Häufigkeit des Terms?« Und im Nenner: »Zwei hoch wie viel ergibt die Gesamtzahl aller Terme im Dokument?«.

Was genau bewirkt nun der Logarithmus? Durch den Logarithmus werden die Werte im Zähler und Nenner jeweils »gestaucht«. Das bedeutet: Je häufiger ein Term im Dokument vorkommt, desto geringer ist die Änderung des Wertes im Zähler. Irgendwann ändert sich der Wert im Zähler kaum noch, auch wenn die Häufigkeit des Terms weiter zunimmt. Das Gleiche gilt für die Gesamtzahl der Wörter im Dokument. Die Addition der Zahl 1 im Zähler ist lediglich ein mathematischer Kunstgriff, der bewirkt, dass die WDF = 0 ist, wenn ein Term im Dokument gar nicht vorkommt, da gilt: $2^0 = 1$.

Übrigens: In manchen Publikationen wird in der Formel nicht der Logarithmus zur Basis 2, sondern zur Basis 10 verwendet. Das Ergebnis ist tatsächlich aber dasselbe, d. h. es ist egal, welcher Logarithmus verwendet wird!

Ist Ihnen das alles zu abstrakt? Vielleicht hilft ein kleines Zahlenbeispiel:

Freq(i,j)	**L**	**KD(i) [%]**	**WDF(i) (mit $\log_2$)**	**WDF(i) (mit $\log_{10}$)**
0	100	0	0	0
1	100	1	0,15	0,15
10	100	10	0,52	0,52
50	100	50	0,85	0,85

Tabelle 8.1 *Vergleich zwischen Keyworddichte und Within Document Frequency bei verschiedenen Häufigkeiten und Dokumentenlängen*

Freq(i,j)	**L**	**KD(i) [%]**	**WDF(i) (mit $\log_2$)**	**WDF(i) (mit $\log_{10}$)**
100	100	100	1,00	1,00
10	10.000	0,1	0,26	0,26

Tabelle 8.1 *Vergleich zwischen Keyworddichte und Within Document Frequency bei verschiedenen Häufigkeiten und Dokumentenlängen*

Was lernen wir aus Tabelle 8.1? Die Keyworddichte steigt wie erwartet linear mit der Häufigkeit des Terms im Dokument an. Wenn sich z.B. die Häufigkeit von 1 auf 10 verzehnfacht, ist auch die Keyworddichte zehn Mal so hoch (10% statt 1%), wenn sie sich dann von 10 auf 50 verfünffacht, steigt auch die Keyworddichte um den Faktor 5 auf 50%. Ganz anders verhält sich der WDF-Wert: Wenn sich die Keyworddichte von 1 auf 10 verzehnfacht, steigt der WDF-Wert um den Faktor 3,5. Wenn sie sich dann von 10 auf 50 verfünffacht, steigt der WDF-Wert nur noch um den Faktor 1,6. Der WDF-Wert verändert sich also bei immer häufigerem Vorkommen des Terms immer weniger.

In der letzten Zeile der Tabelle sehen wir, dass die Dokumentenlänge einen starken Einfluss auf die Keyworddichte hat, der WDF-Wert sich jedoch viel »robuster« verhält: Steigt die Dokumentenlänge von 100 auf 10.000 Wörter an bei gleichbleibender Keyword-Häufigkeit, dann sinkt die Keyworddichte von 10 auf 0,1 – also einem Hundertstel des Werts! Der WDF-Wert sinkt jedoch nur auf die Hälfte seines ursprünglichen Werts, die starke Verlängerung des Dokuments hat also einen sehr viel geringeren Einfluss auf den WDF. Der WDF-Wert von 0,26 entspricht in etwa dem WDF-Wert, der sich bei einer Keyworddichte von 2,3% ergibt, wenn die Dokumentenlänge 100 beträgt.

Das bedeutet: Aus Sicht einer Suchmaschine, die den WDF-Wert betrachtet, ist ein aus 100 Termen bestehendes Dokument mit einer Keyworddichte von 2,3% genauso relevant für das Keyword wie ein aus 10.000 Termen bestehendes Dokument mit einer Keyworddichte von 0,1%.

Daraus folgt:

> Bei kurzen Dokumenten muss die Keyworddichte höher sein als bei langen Dokumenten, um das gleiche Rankingsignal zu senden.

Ich hoffe, durch diesen kleinen Exkurs ist Ihnen die WDF-Formel verständlicher geworden. Selbstverständlich können Sie beim Schreiben Ihrer Texte nun auch mit WDF anstelle der Keyworddichte arbeiten. Leider gibt es keine Aussagen dazu, welche WDF-Werte ideal sind. Ich persönlich würde auf Werte zwischen 0,2 und 0,3 tippen. Selbstverständlich gilt auch dabei, dass zu hohe Werte schädlich sein können, weil Google dies dann als ***Keyword Stuffing***, also Webspam wertet!

> Im Begleitmaterial zu diesem Buch finden Sie ein Excel-Spreadsheet, mit dem Sie Keyworddichte und WDF eines Dokumentes berechnen können.

Jetzt halten Sie sich fest, denn es kommt noch ein weiteres Konzept dazu: Die ***Inverse Document Frequency, IDF.***

Eine Frage, die Suchmaschinen brennend interessiert, ist: »Worum geht es in einem Dokument, was ist dessen inhaltliche Ausrichtung?« Oder anders formuliert: Welche in einem Dokument enthaltenen Terme sind geeignet, das Dokument von anderen Dokumenten zu unterscheiden?

Die Berechnung der WDF-Werte aller im Dokument enthaltenen Terme hilft da nicht wirklich weiter. Es liegt auf der Hand, dass wahrscheinlich völlig belanglose Wörter wie *»und«*, *»oder«* oder *»ist«* die höchsten WDF-Werte haben!

Hier hilft das Konzept der Inverse Document Frequency (IDF) weiter. Die IDF beschreibt, wie häufig ein Term innerhalb einer Dokumenten*sammlung* vorkommt. Kommt ein Term in allen Dokumenten vor, so ist er nicht gut geeignet, den Inhalt eines bestimmten Dokuments von den anderen Dokumenten abzugrenzen. Kommt ein Term jedoch nur in einem oder wenigen Dokumenten der gesamten Dokumentensammlung vor, dann ist er höchstwahrscheinlich für diese Dokumente bedeutsam und geeignet, sie von den anderen Dokumenten zu unterscheiden.

Die Formel zur IDF-Berechnung sieht folgendermaßen aus:

```
IDF(i) = log N/n(i)
```

i = Wort
N = Dokumentensammlung (das sog. *Korpus*)
n(i) = Dokumente, die das Wort i enthalten
log = Logarithmus zur Basis 10

Daraus folgt, dass ein Term, der in allen Dokumenten vorkommt, einen IDF-Wert von 0 hat. Wenn der Term in gar keinem Dokument des Dokumentenkorpus vorkommt, dann erhalten wir mit der o.g. Formel eine Division durch 0, also einen ungültigen Wert. Je seltener, d.h. in je weniger Dokumenten der Dokumentensammlung der Term vorkommt, desto höher ist der errechnete IDF-Wert. Da in der Formel ebenfalls der Logarithmus verwendet wird, wird auch hier das Ergebnis

»gestaucht«, d.h. der IDF-Wert steigt auch bei stark abnehmender Häufigkeit des Terms im Dokumentenkorpus nur langsam.

Auch bei dieser Formel hilft ein kleines Zahlenbeispiel, die Berechnung zu verstehen:

N	n(i)	IDF(i)
1	1	0
10	1	1
100	1	2
1.000	1	3
10.000	1	4
100.000	1	5
1.000.000	1	6

Tabelle 8.2 *Beispiel für die Berechnung der Inverse Document Frequency*

Wie Tabelle 8.2 zeigt, beträgt der Wert für IDF 0, wenn der Term in allen Dokumenten vorkommt. Je seltener ein Term im Dokumentenkorpus enthalten ist, desto höher wird der IDF. Verwendet man den Logarithmus zur Basis 10, dann erhöht sich der IDF um 1, wenn der Term 10 Mal seltener im Dokumentenkorpus vorkommt.

Das bedeutet: Je höher der IDF-Wert für einen Term ist, desto bedeutsamer ist er für das einzelne Dokument, desto besser ist er geeignet, ein Dokument von anderen Dokumenten abzugrenzen und die spezifische inhaltliche Ausrichtung eines Dokumentes zu beschreiben.

Multipliziert man nun den WDF-Wert mit dem IDF-Wert, dann erhält man für jeden untersuchten Term in einem Dokument eine Gewichtung, die etwas über die Relevanz des Dokuments für die einzelnen Terme, wenn sie als Suchbegriff verwendet werden, aussagt:

```
w(i,j) = WDF × IDF
```

w(i,j)=Termgewicht
WDF=Within Document Frequency
IDF=Inverse Document Frequency

Das höchste WDF*IDF-Termgewicht haben Terme, die in dem untersuchten Dokument häufig vorkommen und in anderen Dokumenten des Dokumentenkorpus (das wären im Falle des WWW alle Dokument des Google-Index) nur selten. Wenn man sich nun die Terme des Dokuments mit den höchsten WDF*IDF-Termgewichten anschaut, dann erhält man einen sehr guten Eindruck, worum es in dem Dokument geht. Von manchen SEOs wird der Termgewichtungs-Chart eines Dokumentes deshalb auch als *Content-DNA* bezeichnet.

Was fängt man nun als SEO-Experte damit an?

Im SEO-Prozess wendet man die WDF*IDF-Analyse auf eine Auswahl an Dokumenten (z.B. die ersten 10 oder 20 Treffer auf der Google-Suchergebnisseite), die zu einem bestimmten Suchbegriff gut ranken, an und betrachtet die Durchschnitts- oder Maximalwerte der Termgewichte. Auf diese Weise erhält man einen guten Überblick, welche Terme mit hoher Termgewichtung in den gut rankenden Dokumenten vorkommen. Sie erhalten damit passend zu dem untersuchten Keyword eine Liste von Termen, die in gut rankenden Dokumenten außer dem untersuchten Keyword zusätzlich noch wichtig sind, um die inhaltliche Ausrichtung zu beschreiben und das Dokument von anderen Dokumenten zu differenzieren.

Spätestens seit dem Hummingbird-Update analysiert Google auf diese oder ähnliche Art und Weise den »semantischen Raum« der Dokumente im Index. Diese Analysen kann Google dazu verwenden, um eine Aussage über die inhaltliche Qualität eines Dokuments zu machen.

So kann Google z.B. sagen, dass ein inhaltlich hochwertiges Dokument, das sich mit dem Thema »Suchmaschinenoptimierung« beschäftigt, zusätzlich auch die Begriffe *Google, Onpage-Optimierung, Offpage-Optimierung, PageRank, Link Building* usw. beinhaltet. Dagegen wäre ein Dokument, das ausschließlich für den Begriff *Suchmaschinenoptimierung* optimiert ist und in dem die anderen semantisch verwandten Begriffe nicht vorkommen, mit großer Wahrscheinlichkeit von schlechter Qualität.

Noch ein anderes Beispiel: In einem guten, d.h. umfassenden, fundierten und gut recherchierten Artikel über den Dichter Johann Wolfgang von Goethe werden Begriffe vorkommen, die mit dem Leben von Goethe in einem engen Zusammenhang stehen: Sein Geburtsort und andere Städte, an denen er lebte, seine wichtigsten Werke, die Frauen in seinem Leben ... Und ein Bild darf natürlich auch nicht fehlen (ja, Google verfügt über eine leistungsfähige Bilderkennung und kann »sehen«, ob ein Bild von Goethe eingebunden ist...

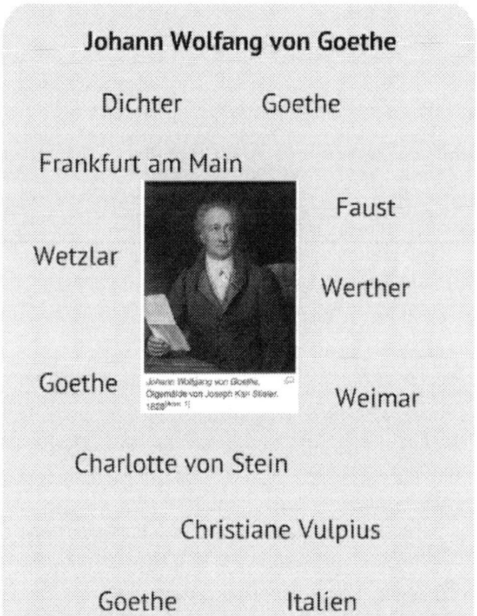

Abb. 8.1 *Eine qualitativ hochwertige Webseite über den Dichter Johann Wolfgang von Goethe enthält wichtige Begriffe aus dem Leben des Dichters. Bildnachweis: Joseph Karl Stieler [Public domain], via Wikimedia Commons*

Die WDF*IDF-Analyse hilft Ihnen also dabei, Terme zu finden, die in Ihrem Dokument fehlen oder häufiger vorkommen sollten, um an Google das Signal zu senden »Ich bin ein qualitativ hochwertiges Dokument zum Thema XY«. Sie können Ihr Dokument dann entsprechend überarbeiten, um ein besseres Ranking zu erzielen.

Diese Art der Optimierung, gezielt Begriffe einzubauen, die semantisch zum Thema des Dokumentes passen, wird übrigens auch als ***Theming*** bezeichnet.

8.1.3 WDF*IDF-Praxis

Schauen wir uns das Ganze einmal in der Praxis an:

Nehmen wir an, Sie möchten eine Webseite für die Suchphrase »Ferienhaus Korfu« optimieren und Sie fragen sich, welche Begriffe in einem dafür optimierten Text außerdem noch vorkommen sollten.

Hier kann eine WDF*IDF-Analyse der für diese Suchphrase bereits gut rankenden Dokumente helfen.

Ich verwende in diesem Beispiel das WDF*IDF-Analysetool des Anbieters *Onpage-Doc*[103]. Dieser bietet unter der URL *http://www.wdfidf-tool.com/* sogar eine kostenlose Möglichkeit an, das WDF*IDF-Tool auszuprobieren.

Die Analyse selbst ist denkbar einfach: Sie geben in das Analysetool Ihren Suchbegriff »Ferienhaus Korfu« ein und starten die Analyse. Kurze Zeit später wird das Ergebnis angezeigt.

103. *http://onpagedoc.com*

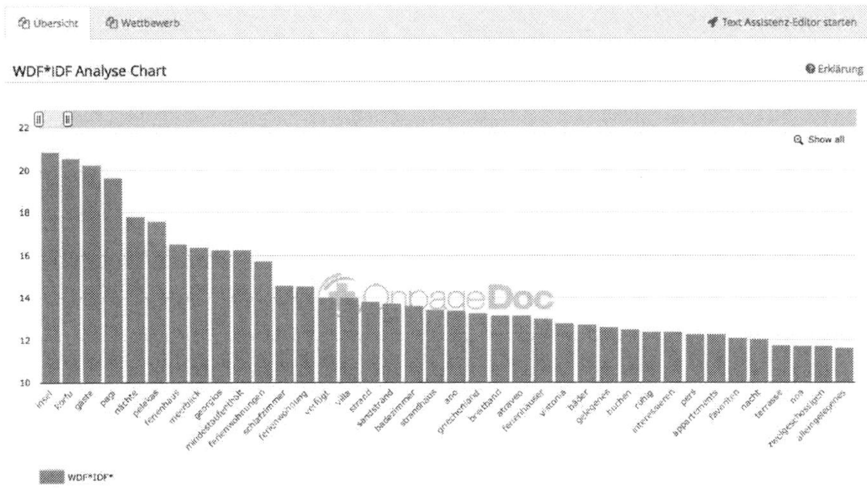

Abb. 8.2 *Ergebnis der WDF*IDF-Analyse für die Suchphrase »Ferienhaus Korfu« mit dem Analysetool von OnpageDoc.com*

Das Tool analysiert die Top 20 Webseiten der Google-Trefferliste für den eingegebenen Suchbegriff und führt für alle Seiten eine Termgewichtungsanalyse für alle enthaltenen Terme durch. In Abb. 8.2 sehen Sie das Ergebnis als Chart. Die gefundenen Terme werden auf der X-Achse nach dem jeweils höchsten ermittelten Termgewicht (y-Achse) sortiert aufgelistet. Mit dem Schieberegler über dem Chart können Sie den Bereich der angezeigten Terme erweitern oder verringern. Die Terme werden unterhalb der Grafik auch als Tabelle ausgegeben.

In der Registerkarte *Wettbewerb* sehen Sie die Termgewichte der angezeigten Terme für alle 20 untersuchten Webseiten (Abb. 8.3). Wenn Sie mit der Maus innerhalb des Diagramms die einzelnen Punkte (Terme) ansteuern, werden die Termgewichte für alle 20 Webseiten unterhalb des Charts eingeblendet.

> Sie können einzelne Webseiten ausblenden, indem Sie diese in der Liste unterhalb des Charts anklicken. So können Sie sehr übersichtlich zwei Webseiten miteinander vergleichen, z. B. Ihre eigene (die Sie vor dem Start der Analyse als »Vergleichsdomain« angeben können) mit der Webseite auf Position 1 der Google-Trefferliste.

In dem Beispiel sehen Sie, dass die Webseite unter der Domain *casamundo.de* das höchste Termgewicht für den Term *Insel* aufweist. Unterhalb des Charts werden die URLs der untersuchten Webseiten, sortiert nach ihrem Google-Ranking, nochmals in einer Tabelle aufgelistet.

Wie Sie sehen, ist die Durchführung einer WDF*IDF-Analyse ganz einfach. Aber was fangen wir nun mit dem Ergebnis an? Rufen wir uns in Erinnerung: Die Analyse

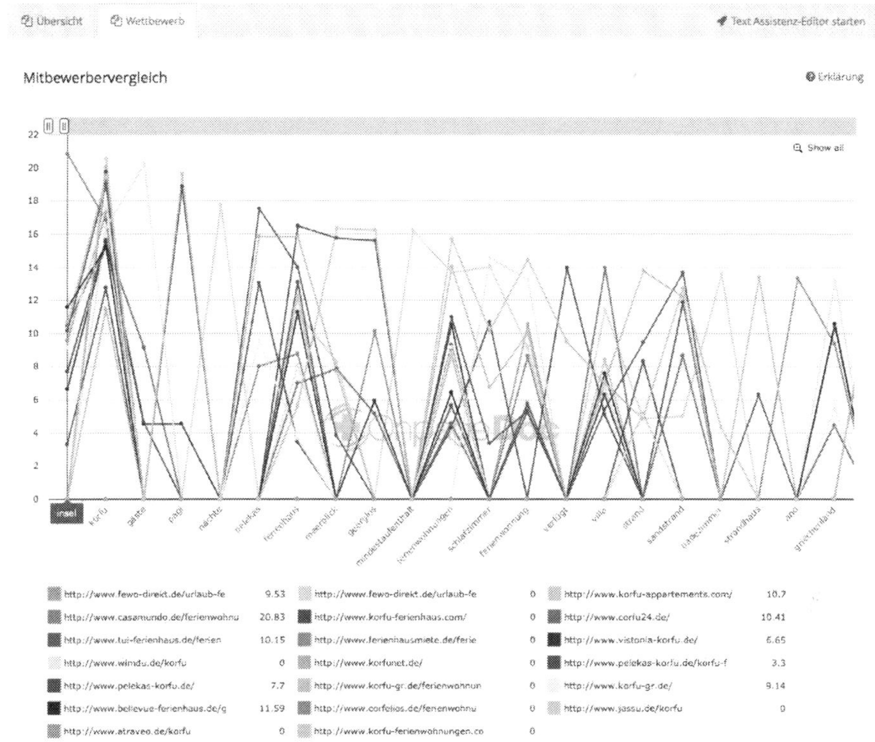

Abb. 8.3 *Mitbewerbervergleich bei der WDF*IDF-Analye mit dem Tool von OnpageDoc.com*

zeigt uns, welche Terme auf den ersten 20 Trefferseiten der Google-Suchergebnisliste für unsere Suchphrase »Ferienhaus Korfu« vorkommen, und sortiert diese nach dem maximalen Termgewicht. Damit erhalten wir einen Überblick, welche Terme die gut rankenden Dokumente verwenden und welche davon starke dokumentenspezifische Rankingsignale senden. In unserem Beispiel sind das u.a. die Terme *insel, korfu, gäste, pagi, nächte, pelekas, ferienhaus, meerblick, georgios, mindestaufenthalt, ferienwohnungen, schlafzimmer, verfügt, villa, strand, sandstrand, badezimmer, strandhaus, ano* und *griechenland*.

Das Ziel ist nun, die gewonnene Liste dieser Terme durchzugehen und die Terme zu notieren, die in ihrem Text bzw. Ihrer Webseite noch fehlen. Das bedeutet jedoch nicht, dass Sie nun z.B. die ersten 20 Terme kritiklos in Ihren Text einbauen! Wie Sie unschwer erkennen, ergeben nicht alle Terme für Ihr Dokument auch Sinn!

Gehen Sie am besten folgendermaßen vor:

1. Überlegen Sie für jeden Term, ob dieser für Ihren Text/Ihre Webseite sinnvoll ist oder eine sinnvolle Ergänzung darstellen könnte.
2. Streichen Sie nicht sinnvolle Terme weg.

3. Erweitern und ergänzen Sie Ihren Text/Ihre Website um die Terme, die übrig geblieben sind.

Wenn Ihre Webseite bereits online ist, wählen Sie diese bei der WDF-IDF-Analyse als Vergleichsdomain (Beispiel siehe Abb. 8.4). Auf diese Weise sehen Sie, für welche Terme Sie die Within Document Frequency in Ihrem Text noch anpassen (steigern oder verringern) müssen, damit sich Ihr Text der »Idealkurve« annähert.

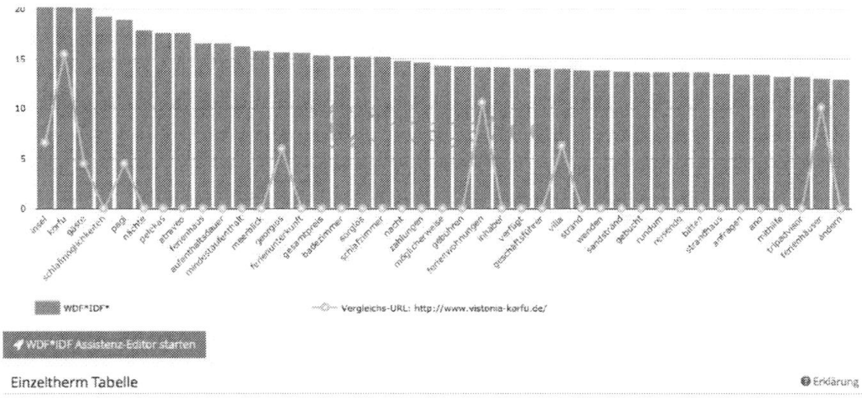

Term	NTotal	TFTotal	WDFMax	WDF*IDFMax	http://www.vistonia-korfu.de/
insel	10	197	0.64	20.83	0.23
korfu	15	556	0.62	20.51	0.45
gäste	5	47	0.50	20.04	0.11
schlafmöglichkeiten	1	50	0.47	19.18	-

Abb. 8.4 *WDF*IDF-Vergleichsanalyse mit OnpageDoc*[104]*. Tipp: Sie können das Tool kostenlos unter http://www.wdfidf-tool.com ausprobieren.*

Aus Abb. 8.4 lässt sich als Handlungsempfehlung ableiten, auf der Webseite der Vergleichs-URL die WDF für die Terme *insel*, *korfu* und *gäste* zu erhöhen (und für weitere Terme, die in dem gezeigten Ausschnitt der Tabelle nicht zu sehen sind).

Ich hoffe, Sie haben nun eine Idee davon bekommen, wie man als SEO mit der WDF*IDF-Analyse arbeiten kann.

Zuletzt dazu noch die Frage: Wie viel bringt das eigentlich?

Das lässt sich sicherlich nicht pauschal beantworten. Erwarten Sie von dieser Vorgehensweise bitte keine Wunder. Aus meiner eigenen Arbeit kann ich berichten, dass bereits gut rankende Webseiten mit Hilfe einer WDF*IDF-Optimierung um einige Plätze im Ranking gestiegen sind, in einem Fall z. B. von Position 8 auf Posi-

104. *http://onpagedoc.com*

tion 4. Für weniger gut rankende Webseiten kann der Effekt sogar noch wesentlich größer sein. Aus Position 40 in die Top 10 ist durchaus möglich. Das finde ich angesichts des relativ geringen Aufwands (mit ein wenig Übung ist die WDF*IDF-Optimierung einer bestehenden Seite innerhalb von einer Stunde erledigt) schon ganz beachtlich.

Mit Sicherheit hängt es u.a. auch vom Keyword selbst ab, wie viel eine Textoptimierung nach WDF*IDF bringt. Bei manchen Keywords spielt dieses Rankingsignal wahrscheinlich eine größere Rolle als bei anderen.

Ich vermute jedoch, dass die Wichtigkeit der inhaltlich-textlichen Optimierung in nächster Zeit zunimmt, da Google immer besser in der Lage ist, inhaltliche Qualität von Webseiten zu bewerten.

Der WDF-IDF-Ansatz birgt aber auch Gefahren: So ist die Grundannahme, dass die Dokumente an der Spitze der Ergebnisliste deshalb gut ranken, weil sie bestimmte Terme mit hohen WDF*IDF-Werten verwenden, gefährlich. Schließlich gibt es noch viele andere Rankingfaktoren, z.B. PageRank und TrustRank! Manche Seiten ranken gut, obwohl ihre Onpage-Signale eher mau sind!

> Setzen Sie die WDF*IDF-Optimierung des Contents mit Bedacht ein! Bauen Sie keine Terme in Ihre Texte ein, die für Ihren Text nicht relevant sind! Betrachten Sie das Ergebnis einer WDF*IDF-Wettbewerberanalyse lediglich als Anregung und Ideensammlung, die Sie kritisch hinterfragen müssen!

8.1.4 Content-Optimierung unter Berücksichtigung von RankBrain

Konzentrieren Sie sich bei der Erstellung des Contents immer auf genau eine Zielgruppe. Versuchen Sie nicht, ganz unterschiedliche Zielgruppen auf ein und derselben Webseite mit demselben Content zu erreichen.

Konzentrieren Sie sich auf Themen, die Nutzwert für Ihre Kunden bieten. Vermeiden Sie eine kunterbunte Mischung aus Nachrichten, z.B. Firmen-Internas, die Ihre Kunden nicht interessiert. Verwenden Sie die Sprache Ihrer Kunden, vermeiden Sie firmeninterne Begriffe und Konzepte. Im Web ist eine eher einfache Sprache und eine informelle Ansprache o.k.

Texte sollten nicht mehr zu eng auf die definierten Keywords optimiert sein, sondern alle sprachlichen Facetten und möglichen Suchvarianten abdecken.

Längere Texte (Faustregel: zwischen 1000 und 2000 Wörtern), vor allem Fachartikel mit inhaltlicher Tiefe, ranken in der Regel besser und nachhaltiger, oftmals über Jahre hinweg.

Publizieren Sie egelmäßig neuen Content und versuchen Sie dadurch, sich innerhalb Ihrer Marktnische bzw. Ihrem Fachgebiet als eine Autorität zu etablieren.

Nützlicher Content zeichnet sich z. B. durch folgende Aspekte aus:

- Er hilft Ihren Kunden dabei, eine für sie gute Kaufentscheidung zu treffen.
- Er hilft Ihren Kunden dabei, das Produkt sinnvoll zu nutzen bzw. zu bedienen.
- Er hilft Ihren Kunden dabei, seine Probleme mit Hilfe Ihres Produktes oder Ihrer Dienstleistung zu lösen.
- Er hilft Ihren Kunden dabei, Probleme zu lösen, die sich durch den Kauf bzw. den Gebrauch Ihres Produktes ergeben können.

8.2 Umgang mit »Duplicate Content«

Duplicate Content (»duplizierter Inhalt«) bedeutet, dass ein (nahezu) identischer Text unter verschiedenen URLs erreichbar ist. Diese URLs werden als ***Dubletten*** bezeichnet.

Duplicate Content ist in der SEO-Gemeinde ein großes Thema. Seit Langem schon kursiert das Gerücht, Google würde Webseiten abstrafen, wenn deren Inhalt auf anderen Seiten ebenfalls vorkommt.

Google-Mitarbeiterin Susan Moskwa (ihre Jobbezeichnung lautet »Webmaster Trends Analyst«) hat in einem Beitrag im offiziellen Google Webmaster Central Blog aber klargestellt:[105]

> *Es gibt keine »Duplicate Content-Penalty«! Duplizierter Content auf einer Website ist kein Grund für Maßnahmen gegen diese Website, außer es scheint, dass mit diesem duplizierten Content Nutzer getäuscht bzw. Suchmaschinenergebnisse manipuliert werden sollen. Falls Ihre Website duplizierten Content enthält (...), tun wir unser Bestes, eine Version des Contents in unseren Suchergebnissen anzuzeigen.*

Was ist also dran an der Sache?

105. *http://googlewebmastercentral-de.blogspot.com/2008/09/die-duplicate-content-penalty.html* (deutsche Übersetzung des englischsprachigen Original-Posts)

8.2.1 Ursachen von Duplicate Content

Duplicate Content ist ein im Web sehr häufig anzutreffendes Phänomen und kann unterschiedliche Ursachen haben:

- eine Website wird auf einen anderen Server und eine andere Domain umgezogen, die alte Website und Domain jedoch nicht gelöscht.
- Es werden Domain-Aliasse eingerichtet, also unterschiedliche Domainnamen, die jedoch auf den gleichen Webserver verweisen. Die meisten Unternehmen besitzen neben ihrer Haupt-Domain noch ähnliche Domainnamen oder Domains mit alternativen Schreibweisen, damit diese nicht durch Dritte konnektiert werden. Ein Beispiel dafür: XYConsulting.com und XY-Consulting.com. Dieselbe Website ist dann unter Umständen (abhängig von der Konfiguration des Webservers) unter beiden Domains erreichbar.
- Viele Websites kaufen Content von sog. *Content-Brokern* ein, so dass dieselben oder sehr ähnliche Texte u. U. auf vielen Webseiten erscheinen.
- Texte werden (erlaubter- oder illegalerweise) oftmals einfach kopiert und erscheinen so auf ganz unterschiedlichen Websites. Ein besonders beliebtes Opfer dafür ist Wikipedia. Texte aus Wikipedia findet man oftmals auf einer ganzen Reihe unterschiedlicher Websites wieder. Besonders Websites, die wirklich nützliche Inhalte bieten, müssen fürchten, dass ihre Texte ungefragt auf anderen Websites publiziert werden.
- Texte werden auf anderen Websites oder unter anderen Domainnamen dupliziert, um insgesamt eine größere Visibility in Suchmaschinen zu erreichen. Das ist ein klarer Manipulationsversuch und wird von Google bestraft, sofern Google dies erkennt oder dies an Google gemeldet wird.

8.2.2 Auswirkungen von Duplicate Content

Die Gründe für Duplicate Content sind also vielfältig, und nur in den seltesten Fällen handelt es sich dabei um einen Manipulationsversuch, um das Ranking in Suchmaschinen zu beeinflussen.

Das weiß auch Google, daher stellt Duplicate Content nicht per se ein Problem dar, und es gibt, wie bereits betont, keine automatische Bestrafung für Websites, deren Content teilweise unter anderen URLs mehrfach im Web zu finden ist.

Richtig ist jedoch, dass Google Duplicate Content besondere Aufmerksamkeit schenkt und recht ausgefeilte Algorithmen hat, um Duplicate Content zu erkennen. Google möchte nämlich auf den Suchergebnisseiten nicht verschiedene Treffer auflisten, die dann doch nur zu Seiten gleichen Inhalts führen, denn das wäre auch nicht im Sinne der Suchenden.

Erkennt Google, dass Dokumente, die über unterschiedliche URLs zu erreichen sind, völlig identisch oder inhaltlich identisch sind (Abweichungen im HTML-Quellcode können Google dabei nicht täuschen), so wird Google in der Regel nur eine einzige der URLs anzeigen und dabei wahrscheinlich die mit dem höchsten PageRank- oder Trust-Rank-Wert wählen, da Google nicht unterscheiden kann, welches das Original und welches die Kopie ist!

Das betrifft insbesondere Domain-Aliasse, bei der 100% identische HTML-Seiten unter verschiedenen Domainnamen/URLs angesprochen werden können. Google zeigt dann nur eine Domain auf den Suchergebnisseiten an.

Völlig unproblematisch ist es, wenn einzelne Textpassagen auf anderen Webseiten auftauchen; auf das Ranking hat das keinerlei negative Auswirkungen, da Inhalte zu zitieren ja eine weit verbreitete und völlig legitime und legale Vorgehensweise ist. Insbesondere auch Blogs machen intensiv davon Gebrauch, und gerade diese haben oftmals besonders gute Rankings in Google.

Es ist daher auch nicht möglich, dass ein Angreifer das Google-Ranking einer Website negativ dadurch manipuliert, indem er Textpassagen kopiert und unter einer anderen URL im Web veröffentlicht.

Gefährlich wird es nur bei gezielten Manipulationsversuchen, z.B. wenn versucht wird, über duplizierten Content von massenhaft (tausenden) Seiten eine höhere Visibility zu erreichen.

Werden solche Betrugsversuche an Google gemeldet oder von Googles eigenem Anti-Spam-Team erkannt, so können solche Domains aus dem Index verbannt werden.

8.2.3 Was tun bei Duplicate Content?

Auch wenn sich die meisten Website-Betreiber über Duplicate Content keine Sorgen machen müssen, ist es gut, einige Vorkehrungen zu treffen, um potenzielle Probleme damit zu vermeiden.

Konfiguration des Webservers bei Alias-Domains

Hat ein Website-Betreiber eine Reihe von Alias-Domains, die alle auf dieselbe Website verweisen sollen, so sollten die Inhalte nur unter einem einzigen, festgelegten Domainnamen ausgeliefert werden. Alle anderen Domainnamen sollten über einen HTTP-Redirect mit Statuscode 301 (»Moved Permanently«) auf die Hauptdomain umgeleitet werden. Diese Einstellung lässt sich leicht in der Webserver-Konfiguration festlegen.

Die meisten Websites können unter ihrem »Fully Qualified Domain Name« (z.B. www.example.org) ebenso angesprochen werden wie nur mit dem Domainnamen (z.B. example.org).

Technisch ist das nicht ganz sauber, aus Marketing-Gründen jedoch in der Regel so gewünscht. Um das zu erreichen, muss auf dem für die Domain zuständigen Name Server ein spezieller Eintrag in der Zonendatei vorgenommen und auch der Webserver entsprechend konfiguriert werden.

Das führt aber dazu, dass derselbe Content mit verschiedenen URLs aufgerufen werden kann. Die einfachste Lösung ist auch hier eine 301-Weiterleitung, entweder von example.org auf www.example.org oder umgekehrt.

Einstellung in der Google Search Console

Alternativ dazu können Sie Google in der Search Console mitteilen, welches die bevorzugte Domain ist, die Google auf der Suchergebnisseite verwenden soll. Sie finden diese Einstellmöglichkeit unter dem Zahnrad-Symbol im Menüpunkt **Website-Einstellungen**.

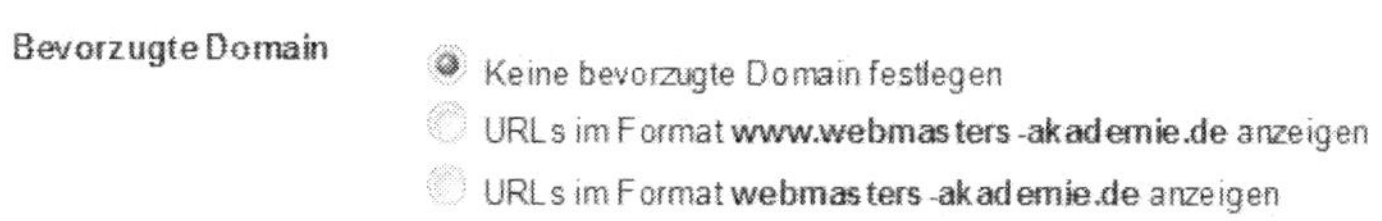

Abb. 8.5 *In der Google Search Console können Sie die »bevorzugte Domain« festlegen.*

Autorisierte Seiten: Verwendung von <link rel="canonical">

Falls Sie Duplicate Content auf der eigenen Website oder auf anderen Websites haben, der sich nicht vermeiden lässt, gibt es die Möglichkeit, Google mitzuteilen, welche Seite das Original ist und welche URL damit in Suchergebnissen bevorzugt angezeigt werden soll. Google wird dann nicht selbst entscheiden, welche URLs auf der Ergebnisseite gelistet wird, sondern sich (in der Regel) an Ihre Vorgabe halten.

Google bezeichnet das als »autorisierte Seiten« und definiert:

> *Eine autorisierte Seite ist die bevorzugte Version mehrerer Seiten mit ähnlichen Inhalten.*

Um festzulegen, welche die bevorzugte Version einer Seite ist, fügen Sie im <head>-Bereich **aller anderen (Dubletten)-Seiten** folgenden HTML-Tag ein (Beispiel):

```
<link rel="canonical" href="#http://www.example.org/
the-original-page.html" />
```

Der Link kann absolut oder – wenn sich die autorisierte Seite innerhalb derselben Website befindet – auch relativ angegeben werden, wobei Google generell die absolute Adressierung (also beginnend mit http:// bzw. https://) empfiehlt.

Außerdem rät Google, den *link*-Tag **möglichst weit oben** im `<head>`-Bereich der Seite zu platzieren, damit er von Google zuverlässig erkannt wird. Im `<body>`-Bereich ist der Tag nicht zulässig.

Weitergehende Informationen zum Thema »autorisierte Seiten« finden Sie in der *Search Console-Hilfe*[106].

8.3 Bilder

Bilder und Grafiken können das Ranking einer Webseite positiv beinflussen, wenn sie relativ weit oben, d.h. im ohne zu Scrollen sichtbaren Bereich der Webseite vorkommen und thematisch zum Thema der Seite passen. Google setzt inzwischen sehr ausgereifte Methoden der Bildanalyse ein und ist in der Lage zu erkennen, was ein Bild darstellt.

Dateigröße optimieren

Inzwischen hat es sich herumgesprochen: Die Ladezeit einer Webseite ist ein wichtiges Rankingkriterium. Google liebt schnell ladende Seiten!

Für Bilder gilt daher, was eigentlich schon immer gegolten hat: Sorgen Sie dafür, dass die Dateigröße der eingebundenen Bilder so klein wie möglich ist! Wählen Sie das jeweils am besten geeignete Dateiformat: Für Fotos wählen Sie JPEG (Kompression so hoch einstellen, dass Sie gerade eben keine Kompressionsartefakte sehen). Um PNG-Dateien zu verkleinern, versuchen Sie mal den Dienst *https://tinypng.com* Der Anbieter wirbt damit, dass sein kostenloser Dienst die Größe einer PNG-Grafikdatei um bis zu 70% reduziert, ohne dass man den Unterschied optisch wahrnehmen kann. Transparenzen sollen dabei erhalten bleiben. Und seit neuestem gibt es sogar ein Photoshop-Plugin, denn Photoshop beherrscht diese Zauberei bislang nicht.

106. *http://support.google.com/webmasters/bin/answer.py?hl=de&answer=139394*

Für Grafiken mit großen homogenen Farbflächen ist immer noch das GIF-Format am besten geeignet, um möglichst kleine Dateien zu bekommen. Und: Achten Sie auf jeden Fall darauf, dass Ihre Bilder nicht größer als nötig sind. Grafiken, die für den Print-Einsatz vorgesehen sind, müssen unbedingt verkleinert werden, bevor sie in Webseiten eingebunden werden.

Aktuelle Webbrowser unterstützen nun auch das SVG-Vektorgrafikformat. Dies eignet sich z.B. hervorragend für Logos, Icons und Artwork. Das SVG-Format bringt eine ganze Menge Vorteile mit sich: Vektorgrafiken haben nicht nur eine sehr geringe Dateigröße, sondern sie lassen sich auch ohne Qualitätsverlust beliebig skalieren. Insbesondere für responsive Webseiten, die sich an die Größe des Ausgabegerätes anpassen, ist dies ein großer Vorteil. Setzen Sie daher, wo immer möglich, SVG statt Pixelgrafiken ein.

Verwenden Sie Keywords im Dateinamen

Verwenden Sie zum Bild passende Keywords im Dateinamen. Idealerweise haben Sie für jedes relevante Keyword der Webseite auch ein passendes Bild und damit die seitenrelevanten Keywords auch im Dateinamen der Bilder. Nennen Sie das Bild beispielsweise *dichter-goethe.jpg* und nicht *bild1.png*.

8.4 Videos

Google liebt Videos, weil die Internetnutzer Videos lieben! Statistiken zeigen, dass der tägliche Online-Video-Konsum durchschnittlich bereits bei ca. 50 Minuten liegt, Tendenz steigend. Wir können davon ausgehen, dass u.a. aufgrund der immer weiter steigenden Bandbreiten Video-Inhalte im Internet in den kommenden Jahren immer wichtiger werden. Ganz allgemein geht man heute davon aus, dass Fernsehen und Internet immer weiter zusammenwachsen werden.

Das Vorhandensein eines Videos auf einer Webseite ist daher bereits heute ein Rankingsignal für Google, weil es den Nutzwert für die Besucher immens erhöht.

Sie sollten daher unbedingt darüber nachenken, ihre wichtigsten Content-Seiten mit Video-Content aufzuwerten.

Beachten Sie bei der Produktion und Einbindung Ihrer Videos folgendes:

1. Die Videos sollten eine Länge von mind. ca. 20 Sekunden haben.
2. Achten Sie auf inhaltliche und technische Qualität. Der Inhalt sollte für die Betrachter einen echten Mehrwert darstellen und selbstverständlich zum Inhalt der Webseite passen.

3. Speichern Sie die Video-Dateien nicht auf Ihrem eigenen Webserver, sondern nutzen Sie fremde Server-Ressourcen. Videos können Bandbreite und Rechenleistung Ihres Servers extrem beanspruchen, wenn sie häufig aufgerufen werden, und erfordern eine besondere Infrastruktur, die effektiv skaliert. Besonders geeignet ist Youtube. Die dort in Ihrem eigenen Kanal liegenden Videos lassen sich auch sehr einfach in Ihre Webseiten einbetten.
4. Bei Youtube optimieren Sie Ihre Videos, wenn Sie die relevanten Keywords Ihrer Webseite, in die Sie ein Video einbetten, auch in Youtube verwenden. Gestalten Sie Titel, Beschreibung und Tags des Videos entsprechend.
5. Bei der Einbindung des Videos in Ihre Webseite sollten Sie diese noch semantisch mit HTML5-Mikrodaten auszeichnen (siehe Abschnitt 9.4).

8.5 PDF-Dateien

Google kann PDF-Dateien mühelos indexieren, und PDF-Dateien tauchen auch sehr häufig auf den Suchergebnisseiten auf, auch ohne die Suche mit dem Suchoperator *filetype:pdf* auf PDF-Dateien zu beschränken. Es ist daher ein Fehler, PDF-Dateien nicht unter SEO-Gesichtspunkten zu betrachten!

Prinzipiell gelten für die Optimierung von PDF-Dateien sehr ähnliche Regeln wie für die Optimierung von HTML-Dateien. Genau wie für Webseiten im HTML-Format sollten für jede PDF-Datei die relevanten Keywords festgelegt und der Text-Content der PDF-Datei daraufhin optimiert werden. Lassen Sie sich dabei einfach von den bereits besprochenen Regeln der Onpage-Optimierung leiten. Achten Sie dabei besonders auf eine gute Struktur des Textes mit Überschriften, Fließtext-Absätzen, Listen, Tabellen usw.

Erzeugen Sie nach Möglichkeit ein ***tagged PDF***, um die Struktur des Dokuments mit Tags abzubilden und Google dabei zu helfen, die Struktur zu erkennen.

Zusätzlich können Sie Folgendes tun, um Ihre PDF-Dateien gut auffindbar zu machen:

1. Auch innerhalb von PDF-Dateien kann Google Text in Bildern nicht erkennen. Achten Sie darauf, dass alle Text-Informationen auch als Text eingebunden sind.
2. Achten Sie beim Speichern der PDF-Dateien auf eine gute Kompression der Bilder bzw. auf eine webgerechte Bildauflösung, um die Dateigröße möglichst klein zu halten, damit die PDF-Dateien schnell laden.
3. Speichern Sie die PDF-Dateien mit RGB-, nicht mit CMYK-Farben, damit sie auf möglichst vielen (Mobil-) Geräten angezeigt werden können.
4. Die Keywords sollten im Dateinamen der PDF-Datei vorkommen.

5. Füllen Sie die Meta-Informationen der PDF-Datei aus: Titel, Verfasser, Thema und Stichwörter. Dies geschieht am besten direkt in dem Programm, das die PDF-Datei erzeugt. Falls dies nicht möglich ist, können Sie dies nachträglich mit Adobe Acrobat (oder einem anderen PDF-Editor) erledigen.
6. Sorgen Sie für interne und möglichst auch externe Links auf die PDF-Datei, deren Ankertexte wiederum die Keywords enthalten.

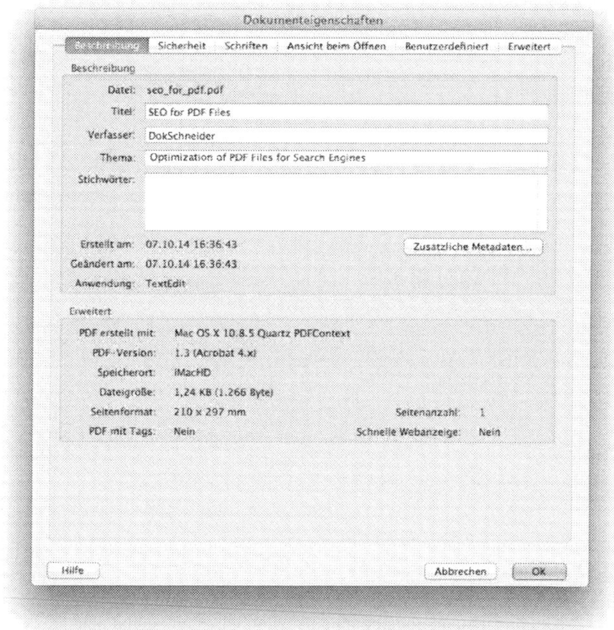

Abb. 8.6 *Die Metadaten eines PDF-Dokuments werden von Google berücksichtigt und sollten daher ausgefüllt werden.*

Der *Titel* des PDF-Dokumentes sollte die relevanten Keywords enthalten. Er wird von Google gerne als Titel des Suchtreffers verwendet (jedoch nicht zwingend).

Als *Thema* geben Sie eine kurze, zutreffende Inhaltsbeschreibung der PDF-Datei an. Google verwendet diese jedoch in der Regel nicht als Beschreibungstext für den Suchtreffer, sondern extrahiert meist ein eigenes Snippet aus dem Text der PDF-Datei.

Die Rubrik *Stichwörter* auszufüllen kann nicht schaden, als Ranking-Kriterium werden diese wohl eher nicht verwendet.

Passwortgeschützte oder verschlüsselte PDF-Dateien werden von Google übrigens nicht indexiert.

8.6 Vermeiden Sie Flash!

Die Flash-Technologie wurde ursprünglich von der amerikanischen Firma Macromedia entwickelt, die 2005 vom Mitbewerber Adobe aufgekauft wurde. Flash ist ein Autorenwerkzeug, mit dem multimediale Webanwendungen erstellt werden. Diese können animiert und interaktiv sein, sowohl Audio- als auch Videodaten beinhalten und sich an die beim Betrachter eingestellte Bildschirmauflösung dynamisch anpassen, da Flash die Möglichkeit bietet, Vektorgrafiken zu verwenden. Bei vielen Webdesignern und Multimedia-Agenturen ist Flash sehr beliebt, auch wenn die Euphorie in den letzten Jahren deutlich abgeebbt ist (auch weil Flash-Inhalte auf Mobilgeräten von Apple (iPhone, iPad) nicht dargestellt werden).

Ein weiterer Grund dafür mag darin liegen, dass Suchmaschinen mit Flash-Dateien Probleme haben. Noch vor Kurzem konnten Robots den Inhalt von SWF-Dateien überhaupt nicht indexieren. Für eine Website, die im Internet gefunden werden soll, ist das natürlich eine Katastrophe.

Erst seit 2008 ist Google überhaupt in der Lage, Flash-Dateien zu indexieren. Sie glauben das nicht? Geben Sie einfach hinter dem Suchbegriff `filetype:swf` ein.

Allerdings sieht man diese auf den Ergebnisseiten zurzeit noch so gut wie nie. Offenbar haben es Flash-Dateien schwer, sich gegen die vielen optimierten HTML-Seiten durchzusetzen (auch oder gerade weil Flash keine Auszeichnung der Inhalte mittels Tags kennt). Über die Ranking-Kriterien ist auch bisher so gut wie nichts bekannt.

Folglich sollten Sie auf keinen Fall Ihre gesamte Website mit Flash realisieren, wenn Sie im Web gefunden werden möchten. Das heißt aber nicht, dass Sie ganz auf Flash verzichten müssen. Selbstverständlich können Sie Flash-Elemente in Ihre HTML-Seiten einbauen, wo das sinnvoll ist, z.B. für eine Produktpräsentation, die Visualisierung eines Vorgangs oder sonst irgendeinen multimedialen Schnickschnack.

Da Flash-Inhalte auf mobilen Geräten von Apple mit dem iOS-Betriebssystem nicht dargestellt werden, empfiehlt es sich jedoch grundsätzlich, auf Flash zu verzichten und wenn irgend möglich, stattdessen auf Standard-Technologien (HTML5, CSS, JavaScript) auszuweichen.

8.7 Optimierung des HTML-Codes und des Seitenaufbaus

8.7.1 Keine Framesets!

Früher galten Framesets als Geheimtipp für die Suchmaschinenoptimierung, weil man in den `<noframes>`-Bereich suchmaschinenoptimierte Texte schreiben konnte, die der Besucher mit seinem frame-fähigen Browser nie zu Gesicht bekam. Inzwischen gilt jedoch genau das Gegenteil: Frame-basierte Webseiten lassen sich nur schwer für die Indexierung durch Suchmaschinen optimieren, bzw. die Optimierung ist sehr aufwendig.

Da der `<noframe>`-Bereich von vielen Webmastern gnadenlos mit Keywords vollgestopft wurde, berücksichtigen die meisten Suchmaschinen diesen Bereich fast gar nicht mehr. Warum auch sollte man Text für die Relevanzbewertung berücksichtigen, den die Besucher der Website in der Regel gar nicht sehen?

Google selbst sagt zu dem Thema: »Google unterstützt Frames so weit wie möglich. Frames erzeugen jedoch potenziell Probleme bei Suchmaschinen, Bookmarks, E-Mail-Links usw., da sie dem Grundmodell des Webs – eine Seite entspricht einer URL – widersprechen.«

Heute ist davon auszugehen, dass Google Websites, die noch aus Framesets bestehen, abwertet. Aus diesem Grunde sollten Sie auf Framesets verzichten und alte, frameset-basierte Websites ohne Framesets neu konstruieren. Die Optimierung alter Frameset-Seiten ist nicht zu empfehlen und wird von mir in diesem Buch auch nicht mehr besprochen.

8.7.2 Für Mobilgeräte optimierte Webseiten

Die Nutzung von mobilen Endgeräten ist weltweit weiter auf dem Vormarsch. In den USA entfallen bereits 56% der Zugriffe auf die am meisten genutzten Websites auf Smartphones[107], in Deutschland ist der Marktanteil noch etwas geringer (Tabelle 8.3), nimmt aber weiter zu.

Der Anteil der Suchanfragen, die von Smartphones aus durchgeführt werden, macht laut Google inzwischen mehr als 50% aus, eine Studie von Hitwise kommt für den US-Markt auf 58%. Der Anteil der mobilen Suche variiert laut dieser Studie jedoch von Branche zu Branche. Der höchste Anteil findet sich mit 72% in der Kate-

107. Quelle: http://marketingland.com/mobile-top-sites-165725

gorie Nahrungsmittel und Getränke, der niedrigste Anteil mit 39% für das Online Banking[108]

	Marktanteil Q3 2016	Änderung zu Q2 2016
Mobiltelefone	37,18%	+ 1,95%
Desktop	51,24%	– 2,19%
Tablet	11,11%	– 0,15%
Smart TV	0,48%	+ 0,39%

Tabelle 8.3 *Marktanteil verschiedener Endgeräte bei der Internetnutzung in Deutschland (Quelle: Webtrekk Digital Intelligence Stats Germany Q3 2016[109])*

Es ist daher nur logisch, dass Google analysiert, wie gut eine Webseite auf einem Mobiltelefon funktioniert, und dies seit April 2015 als weiteren Rankingfaktor in der mobilern Suche verwendet.

Webseiten, die nicht für die Darstellung auf Mobiltelefonen optimiert sind, fallen bei der Suche mit einem Mobiltelefon (»mobile search«) im Ranking ab.

Was sind für Google mobile Endgeräte?

Unter mobilen Endgeräten versteht Google vor allem Mobiltelefone, also Geräte mit einer Bildschirmgröße bis zu ca. sechs Zoll.

Tablet-PCs (ca. ab sechs Zoll Bildschirmgröße) werden von Google eher wie Desktop-Rechner behandelt.

Wie beurteilt Google, ob eine Website mobile-friendly ist?

Google testet jede einzelne Webseite darauf, wie gut sie auf mobilen Endgeräten funktioniert. Vor allem die folgenden Kriterien sind entscheidend:

- Die Darstellungsgröße der Webseite passt sich so an den Bildschirm und die Auflösung des Bildschirms an, dass die Betrachter nicht zoomen oder horizontal scrollen müssen.

108. Quelle: http://searchengineland.com/report-nearly-60-percent-searches-now-mobile-devices-255025
109. *https://www.webtrekk.com/en/knowledge/blog/digital-intelligence-stats-q3-2016/*

- Der Text kann ohne Zoomen gelesen werden.
- Der Abstand zwischen Hyperlinks ist so groß, dass die Betrachter problemlos auf einen einzelnen Link tippen können.
- Adobe Flash wird vermieden (Flash-Animationen im SWF-Format werden auf iOS-Geräten nicht angezeigt).
- Ladezeiten der einzelnen Webseiten: Kurze Ladezeiten sind insbesondere für Webseiten, die auf Mobilgeräten betrachtet werden, ein sehr wichtiges Rankingkriterium. Mobiler Traffic ist immer noch vergleichsweise teuer, und die Hardware-Ressourcen der mobilen Endgeräte sind begrenzt.

Was ist zu tun?

Es ist also höchste Zeit, falls noch nicht geschehen, dass Sie Ihre Webseiten fit für Mobilgeräte, also »mobile-friendly« machen.

Google empfiehlt dabei das sog. ***responsive Design***, also Webseiten, die sich automatisch an die Auflösung des Endgerätes anpassen können. Responsive Design ist mit Mitteln von HTML5, CSS und JavaScript realisierbar. Außerdem gibt es zahlreiche Frameworks, mit denen responsive Webseiten schnell und einfach erstellt werden können. Hier ein paar Beispiele:

- *Bootstrap*[110]
- *Foundation*[111]
- *UIkit*[112]

Eine umfangreiche Liste moderner Frameworks finden Sie z.B. auf *http://webdesignlike.com/2015/best-free-responsive-html5-frameworks/*

Das responsive Design alleine reicht aber noch nicht:

- Achten Sie darauf, keine Dateiformate zu verwenden, die auf Mobilgeräten Probleme machen können, wie z.B. Flash.
- Optimieren Sie die Ladezeiten Ihrer Webseiten. Führen Sie dazu sowohl Onpage-Maßnahmen, z.B. Optimierung der Bildgrößen und der eingebundenen CSS- und JavaScript-Dateien als auch geeignete Offpage-Maßnahmen (Abschnitt 10.3) durch.

110. *http://getbootstrap.com/*
111. *http://foundation.zurb.com/*
112. *http://getuikit.com/*

Wie Tabelle 8.4 und Tabelle 8.5 zeigen, werden von verschiedenen Endgeräten Bildschirme mit den unterschiedlichsten Eigenschaften (Auflösung, Seitenverhältnis) verwendet. Webseiten sollten sich daher automatisch an die Eigenschaften der verschiedenen Endgeräte anpassen.

Bildschirm-Seitenverhältnis	**Marktanteil**
16:9	45,5%
16:10	23,0%
4:3	5,7%

Tabelle 8.4 *Marktanteil von Bildschirm-Seitenverhältnissen (Quelle: Webtrekk Digital Intelligence Stats Germany Q2 2015*[113]*)*

Desktop	**Mobiltelefone**	**Tablets**
1366x768	640x360	1024x768
1920x1080	568x320	1280x800
1280x1024	800x480	1024x600

Tabelle 8.5 *Die häufigsten Bildschirmauflösungen (in Pixeln) von Desktop-PCs, Mobiltelefonen und Tablets (Quelle: Webtrekk Digital Intelligence Stats Germany Q2 2015*[114]*)*

Der Google-Test auf Optimierung für Mobilgeräte

Google bietet ein *webbasiertes Test-Tool*[115] an, mit dem Sie einzelne URLs auf ihre Tauglichkeit für Mobilgeräte (aus Googles Sicht) testen können.

> Google bietet auch einen ***Leitfaden für Mobilgeräte***[116] an. Darin erfahren Sie, wie Sie Ihre Webseiten für Mobilgeräte optimieren. Außerdem gibt es einige Informationen über SEO für Mobilgeräte.

113. *https://www.webtrekk.com/fileadmin/PDFs/Infographics/Digital-Intelligence-Stats-Germany-Q2-2015.pdf*
114. *https://www.webtrekk.com/fileadmin/PDFs/Infographics/Digital-Intelligence-Stats-Germany-Q2-2015.pdf*
115. *https://search.google.com/search-console/mobile-friendly*
116. *https://developers.google.com/webmasters/mobile-sites/*

Abb. 8.7 zeigt im Vergleich die Analyse zweier Webseiten. Die im Beispiel links dargestellte Webseite wird zwar auf Mobiltelefonen korrekt angezeigt, ist aber (noch) nicht explizit für Mobilgeräte optimiert. Das Test-Tool gibt Hinweise, welche Tests die Seite nicht bestanden hat. Die rechts dargestellte Webseite dagegen ist bereits komplett »mobile-friendly«.

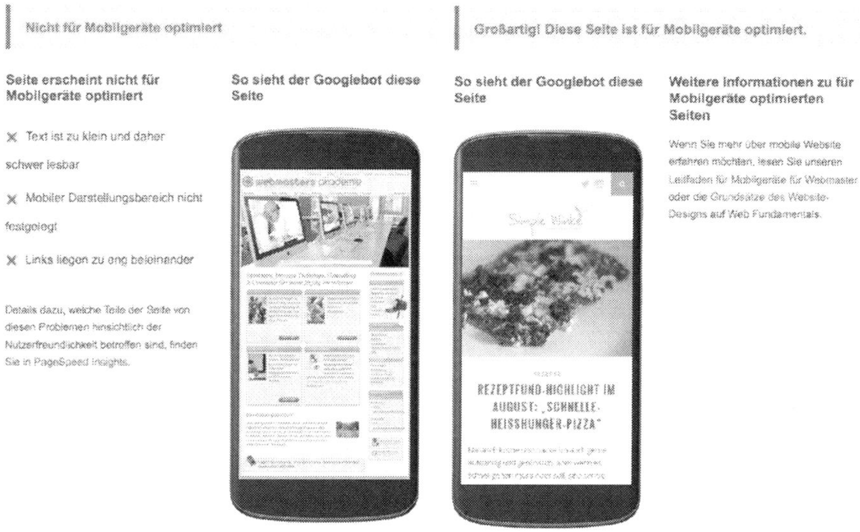

Abb. 8.7 *Google-Test auf Optimierung für Mobilgeräte.*

8.7.3 Gültiges HTML

Die Robots der Suchmaschinen verhalten sich prinzipiell wie ein Webbrowser: Sie lesen den HTML-Quellcode der Webseiten ein und extrahieren daraus Informationen, z.B. wie häufig und an welchen Positionen des HTML-Dokumentes einzelne Begriffe vorkommen. Während sich die bekannten Webbrowser wie z.B. Internet Explorer oder Firefox aber gegenüber fehlerhaftem HTML-Code sehr tolerant verhalten und z.B. bei einem vergessenen Schließtag oder einem fehlenden Attribut die Seite trotzdem noch korrekt oder zumindest lesbar anzeigen, haben die Robots damit oftmals Probleme und brechen die Analyse u.U. ab.

Schon aus diesem Grunde sollten Sie darauf achten, dass alle Webseiten validen HTML-Code haben.

Ob valides HTML von Google auch als Qualitätsfaktor gewertet und als Ranking-Faktor mit berücksichtigt wird, ist unter SEO-Experten umstritten.

Zwar hat Matt Cutts von Google in einem seiner Video-Blogs angedeutet, dass die Validität des HTML-Codes kein Ranking-Kriterium ist,[117] aber das war im September 2009 und hat sich möglicherweise inzwischen geändert. Ich jedenfalls könnte mir gut vorstellen, dass die Qualität des HTML-Codes als ein – wenn auch schwaches – Signal in das Ranking einfließt, denn man kann valides HTML durchaus als einen Qualitätsfaktor werten. Valides und wohl auch modernes HTML (HTML5) deuten darauf hin, dass eine Website weiterentwickelt wird und dass dabei hohe Qualitätsstandards gelten. Es ist naheliegend, dass dies dann mit einer gewissen Wahrscheinlichkeit auch für den Inhalt gilt, was wiederum Grund genug sein könnte, um diesen Aspekt zu einem Rankingsignal zu machen.

Das Standard-Tool zur Überprüfung der Validität von HTML-Code ist der vom World Wide Web Consortium kostenlos zur Verfügung gestellte ***W3C-Validator***.

Diesen gibt es als webbasiertes Tool unter *http://validator.w3.org* sowie als Software, die Webdesigner und -Entwickler auf einem eigenen Server innerhalb einer Testumgebung installieren können.[118]

Mit Hilfe des webbasierten W3C-Validators können Sie beliebige Webseiten überprüfen. Dazu geben Sie einfach die URL der Seite in das Eingabeformular des Validators ein.

Alternativ können Sie auch HTML-Dateien zur Prüfung auf den Server hochladen oder HTML-Code in das Eingabeformular (»Validate by direct input«) kopieren.

Wie sollten Sie nun mit dem Thema *valides HTML* umgehen?

Als Webentwickler oder Webdesigner sollten Sie mit Hilfe des W3C-Validators Ihre HTML-Dateien und Templates überprüfen und solange alle Fehler beseitigen, bis die Dateien valide sind, d. h. keine Fehler (Error) mehr angezeigt werden.

Als Projektleiter oder Auftraggeber sollten Sie mit der Web-Agentur vertraglich vereinbaren, dass alle HTML-Seiten der Webanwendung so weit wie möglich valide sein müssen. Es gibt den einen oder anderen technischen Grund für nicht-valide Seiten, aber diese Ausnahmen sollten definiert sein. Sind sie es nicht, ist dies ein Mangel, den die Agentur beheben muss.

Sinnvollerweise sollten Sie neue Projekte mit HTML5 umsetzen. Zwar ist auch das wahrscheinlich nicht direkt ein Ranking-Faktor, aber Sie zeigen Google damit, dass Sie moderne Standards beachten (was vielleicht dann doch von Google als Qualitätsfaktor und damit als Signal fürs Ranking gewertet wird) – vor allem aber haben

117. Quelle: *http://www.youtube.com/watch?v=FPBACTS-tyg*

118. siehe hierzu: *http://validator.w3.org/source/*

Sie damit auch die Voraussetzungen geschaffen, die Inhalte Ihrer Websiten semantisch mit Hilfe von Mikrodaten auszuzeichnen (vergl. Abschnitt 9.4).

Abb. 8.8 *Überprüfung einer Webseite mit dem W3C-Validator: Das Ergebnis bedeutet, dass die überprüfte Seite valides (fehlerfreies) XHTML 1.0 Strict verwendet.*

8.7.4 Mustergültige Struktur

HTML dient bekanntermaßen dazu, den Inhalt einer Webseite semantisch sinnvoll zu strukturieren. Dazu gehört u.a. ein logischer Aufbau des Dokuments basierend auf Überschriften verschiedener Ordnung (<h1> bis <h6>), Fließtext in Absätzen <p>, Listen, Tabellen usw. Achten Sie insbesondere darauf, dass die Struktur der Überschriften logisch ist und nicht z.B. zwischen zwei Überschriften der <h3>-Ebene eine <h1> kommt! Keywords in dieser werden dann nämlich ignoriert, da die Gliederung nicht logisch ist.

Nur eine h1-Überschrift pro Webseite: Mythos oder Wahrheit?

Zur Zeit geistert die Behauptung durch die Lande, auf einer Webseite solle oder sogar dürfe es nur eine einzige Überschrift der h1-Ebene geben, sonst wäre das schlecht fürs Ranking.

Was ist dran an dieser Behauptung?

Gleich vorweg: Diese Behauptung ist in dieser allgemeinen Form nicht zutreffend. Es ist vollkommen konform mit dem HTML-Standard (insbesondere mit HTML5), wenn ein Dokument mehrere Überschriften der obersten Ebene, also <h1> enthält. Es ist normal und logisch, ein Dokument so zu gliedern.

Auch Google hat damit überhaupt kein Problem, wenn ein Dokument mehrere oder gar viele h1-Überschriften beinhaltet.

Da die Begriffe in den h1-Überschriften ein besonders starkes Onpage-Ranking-Signal senden, ist es aus SEO-Sicht allerdings sinnvoll, wenn die relevanten Keywords der Webseite in allen oder zumindest mehreren der h1-Überschriften vorkommen.

Da Google inzwischen sehr gut darin ist, Synonyme und semantisch verwandte Wörter zu identifizieren, ist aber nicht einmal das nötig. Sie können mehrere h1-Überschriften in einem Dokument sehr gut für das ***Theming*** verwenden, in dem Sie gezielt die in der WDF*IDF-Termgewichtungsanalyse als wichtig identifizierten Begriffe in die Überschriften einbauen. Auf diese Weise werden die Onpage-Signale für die Relevanz des Dokumentes zu einem bestimmten Thema mit Hilfe mehrerer h1-Überschriften noch verstärkt.

8.7.5 Keyword-Verteilung

Wie schon erwähnt, ist bei der Texterstellung eine Fokussierung auf einzelne Keywords heute nicht mehr zielführend, sondern ein ganzheitlicher Ansatz ist nötig. Trotzdem schadet es nichts, bei der Verteilung der Keywords innerhalb der HTML-Struktur ein paar Dinge zu berücksichtigen. Dies kann immer noch dazu beitragen, für bestimmte Keywords ein gutes Ranking zu erzielen. Nach wie vor analysieren Suchmaschinen, auch Google, in welchen Abschnitten der Webseite das Keyword bzw. die Keyword-Kombination vorkommt. Besonders hoch gewichtet wird das Vorkommen…

- **im Seitentitel**, d.h. innerhalb der Tags `<title>...</title>` im Head-Bereich der Seite. Von allen Elementen der HTML-Seite hat das Vorkommen im Seitentitel mit Abstand das höchste Gewicht!
- **in den Überschriften.** Ihre Webseiten sollten daher unbedingt Überschriften enthalten, die mit den *h*-Tags als solche ausgewiesen sind. Der <h1>-Tag sollte die wichtigsten Keywords der Seite enthalten. Die Formatierung erledigen Sie mit CSS.
- Generell gilt: Je weiter oben (im HTML-Quellcode!) ein Keyword vorkommt, desto höher wird es gewichtet. Im Head-Bereich der Webseiten sollten sich daher keine großen JavaScripts oder CSS-Definitionen befinden. Lagern Sie diese konsequent in eigene Dateien aus.

Die einzelnen Bereiche werden aber nicht isoliert betrachtet, sondern miteinander in Bezug gesetzt. Die höchste Gewichtung erreicht ein Keyword (bzw. eine Keyword-Kombination), das sowohl im Seitentitel, als auch möglichst weit oben auf der Seite in einer Überschrift und dann im normalen Fließtext noch prominent vorkommt.

> Als Grundregel gilt: Das Keyword, für das die Seite optimiert wird, muss im Seitentitel, in der ersten Überschrift und im ersten Satz des ersten Absatzes vorkommen. Die Kombination macht's!

Der Seitentitel

Über die optimale Länge des Seitentitels streiten sich die Experten. Laut W3C soll der Seitentitel weniger als 64 Zeichen beinhalten. Da beim Setzen eines Lesezeichens bzw. Bookmarks der Inhalt des Title-Tags vom Webbrowser als Name für das Lesezeichen vorgeschlagen wird, sollte der Titel nicht zu lang sein. Der Firefox-Browser zeigt im Lesezeichen-Menü ca. 40 Zeichen an, der Internet Explorer im Favoriten-Menü bis zu 64 Zeichen, danach folgen drei Pünktchen.

Google verwendet den Seitentitel eines HTML-Dokuments gerne als Titel des Suchtreffers auf der Suchergebnisseite. Dort zeigt Google maximal ca. 55 Zeichen an. Ich rate daher dazu, den Seitentitel auf 45-55 Zeichen anzupassen. Das ergibt für Google einen sehr schön darstellbaren Suchtreffer-Titel.

Bei der Relevanzberechnung wird aber nicht nur registriert, welche Wörter oder Wortkombinationen im Seitentitel vorkommen, sondern auch deren Anordnung (Reihenfolge) und Dichte. Je mehr Wörter im Titel stehen, desto geringer ist die Gewichtung für jedes einzelne, da die Keyworddichte abnimmt.

Entgegen anderslautender Behauptungen ist 100% Keyworddichte im Titel nicht schädlich!

Beispiel

Sie optimieren eine Seite auf die Keywords *Kreuzfahrt* und *Mittelmeer*. Der optimale Titel der Seite wäre dann <title>Kreuzfahrt Mittelmeer</title>. Sicherlich wenig schädlich dürfte das Hinzufügen eines kleinen Füllwortes wie *im* sein: <title>Kreuzfahrt im Mittelmeer</title>.

Meta-Tags

Im Head-Bereich der HTML-Seite haben Sie die Möglichkeit, sog. Meta-Informationen (das sind Informationen über die Seite, die im Browserfenster nicht angezeigt werden) zu hinterlegen.

Der allgemeine Aufbau der Meta-Tags sieht so aus:

```
<meta name="..." content="...">
```

Das Meta-Tag hat also zwei Attribute *name* und *content*, die jeweils verschiedene Werte besitzen können.

Wirklich wichtig für die Suchmaschinenoptimierung ist nur ein einziger Meta-Tag:

```
<meta name= "description" content="kurze Beschreibung der Seite">
```

Wie der Name *description* (Beschreibung) vermuten lässt, soll hier eine kurzer beschreibender Text zu der Webseite hinterlegt werden. Für das Ranking spielt dieser Tag allerdings fast keine Rolle! Warum ist er dennoch wichtig? Einige Suchmaschinen, u.a. auch Google, listen den Inhalt dieses Tags als Beschreibungstext unter der URL auf der Ergebnisseite auf. Man kann sicherlich davon ausgehen, dass dieser Text einen entscheidenden Einfluss darauf hat, ob der Suchende auf den dazugehörigen Link klickt oder nicht.

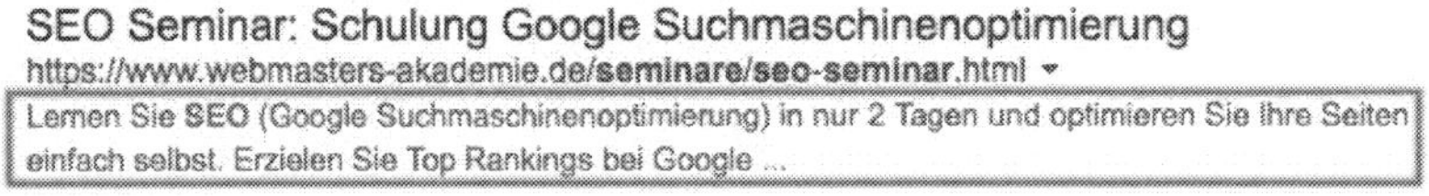

Abb. 8.9 *Suchtreffer bei der Suche nach »SEO Seminar«. Der im Treffer auf der Ergebnisseite von Google angezeigte Beschreibungstext (oben eingerahmt) stammt aus dem HTML-Tag* `<meta name="description">` *im* `<head>`*-Bereich der Trefferseite.*

Schreiben Sie also hier eine kurze, möglichst passende Beschreibung des Inhalts der Webseite hinein, die geeignet ist, den Suchenden dazu zu bewegen, Ihre Seite zu besuchen. Da Google ca. 155 Zeichen (ca. 20 Wörter) dieses Beschreibungstextes anzeigt und den Rest abschneidet, ist es sinnvoll, die Beschreibung nicht länger als eben diese 155 Zeichen werden zu lassen.

Google verhält sich allerdings nicht ganz konsistent: Wenn die Meta Description und der Body-Text offensichtlich nicht zusammenpassen (es kommen nicht die gleichen Keywords vor) oder die vom Suchenden verwendeten Suchbegriffe in der Meta Description nicht enthalten sind, erzeugt Google eine eigene Beschreibung, die aus Textpassagen rund um das gesuchte Keyword im Body-Text besteht.

```
<meta name="keywords" content="keyword1, keyword2, keyword3, ...>
```

Dieser HTML-Tag wurde früher einmal von Suchmaschinen ausgewertet und beim Ranking berücksichtigt. Da man jedoch in diesen Tag praktisch alles hineinschreiben kann, was man will, ohne inhaltlichen Bezug zu der Webseite, wurde der Tag missbraucht, um für bestimmte Keywords ein gutes Ranking zu erreichen.

> Moderne Suchmaschinen beachten das Keyword-Meta-Tag überhaupt nicht mehr!

Auf vielen Webseiten findet man diesen HTML-Tag dennoch – entweder aus Unwissenheit oder vielleicht hoffen die Autoren, dass zukünftige Suchmaschinen den Tag wieder auswerten. Jedenfalls ist er recht praktisch, um herauszufinden, welche Keywords Ihre Wettbewerber für relevant halten.

Ansonsten können Sie diesen HTML-Tag getrost weglassen oder aus Ihren Seiten herauslöschen.

Hervorhebungen im Text

Es ist eine sehr gute Idee, die Keywords im Fließtext der Webseite hervorzuheben, z. B. mit den HTML-Tags `<strong>` oder `<em>`. Das erhöht nicht nur die Lesbarkeit des Textes, sondern wird auch von den Suchmaschinen-Robots ausgewertet und erhöht das Ranking der Seite für die hervorgehobenen Begriffe, denn diese müssen ja offensichtlich besonders wichtig oder relevant sein, wenn der Autor sie so kennzeichnet...

Aufzählungen in Listenform (`<li>`-Tag) sind ebenfalls eine Hervorhebung, die sowohl der Lesbarkeit als auch dem Ranking guttun.

Usability-Studien haben gezeigt, dass die meisten Menschen Webseiten nicht lesen, sondern lediglich überfliegen (»scannen«), um den Inhalt grob zu erfassen. Gelesen werden nur Webseiten, die wirklich relevante und für den Leser im Detail wichtige Informationen beinhalten. Und solche Texte werden häufig lieber ausgedruckt und dann erst gelesen.

Kommen Sie Ihren Besuchern also dadurch entgegen, dass Sie Ihre Texte

- kurz halten
- mit Überschriften und Absätzen sinnvoll gliedern
- wichtige Begriffe hervorheben
- nicht mit Listen und Aufzählungen sparen

Weitere mögliche Stellen für Ihre Keywords

Manche Suchmaschinenoptimierer verteilen die Keywords noch an allen möglichen anderen Stellen des HTML-Dokumentes. Diese seien nur der Vollständigkeit halber erwähnt, ein allzu großer Effekt auf das Ranking ist davon nicht zu erwarten.

alt-Attribut: Das *alt*-Attribut des *img*-Tags dient dazu, eine kurze Beschreibung des Bildes zu hinterlegen, z. B. für Besucher, die einen textbasierten Webbrowser verwenden und die Bilder nicht sehen können. Auch Sehbehinderte/Blinde verwenden in der Regel einen textbasierten Browser in Kombination mit einem Screenreader. Die *alt*-Attribute werden von Suchmaschinen durchaus beachtet und ausgewertet. Sie sollten also für alle eingebundenen Bilder auch Alt-Attribute setzen. Verwenden Sie aber nur sinnvolle Beschreibungen und hüten Sie sich auch hier vor Keyword Stuffing.

Es ist auch nicht unbedingt im Sinne der Barrierefreiheit, wenn Sie die *alt*-Attribute mit Keywords vollstopfen. Bedenken Sie, dass von Sehbehinderten und Blinden eingesetzte Screenreader die alt-Attribute in der Regel vorlesen – für den Benutzer ist es dann nicht sehr lustig, wenn statt einer kurzen Bildbeschreibung dutzende Keywords vorgelesen weden!

HTML-Kommentare: Ob Suchmaschinen Keywords in HTML-Kommentaren überhaupt beachten, ist fraglich.

8.7.6 Einzelne Seiten von der Indexierung ausschließen

In vielen Websites gibt es Seiten, die nicht in Suchmaschinen gefunden werden sollen, z.B. weil sie sich als Einstiegsseite nicht gut eignen. Fügen Sie in diese Seiten einfach folgenden Meta-Tag ein:

```
<meta name="robots" content="noindex, nofollow">
```

Mit dem Wert *noindex* teilen Sie den Robots mit, dass diese Seite nicht indexiert werden darf. Alle großen Suchmaschinen halten sich an diese Anweisung. Wenn Sie auch nicht möchten, dass die Robots den Links in der Seite folgen, fügen Sie zusätzlich den Wert *nofollow* ein.

Es sind in diesem Tag auch die Werte *index* und *follow* erlaubt. Diese teilen den Robots mit, dass die Seite indexiert werden und der Robot den Links folgen darf. Das tun die Robots aber sowieso, wenn man es ihnen nicht explizit verbietet. Sie können also auf einen Meta-Tag mit den Werten *index* und *follow* getrost verzichten.

8.7.7 Den Robots sagen, wann sie wiederkommen sollen?

Es existiert ein Meta-Tag, mit dem Sie dem Robot Anweisungen geben können, in welchem Rhythmus er die Seite wieder besuchen soll.

```
<meta name="revisit-after" content="30 days">
```

Statt »30 days« können natürlich auch andere Werte gesetzt werden. Allerdings: Glauben Sie im Ernst, dass die Suchmaschinenbetreiber sich vorschreiben lassen, wie häufig die Robots Ihre Webseiten besuchen? Hier verlassen sich die Suchmaschinenbetreiber lieber auf ihre eigene Analysen: Webseiten, die häufig und regelmäßig aktualisiert werden, werden häufiger besucht als solche, die selten aktualisiert werden. Den obigen Meta-Tag können Sie jedenfalls getrost weglassen.

8.7.8 Above the fold: Nützliche Inhalte sollten direkt sichtbar sein

Die meisten Webseiten sind so lang, dass ein Betrachter scrollen muss, um die Seite komplett zu betrachten. Der nach Laden der Seite direkt, d.h. ohne zu Scrollen sichtbare Bereich, wird als »above the fold« bezeichnet.

Wie groß dieser Bereich ist, hängt u.a. vom verwendeten Endgerät und dessen Bildschirmgröße und -auflösung ab, aber auch davon, wie die Website sich verhält, wenn sie mit verschiedenen Endgeräten betrachtet wird (vergl. Abschnitt 8.7.2).

Google analysiert, welche Inhalte sich im direkt sichtbaren Bereich befinden, und diese senden besonders starke Ranking-Signale, da Besucher der Webseite diesen Elementen in der Regel die größte Aufmerksamkeit widmen.

Achten Sie also darauf, die wichtigen und für den Besucher wertvollen Elemente und Informationen möglichst im sichtbaren Bereich der Seite zu platzieren.

Negativ wird von Google bewertet, wenn sich »above the fold« zu viele Werbebanner befinden. Mehr als drei sollten es auf jeden Fall nicht sein.

8.8 Eingebundene Dateien optimieren

8.8.1 Bilder

Setzen Sie alt- und title-Attribute

Auf die Möglichkeit, im *alt*-Attribut des img-Tags Keywords zu verwenden, habe ich bereits hingewiesen. Verwenden Sie an dieser Stelle jedoch nur Keywords, die auch zum Bild passen.

Das *title*-Attribut wird von den meisten Webbrowsern als sog. »Tooltip« verwendet: Wenn der Betrachter mit dem Mauszeiger über das Bild zeigt, so erscheint nach kurzer Zeit der Text aus dem *title*-Attribut in einer farblich hervorgehobenen kleinen Box. Das kann für den Betrachter durchaus hilfreich sein, vor allem wenn es keine Bildunterschrift gibt. Das *title*-Attribut ersetzt quasi eine fehlende Bildunterschrift. Es ist kein Problem, wenn der Inhalt von *alt*- und *title*-Attribut identisch sind.

Verwenden Sie Bildunterschriften

In HTML5 gibt es die Möglichkeit, zu einem Bild eine Bildunterschrift anzugeben. Machen Sie davon Gebrauch, vor allem bei den Bildern, die zu den Keywords der Seite passen! Die Bildunterschrift macht es für Google sehr einfach zu erkennen, was das Thema des Bildes ist.

Ein komplettes Beispiel für ein optimal eingebundenes Bild sehen Sie im folgenden Listing (Keyword der Seite: »dichter goethe«):

```
<figure>
  <img src="dichter-goethe.jpg" width="600" height="800"
alt="Dichter Goethe" title="Portrait des Dichters Goethe" />
  <figcaption>Portrait des Dichters Goethe</figcaption>
</figure>
```

8.8.2 Videos

Video-Sitemap

XML-Sitemaps stellen eine Möglichkeit dar, eine Suchmaschine darüber zu informieren, welche Seiten einer Website für die Indexierung zur Verfügung stehen. Die Suchmaschinenbetreiber Google, Yahoo! und Microsoft haben sich zu diesem Zweck auf ein einheitliches Sitemap-Format geeinigt, das auch von anderen Suchmaschinen unterstützt wird. Die Spezifikation finden Sie unter *https://www.sitemaps.org/*.

Die Sitemap-Datei selbst können Sie von Hand in einem Texteditor oder mit einem der zahlreichen Web-Tools erstellen. Bei umfangreichen Websites oder wenn sich Inhalte und Seiten oft ändern, ist es sinnvoll, den Prozess zu automatisieren. Eine Liste von Sitemap-Tools finden Sie *bei Google*[119].

Nach der Erstellung müssen Sie die Sitemap noch in Ihrem Google Search Console-Konto registrieren.

119. *https://code.google.com/p/sitemap-generators/wiki/SitemapGenerators*

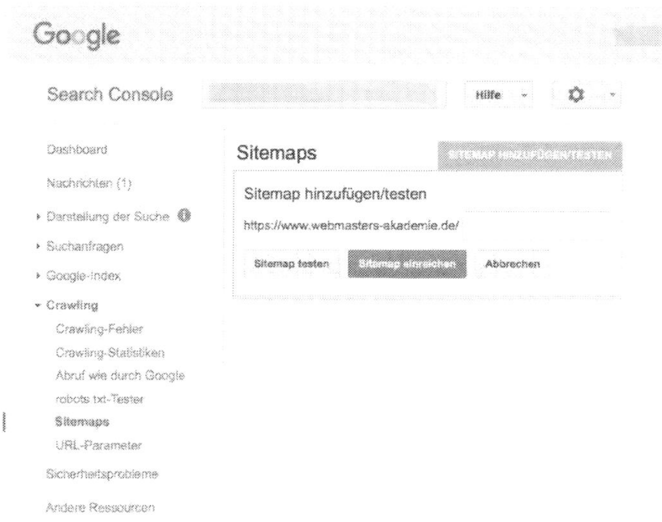

Abb. 8.10 *Registrieren einer Sitemap-Datei in der Google Search Console*

Während ich eine XML-Sitemap für eine Website, die lediglich »normale« Webseiten mit Text und Bildern enthält, für nicht unbedingt erforderlich halte, ändert sich das, wenn Sie Videos einbinden.

Mit Hilfe der Video-Erweiterung von Google können Sie Informationen über Video-Inhalte auf Ihrer Website bereitstellen und Google so dabei helfen, Ihre Videos zu finden und zu indexieren. Sie können in der Video-Sitemap Meta-Informationen über die Videos hinterlegen und Google damit Informationen liefern, die Google nicht aus der Website oder den Videodateien selbst gewinnen kann.

Orientieren Sie sich bei der Erstellung einer Video-Sitemap an folgendem Beispiel:

```
<urlset xmlns="http://www.sitemaps.org/schemas/sitemap/0.9"
xmlns:video="http://www.google.com/schemas/sitemap-video/1.1">
  <url>
    <loc>http://www.example.org/
seo-lernen-mit-dokschneider.html</loc>
    <video:video><video:thumbnail_loc>http://www.example.org/
videos/thumbnail123.jpg</video:thumbnail_loc>
    <video:title>SEO lernen mit DokSchneider</video:title>
    <video:description>DokSchneider erklärt
Video-SEO</video:description>
    <video:content_loc>http://www.example.org/videos/
video-seo.mpeg</video:content_loc>
    <video:duration>720</video:duration>
    <video:publication_date>2014-10-07</video:publication_date>
    <video:uploader info="http://www.example.org/users/
```

```
dokschneider">DokSchneider</video:uploader>
    </video:video>
  </url>
</urlset>
```

Codebeispiel 8.1 *Beispiel einer XML-Sitemap mit der Video-Erweiterung von Google*

Im gezeigten Beispiel sind nur die ersten fünf Tags (<loc>, <video:video>, <video:thumbnail_loc>, <video:title> und <video:description> vorgeschrieben. Dies sind auch die wichtigsten. Die anderen sind optional. Es gibt noch mehr mögliche Tags. In einem *Leitfaden von Google*[120] finden Sie eine komplette Liste.

8.8.3 CSS-Dateien und Skripte

Da Google CSS- und JavaScript-Dateien – wenn überhaupt – inhaltlich nur sehr eingeschränkt auswertet, bezieht sich die Optimierung im Wesentlichen auf die Optimierung der Ladezeit. Dazu gibt es eine ganze Reihe von Techniken, auf die ich hier jedoch nicht im Detail eingehen kann, da sie teilweise technisch komplex sind. Ein paar allgemeine Tipps:

1. Verwenden Sie nicht mehrere CSS-Dateien, sondern am besten nur eine, da jede CSS-Datei einzeln vom Server angefordert werden muss und jeder zusätzliche HTTP-Request die Ladezeit erhöht.
2. Komprimieren Sie CSS- und JavaScript-Dateien serverseitig mit GZIP. Dies ist mittlerweile Standard und wird von allen halbwegs aktuellen Webservern und Browsern unterstützt.
3. Wenn Sie in Ihre Webseite viele Hintergrundbilder (z. B. für Buttons oder Icons) eingebunden haben, erwägen Sie die Verwendung sog. *CSS Sprites*, um die Ladezeit zu verkürzen. Dabei werden alle Grafiken zu einer Grafik zusammengefasst, und mit Hilfe von CSS wird nur der jeweilige Bereich der »Collage« angezeigt, der das gewünschte Bild enthält. Eine detaillierte Einführung zum Thema finden Sie z. B. unter *https://css-tricks.com/css-sprites/*.

120. *https://developers.google.com/webmasters/videosearch/sitemaps*

```
.facebook-icon {
  width: 100px;
  height: 100px;
  background-image: url(sprite.svg);
  background-repeat: no-repeat;
  background-position: -100px 20px;
}
```

Abb. 8.11 *Beispiel eines CSS-Sprites. Mehrere Grafiken befinden sich in einer Bilddatei; mit Hilfe von CSS wird der gewünschte Ausschnitt an der entsprechenden Stelle des Dokuments angezeigt. Bildnachweis: Icons made by Freepik (www.freepik.com) from www.flaticon.com*

8.9 Übungen

*Übung 2: WDF*IDF-Textassistent*

Probieren Sie den *WDF*IDF-Textassistenten auf WDFIDF-Tool.com*[121] aus. Der Assistent hilft Ihnen dabei, WDF*IDF-optimierte Texte zu erstellen.

1. Wählen Sie ein Thema, das Sie interessiert, und mit dem Sie sich gut auskennen.
2. Geben Sie ein Keyword, das dieses Thema sehr gut beschreibt, in das Formular (Suchbegriff) ein, und klicken Sie auf den Button **Assistenz-Editor starten**.
3. Verfassen Sie einen kurzen Text zum Thema (ca. 100-200 Wörter) oder kopieren Sie einen Text zum Thema von einer Ihnen bekannten Webseite in das Eingabeformular des Texteditors.

121. *http://www.wdfidf-tool.com/wdfidf-textassistent*

Das Tools analysiert nun, welche Begriffe in den am besten rankenden Webseiten zum von Ihnen gewählten Keyword die höchsten Termgewichte haben und folglich in Ihrem Text vorkommen sollten.

Das Tool zeigt Ihnen außerdem an, welche Begriffe in Ihrem Text fehlen, welche häufiger und welche weniger häufig verwendet werden sollten.

8.10 Testen Sie Ihr Wissen!

1. Warum ist valider HTML-Code wichtig?
2. Warum sollte ein Webseiten-Betreiber auf Framesets und reine Flash-Sites verzichten?
3. Welchen Meta-Tag können Sie getrost weglassen?
4. Welchen Wert hat die IDF, wenn ein Term in einem von 100.000 Dokumenten (Dokumentenkorpus) vorkommt?
5. Was sagt ein hoher WDF*IDF-Wert für einen bestimmten Term in einem Dokument in der Regel aus?
6. Wie können Sie verhindern, dass eine einzelne Webseite von Suchmaschinen indexiert wird?
7. Sie haben auf verschiedenen Domains zwei Seiten mit identischem Inhalt. Welche der beiden Seiten wird wahrscheinlich im Google-Index gelistet werden, wenn Sie keinen »Canonical«-Tag setzen?
8. Wie können Sie Google mitteilen, dass von mehreren Dubletten-Seiten die Seite A die Orignal-Seite ist und im Index gefunden werden soll?
9. In welchen Abschnitten des HTML-Dokuments sollten die relevanten Keywords auf jeden Fall vorkommen?
10. Wie können Sie die Gültigkeit (Validität) des HTML-Quellcodes überprüfen?

Semantische Optimierung mit Mikroformaten

In dieser Lektion lernen Sie

- was es mit dem »semantischen Web« auf sich hat.
- welche technischen Ansätze es für das semantische Web gibt.
- wie Sie Ihre Webseiten mit HTML5-Mikrodaten semantisch auszeichnen und wozu das gut ist.

9.1 Was ist das semantische Web?

Die Idee des semantischen Webs geht zurück auf eine Publikation von Tim Berners-Lee, dem Erfinder des World Wide Web, aus dem Jahre 2001. Berners-Lee und seine Co-Autoren erklären diese Idee darin so:

> *Das semantische Web ist eine Erweiterung des bestehenden Webs, in der Informationen eindeutige Bedeutungen zugewiesen werden, um damit eine bessere Zusammenarbeit zwischen Computern und Menschen zu ermöglichen.*[122]

Worum geht es hierbei?

Das Problem des herkömmlichen Webs, wie es Tim Berners-Lee 1989/90 erfunden hat, besteht demnach darin, dass die Texte und Inhalte der Webseiten nur von Menschen, nicht jedoch von Computern verstanden und interpretiert werden können.

Bei der Analyse von Textinformationen haben Computerprogramme, allen voran Google, in den letzten Jahren zwar große Fortschritte gemacht, von einem Verständnis von Inhalt und Sinnzusammenhängen auf dem Niveau von Menschen sind sie aber immer noch weit entfernt. Vor allem die Inhalts-Analyse von Bildern und Videos steckt noch in den Kinderschuhen.

---

122. Quelle: Berners-Lee T, Hendler J, Lassila O: The Semantic Web: A new form of Web content that is meaningful to computers will unleash a revolution of new possibilities. In: Scientific American, 284 (5), S. 34-43, 2001

Menschen dagegen können die ***Bedeutung*** (Semantik) von Texten, Bildern, Videos, die sich auf Webseiten befinden, in der Regel aufgrund ihres Vorwissens, ihrer Erfahrung und ihrer Intelligenz in den meisten Fällen sehr schnell erkennen und verstehen.

Computern dagegen fehlt diese Intelligenz (zumindest noch teilweise), was die »Zusammenarbeit« zwischen Menschen und Computern, z. B. bei einer Websuche, erschwert.

Lassen Sie mich das anhand eines Beispiels näher erläutern:

Beispiel

Nehmen wir an, Sie suchen nach einem Hotel in der japanischen Hauptstadt Tokio und geben in Google als Suchbegriff *Tokio Hotel* ein.

Google findet dazu ungefähr 28.400.200 relevante Webseiten.

Abb. 9.1 *Google findet »ungefähr 28.400.000« Webseiten, die für die Suche nach tokio hotel relevant sind.*

Möglicherweise sind Sie aber überrascht, dass Google Ihnen massenhaft Webseiten über eine deutsche Pop-Band anzeigt, obwohl Sie eigentlich ein Hotelzimmer in Tokio suchten.

Offenbar hat die Kommunikation zwischen Ihnen und Google in diesem Beispiel nicht gut funktioniert, und bezogen auf Ihren Suchwunsch hat Google eine schlechte Arbeit geleistet und Ihnen nicht die zu Ihrem Suchwunsch passenden Treffer angezeigt.

Wie könnte man die Kommunikation zwischen Google und Ihnen verbessern?

Das Problem besteht offensichtlich darin, dass die Zeichenkette *Tokio Hotel* unterschiedliche Bedeutungen haben kann.

Google müsste also erst einmal erkennen, dass der Suchbegriff nicht eindeutig ist und dann am besten nachfragen, an welcher Bedeutung des Suchbegriffs Sie interessiert sind.

Google müsste z. B. sagen:

Google: »Ihr Suchbegriff ist nicht eindeutig. Suchen Sie nach Informationen über die Pop-Band "Tokio Hotel" oder suchen Sie nach Hotelzimmern in der japanischen Hauptstadt Tokio?«

Damit wäre aber auch nur ein Teil des Problems gelöst. Um die zu Ihrer Suche passenden Webseiten im Suchindex zu finden, müsste Google nicht nur Ihre Frage, sondern auch den Inhalt der Webseiten verstehen. Google müsste beim »Betrachten« der einzelnen Webseiten verstehen, ob es darauf um die Band oder um ein Hotel in Tokio geht. Eine leichte Übung für einen Menschen, aber eine ungleich schwerere Herausforderung für ein Computerprogramm!

Wesentlich leichter würde sich Google tun, wenn bereits im Quellcode der Webseite stünde, was der Begriff *Tokio Hotel* auf dieser Seite bedeutet, wenn die Begriffe also semantisch ausgezeichnet wären.

Google könnte dann sehr schnell und exakt sagen, worum es auf einer Webseite geht und ob diese zur Suche passt.

Schauen wir uns das Problem anhand eines Website-Quellcodes nochmals näher an. Eine Webseite des herkömmlichen Webs könnte folgenden Quelltext beinhalten:

```
<h1>Tokio Hotel</h1>
<p>In unserem Hotel in Tokio bieten wir Ihnen eine Vielzahl an
attraktiven Räumen für Ihre Events und natürlich auch zum
Übernachten</p>
```

Sie sehen natürlich sofort, dass es hier nicht um die Pop-Band, sondern um ein Hotel in Tokio geht. Ein Computerprogramm, das Webseiten nach dem Vorkommen bestimmter Zeichenketten analysiert, dürfte sich mit dieser Erkenntnis ungleich schwerer tun.

Ganz anders wäre der Fall, wenn die wichtigsten Begriffe semantisch ausgezeichnet wären[123] :

```
<h1><hotel>Tokio Hotel</hotel></h1>
<p>In unserem <building>Hotel</building> in <city>Tokio</city>
bieten wir Ihnen ... </p>
```

123. Die in diesem Beispiel verwendeten »semantischen Tags« existieren nicht wirklich, sondern dienen nur der Veranschaulichung.

Im Gegensatz dazu könnte eine Webseite, die sich mit der Band beschäftigt, den Begriff z. B. semantisch mit `<pop-band>Tokio Hotel</pop-band>` auszeichnen.

In diesem (hypothetischen) Quellcode eines *semantischen Webs* sind die relevanten Begriffe mit semantischen Informationen versehen. Ein Computerprogramm, das das Vokabular (city, building, pop band) kennt, könnte die Bedeutung der Begriffe *Tokio* und *Hotel* sofort »verstehen« und mit dieser Information arbeiten.

Genau darum geht es in dem von Berners-Lee propagierten semantischen Web. Durch Hinzufügen von semantischen Informationen zu Webseiten soll es Computern erleichtert werden, die Bedeutung von Begriffen und den Sinn und Zweck von Inhalten zu erfassen und diese Information zu verarbeiten.

Es ist naheliegend, dass insbesondere eine Suchmaschine davon immens profitieren könnte, um eine bessere Websuche zu realisieren.

Aus diesem Grund wird das Konzept des semantischen Webs insbesondere von den Suchmaschinenbetreibern Google und Microsoft unterstützt und vorangetrieben.

Google (und bestimmt auch Microsoft) verfolgen dabei wahrscheinlich beide möglichen Wege: Auf der einen Seite treiben sie die Entwicklung des semantischen Webs voran und ermuntern Webseitenbetreiber dazu, ihre Webseiten mit semantischen Informationen anzureichern. Auf der anderen Seite wird die Entwicklung intelligenter Suchmaschinen-Software vorangetrieben, die die Bedeutung von Begriffen und Inhalten auch ohne semantische Auszeichnung erkennen können.[124]

Ich halte das semantische Web daher für eine Übergangstechnologie. Es ist nur eine Frage der Zeit ist, bis Computerprogramme in der Lage sind, die Bedeutung von Begriffen und Inhaltselementen auf Webseiten ähnlich intelligent zu erfassen und zu verstehen wie Menschen. Wann das so weit ist, weiß ich nicht, aber wenn es soweit ist, wird das semantische Web wohl nicht mehr benötigt.[125]

Bis dahin jedoch macht es für Webseitenbetreiber und Suchmaschinenoptimierer sehr viel Sinn, die Möglichkeiten des semantischen Webs zu nutzen, da dies die Visibility der semantisch ausgezeichneten Webseiten in Suchmaschinen und die

124. Dieses Teilgebeit der Informatik wird *Computerlinguistik* genannt.

125. Ich würde mir jedoch keine allzugroßen Hoffnungen machen, dass dieser Status innerhalb der nächsten 10 Jahre erreicht sein wird!

Prominenz des Suchtreffers auf der Suchergebnisseite erhöhen und Besucher auf die eigenen Seiten lenken kann.

9.2 Technische Ansätze für das semantische Web

Seit das semantische Web erstmals vorgeschlagen wurde, ist viel Zeit vergangen, und es gab und gibt zahlreiche Ansätze für praktische Lösungen, u.a.:

- OWL (Web Ontology Language) (*http://www.w3.org/OWL/*)
- RDFa (Resource Description Framework in Attributes) (*http://www.w3.org/TR/rdfa-syntax/*)
- Mikroformate (*http://microformats.org/*)
- HTML Microdata (*http://www.whatwg.org/specs/web-apps/current-work/multipage/microdata.html*)

Es würde den Rahmen dieses Buches sprengen, alle o.g. Ansätze auch nur ansatzweise zu erklären. Google hat bisher bis auf OWL alle der o.g. Ansätze unterstützt, jedoch mitgeteilt, sich zukünftig auf den Support der HTML5-Mikrodaten-Spezifikation zu konzentrieren, und empfiehlt, diesen Standard zu verwenden.[126]

Der Grund dafür ist vermutlich, dass die Verwendung der Mikrodaten im Vergleich zu anderen Ansätzen einfach ist. Die Einfachheit der Mikrodaten-Spezifikation sollte sich günstig auf Akzeptanz und Verbreitung der Mikrodaten auswirken.

Deshalb beschränke ich mich an dieser Stelle auf eine Erklärung dieses Ansatzes.

9.3 HTML-Mikrodaten

9.3.1 Aufbau der HTML-Mikrodaten

HTML Microdata ist eine Spezifikation der *WHATWG (Web Hypertext Application Technology Working Group)*[127], in der die Einbindung maschinenlesbarer Informationen in HTML5-Dokumente definiert wird.[128] Damit können HTML5-Dokumente um semantische Informationen angereichert werden.

126. Quelle: *https://googlewebmastercentral.blogspot.de/2011/06/introducing-schemaorg-search-engines.html*
127. *https://whatwg.org/*
128. Quelle: *https://html.spec.whatwg.org/multipage/microdata.html*

Die Mikrodaten bestehen im Kern aus Name-Wert-Paaren, die in Gruppen zusammengefasst werden. Eine Gruppe wird als ***Item*** (Element) bezeichnet und ein Name-Wert-Paar als ***Property*** (Eigenschaft).

Um Webseiten mit Mikrodaten anzureichern, müssen dem existierenden HTML5-Code lediglich einige Attribute hinzugefügt werden.

Sog. ***Vocabularies*** (Vokabulare)[129] liefern Begriffe mit definierter Bedeutung (Semantik), die den Attributen als Wert zugeordnet werden können.

Das Konzept der HTML-Mikrodaten sieht vor, dass Web-Entwickler eigene Vokabulare definieren oder bestehende, die im Web veröffentlicht sind, nutzen können.

Die Suchmaschinen Google, Bing und Yahoo! haben im Juni 2011 unter dem Namen und der Web-Adresse ***schema.org*** eine Initiative gestartet, um standardisierte Vokabulare für die HTML-Mikrodaten zur Verfügung zu stellen. Noch im gleichen Jahr ist die russische Suchmaschine Yandex der Initiative beigetreten.

Aus diesem Grund ist es sinnvoll, die Vokabulare von *schema.org* für die semantische Auszeichnung von Webseiten zu benutzen.

Beispiel

Das Grundprinzip der Mikrodaten lässt sich am besten anhand eines Beispiels erklären.

Gegeben sei folgender Textabschnitt innerhalb eines »normalen«, d.h. nicht mit Mikrodaten versehenen HTML-Dokuments:

```
<p>Mein Name ist Thorsten Schneider. Im Web kennt man mich auch
als DokSchneider.Ich bin Geschäftsführer des Webmasters College.
Meine Homepage finden Sie unter <a
href="http://www.webmasters-college.de/
Dokschneider">www.webmasters-college.com/Dokschneider</a>.</p>
```

Codebeispiel 9.1 *HTML-Code ohne semantische Auszeichnungen*

Dieser Text enthält eine Reihe von Informationen zu einer Person, die jedoch mangels semantischer Auszeichnung von Softwaresystemen wie z. B. Suchmaschinen nur schwer zu »verstehen« sind.

129. Ein Vokabular wird auch als *Schema* bezeichnet.

Versuchen wir nun im nächsten Schritt, die Semantik des obigen Textes im Sinne des Mikrodaten-Ansatzes mit Hilfe von Name-Wert-Paaren zu beschreiben. Das Ergebnis könnte z. B. so aussehen:

```
name = Thorsten Schneider
additionalName = DokSchneider
jobTitle = Geschäftsführer
affiliation = Webmasters College
url = http://www.webmasters-college.de/DokSchneider
```

Codebeispiel 9.2 *Die Semantik eines Textabschnittes in Form von Name-Wert-Paaren*

Insgesamt haben wir auf diese Weise eine Person (Item) mit fünf Eigenschaften (Properties) beschrieben. Jede Eigenschaft ist semantisch durch ein Schlüsselwort definiert, das die Bedeutung der Eigenschaft festlegt, z. B. dass es sich bei *Thorsten Schneider* um den Namen handelt, und bei der Zeichenkette *Webmasters College* um den Namen der Einrichtung, an der die Person arbeitet.

Diese Name-Wert-Paare wären aber von Softwaresystemen immer noch nicht zu »verstehen«, wenn die verwendbaren Schlüsselwörter und deren Bedeutungen und Sinnzusammenhänge nicht an einer zentralen Stelle hinterlegt wären. Dafür ist in der Praxis das Vokabular zuständig.

Außerdem muss das Softwaresystem noch wissen, dass die Name-Wert-Paare aus Codebeispiel 9.2 zusammengehören und eine bestimmte Person beschreiben. Um das zu erreichen, erweitern wir das Listing noch um zwei wichtige Informationen:

```
1 Item
2 Type: http://schema.org/Person
3 name = Thorsten Schneider
4 additionalName = DokSchneider
5 jobTitle = Geschäftsführer
6 affiliation = Webmasters College
7 url = http://www.webmasters-college.de/DokSchneider
```

Codebeispiel 9.3 *Die Semantik eines Textabschnittes in Form von Name-Wert-Paaren*

In Zeile 1 (Codebeispiel 9.3) wird nun festgelegt, dass die folgenden Informationen zusammengehören, also ein zusammengehöriges ***Item*** (Element) bilden.

In der zweiten Zeile wird das verwendete Vokabular festgelegt. Es handelt sich um ein Vokabular, das die Eigenschaften einer *Person* näher beschreibt.

Wir haben also jetzt ein Item des Typs *Person* erzeugt.

In den Zeilen 3–7 schließlich werden in Form von Name-Wert-Paaren die Eigenschaften (Properties) des Items beschrieben. Das betrachtete Item hat insgesamt fünf Properties.

Das Listing zeigt, wie der HTML-Parser einer Suchmaschine ein entsprechend semantisch mit Mikrodaten ausgezeichnetes Dokument »sehen« würde.

Ich habe mich dazu entschieden, »das Pferd von hinten aufzuzäumen« und Ihnen erst einmal das Ergebnis eines HTML5-Parsers zu zeigen, bevor wir uns das HTML dazu anschauen, da ich glaube, dass man den grundlegenden Aufbau der Mikrodaten aus Items und Properties so leichter erkennt.

Schauen wir uns im nächsten Schritt das HTML dazu an.

9.3.2 Globale Attribute der HTML-Mikrodaten

Die HTML-Mikrodaten-Spezifikation legt folgende globale Attribute fest:

Attribut	Bedeutung	Beispiel/Erläuterung
itemscope	Das Attribut *itemscope* erzeugt das Item. Es steht alleine und erhält keinen Wert.	`<section itemscope> ... </section>` Die untergeordneten Elemente (d. h. alle, die sich innerhalb des HTML-Containers mit dem itemscope-Attribut befinden) enthalten Informationen über das Item.
itemtype	Das Attribut *itemtype* erhält als Wert die gültige URL eines Vokabulars.	`<section itemscope itemtype="http://schema.org/Person"> ... </section>` Das Vokabular befindet sich im Web an der Adresse *http://schema.org/Person*. Es enthält die Begriffe und deren Bedeutung, die als Property des Items verwendet werden können.

Tabelle 9.1 *Die globalen Attribute der HTML-Mikrodaten-Spezifikation*

Attribut	**Bedeutung**	**Beispiel/Erläuterung**
itemprop	Das Attribut *itemprop* erhält als Wert den Namen einer Eigenschaft (Property). Der Wert der Property ist entweder der Text, der von den HTML-Tags umschlossen wird, oder eine URL, die sich als Attribut innerhalb des HTML-Tags befindet (vergl. Tabelle 9.2).	<section itemscope itemtype="http://schema.org/Person"> <p itemprop="name"> Thorsten Schneider </p> </section> Das Name-Wert-Paar der Property lautet hier: name = Thorsten Schneider

Tabelle 9.1 *Die globalen Attribute der HTML-Mikrodaten-Spezifikation*

Attribut	Bedeutung	Beispiel/Erläuterung
itemref	Mit Hilfe des Attributs *itemref* können Properties, die sich außerhalb des HTML-Containers mit dem itemscope-Attribut befinden, mit dem Item assoziiert werden. Dem Attribut kann als Wert eine Liste von IDs zugeordnet werden, die der Parser dann berücksichtigen muss.	<section itemscope itemref="a b" itemtype="http://schema.org/Person"> <p itemprop="name">Thorsten Schneider</p> </section> <p id ="a" itemprop="additionalName">DokSchneider</p> <p id="b" itemprop="affiliation">Webmasters College</p> Das Item hat drei Properties: name = Thorsten Schneider additionalName = DokSchneider affiliation = Webmasters College Die letzten beiden Properties sind außerhalb des HTML-Containers mit dem itemscope-Attribut, werden aber dem Item mit Hilfe des itemref-Attributs und der IDs zugewiesen.
itemid	Mit dem *itemid* -Attribut kann einem Item eine eindeutige ID zugewiesen werden. Der Wert des Attributs muss eine URL sein, deren exaktes Format im Vokabular definiert sein muss.	<section itemscope itemtype="http://vocabulary.example.org/book" itemid="urn:isbn:0-832-87334-4"> In diesem Beispiel wird einem Buch-Item eine ID mit der ISBN als Wert zugeordnet. Das URL-Format ist im Vokular definiert.

Tabelle 9.1 *Die globalen Attribute der HTML-Mikrodaten-Spezifikation*

In der Praxis werden die meisten Webseiten-Autoren wohl mit den ersten drei Attributen auskommen. Das semantisch angereicherte HTML unseres Beispiels sieht dann so aus:

```
<section itemscope itemtype="http://schema.org/Person">
  Mein Name ist <span itemprop="name">Thorsten Schneider</span>.
  Im Web kennt man mich auch als
  <span itemprop="additionalName">DokSchneider</span>.
  Ich bin <span itemprop="jobTitle">Geschäftsführer</span>
```

```
6   des <span itemprop="affiliation">Webmasters College</span>.
7   Meine Homepage finden Sie unter <a itemprop="url"
href="http://www.webmasters-college.de/
Dokschneider">www.webmasters-college.de/Dokschneider</a>.
8 </section>
```

Codebeispiel 9.4 *Mit HTML5-Mikrodaten semantisch angereicherter Abschnitt einer Webseite*

Wie Sie Codebeispiel 9.4 entnehmen können, ist es sehr einfach, bestehendes HTML mit Mikrodaten auszuzeichnen:

In Zeile 1 wird ein Element (Item) vom Typ Person definiert. Die Eigenschaften (Properties) des Elements befinden sich innerhalb des durch Start- und End-Tag `<section >...</section>` begrenzten Bereichs. Um die Mikrodaten-Attribute an den entsprechenden Textstellen einzufügen, wird ein HTML-Tag benötigt, man behilft sich in diesem Fall ganz einfach mit dem `<span>`-Tag, falls an der entsprechenden Stelle noch kein HTML-Tag verwendet wird.

9.3.3 Verknüpfung von Objekten und Eigenschaften

Nehmen wir nun an, auf der Webseite wäre auch noch die Adresse der beschriebenen Person kommuniziert: Nordostpark 7, 90411 Nürnberg, Germany. Das Vokabular für Adresse findet sich unter *http://schema.org/PostalAddress*. Nun könnte man das dem Quellcode aus Codebeispiel 9.4 einfach unten anfügen, dann gäbe es jedoch zwischen der Person und der Adresse keine semantische Beziehung! Die Adresse wäre zwar eine Adresse, aber eben nicht die Adresse der genannten Person!

Das Problem lässt sich jedoch einfach dadurch lösen, dass man das Adress-Element mit dem Person-Element verknüpft. Die Eigenschaft *address* wird dabei als eigenes Element des Typs *http://schema.org/PostalAddress* definiert. Um dies zu erreichen, nutzt man ein Standard-Feature von HTML, nämlich die Möglichkeit, »HTML-Container« (bestehend aus Start- und End-Tag) ineinander zu verschachteln.

Der Quellcode dazu sieht folgendermaßen aus:

```
<section itemscope itemtype="http://schema.org/Person">
  Mein Name ist <span itemprop="name">Thorsten Schneider</span>.
  Im Web kennt man mich auch als <span
itemprop="AdditionalName">DokSchneider</span>.
  Ich bin <span itemprop="JobTitle">Geschäftsführer</span> des
<span itemprop="affiliation">Webmasters College</span>.
  Meine Homepage finden Sie unter <a itemprop="url"
href="http://www.webmasters-college.de/
Dokschneider">www.webmasters-college.de/Dokschneider</a>.
  <section itemprop="address" itemscope
itemtype="http://schema.org/PostalAddress">
    <span itemprop="streetAddress">Nordostpark 7</span>
```

```
    <span itemprop="postalCode">90411</span>
    <span itemprop="addressCountry">Germany</span>
  </section>
</section>
```

Codebeispiel 9.5 *Durch Verschachtelung ist es möglich, das Adress-Element mit dem Person-Element zu verknüpfen.*

9.3.4 Den Quellcode prüfen mit dem Google Test-Tool für strukturierte Daten

Google stellt ein *Online-Tool*[130] zur Verfügung, mit dem Web-Entwickler ihre mit semantischen Informationen ausgezeichneten Webseiten testen können.

Sie können damit sowohl im Web bereits verfügbare Webseiten testen, indem Sie die URL dieser Seiten eingeben, als auch den HTML-Code in ein Formularfeld kopieren und vor der Veröffentlichung prüfen.

Abb. 9.2 zeigt sehr schön, welche semantischen Informationen der Parser unserem Beispiel (Codebeispiel 9.5) entnehmen kann. Wie Sie sehen, ist die Eigenschaft *address* ein eigenes Element, das wiederum drei eigene Eigenschaften besitzt und mit dem Person-Element verknüpft ist.

130. *https://search.google.com/structured-data/testing-tool*

Extrahierte strukturierte Daten

Item

type:	http://schema.org/person
property:	
name:	Thorsten Schneider
additionalname:	DokSchneider
jobtitle:	Geschäftsführer
affiliation:	Webmasters College
url:	www.webmasters-college.de/Dokschneider
address:	*Item 1*

Item 1

type:	http://schema.org/postaladdress
property:	
streetaddress:	Nordostpark 7
postalcode:	90411
addresscountry:	Germany

Abb. 9.2 *Überprüfung des mit Mikrodaten angereicherten HTML-Quellcodes mit Hilfe des Google Test-Tools für strukturierte Daten.* `address` *ist eine Eigenschaft des Elements vom Typ* `person` *und gleichzeitig ein eigenes Element vom Typ* `postaladdress` *(Postadresse).*

9.3.5 Woher kommen die Werte für die Microdata Properties?

Die Werte der Properties stammen in den meisten Fällen aus dem Text innerhalb des HTML-Containers. In Zeile 9 (Codebeispiel 9.5) ist der Wert der Property `addressCountry` dementsprechend `Germany`.

Das ist jedoch nicht für alle HTML-Tags der Fall und auch gar nicht möglich, da nicht alle Tags einen Text umschließen, oder der umschlossene Text nicht unbedingt die gewünschte Information enthält. So ist z. B. der Wert der Property *url* in Codebeispiel 9.5 das *href*-Attribut und nicht der verlinkte Text.

Die folgende Tabelle gibt eine Überblick, woher die Werte für die Properties bei verschiedenen HTML-Tags stammen.

HTML-Tag	Wert
<a> <area> <link>	href-Attribut
<audio> <embed> <iframe> <img> <source> <video>	src-Attribut
<meta>	content-Attribut
<object>	data-Attribut
<time>	datetime-Attribut
alle anderen Elemente	Textinhalt, der von dem Tag umschlossen wird.

Tabelle 9.2 *Woher Properties ihre Werte beziehen*

Bevor wir das aus dem Blickwinkel verlieren, nochmals zurück zu der Frage, warum wir uns überhaupt mit HTML-Mikrodaten beschäftigen und ob sich der Aufwand auch lohnt.

Google selbst sagt, dass semantisch ausgezeichnete Webseiten nicht automatisch ein besseres Ranking erhalten. Dies ist eine Aussage, der man durchaus skeptisch gegenüberstehen kann, denn durch die semantischen Informationen hat es Google wesentlich leichter zu erkennen, worum es auf einer Webseite geht, und es ist für mich schwer vorstellbar, dass dies das Ranking nicht beeinflussen soll!

Unbestritten ist jedoch, dass Google die Mikrodaten auswertet und diese in Form von Rich Snippets auf der Ergebnisseite anzeigen *kann* (nicht muss).

Wahrscheinlich ist auch, dass semantisch ausgezeichnete Inhalte vom Google Knowledge Graph (siehe) verarbeitet und möglicherweise auch auf der Ergebnisseite angezeigt werden, z. B. in Form von Bildern.

Mit sematischen Informationen angereicherte Suchergebnisse werden also auf der Suchergebnisseite prominenter angezeigt als andere Suchergebnisse und bieten dem Suchenden Anreize, auf die präsentierten Links zu klicken.

Das dürfte für Sie Grund genug sein, sich mit dem Thema eingehender zu beschäftigen und Ihre eigenen Inhalte semantisch auszuzeichnen, auch wenn ein direkter Effekt auf das Ranking selbst bislang nicht gesichert ist.

9.4 Semantische Optimierung mit HTML-Mikrodaten

9.4.1 Lohnt der Aufwand?

Wie schon erwähnt, ist die semantische Auszeichnung von Webseiten höchstens ein schwaches Rankingsignal. Sie können also nicht erwarten, dass Webseiten, die Sie semantisch auszeichnen, per se besser gefunden werden.

Der Vorteil liegt aber darin, dass Google aus semantisch ausgezeichneten Webseiten leichter ***Rich Snippets*** erstellen kann und die Suchtreffer dann wesentlich prominenter angezeigt werden, was die Wahrscheinlichkeit erhöht, dass jemand auf den Treffer klickt und folglich Besucherströme zu Ihrer Seite leitet!

Allein aus diesem Grund ist es sinnvoll, eine semantische Optimierung vorzunehmen.

Es ist davon auszugehen, dass Google immer mehr semantische Informationen erfassen und verarbeiten kann und sich dabei auf die Vokabulare von schema.org konzentriert. Lassen Sie sich deshalb bei der Erstellung eines Konzeptes für die semantische Auszeichnung Ihrer Seiten von schema.org leiten.

> Die verschiedenen Vokabulare von schema.org haben teilweise sehr viele mögliche Properties. Für die beste Optimierung der Informationen mit dem Ziel der Darstellung in Rich Snippets auf der Google-Suchergebnisseite prüfen Sie bitte unbedingt, welche Properties Google zwingend erwartet. Informationen dazu finden Sie unter *https://developers.google.com/search/docs/data-types/data-type-selector*. Fehlt eine der von Google erwarteten Properties, so gibt das *Test-Tool für strukturierte Daten* die Fehlermeldung *Incomplete microdata with schema.org* aus.

Wie das in der Praxis aussieht, lässt sich am besten anhand einiger Beispiele aufzeigen:

9.4.2 Breadcrumbs

Viele Websites verwenden heute als Navigationshilfe eine sog. ***Breadcrumb Navigation*** (zu deutsch: Brotkrümelnavigation). Dabei handelt es sich um eine Textzeile, die dem Besucher anzeigt, auf welcher Seite der Website er sich gerade befindet und in welchem Kontext diese zu anderen Seiten steht, indem sie den Pfad zur aktuellen Webseite anzeigt.

Abb. 9.3 *Beispiele für Breadcrumb Navigationen, gesehen auf w3c.org (oben) bzw. chip.de (unten).*

Google kann solche Navigationspfade auch in den Suchtreffern anzeigen (Abb. 9.4). Der Vorteil für Betreiber der gefundenen Webseite besteht darin, dass mit den Links in den Breadcrumbs weitere Anreize geboten werden, auf diesen Treffer zu klicken.

Abb. 9.4 *Breadcrumb Navigation in einem Google-Suchergebnis*

Sie können Google dabei helfen, die Breadcrumb Navigation Ihrer Seite auszulesen und sie in den Suchergebnissen einzublenden, wenn Sie die Seiten entsprechend semantisch auszeichnen (gezeigt ist nur der HTML-Code für die Breadcrumbs):

```
<a href="/index.html">www.wandern.de</a>
<a href="/gefuehrte-wanderungen">Geführte Wanderungen</a>
<a href="/gefuehrte-wanderungen/amerika">Amerika</a>
```

Codebeispiel 9.6 *HTML-Code einer Breadcrumb Navigation ohne semantische Auszeichnung*

```
<body itemscope itemtype="http://schema.org/WebPage">
  <nav itemprop="breadcrumb">
   <a href="/index.html">www.wandern.de</a>
   <a href="/gefuehrte-wanderungen">Geführte Wanderungen</a>
   <a href="/gefuehrte-wanderungen/amerika">Amerika</a>
   </nav>
   ...
</body>
```

Codebeispiel 9.7 *Semantische Auszeichnung mit den HTML-Mikrodaten und dem schema.org-Vokabular »WebPage«*

Zur Auszeichnung habe ich das Vokabular *WebPage*[131] verwendet. Die Auszeichnung der Breadcrumbs ist damit sehr einfach, da Sie die Hyperlinks lediglich in einen Abschnitt zu packen brauchen, dem Sie die Property *breadcrumb* zuweisen.

Überpüfen wir den Code noch schnell mit Googles *Test-Tool für strukturierte Daten:*

Abb. 9.5 *Überprüfung der semantischen Auszeichnung einer Breadcrumb Navigation mit Googles Test-Tool für strukturierte Daten.*

9.4.3 Personen

Abb. 9.6 *Informationen zu einer Person in einem Google-Suchergebnis.*

In Abb. 9.6 sehen Sie, was Google aus semantischen Informationen über Personen machen kann. Das HTML dazu könnte folgendermaßen aussehen:

```
<div itemscope itemtype="http://schema.org/Person">
  <span itemprop="name">Ritika Garga</span>
  <span itemprop="jobTitle">On Demand CTO level services for Web
&amp; Mobile Platforms, Founder and CEO</span>
  <div itemprop="affiliation" itemscope itemtype="schema.org/
Organization">
  <span itemprop="name">Atlogys Technical Consulting</span>
  </div>
  <div itemprop="address" itemscope itemtype="http://schema.org/
PostalAddress">
    <span itemprop="addressRegion">New Delhi Area</span>
    <span itemprop="addressCountry">India</span>
  </div>
</div>
```

Codebeispiel 9.8 *HTML-Code mit semantischen Informationen über eine Person*

131. *http://schema.org/WebPage*

Ich teste den Code wiederum mit dem Google-Test-Tool:

Extrahierte strukturierte Daten

Item

type:	http://schema.org/person
property:	
name:	Ritika Garga
jobtitle:	On Demand CTO level services for Web & Mobile Platforms, Founder and CEO
affiliation:	*Item 1*
address:	*Item 2*

Item 1

type:	http://schema.org/organization
property:	
name:	Atlogys Technical Consulting

Item 2

type:	http://schema.org/postaladdress
property:	
addressregion:	New Delhi Area
addresscountry:	India

Abb. 9.7 *Die semantischen Informationen aus Codebeispiel 9.8, extrahiert mit dem Google Test-Tool für strukturierte Daten*

Das ist natürlich nur ein Beispiel. Sie können noch jede Menge weiterer Informationen mit Hilfe des Vokabulars *Person*[132] auszeichnen. Welche Informationen davon Google konkret und unter welchen Umständen jetzt und in Zukunft in Rich Snippets verwendet, ist allerdings noch nicht klar.

9.4.4 Unternehmen und Organisationen

Informationen über Organisationen und Unternehmen werden von Google u. a. für Standortdaten in Bewertungen oder in Ereignissen verwendet. Sie können auch auf einer Google My Business-Seite angezeigt werden. Abb. 9.8 zeigt ein Beispiel dafür.

132. *http://schema.org/Person*

Abb. 9.8 *Standort-Daten einer Pizzeria in einem Google-Suchergebnis*

Das semantische HTML dazu könnte folgendermaßen aussehen:

```
<div itemscope itemtype="http://schema.org/Organization">
  <span itemprop="name">Ristorante Nello</span>
    <div itemprop="address" itemscope itemtype="http://schema.org/
PostalAddress">
      <span itemprop="streetAddress">Ditmar-Koel-Straße 26</span>
      <span itemprop="addressLocality">Hamburg</span>
    </div>
  Tel:<span itemprop="telephone">040 32846959</span>
</div>
```

Codebeispiel 9.9 *HTML-Code mit semantischen Informationen über ein Unternehmen*

Sicherlich kann es nichts schaden, weitere Informationen wie z.B. die E-Mail-Adresse, die URL der Website und die Faxnummer ebenfalls semantisch auszuzeichnen. Es ist durchaus denkbar, dass Google auch diese Informationen an irgendeiner Stelle anzeigt oder in Zukunft anzeigen wird.

9.4.5 Produkte

Artikelseiten in einem Online-Shop lassen sich semantisch so auszeichnen, dass Google in den Suchergebnissen z.B. Informationen zum Preis und der Verfügbarkeit anzeigt.

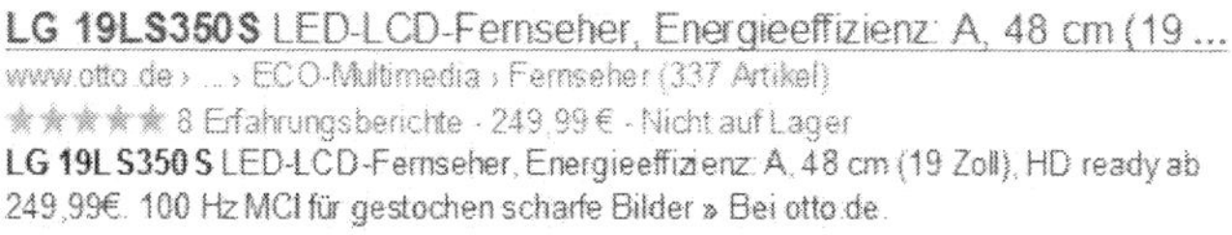

Abb. 9.9 *Produktinformationen in Google-Suchergebnissen*

Im Vokabular *Product*[133] finden sich noch eine ganze Reihe weiterer möglicher Eigenschaften. Es macht sicherlich Sinn, alle vorhandenen Produkt-Informationen semantisch auszuzeichnen und abzuwarten, was Google jetzt oder in Zukunft daraus macht.

Der HTML-Quellcode zum Rich Snippet in Abb. 9.9 könnte z.B. so aussehen:

133. *http://schema.org/Product*

```
<div itemscope itemtype="http://schema.org/Product">
  <span itemprop="name">LG 19LS350S LED-LCD-Fernseher</span>
    <div itemprop="aggregateRating" itemscope
itemtype="http://schema.org/AggregateRating">
      Bewertung: <span itemprop="ratingValue">5</span>/5
      basierend auf <span itemprop="reviewCount">8</span>
Erfahrungsberichten
    </div>
    <div itemprop="offers" itemscope itemtype="http://schema.org/
Offer">    <span itemprop="price">249,99ı</span>
      <link itemprop="availability" href="#http://schema.org/
OutOfStock" />Nicht auf Lager.
    </div>
  Produktbeschreibung: <span itemprop="description">LG 19LS350S
LED-LCD-Fernseher, Energieeffizienz: A, 48 cm (19 Zoll), HD ready
ab 249,99ı. 100 Hz MCI für gestochen scharfe Bilder</span>
</div>
```

Codebeispiel 9.10 *Semantisch ausgezeichnete Produktinformation*

Ich habe in Codebeispiel 9.10 gleich auch die Semantik für eine Produktbewertung eingetragen, die ich im nächsten Absatz ausführlich bespreche. Da der Quellcode damit schon etwas komplexer geworden ist, schauen wir uns auch gleich das Ergebnis des Google Test-Tools an:

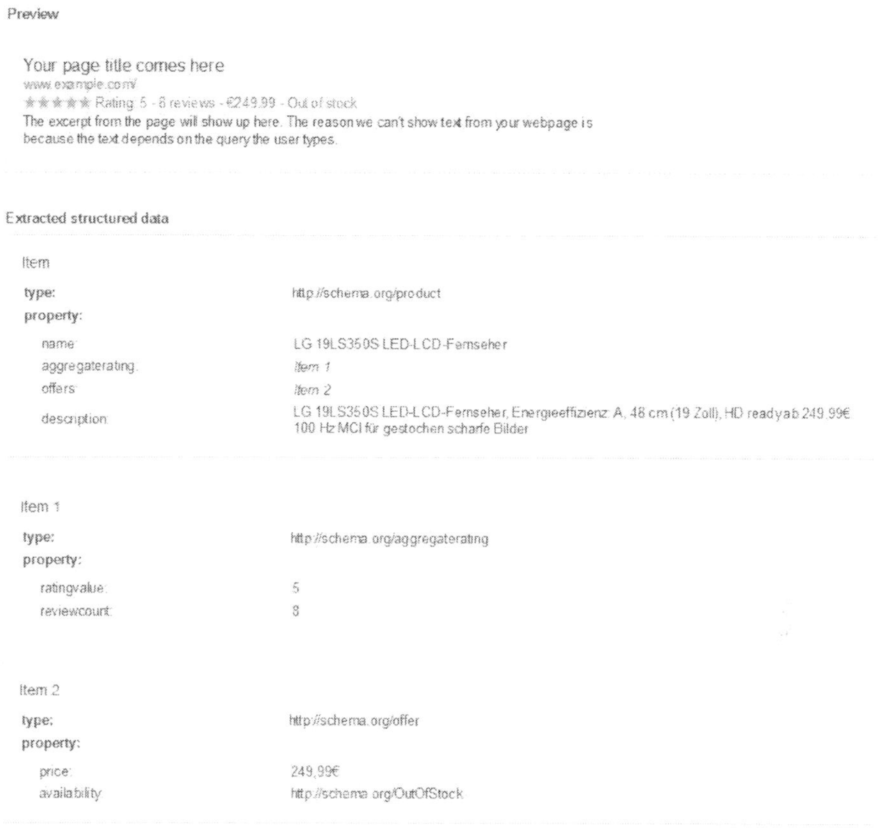

Abb. 9.10 *Die semantischen Informationen aus Codebeispiel 9.10, extrahiert mit dem Google Test-Tool für strukturierte Daten, sowie eine Vorschau des Rich Snippets, das Google aus den Daten erstellen kann.*

9.4.6 Bewertungen und Erfahrungsberichte

Produktbewertungen, Reviews und Erfahrungsberichte können eine Kaufentscheidung stark beeinflussen. Solche Bewertungen können ebenfalls semantisch ausgezeichnet werden, und Google zeigt diese dann u.U. bereits in einem Rich Snippet an! Dabei sind insbesondere die goldenen Sterne ein echter Blickfang und geeignet, die Blicke der Suchenden auf den Treffer zu lenken.

Für Bewertungen und Erfahrungsberichte eigenen sich vor allem die Vokabulare:

- *http://schema.org/AggregateRating*
- *http://schema.org/Review*
- *http://schema.org/Rating*

AggregateRating

Verwenden Sie das Vokabular *AggregateRating*, wenn für ein Produkt oder eine Organisation eine Anzahl an Bewertungen vorliegt, deren Mittelwert Sie angeben können.

Beispiel

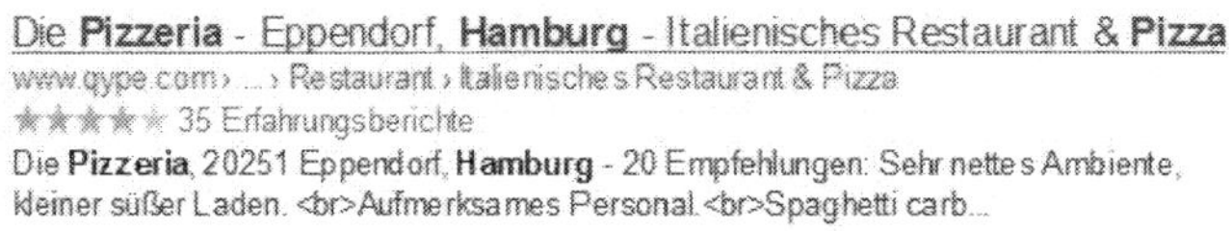

Abb. 9.11 *Anzeige der durchschnittlichen Bewertung und der Zahl der Erfahrungsberichte in einem Rich Snippet*

Und der dazugehörige (mögliche) Quellcode:

```
<div itemscope itemtype="http://schema.org/Restaurant">
  <span itemprop="name">Die Pizzeria</span>
  <div itemprop="aggregateRating" itemscope
itemtype="http://schema.org/AggregateRating">
    Bewertung: <span itemprop="ratingValue">4</span>/5,
    basierend auf <span itemprop="reviewCount">35</span>
Erfahrungsberichten
  </div>
</div>
```

Codebeispiel 9.11 *Semantische Auszeichnung der Kundenbewertung einer Organisation*

Review und Rating

Mit dem Vokabular *Review* können einzelne Erfahrungsberichte ausgezeichnet werden. Wird darin ein Produkt bzw. eine Organisation auch bewertet, dann eignet sich dafür das Vokabular *Rating*.

Abb. 9.12 *Ein Erfahrungsbericht (Review) mit Bewertung und Autoreninformation in einem Rich Snippet*

Der dazugehörige Quellcode könnte folgendermaßen aussehen:

```
<div itemscope itemtype="http://schema.org/Review">
  <span itemprop="ItemReviewed">Apple iPhone 5</span>
  von <span itemprop="author">Luke Westaway</span>
  <meta itemprop="datePublished" content="2012-09-27">
  <div itemprop="reviewRating" itemscope
itemtype="http://schema.org/Rating">
    <meta itemprop="worstRating" content = "1">
    <span itemprop="ratingValue">4</span>/
    <span itemprop="bestRating">5</span>stars
  </div>
  <div itemprop="reviewBody">The iPhone 5 offers a thoroughly
pleasant redesign with a taller display and a thinner, lighter
frame. Fast and packing a great camera, the ...
  </div>
</div>
```

Codebeispiel 9.12 *Semantische Auszeichnung eines Erfahrungsberichts*

Sie werden zu Recht anmerken, dass mit diesen Möglichkeiten der semantischen Auszeichung der Manipulation Tür und Tor geöffnet sind! Wie kann Google prüfen, ob die von Ihnen angegebenen Bewertungen echt sind? In der Tat scheint Google bei der Anzeige von Bewertungen in Rich Snippets vorsichtiger geworden zu sein. Welche Plausibilitätschecks Google durchführt, ist nicht bekannt. Wichtig ist auf jeden Fall, dass die Bewertungen auf der Webseite für die Besucher sichtbar auch angezeigt werden.

Außerdem wertet Google auch eine ganze Reihe von Bewertungsplattformen aus[134]. Deren Bewertungen lassen sich in der Regel über eine Schnittstelle auf der eigenen Webseite einbinden, wozu ebenfalls Microformate verwendet werden.

9.4.7 Veranstaltungen

Für die semantische Auszeichnung von Veranstaltungen steht das Vokabular *Events*[135] sowie eine ganze Reihe spezifischer Veranstaltungstypen – von *BusinessEvent* bis *VisualArtsEvent* zur Verfügung.[136]

134. Eine Liste dieser Plattformen finden Sie hier: *https://support.google.com/adwords/answer/2375474#review* Diese ist jedoch nicht vollständig, Google berücksichtigt auch hier nicht gelistete Bewertungsportale.

135. *http://schema.org/Events*

136. Diese sind unten auf der Seite *http://schema.org/Events* gelistet.

Beispiel

Für das Beispiel nehmen wir an, Sie möchten Tickets für die Konzerte einer Rockband verkaufen. Wäre es da nicht praktisch, wenn im Suchergebnis die nächsten Konzerttermine bereits angezeigt werden?

Abb. 9.13 *Informationen über eine Musikveranstaltung in einem Rich Snippet*

Das HTML dazu könnte folgendermaßen aussehen:

```
<div itemscope itemtype="http://schema.org/MusicEvent">
  <span itemprop="name">Die Toten Hosen live</span>
  <meta itemprop="startDate" content="2013-05-14">Konzert am Di.,
14. Mai
  <div itemprop="location" itemscope itemtype="http://schema.org/
Place"> <a itemprop="url"
href="#http://www.stadthalle-bielefeld.de/">Seidensticker Halle
Bielefeld</a>
  </div>
</div>
<div itemscope itemtype="http://schema.org/MusicEvent">
  <span itemprop="name">Die Toten Hosen live</span>
  <meta itemprop="startDate" content="2013-05-15">Konzert am Mi.,
15. Mai
  <div itemprop="location" itemscope itemtype="http://schema.org/
Place">  <a itemprop="url"
href="#http://www.stadthalle-bielefeld.de/">Seidensticker Halle
Bielefeld</a>
  </div>
</div>
...
```

Codebeispiel 9.13 *Semantische Auszeichnung einer Musik-Veranstaltung*

9.4.8 Video

Für die semantische Auszeichnung von Videos steht das Vokabular *VideoObject*[137] zur Verfügung. Google kann in einem Rich Snippet u. a. ein Thumbnail des Videos einblenden sowie Dauer und Publikationsdatum (Abb. 9.14).

137. *http://schema.org/VideoObject*

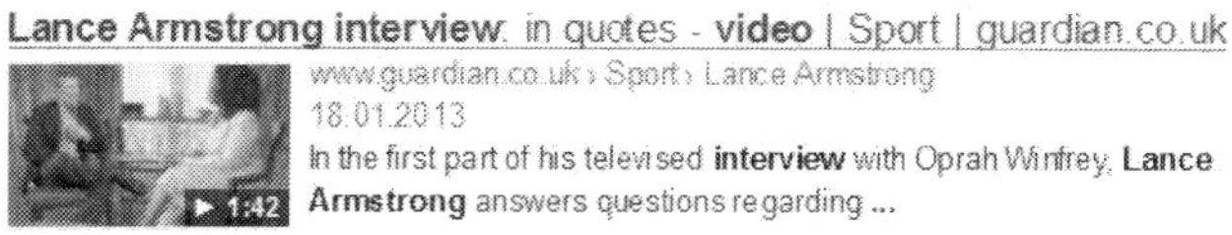

Abb. 9.14 *Video in einem Rich Snippet*

Das HTML dazu könnte folgendermaßen aussehen:

```
<div itemscope itemtype="http://schema.org/VideoObject">
  <h2>Video: <span itemprop="name">Lance Armstrong
Interview</span> </h2>
  <meta itemprop="duration" content="T1M42S" />
  <meta itemprop="thumbnail"
content="lance-armstrong-interview-thumb.jpg" />
  <video>…</video>
  <span itemprop="description">In the first part of his televised
interview with Oprah Winfreiy, Lance Armstrong answers questions
regarding ...</span>
</div>
```

Codebeispiel 9.14 *Semantische Auszeichnung eines eingebundenen Videos. Die Angabe der Dauer erfolgt gemäß der ISO-Norm 8601 »Data elements and interchange formats – Information interchange – Representation of dates and times«*

> Und zum Schluss noch ein Tipp: Mit Hilfe der Web-Anwendung *Schema Creator*[138] können Sie sich den HTML-Code mit semantischen Auszeichnungen bequem erstellen lassen. Die Anwendung stellt für die beliebtesten Vokabulare Formularseiten zur Verfügung, in die Sie die jeweiligen Informationen eintragen. Den Quellcode erzeugt der Schema Creator dann auf Knopfdruck.

Sicherlich werden immer mehr Content-Management- und Online-Shop-Systeme Werkzeuge zur Verfügung stellen, um semantischen HTML-Code automatisch zu erzeugen. So gibt es z.B. für das beliebte WordPress das Plugin *Schema*[139].

138. *http://schema-creator.org*
139. *https://wordpress.org/plugins/schema/*

9.5 Übungen

Übung 3: Informationen mit HTML-Mikrodaten semantisch auszeichnen

In dieser Übung geht es darum, einen bestehenden, in HTML codierten Text mit den Mikrodaten semantisch auszuzeichnen. In unserem Beispiel geht es um Informationen über einen Kinofilm. Folgender Text liegt bereits in HTML vor:

```
<section>
  Der Film mit dem Titel <em>Gloomy Sunday</em> dauert 112
Minuten.
  Der Regisseur des Films ist <strong>Rolf Schübel</strong>.
  Die Hauptdarstellerin ist <strong>Erika Marozsán</strong>
<img src="erikamarozsan.jpg" alt="Erika Marozsán" />.
</section>
```

Codebeispiel 9.15 *HTML-Code, der einen Kinofilm beschreibt, ohne semantische Auszeichnung*

- Erarbeiten Sie ein Konzept für die semantische Auszeichnung des obigen Quellcodes, in dem Sie die Items und die Properties definieren.
- Zeichnen Sie dann den Quellcode mit HTML-Mikrodaten und den Vokabularen auf *schema.org* semantisch aus.
- Prüfen Sie Ihren Quellcode mit Hilfe des *Google Test-Tools für strukturierte Daten*

9.6 Testen Sie Ihr Wissen!

1. Worum geht es beim *semantischen Web*? Erklären Sie!
2. Welcher technische Ansatz für das Semantische Web wird von den führenden Suchmaschinen empfohlen?
3. Was ist *schema.org*?
4. Erläutern Sie den Aufbau der HTML-Mikrodaten!
5. Welchen Vorteil hat es aus SEO-Sicht, Webseiten mit Mikrodaten semantisch auszuzeichnen?
6. Sie fügen in ein <img>-Tag das `itemprop="image"`-Attribut ein. Woher bezieht die Eigenschaft *image* ihren Wert?

Site-Optimierung 10

In dieser Lektion lernen Sie

- was bei der Wahl eines Domainnamens zu berücksichtigen ist.
- wie suchmaschinenfreundliche URLs aufgebaut sind.
- was in Bezug auf die Wahl des Internetservers beachtet werden muss.
- wozu die Steuerdatei *robots.txt* dient und wie sie aufgebaut ist.

Unter Site-Optimierung versteht man die Optimierung der Website-Struktur, der URLs, der Webanwendung und der Server-Infrastruktur.

10.1 Domainname und URL

Webseiten haben im Internet eine weltweit eindeutige Adresse, mit der sie aufgerufen werden können. Diese bezeichnet man als ***Uniform Ressource Locator***, abgekürzt ***URL***.

Anhand eines Beispiels lässt sich der Aufbau einer URL am besten erklären:

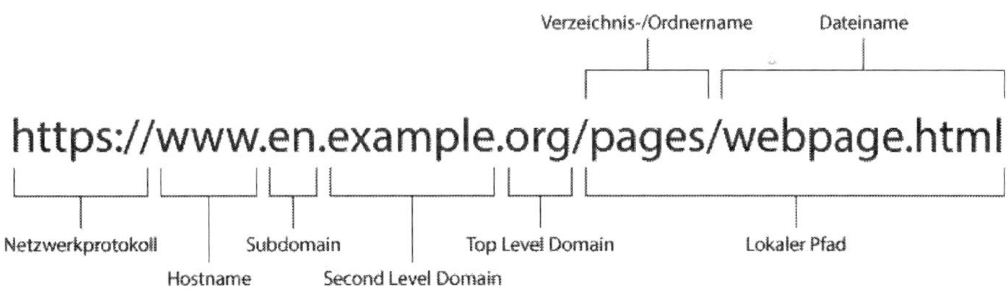

Abb. 10.1 *Aufbau einer URL*

Folgendes ist dabei zu beachten:

- Die Top Level Domains (TLD) werden von der *ICANN*[140] (Internet Corporation for Assigned Names and Numbers) festgelegt. Firmen können seit 2012 eigene

140. *https://www.icann.org/*

Top Level Domains beantragen, was allerdings mit sehr hohen Kosten verbunden ist und für die wenigsten Firmen in Frage kommt.

- Die Second Level Domain muss bei einem Network Information Center (in Deutschland z. B. der *DENIC*[141] (Deutsches Network Information Center) beantragt werden und kostet eine jährliche Gebühr.
- Subdomains können von dem Inhaber einer Second Level Domain nach Belieben eingerichtet werden. Dazu ist weder ein Antrag noch eine Genehmigung nötig, sondern lediglich ein Eintrag in der sog. *Zonendatei* des Name Servers, der für die Second Level Domain zuständig ist (in der Regel handelt es sich dabei um einen Name Server Ihres Internet Service Providers).
- Hostnamen können, genau wie Subdomains, nach Belieben vergeben werden. Für Webserver hat sich das Kürzel *www* eingebürgert, es sind aber prinzipiell beliebige Namen möglich.
- Der lokale Pfad auf dem Server ergab sich früher, d. h. bei rein statischen Webseiten, aus der Verzeichnisstruktur der Website auf dem Server. Bei modernen Webanwendungen, z. B. Content Management Systemen (CMS) oder Online-Shops, ist dieser Teil der URL in aller Regel frei gestaltbar.

Wie sollte eine solche URL idealerweise aufgebaut sein, um für ein bestimmtes Keyword maximale Rankingsignale zu senden?

Wenn der Domainname (Second Level Domain) ein Keyword enthält (sog. ***Keyword-Domain***), kann sich das auch heute noch positiv auf das Ranking auswirken, zumindest wenn die dazugehörigen Webseiten auch für dasselbe Keyword optimiert sind. Keywords im Domainnamen sind immer noch ein vergleichsweise starkes Rankingsignal.

Der eigene Domainname enthält jedoch häufig kein Keyword, sondern beispielsweise den Firmennamen (der in der Regel kein Keyword ist). Es stellt sich nun die Frage, ob Sie eine oder mehrere Domains registrieren sollten, die für Sie relevante Keywords beinhalten. Schließlich kosten Domains heute fast nichts mehr. Man könnte beispielsweise viele Domains mit passenden Keywords registrieren und alle auf eine Website leiten (Domain-Aliasse), oder man könnte Kopien der Website unter verschiedenen Domainnamen betreiben.

Leider (oder zum Glück?) führen beide Ansätze heute nicht mehr zum Erfolg. Die serverseitige Umleitung einer Domain auf eine andere mit Hilfe eines HTTP-Redirects wird von den Robots erkannt, es wird dann nur die Ziel-Domain indexiert. Mehrere Kopien einer Website unter verschiedenen Domainnamen zu betreiben

141. *https://www.denic.de/*

ist ebenfalls keine gute Idee. Die großen Suchmaschinen führen nämlich bei den Dokumenten im Suchindex eine Dublettenprüfung durch. Erkennen sie, dass dasselbe Dokument unter verschiedenen URLs im Index existiert, werden alle Dubletten entfernt, es bleibt nur eine Kopie übrig, und sie haben keinen direkten Einfluss darauf, welche (vergl. Abschnitt 8.2.3).

Insgesamt lässt sich festhalten: Die Einrichtung von Keyword-Domains macht nur dann Sinn, wenn diesen Domains jeweils eine einzigartige Website zugeordnet ist. Wenn Sie z. B. für jedes Ihrer Produkte/jede Ihrer Marken eine eigene Website betreiben, ist dies eine gute Idee.

Einrichtung von Subdomains oder Hostnamen

Jeder Inhaber einer Second Level Domain kann Subdomains und Hostnamen nach Belieben einrichten, ohne sich dabei an eine offizielle Stelle wenden zu müssen. Es ist also naheliegend, Subdomains und/oder Hostnamen einzurichten, die relevante Keywords beinhalten. Dies wurde früher in großem Umfang gemacht und blieb auch Google nicht verborgen. Die Relevanz von Keywords in Subdomains oder Hostnamen hat in den letzten Jahren immer weiter abgenommen. Die Probleme mit HTTP-Weiterleitungen und Dubletten sind die gleichen wie bei den Domainnamen. Für die Einrichtung von Keyword-Subdomains oder Hosts gilt daher die gleiche Regel wie bei den Second Level Keyword-Domains: Es lohnt sich nur, wenn Sie eine einzigartige Website unter der Subdomain bzw. dem Hostnamen betreiben.

Lokaler Pfad

Der lokale Pfad sollte idealerweise nur aus den relevanten Keywords der Zielseite bestehen. Da bei modernen Webanwendungen der lokale Pfad in der Regel frei definierbar ist (er muss innerhalb der Domain nur eindeutig sein), lässt sich das technisch leicht bewerkstelligen.

Schauen wir uns als Beispiel die folgende URL an, der bei einer Google-Suche nach »Senseo Kaffeemaschine« auf Position 1 rankt:

```
http://www.amazon.de/senseo-kaffeemaschine/
s?ie=UTF8&page=1&rh=i%3Aaps%2Ck%3Asenseo%20kaffeemaschine
```

Die Produktseiten von Amazon werden natürlich nicht ohne Grund in Google so gut gefunden. Amazon investiert seit vielen Jahren schon massiv in SEO, und die URLs der Artikelseiten sind natürlich auch entsprechend optimiert.

Die Optimierung besteht darin, dass die relevanten Keywords (Philips, Kaffeepadmaschine, Senseo, schwarz) direkt nach dem / in der URL kommen, also ganz zu Beginn des lokalen Pfads. Was danach kommt (z. B. die Artikelnummer oder irgendwelche Parameter), ist für die Optimierung irrelevant.

Es gibt also eine wirklich ganz einfache Empfehlung für eine suchmaschinenoptimierte URL, und dann sind Sie fertig mit dem Thema:

Sorgen Sie dafür, dass direkt nach dem Zeichen /, also dem Beginn des lokalen Pfades, die relevanten Keywords der Webseite kommen. Diese trennen Sie mit dem Minuszeichen. Was dahinter noch kommt, ist nicht relevant.

Selbst mehrere Parameter dürfen in der URL vorkommen, Google stört das nicht!

Davor sollte jedoch nichts stehen. **Vermeiden** Sie URLs, die nach Verzeichnisstrukturen aussehen und z. B. Kategorienbezeichnungen beinhalten, die keine relevanten Keywords sind, wie */elektro/kuechengeraete/Kaffeemaschinen/Kaffeepadmaschinen/Philips/Senseo* (Negativ-Beispiel).

10.2 Struktur der Website

Die Verlinkungsstruktur einer Website hat einen vergleichsweise großen Einfluss auf die Visibility einzelner Seiten in Google. Webseiten, die von der Startseite aus mit nur 1-2 Klicks erreichbar sind, werden in der Regel in Suchmaschinen besser gefunden als Webseiten, die sehr tief in der Verschachtelungsstruktur liegen und nur mit mehr als drei Klicks von der Startseite aus erreichbar sind.

Das hängt im Wesentlichen mit der PageRank-Verteilung innerhalb einer Website zusammen.

> Bedenken Sie, dass der PageRank natürlich auch innerhalb einer Website vererbt wird, da der PageRank-Algorithmus (siehe Abschnitt 4.2) auch hier gilt.

Bei den meisten Websites zeigt die Mehrheit der eingehenden Links (Backlinks) auf die Startseite, daher hat die Startseite in der Regel den höchsten PageRank-Wert.

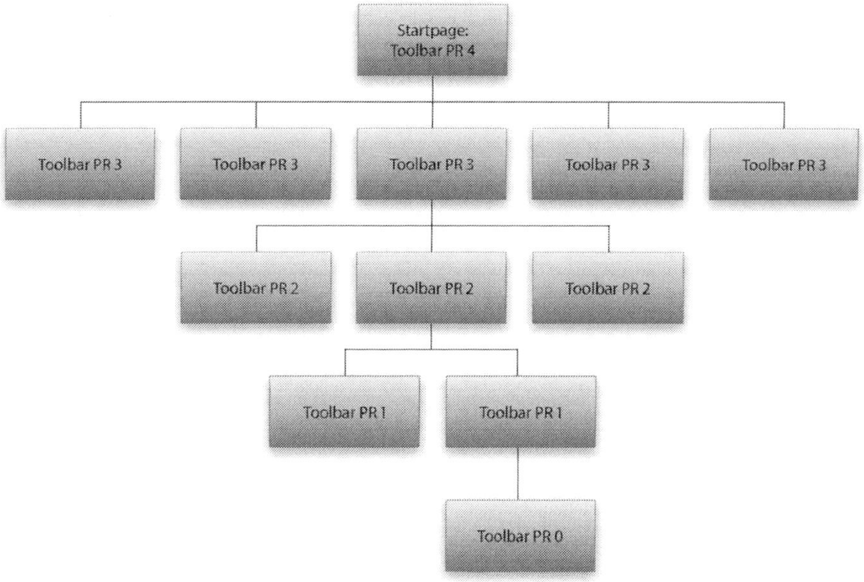

Abb. 10.2 *Typische Verteilung des sog. Toolbar-PageRanks innerhalb einer Website.*

Von der Startseite aus wird der PageRank über die Links der Haupt- und Subnavigation auf die Unterseiten vererbt. Wenn man sich die Verteilung des sog. Toolbar-PageRanks (vergl. Abschnitt 4.2.4) innerhalb einer Website anschaut, dann beobachtet man in der Regel, dass der Toolbar-PageRank von der Startseite ausgehend auf jeder Unterebene jeweils um 1 abnimmt (ich nenne dies gerne die n-1-Regel), wie in Abb. 10.2 dargestellt[142].

Natürlich gibt es von dieser Regel Ausnahmen:

- Befindet sich die Startseite z. B. am unteren Ende eines Toolbar-PageRank-Wertes, so ist es möglich, dass die Seiten der ersten Unterebene bereits einen um 2 niedrigeren Toolbar-PageRank besitzen.
- Befindet sie sich dagegen am oberen Ende eines Toolbar-PageRank-Wertes, dann haben die Webseiten der ersten Unterebene manchmal denselben Toolbar-PageRank-Wert wie die Startseite.
- Gibt es auf der Startseite viele ausgehende Links, möglicherweise sogar zu externen Websites, dann bricht der PageRank schon auf der ersten Unterebene ein.

142. Seit Google die Veröffentlichung der Toolbar-PageRank-Werte Mitte 2016 eingestellt hat, müssen Sie hierfür mit den PageRank-Alternativen, z. B. LRT Power, arbeiten.

Die ersten beiden Effekte hängen damit zusammen, dass der Toolbar-PageRank ein logarithmischer Wert ist. Je höher der Wert, desto größer ist der Wertebereich des tatsächlichen PageRanks (vergl. Abschnitt 4.2.4).

Der dritte Punkt liegt ganz einfach daran, dass in der PageRank-Formel die Zahl der ausgehenden Links jeweils im Nenner steht. Das hatten wir ja ausführlich besprochen. Je mehr ausgehende Links eine Webseite trägt, desto weniger PageRank wird an jede verlinkte Seite vererbt.

Prinzipiell gilt: Je tiefer eine Webseite innerhalb der Informationsarchitektur einer Website liegt, d.h. je mehr Klicks von der Startseite aus man benötigt, um diese Seite zu erreichen, desto weniger PageRank kommt auf dieser Seite an.

Und da der PageRank immer noch ein wichtiger Rankingfaktor ist, werden solche Seiten dann auch schlecht gefunden.

Hieraus lassen sich folgende Empfehlungen ableiten:

- Für jede Website ist es von Vorteil, wenn die Startseite einen möglichst hohen PageRank besitzt, da diese ihren PageRank auf die Unterseiten vererbt.
- Vermeiden Sie auf der Startseite ausgehende Links auf fremde Websites, da Ihre gesamte Website damit PageRank verliert!
- Flache Strukturen sind besser als stark hierarchische Strukturen. Je weniger Klicks Sie brauchen, um von der Startseite aus auf die Unterseiten zu gelangen, die Sie in Suchmaschinen auffindbar machen möchten, desto besser.
- Ein effektives Mittel, um gezielt einzelne Seiten zu optimieren, sind direkte Backlinks von fremden Websites auf diese Seiten (natürlich nur wertvolle Links von thematisch verwandten Seiten, die selbst über einen guten PageRank verfügen). Diese erhöhen nicht nur den PageRank der Unterseite, sondern, da diese ja in der Regel wiederum auf die Startseite der Website zurückverlinkt, letztlich den PageRank aller Seiten innerhalb Ihrer Website.
- Wenn Sie eine tief in der Hierarchie liegende Webseite besser ranken lassen wollen, dann kann es helfen, von der Startseite aus einen direkten Link auf diese Seite zu platzieren.

Was lernen wir nun daraus? Ein sehr häufiger Grund dafür, dass onpage-optimierte Webseiten nicht gut ranken, ist, dass sie einen unterirdischen PageRank haben. Mit einem Toolbar-PageRank von unter 2 können Sie nicht erwarten, dass eine Seite gut gefunden wird, wenn es konkurrierende Seiten mit höheren PageRank-Werten gibt!

Was Sie dagegen tun können, wissen Sie inzwischen. Vergessen Sie dabei nicht, dass Sie den tatsächlichen PageRank-Wert einer Webseite nicht ermitteln können und dass Google den Toolbar-PageRank nicht mehr veröffentlicht, so dass Sie auf alternative Metriken wie z.B. LRT Power zurückgreifen müssen (vergl. Abschnitt 4.4)!

10.3 Schnelligkeit und Verfügbarkeit der Website

Google weiß ganz genau: Nichts hassen Internetnutzer mehr, als auf die Antwort des Webservers zu warten! Langsam ladende Webseiten sind ein Ärgernis und eine Spaßbremse für den Nutzer. Google möchte solche Seiten den Nutzern gar nicht erst zumuten. Die Ladezeiten sind daher ein wichtiges Ranking-Kriterium.

Google misst die Performance (d.h. die Ladezeiten) und die Verfügbarkeit/Erreichbarkeit sehr genau und führt darüber eine Statistik. Schnelle Ladezeiten und hohe Verfügbarkeit werden mit besseren Rankings belohnt, und dieser Effekt scheint in den letzten Jahren immer mehr an Bedeutung zugenommen zu haben.

Google geht davon aus, dass Website-Betreiber, die ein sehr ernsthaftes Interesse am E-Business haben, in Serversysteme und Webanwendungen investieren, die schnell und ausfallsicher sind, und ihre Websites nicht auf Billig-Hardware in Billig-Rechenzentren, zuhause, im Serverraum des eigenen Unternehmens oder als Webspace bei einem Massenhoster betreiben.

10.3.1 Ladezeiten prüfen mit dem Google PageSpeed Analyzer

Google bietet mit dem ***Google PageSpeed Analyzer*** ein Werkzeug an, mit dem Sie die Ladezeiten von Webseiten prüfen können.

Schritt für Schritt: Ladezeiten prüfen

1. Rufen Sie die URL *https://developers.google.com/speed/pagespeed/insights* auf.
2. Testen Sie verschiedene Webseiten damit; falls Sie eigene Webseiten online haben, natürlich vor allem Ihre eigenen.

Der PageSpeed Analyzer gibt einige Tipps für die ***Web Performance Optimierung***, getrennt für die Performance auf mobilen Endgeräten und Desktop-PCs. Das sind größtenteils Ansätze, die die technischen Experten (Webdesigner, Web-Entwickler, Administrator) umsetzen müssen.

> Beachten Sie dabei, dass unterschiedliche Seiten einer Website u.U. ganz verschiedene Performance-Probleme haben. Es empfiehlt sich daher, alle kritischen Seiten bzw. Seitenkategorien zu testen.

Sie sollten einen Score von mindestens 90/100 Punkten anstreben (die Startseite von Google erreicht 99).

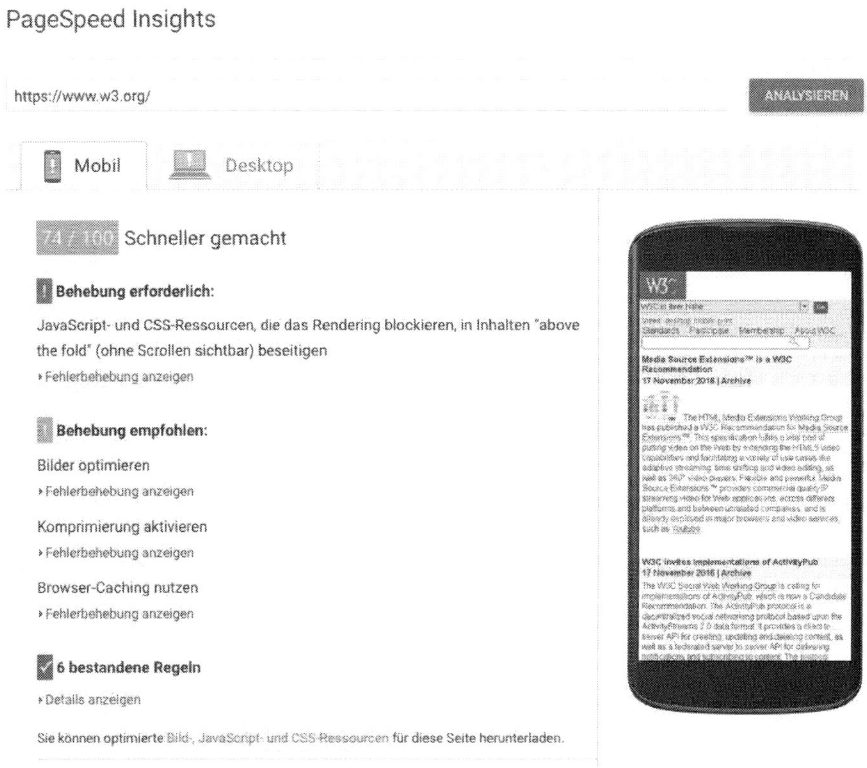

Abb. 10.3 *Die Website des World Wide Web Consortiums (W3C) schneidet beim PageSpeed-Test nur mittelmäßig ab.*

10.3.2 Ihre To Do's

- Achten Sie also darauf, dass Ihre Websites auf schnellen und hochverfügbaren Servern liegen. Investieren Sie in einen dedizierten Server bei einem seriösen Hosting-Provider, der mehrfach redundant ans Internet angebunden ist.
- Sorgen Sie für eine hohe Verfügbarkeit durch Investition in redundant ausgelegte Qualitäts-Hardware oder – sofern sich das für Sie lohnt – Hosting in der Cloud oder einem Content Delivery Network[143].

- Optimieren Sie die Performance Ihrer Webanwendung und die Ladezeit jeder einzelnen Seite. Dafür gibt es zahlreiche Möglichkeiten. Das ist eine Aufgabe für technische Experten.

10.4 IP-Adresse des Webservers

Die meisten Hosting Provider bieten für wenig Geld sog. *Webspace* zur Miete an. Das Problem ist, dass dabei auf einer einzigen offiziellen IP-Adresse eines Servers viele (manchmal mehrere tausend) verschiedene Websites betrieben werden (sog. *name based virtual hosts*). Technisch ist das kein Problem, aber es kann negative Auswirkungen auf das Ranking haben, z.B. weil solche Server oftmals nicht die beste Performance haben, da sich ja viele Websites die Ressourcen des Servers teilen müssen.

Sie können übrigens mit Hilfe der Suchmaschine *BING*[144] überprüfen, welche Domains zusätzlich auf der von Ihrer Website benutzten IP-Adresse liegen.

Schritt für Schritt: Lernen Sie Ihre Nachbarn auf Ihrem Webserver kennen

1. Ermitteln Sie die IP-Adresse Ihres Webservers: Öffnen Sie dazu (auf einem PC mit dem Windows-Betriebssystem) die Eingabeaufforderung (zu finden unter *Start > Programme > Zubehör*) bzw. auf einem Apple Macintosh mit MacOS X das Terminal und geben Sie ein:

   ```
   nslookup Servername
   ```

   Ersetzen Sie dabei *Servername* durch den voll qualifizierten Hostnamen Ihres Webservers, also z.B. *www.example.org* und drücken Sie auf ENTER. Als Ausgabe des nslookup-Befehls erhalten Sie zuerst die Information, welcher Nameserver für die Abfrage verwendet wurde (die Adresse dieses Servers steht in der TCP/IP-Konfiguration Ihres Rechners). Anschließend wird die durch Abfrage des Domain Name Systems ermittelte Antwort ausgegeben.

143. Zur Erläuterung: *http://de.wikipedia.org/wiki/Content_Delivery_Network*

144. *https://www.bing.com/*

2. Geben Sie die IP-Adresse Ihres Webservers in der Suchmaske von Bing wie folgt ein (Beispiel):

```
IP:128.30.52.100
```

Beispiel:

```
nslookup www.w3.org
```

ENTER

```
Name: www.w3.org Address: 128.30.52.100
```

10.5 HTTPS-Protokoll

Google hat im August 2014 angekündigt, in Zukunft Webseiten, die standardmäßig das HTTPS-Protokoll anstelle des HTTP-Protokolls verwenden, einen Ranking-Vorteil zu gewähren. Das HTTPS-Protokoll wurde ursprünglich von der Fa. Netscape entwickelt, um einen Sicherheitsmechanismus im Web zu implementieren, den die Standard-Protokolle nicht vorsahen. Dazu implementierte Netscape die sog. ***Secure Socket Layers (SSL)*** als weitere Schicht in die Netzwerk-Kommunikation. Eine heute verwendete Weiterentwicklung wird als ***Transport Layer Security (TLS)*** bezeichnet. Als Protokoll-Prefix wird https:// anstelle von http:// verwendet.

Dem HTTPS-Protokoll liegt eine hochkomplexe Verschlüsselungs- und Authentifizierungstechnologie zugrunde, die mit öffentlichen und privaten Schlüsseln sowie mit starker Kryptografie arbeitet. Die Details dieser Technologie zu erklären, würde hier zu weit führen. Wichtig ist, dass durch die Verwendung von https anstelle von http im Wesentlichen zwei Dinge sichergestellt werden:

1. **Echtheit des Kommunikationspartners**: Der Internetnutzer kann sicher sein, dass der Server, dessen Adresse in der Adresszeile des Webbrowsers angezeigt wird, auch tatsächlich der richtige Server ist und nicht z. B. der Server eines Angreifers, der es geschafft hat, einen Internetnutzer auf seinen Server umzuleiten. Solche Angriffe sind z. B. durch Manipulation des lokalen Rechners (Hosts-Datei) oder des Domain Name Systems (DNS Spoofing) möglich. Verwendet der Server jedoch das HTTPS-Protokoll, so wird beim ersten HTTP-Request des Webbrowsers mit Hilfe digitaler Zertifikate sichergestellt, dass es sich tatsächlich um den entsprechenden Server handelt. Der Betreiber des Servers muss zu diesem Zweck ein Serverzertifikat von einer sog. ***Certifi-***

cate Authority (z. B. Verisign oder Thawte) erwerben. Diese stellt die Identität des Server-Betreibers sicher.

2. **Datenverschlüsselung:** Zweitens werden die zwischen Webbrowser und Webserver übertragenen Daten (z. B. Formulardaten) von aktuellen Webbrowsern auch stark verschlüsselt, so dass sie von Angreifern, die z. B. Datenpakete abfangen, nicht erbeutet werden können.

Früher hat man in der Regel nur Formularseiten verschlüsselt, die sicherheitsrelevante Daten enthalten konnten (z. B. eine Kreditkartennummer), weil die Verschlüsselung rechenintensiv war und den Server belastete. Heute spielt das keine wichtige Rolle mehr, da die Prozessorleistung so stark zugenommen hat, dass dieser Aspekt vernachlässigt werden kann.

Es ist daher problemlos möglich, für eine Website anstelle des unsicheren HTTP-Protokolls prinzipiell das sichere HTTPS-Protokoll zu verwenden.

Google selbst hat dazu Folgendes mitgeteilt:[145]

> *Immer mehr Webmaster implementieren HTTPS (auch HTTP über TLS oder Transport Layer Security genannt) auf ihren Websites. Diese Entwicklung ist sehr erfreulich. Aus diesen Gründen haben wir in den letzten Monaten Tests durchgeführt, bei denen in unseren Rankingalgorithmen berücksichtigt wurde, ob Websites sichere, verschlüsselte Verbindungen verwenden. Da die Ergebnisse sehr positiv waren, haben wir HTTPS als Rankingsignal hinzugefügt. Bisher ist es nur ein minimales Signal, das weniger als 1% der weltweiten Suchanfragen betrifft und einen geringeren Stellenwert als andere Signale wie etwa qualitativ hochwertige Inhalte hat, da wir Webmastern ausreichend Zeit geben möchten, um zu HTTPS zu wechseln. Im Laufe der Zeit werden wir es möglicherweise höher bewerten, um Website-Inhaber zum Wechseln von HTTP zu HTTPS anzuregen und dadurch die Sicherheit im Web zu erhöhen.*

Tipp: Verwenden Sie die Zertifizierungsstelle *Let's Encrypt*[146], die Ende 2015 in Betrieb gegangen ist und kostenlose TLS-Zertifikate anbietet. Bei Let's Encrypt ersetzt ein automatisierter Prozess die bisher üblichen händischen Prozesse bei der Vergabe und Erneuerung von TLS-Zertifikaten. Let's Encrypt wird von der Internet Security Research Group (ISRG) betrieben und wird von vielen namhaften IT-Unternehmen unterstützt.

145. Quelle: *https://webmaster-de.googleblog.com/2014/08/https-als-ranking-signal.html*
146. *https://letsencrypt.org/*

10.6 Webanwendungen

Die meisten Webseiten sind heute nicht mehr statische HTML-Dokumente, sondern werden erst zum Zeitpunkt des Aufrufs durch einen Webbrowser dynamisch (»on the fly«) generiert. Dabei werden auf dem Webserver Skripte oder Programme ausgeführt, die z.B. auf Benutzereingaben reagieren oder Informationen aus Datenbanken holen und in die Webseiten einfügen. Redaktionssysteme (Content Management Systeme, CMS), Online-Shops, Online-Communities, praktisch alle modernen Webanwendungen sind ohne serverseitige Skriptsprachen und Datenbanken nicht denkbar.

Prinzipiell haben moderne Suchmaschinen wie Google kein Problem damit, Webseiten zu indexieren, die dynamisch durch serverseitige Skripte erzeugt werden. Letztlich schickt der Webserver dem Browser (oder Robot) immer nur HTML-Code zu, der dann entsprechend ausgewertet werden kann.

Schwieriger wird es jedoch, wenn die dynamischen Seiten mit Parametern arbeiten. Typischerweise kann eine dynamische Website ganz verschiedene Informationen beinhalten, je nachdem, welche Inhalte aus der Datenbank abgerufen wurden. Programmiertechnisch wird das mit Parametern gelöst, die dem serverseitigen Skript, das die Seite generiert, übergeben werden.

Beispiel

http://www.example.org/main.php?page=home/bookdetails&ProductID=6246&lang=de

In diesem Beispiel gibt es eine PHP-Seite mit dem Dateinamen *main.php*. Diese Seite kann aber offensichtlich je nach Parameter ganz unterschiedliche Informationen beinhalten. Insgesamt gibt es hier drei Parameter (page, ProductID, lang). Je nachdem, wie viele Werte es für jeden Parameter gibt, gibt es sehr viele Ausprägungen dieser Seite. Gäbe es für den ersten Parameter 5, den zweiten 50 und den dritten 3 gültige Werte, ergäben sich daraus bereits 750 mögliche Varianten der Seite (5 x 50 x 3).

Prinzipiell hat Google kein Problem damit, URLs zu indexieren, die Parameter beinhalten. Allerdings sollten es nicht zu viele sein: mehr als 2-3 sind nicht zu empfehlen. Außerdem ist es natürlich problematisch, wenn in solchen URLs die relevanten Keywords nicht vorkommen.

> Mein Rat: Vermeiden Sie Parameter in den URLs, wenn möglich. Falls sie aus technischen Gründen notwendig sind, vesuchen Sie, die Anzahl der Parameter zu begrenzen. Sorgen Sie unbedingt dafür, dass die URLs direkt nach dem Domainnamen die relevanten Keywords der dazugehörigen Seite beinhalten (vergl. Abschnitt 10.1).

Session Numbers

Manche Webanwendungen arbeiten mit Session IDs (Session Numbers), die mit HTTP-Get-Requests übertragen werden. Diese Session-IDs sind dazu da, den Besucher (genauer: den PC des Besuchers) eindeutig zu identifizieren, was natürlich für viele Anwendungen wie z. B. Online-Shops zwingend nötig ist (irgendwie müssen die verschiedenen Warenkörbe der Besucher schließlich auseinandergehalten werden!). Webanwendungen müssen eine Sessionverwaltung implementieren, da HTTP ein zustandsloses Protokoll ist, von sich aus also keine Sessions kennt.

Das führt jedoch zu äußerst unschönen URLs, wie sie z. B. im Online-Shop des ehemaligen Versandhauses Quelle existierten:

*http://www.quelle.de/is-bin/INTERSHOP.enfinity/eCS/Store/de/-/EUR/
Q_DisplayProductInformationStart;sid=PZ0qVbllYL-
cqW_xtlhaGQdotT9-UghBHxVhE=?Category-
Name=231174-&AAID=2000001-03843&ProductSKU=a2000001-03843&Product-
RefID=eCS@Store@a20000010-3843&PromoShopID=Quelle-Root&Linktype=M*

Was passiert nun, wenn ein Robot beim Versuch, die Website zu indexieren, auf eine solche URL trifft? Entweder er weigert sich, die Seite zu indexieren (nicht unwahrscheinlich) oder die Seite wird mit dieser unschönen URL zusammen im Suchindex abgespeichert.

Moderne Webtechnologien verzichten daher auf Session IDs in dieser Form und arbeiten z. B. stattdessen mit Cookies.

Um dynamische Seiten suchmaschinentauglich zu machen, gehen Sie folgendermaßen vor:

- Sorgen Sie dafür, dass Ihre Webanwendung keine Session IDs via HTTP-Request weiterreicht, diese also nicht in der Adresszeile des Browsers auftauchen.
- Versuchen Sie, die Anzahl der Parameter auf so wenige wie möglich zu begrenzen.
- Ist dies nicht möglich, gibt es trotzdem Abhilfe. Die Lösung besteht darin, die unschönen URLs mit den Parametern auf dem Webserver so »umzuschreiben«,

dass sie von außen über suchmaschinenfreundliche URLs aufgerufen werden können (URL-Rewriting).

URL-Rewriting

Dazu gibt es z.B. auf dem Apache-Webserver ein Modul namens *mod_rewrite*. Mit Hilfe dieses Webserver-Moduls können URLs, die dynamische Webseiten mit Parametern beinhalten, mit URLs ohne Parameter aufgerufen werden.

Nachdem das Modul auf dem Webserver aktiviert wurde, müssen entsprechende Regeln entwickelt und in die Webserver-Konfigurationsdatei eingetragen werden. Das Modul verwendet sog. ***reguläre Ausdrücke***[147], um Zeichenketten in einer URL zu identifizieren und nach festgelegten Regeln zu verändern.

Beispiel

Eine Webseite wird mit folgender URL aufgerufen:

http://www.example.com/seite.php?id=123

Suchmaschinenfreundlicher wäre jedoch, wenn diese Seite z.B. mit der URL

http://www.example.com/seite_123.html

aufrufbar wäre, und *seite.php?id=199* folglich mit

http://www.example.com/seite_199.html.

Genau dies lässt sich mit mod_rewrite erreichen. Dazu wird folgende Regel definiert:

```
RewriteEngine on
RewriteRule ^seite_([0-9]+).html$ seite.php?id=$1
```

Sieht irgendwie kryptisch aus, ist aber gar nicht so kompliziert. In dieser Regel steht:

- ^ für den Anfang der Zeichenkette
- $ für das Ende der Zeichenkette
- $1 für den Inhalt der ersten Klammer (...)

147. Zur Erläuterung: *http://de.wikipedia.org/wiki/Regul%C3%A4re_Ausdr%C3%BCcke*

Jetzt passiert Folgendes:

Enthält die Browser-Anfrage *seite_ZAHL.html,* so wird die gefundene ZAHL in der Variablen $ gespeichert und die Anfrage intern auf *seite.php?id=ZAHL* weitergeleitet. Die URL in der Adressleiste des Browsers bleibt dabei unverändert. Sie können jetzt auf Ihren Webseiten munter suchmaschinenfreundliche Links setzen, und die Robots werden ihre dynamischen Seiten dankbar indexieren.

Sie sollten immer versuchen, so viele Seiten Ihrer Website wie möglich in den Google-Index hineinzubekommen. Je mehr Seiten dort erfasst sind, desto höher ist die Wahrscheinlichkeit, dass Ihre Website gefunden wird.

10.7 Die Steuerdatei robots.txt

Gemäß einer *W3C-Empfehlung*[148] sollen Suchmaschinen-Robots beim Besuch einer Website zunächst nach einer Datei *robots.txt* schauen und die dort enthaltenen Anweisungen befolgen. Durch entsprechende Einträge in dieser Datei können z.B. bestimmte Robots an der Indexierung gehindert oder bestimmte Verzeichnisse der Website von der Indexierung ausgeschlossen werden.

Der Aufbau der Datei *robots.txt* lässt sich am besten an einem Beispiel erklären:

```
# /robots.txt file for http://webcrawler.com/
# mail webmaster@webcrawler.com for constructive criticism

User-agent: webcrawler
Disallow:

User-agent: architext
Disallow: /

User-agent: *
Disallow: /tmp
Disallow: /logs
```

Die ersten zwei Zeilen, die mit einem # beginnen, stellen einen Kommentar dar und werden dadurch ignoriert.

Der erste Absatz legt fest, dass dem Robot mit dem Namen (User-Agent) »webcrawler« nichts verboten ist, er darf also vom Root-Verzeichnis des Webservers ausgehend in alle Verzeichnisse schauen und die Seiten indexieren.

148. *https://www.w3.org/TR/html4/appendix/notes.html#h-B.4.1.1*

Der zweite Abschnitt besagt, dass der Crawler mit dem Namen »architext« keinen Hyperlinks, die mit / beginnen, auf der Website folgen darf. Da alle URLs innerhalb der Site mit / beginnen (*http://www.xyz.de/...*), ist somit die gesamte Website für diesen Robot gesperrt.

Der dritte Absatz legt fest, dass alle anderen Robots keine URLs auf der Site besuchen dürfen, die mit */tmp* oder */log* beginnen, also z. B. *http://www.xyz.de/tmp* wäre tabu.

Eine umfangreiche, durchsuchbare Liste von User-Agents (Suchmaschinen-Robots und Webbrowser) finden Sie unter *http://www.user-agents.org/*.

Weitere Informationen zur *robots.txt* finden Sie u. a. auf folgenden Websites:

- *http://www.robotstxt.org*
- *https://en.wikipedia.org/wiki/Robots.txt*

10.8 Testen Sie Ihr Wissen!

1. In welchem Abschnitt einer URL hat ein Keyword die höchste Relevanz?
2. Wie sieht eine suchmaschinenfreundliche und suchmaschinenoptimierte URL aus?
3. Was sollte man bei der Informationsarchitektur einer Website beachten?
4. Was sollten Sie bei der Wahl des Webservers unbedingt berücksichtigen?
5. Mit welchen Maßnahmen kann eine Webanwendung insgesamt für Suchmaschinen optimiert werden?
6. Wie können Sie verhindern, dass alle Webseiten, die im Verzeichnis */private* einer Website liegen, von Suchmaschinen indexiert werden?

Backlink-Management

11

In dieser Lektion lernen Sie

- welche Rolle Backlinks heute noch spielen und was ein professionelles Backlink-Management beinhaltet.
- wie man eine Backlink-Analyse durchführt und wozu das gut ist.
- welche Strategien für den Link-Aufbau zu empfehlen sind und welche Rolle die Ankertexte in Backlinks spielen.
- wie Sie mit Hilfe von Backlinks den Trust Ihrer Website erhöhen können.
- wie Sie schädliche Backlinks erkennen und beseitigen.

11.1 Wie wichtig sind Backlinks heute noch?

Google hat wiederholt »zugegeben«, dass Backlinks auch heute noch, im Zeitalter von Hummingbird und RankBrain, essentiell für Top Rankings sind. Ich persönlich kann das auf Basis meiner Erfahrungen nur unterstreichen. Es gibt sicherlich Situationen, in denen Webseiten auch ohne gute oder sehr viele Backlinks gut ranken, z. B. dort, wo Aktualität ein extrem wichtiges Rankingsignal ist (Google bezeichnet dies als »Query Deserves Freshness«). In den allermeisten Fällen jedoch ist es schwierig bis unmöglich, ohne ausreichend PageRank und Trust (beides über gute Backlinks) sehr gute Ranking-Positionen zu bekommen.

Mein Kollege Christoph C. Cemper, Gründer und Chef von Link Research Tools aus Wien, sagt zu dem Thema: »Natürlich testen alle Suchmaschinen viele Möglichkeiten und Gewichtungen von Rankingfaktoren aus … Aber das Web ist das Web wegen der Links … Gerade im deutschen Sprachraum ist Mitte 2015 für manche Unternehmen die falsche Entscheidung getroffen worden. „Wir machen nichts mit Links, und schauen die deshalb auch nicht an". Das ist … gefährlich, weil sich dadurch nicht nur Wettbewerbsnachteile ergeben, sondern eben jene Unternehmen besonders anfällig für negatives SEO werden … Kein billiges Linkbuilding mehr zu machen, ist eine Empfehlung, die ich schon 2005 ausgesprochen habe, und die gilt bis heute. Sein Linkprofil verwahrlosen … und von Konkurrenten zuspammen zu lassen, ist gefährlich … Erst im März 2016 hab ich in einem Test mit nur einem Link eine Domain für ein Keyword auf Platz eins gebracht — und das in sechs Stunden … Google bestätigt auch immer wieder deutlich und zuletzt im März 2016, dass Links der wichtigste Rankingfaktor sind und bleiben.«[149]

Dem habe ich nichts hinzuzufügen ...

11.2 Was bedeutet Backlink-Management?

Vorbei sind definitiv die Zeiten, in denen viele minderwertige Backlinks eine Domain nach vorne gebracht haben. Wie Sie in Abschnitt 4.6.2 bereits gehört haben, können Backlinks sogar schaden. Ein Backlink-Management beschäftigt sich daher umfassend mit den Backlinks, die auf eine Website zeigen, und verfolgt folgende Ziele:

1. Backlink-Analyse: Mit Hilfe einer regelmäßig durchgeführten Backlink-Analyse wird das Linkprofil der eigenen Website und die der wichtigsten Wettbewerber ermittelt und bewertet. Daraus werden Maßnahmen zur Optimierung abgeleitet.
2. Backlink-Aufbau: Es wird eine nachhaltige Strategie verfolgt, um hochwertige Backlinks zu bekommen. Damit werden PageRank und Trust gesteigert.
3. Backlink-Entfernung: Minderwertige Backlinks werden identifiziert und Maßnahmen getroffen, um diese zu entfernen bzw. sich von diesen zu distanzieren.
4. Optimierung von Ankertexten: Die Ankertexte der bestehenden Backlinks werden ausgewertet und Maßnahmen eingeleitet, um die Ankertexte zu optimieren.

11.3 Backlink-Analyse

Die Voraussetzung für ein Backlink-Management ist immer eine Backlink-Analyse. Informationen über die Verlinkungsstruktur des World Wide Web haben alle großen Suchmaschinen (Google, Bing/Yahoo!, Yandex), denn alle verwenden diese Informationen in ihren Ranking-Algorithmen. Leider bietet keine der bekannten Suchmaschinen einen wirklich nutzbaren Zugang zu dieser Datenbasis. Bis November 2011 stand mit dem *Yahoo! Site Explorer* eine umfangreiche Backlink-Datenbank frei nutzbar zur Verfügung. Seit dieser eingestellt ist, ist es schwierig geworden, kostenlos an gute bzw. umfassende Backlink-Daten heranzukommen.

Was muss ein guter Backlink-Checker eigentlich leisten? Es ist keinesfalls ausreichend, einfach nur eine Liste der Backlinks zu bekommen. Das alleine bringt wenig. Aus meiner Sicht sind folgende Features unerlässlich:

149. *Google Rankingfaktoren 2016 (http://www.seo2b.de/google-rankingfaktoren.html)* Metastudie von seo2b.

- Gruppierung der Backlinks nach Domain. Hat eine Website von einzelnen Domains sehr viele Backlinks, wird es sonst sehr schnell unübersichtlich
- Sortierung der Backlinks nach einer Metrik, mit der PageRank und/oder Trust der verlinkenden Website gemessen wird. So lassen sich die wertvollen Backlinks leicht erkennen und von weniger wertvollen unterscheiden
- Angabe der Anzahl der externen Links auf der verlinkenden Website. Dies ist wichtig, da mit jedem zusätzlichen Link auf der Webseite weniger PageRank vererbt wird (vergl. Abschnitt 4.2)
- Angabe, um welche Art von Link es sich handelt (Textlink, Bildlink)
- Bei Textlinks Angabe des Ankertexts und idealerweise zusätzlich Einblendung des den Link umgebenden Textes
- Angabe, ob es sich um einen follow- oder nofollow-Link handelt
- Such-, Filter- und Sortierfunktionen

Wichtig ist natürlich auch, dass die Daten vollständig und aktuell sind.

Im folgenden Abschnitt gebe ich Ihnen einen kurzen Überblick über einige kostenlose und kostenpflichtige Alternativen. Leider gibt es nur wenige kostenlose Backlink-Checker, die wirklich brauchbar sind.

11.3.1 Backlink-Checker

Google Search Console (ehemals Google Webmaster Tools)

Die *Google Search Console*[150] ist eine kostenlos nutzbare Webanwendung, die Ihnen jede Menge Informationen über Ihre eigenen Websites (über fremde Websites erfahren Sie nichts) liefert, wie z. B.:

- **Suchanfragen:** Eine Statistik darüber, bei welchen Suchanfragen an Google Seiten Ihrer Website in den Trefferlisten angezeigt wurden und wie häufig die Suchenden darauf geklickt haben *(Click Through Rate)*.
- **Crawling-Fehler:** Fehler, die der Google-Bot beim Crawlen der Site gefunden hat, z. B. HTTP-Fehler, nicht gefundene Seiten, Timeouts usw.
- **Links zu Ihrer Website:** Umfangreiche Liste der Backlinks Ihrer Website. Sie können auch gezielt nach den Backlinks zu einzelnen Seiten suchen.
- **Interne Links:** Darstellung der internen Verlinkung Ihrer Website

150. *https://www.google.com/webmasters/*

- **Verschiedene Einstellmöglichkeiten:** Es gibt verschiedene Möglichkeiten, das Crawling zu beinflussen, neue Seiten in den Suchindex aufnehmen zu lassen, URLs aus dem Index zu entfernen, die Sitelink-Struktur zu beeinflussen und vieles mehr.

Um eine bestimmte Website mit der Search Console zu analysieren, müssen Sie diese hinzufügen (Button: WEBSITE HINZUFÜGEN) und anschließend verifizieren, dass Sie Inhaber/Eigentümer oder Verwalter/Webmaster der hinzugefügten Website sind. Dazu bietet Google verschiedene Optionen der Verifizierung an.

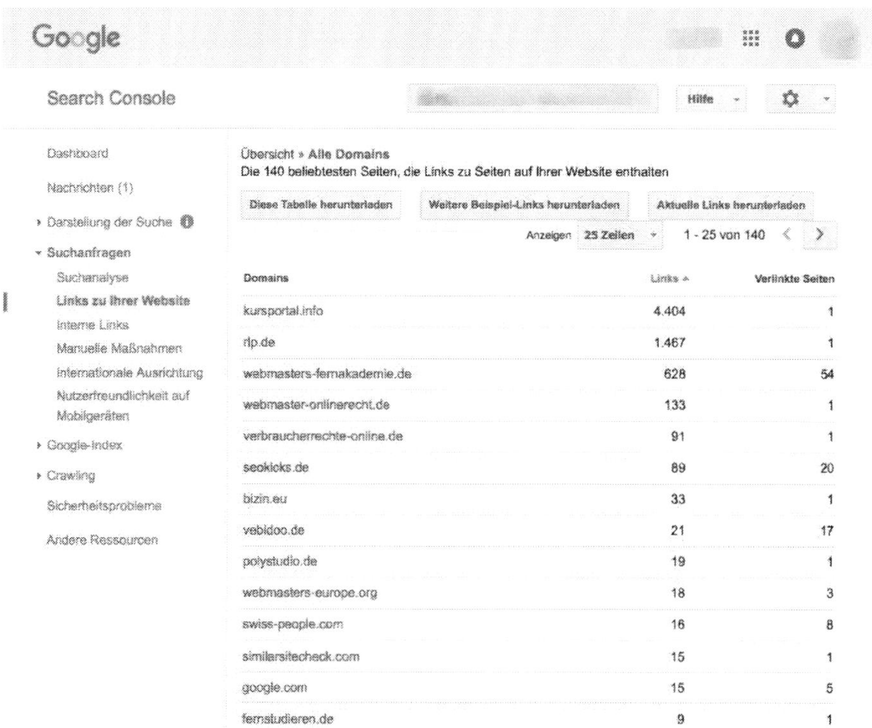

Abb. 11.1 *Backlink-Analyse mit der Google Search Console.*

Leider taugt die Search Console nur sehr bedingt als Tool für die Backlink-Analyse, und zwar aus folgenden Gründen:

- Sie können nur die Backlinks zu Websites ermitteln, die Sie selbst kontrollieren. Die wichtige Möglichkeit der Wettbewerber-Analyse fehlt damit komplett.
- Die Ankertexte (Linktexte) werden nicht angezeigt.
- Es werden keine Metriken angezeigt, die etwas darüber aussagen, wie wertvoll ein Backlink ist.
- Es wird nicht angezeigt, ob ein Backlink das Attribut *nofollow* hat oder nicht (Hyperlinks mit dem Attribut `rel="nofollow"` werden von Google für die

PageRank-Berechnung nicht gewertet. Dieses Attribut muss nach den Google Webmaster-Richtlinien z. B. immer dann gesetzt werden, wenn es sich um einen Hyperlink handelt, für den direkt oder indirekt Geld bezahlt wurde.

Falls Sie übrigens auf die Idee kommen, es stattdessen mit den *Bing Webmaster Tools* zu versuchen, seien Sie vorgewarnt: Diese haben dieselben Einschränkungen bei der Backlink-Analyse wie die Google Search Console, bis auf eine Ausnahme: Die Ankertexte der Backlinks werden angezeigt.

Fazit: Die Google Search Engine hat sicherlich einige nützliche Funktionen. Die Backlink-Analyse ist jedoch nur bedingt brauchbar.

Backlink-Tool.org

Backlink-Tool.org[151] ist eines der wenigen kostenlosen Tools, das sich sogar ohne Registrierung nutzen lässt. Die Website wird von der Firma SAC Solutions GmbH betrieben, die das SEO-Tool *OnpageDoc*[152] anbietet. Die Daten dieses Checkers sind eher unvollständig und auch nicht besonders aktuell, und es fehlen wichtige Funktionen. Trotzdem ist das Tool nicht schlecht, wenn Sie schnell, einfach und kostenlos einen ersten Blick auf die Backlinks einer Domain werfen möchten. Auch eine recht interessante Statistik wird angezeigt (Abb. 11.2).

Abb. 11.2 *Backlink-tool.org kann einen ersten Überblick über das Linkprofil einer Website geben.*

OpenLinkprofiler

Das Tool *OpenLinkprofiler*[153] ist ein kostenlos nutzbarer Backlinkchecker der Axandra GmbH, die mit dem *SEOprofiler*[154] ein umfangreiches SEO-Tool anbietet. Der Checker zeigt alle wichtigen Daten/Metriken und hat umfangreiche Sortieroptionen und Filter. Nach der ersten Abfrage ist eine Registrierung nötig. Mit dem kostenlosen Konto lassen sich beliebig viele Backlink-Analysen durchführen. Die Ergebnisse lassen sich sortieren, aber nicht filtern. Insgesamt jedoch eine der besten Optionen, kostenlos Backlink-Analysen durchzuführen. Mit einem kosten-

151. *http://www.backlink-tool.org/*
152. *http://www.onpagedoc.com/*
153. *http://openlinkprofiler.org/*
154. *https://www.seoprofiler.com/*

pflichten Abo stehen dann umfangreiche Analyse-Tools zur Verfügung, nicht nur für die Backlink-Analyse.

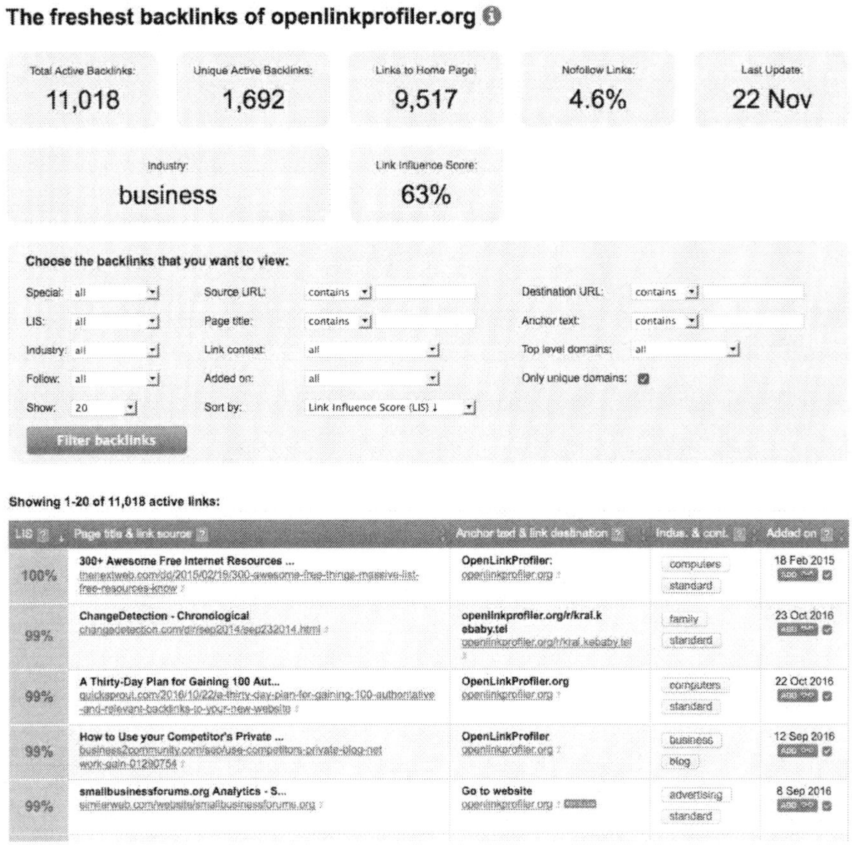

Abb. 11.3 *Der OpenLinkprofiler ist ein guter Backlinkchecker mit guten Metriken, Sortiermöglichkeiten und Filtern.*

Mozscape Index und Open Site Explorer

Das Unternehmen *MOZ*[155] haben Sie ja schon kennengelernt. MOZ verfügt über einen eigenen Backlink-Index, der nach eigenen Angaben 641 Milliarden Links von 134 Milliarden URLs aus 166 Millionen Root Domains umfasst.

Mit dem *Open Site Explorer*[156] bietet MOZ eine kostenlose Möglichkeit zur Backlinkanalyse an. Leider erhält man über dieses Tool gerade einmal 5 Backlinks angezeigt. Durch eine kostenlose Registrierung kann man diese Zahl immerhin auf 20

155. *https://moz.com/*
156. *https://moz.com/researchtools/ose/*

Backlinks erhöhen. Die Daten sind insgesamt allerdings auch nicht besonders vollständig.

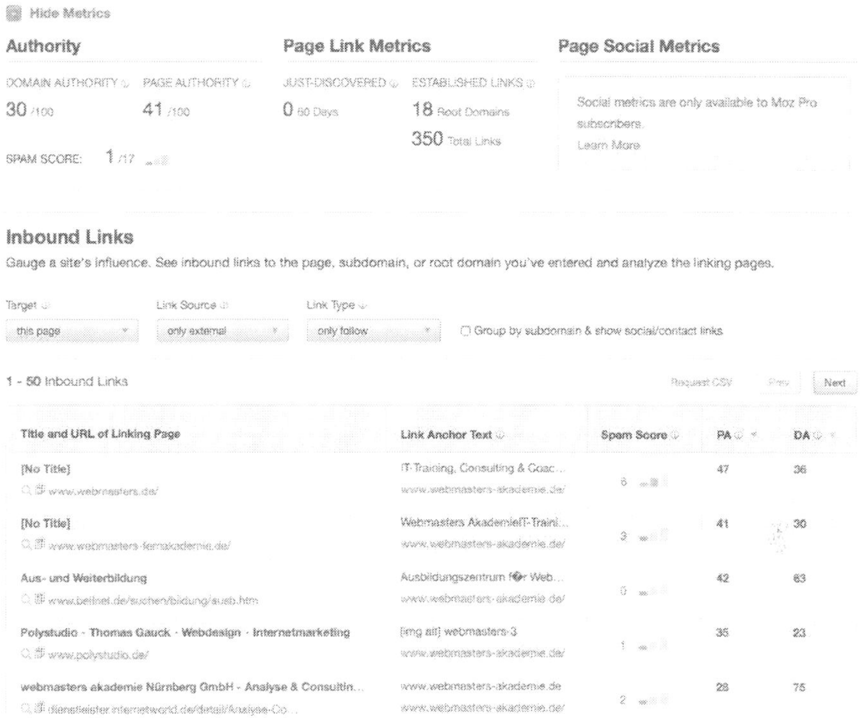

__Abb. 11.4__ Der Open Site Explorer zeigt viele interessante Informationen zu Webseiten und deren Backlinks an.

Der Open Site Exporer bietet eine ganze Reihe sehr nützlicher Metriken, u. a.:

- Page Authority (PA): Ein Wert, der etwas darüber aussagen soll, wie groß die Chance einer Webseite ist, gute Rankings in Suchmaschinen zu bekommen. In die Berechnung fließen u. a. Page MozRank und Page MozTrust ein, das sind an PageRank und TrustRank angelehnte Algorithmen. Die Metrik verwendet eine Skala von 0-100.
- Domain Authority (DA): Ähnlich zur Page Authority, aber für das Ranking-Potenzial der gesamten Domain.
- Total Links: Absolute Zahl aller eingehenden Links (Backlinks).
- Root Domains: Zahl unterschiedlicher Top Level Domains, von denen die Backlinks stammen.
- Title and URL of Linking Page: Titel und URL der verlinkenden Seiten.
- Link Anchor Text: Ankertext (Linktext), d. h. der Text, der von dem Hyperlink umschlossen wird.

Es gibt verschiedene Möglichkeiten, die Daten zu filtern und zu sortieren. Bei einer absteigenden Sortierung nach Page Authority (PA) kann man z.B. die wichtigsten Link-Geber identifizieren, also die, von denen man hohe PageRank und Trust-Werte »erbt«.

Ahrefs.com

Das Unternehmen *Ahrefs Pte Ltd.* mit ukrainischen Wurzeln und Hauptsitz in Singapur bietet unter der Adresse *https://ahrefs.com* einen umfangreichen und aktuellen Backlink-Index an, den das Unternehmen mit eigenen Crawlern selbst erstellt. Die eingehenden Links lassen sich nach verweisender Domain bündeln und sortieren, die Ankertexte werden angezeigt. Ahrefs verwendet eine eigene Metrik, um die Wichtigkeit einer verlinkenden Domain bzw. einzelner URLs zu ermitteln: *Domain Rating (DR)* und *URL Rating (UR)*. Beide Metriken nutzen einen Wertebereich zwischen 0 und 100.

Mit dem kostenlosen Testzugang werden insgesamt 20 Datensätze angezeigt, und es können nur wenige Analysen pro Tag durchgeführt werden. Kostenpflichtige Abos beginnen bei 99$ pro Monat.

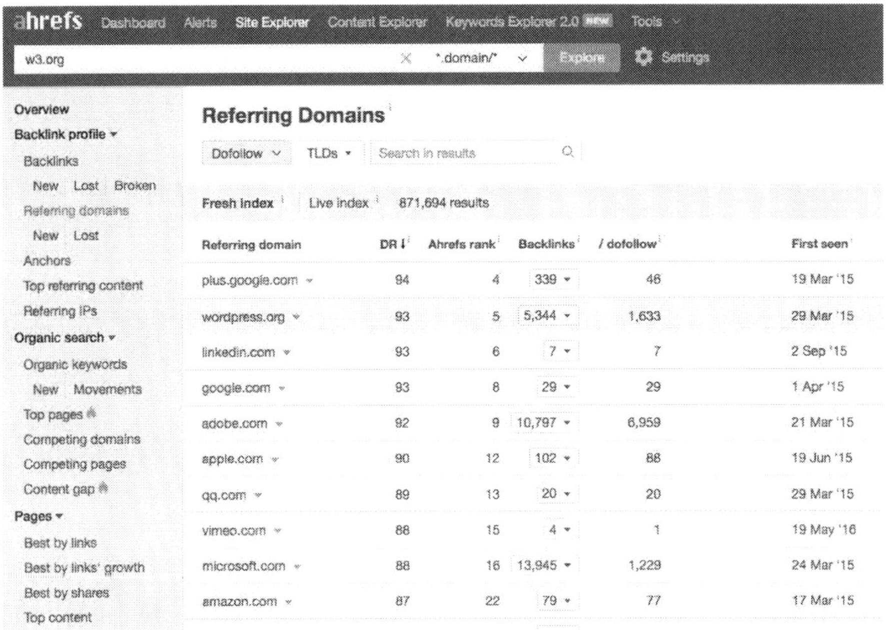

***Abb. 11.5** Ahrefs.com verfügt über einen umfassenden und aktuellen Backlink-Index mit zahlreichen Metriken, Sortier- und Filtermöglichkeiten. Da mit einer kostenlosen Registrierung nur wenige Abfragen pro Tag möglich sind und nur 20 Datensätze angezeigt werden, wird das Tool jedoch erst mit einem kostenpflichtigen Abo wirklich nützlich.*

Majestic SEO

Eine Alternative zu MOZ ist der Hyperlink-Index der britischen Firma Majestic-12 Ltd, der unter dem Namen ***Majestic SEO*** vermarktet wird.[157] Majestic besitzt nach eigenen Angaben den größten und aktuellsten Hyperlink-Index des WWW, der öffentlich zugänglich ist. Mit einer kostenlosen Registrierung erhält man relativ umfangreiche Informationen zu seinen eigenen Websites. Zum Beweis, dass man eine bestimmte Domain besitzt, muss eine Datei mit einem vorgegebenen Dateinamen auf den Webserver geladen werden. Natürlich bietet auch Majestic kostenpflichtige Abos an, um Daten zu beliebigen Domains abfragen zu können.

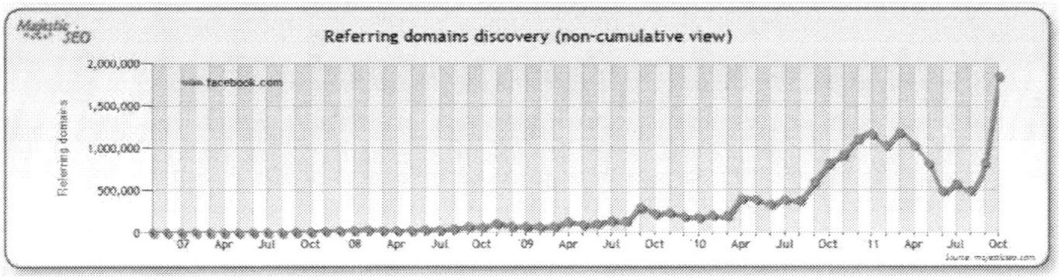

Abb. 11.6 *Majestic SEO bietet einige sehr interessante Analysen an, wie z. B. die Zahl der neu gefundenen Backlinks bzw. verlinkenden Domains über einen bestimmten Zeitraum hinweg. Im obigen Beispiel sieht man, wie sich die Zahl der Domains mit Backlinks auf facebook.com ziwschen 2006 und 2011 entwickelt hat. Angezeigt werden die pro Monat neu gefundenen Domains mit Backlink auf facebook.com. Die Daten werden nicht aufaddiert. Die Zahl der pro Monat neu entdeckten Domains mit Backlinks auf Facebook stieg im Jahr 2011 steil an.*

LinkResearchTools (LRT)

Die bereits erwähnte, in Österreich ansässige Firma *LinkResearchTools*[158] (LRT) verfügt über eine umfangreiche Backlink-Datenbank und greift dazu auf viele verschiedene Backlinkquellen zu. LRT bietet die wohl umfassendsten Analysen und leistungsfähigsten Tools rund um das Thema Backlinks an. Zugang erhält man jedoch nur mit einem kostenpflichten Abo (ab 148 € pro Monat).

11.3.2 Das »natürliche Linkprofil«

Seit dem Penguin-Update untersucht Google die Linkprofile von Websites auf Anzeichen dafür, dass massiv mit Link Building gearbeitet wurden, um das Ranking der Website zu verbessern. Websites, bei denen massiv Link Building betrieben wurde, erkennt man in der Regel an ihrem unnatürlichen Linkprofil. Solche Websites werden möglicherweise durch Penguin abgestraft und verlieren Sichtbarkeit.

157. *https://www.majesticseo.com/*

158. *http://www.linkresearchtools.com*

Ein natürliches Linkprofil zeichnet sich durch Diversität aus: Eine dem Durchschnitt alle Webseiten weitgehend entsprechende Verteilung von Follow- und Nofollow-Links, sowie von Links auf die Startseite und von Links zu Unterseiten (Deep Links). Ein Beispiel dazu findet sich in einem Tutorial auf der Website des SEO-Tool-Anbieters SISTRIX (Abb. 11.7). Wichtig ist, dass es sicherlich keine harten Grenzen gibt, welche Verhältnisse noch natürlich aussehen und welche nicht. Dies hängt hauptsächlich von der Branche und den Vergleichswerten der Wettbewerber ab.

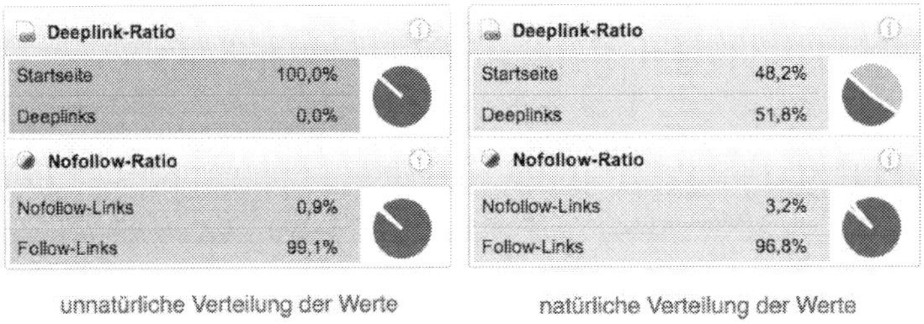

Abb. 11.7 *Beispiele für unnatürliche und natürliche Verteilung von Links zur Startseite versus Deeplinks sowie von Follow-Links versus Nofollow-Links (Tipps zur Erkennung eines natürlichen Linkprofils*[159] *SISTRIX GmbH.)*

Ankertext-Verteilung

Nach Jayson DeMers vom *SearchEngine Journal* ist der wichtigste Aspekt für Google jedoch die Verteilung der Linktexte (Ankertexte).[160]

Penguin untersucht die Ankertexte der Backlinks auf Anzeichen für eine »unnatürliche Aktivität«, im wesentlich ist damit das gezielte Setzen von Backlinks mit Keywords im Ankertext gemeint.

Vor dem Penguin-Update hat genau das besonders gut funktioniert: Mit Keywords in Ankertexten konnten Webseiten im Google-Ranking für genau diese Keywords enorm nach oben getrieben werden.

Tatsächlich konnte man dieses Verhalten von Google bis Januar 2007 sogar ausnutzen, um Webseiten mit beliebigen Begriffen zu assoziieren. Verabredeten sich viele Webmaster dazu, auf eine bestimmte Webseite mit einem bestimmten Begriff zu verlinken, dann wurde diese Seite für diesen Begriff in der Trefferliste von Google ganz weit oben gelistet, auch wenn der Begriff auf der verlinkten Seite selbst kein einziges Mal vorkam.

159. *https://www.sistrix.de/tutorials/tipps-zur-erkennung-eines-natuerlichen-linkprofils/*

160. *Post-Penguin SEO Link Building: The Naked (URL) Truth (https://www.searchenginejournal.com/post-penguin-seo-link-building-the-naked-url-truth/46936/)*

Dieses Phänomen bzw. diese Vorgehensweise wurde als ***Google Bombing*** bezeichnet.

Die bekannteste Google-Bombe ist sicherlich die Verknüpfung der Homepage des ehemaligen amerikanischen Präsidenten Georg W. Bush mit dem Begriff »miserable failure« (»jämmerlicher Versager«). Gab man diese Begriffskombination in Google ein, so wurde die offizielle Homepage von Georg W. Bush auf der Website *www.whitehouse.gov* an erster Stelle gelistet.

Google hat mehrere Jahre lang nichts daran geändert. Erst im Januar 2007 entschärfte Google die Algorithmen, so dass Google Bombing in der oben beschriebenen Art und Weise seit dem nicht mehr möglich ist.

Zurück zu Penguin: Der Penguin-Algorithmus untersucht die Ankertexte der Backlinks und berechnet das Verhältnis der verschiedenen Ankertext-Typen untereinander.

Natürlicherweise vorkommende Ankertexte lassen sich in vier Typen unterteilen:

- **URLs:** Oftmals wird auf Webseiten die URL der verlinkten Seite oder die URL der Homepage dargestellt und verlinkt. Beispiel: <a href="https://www.example.org/example.html">www.example.org</a>. URL-Ankertexte sind für Google ein Indiz für natürliche Links, da dies unter Webmastern/Webdesignern und Online-Autoren eine verbreitete Methode der Verlinkung ist.

  Markenbegriffe: Markenbegriffe wie der Name der Website/Domain, der Firmenname des Website-Inhabers, Produkt- und sonstige Markenbegriffe können in Ankertexten vorkommen. Auch Namen von Personen zählen zu den Markenbegriffen. In einem natürlichen Linkprofil werden diese jedoch nicht die Mehrheit stellen. Beim Link Building sollten Sie mit Markenbegriffen vorsichtig sein und dies nicht übertreiben.

  Kombinationen aus Markenbegriffen und Keywords: In Ankertexten können Markenbegriffe mit Keywords kombiniert sein. Beispiel: »AEG Spülmaschine« oder »SEO-Buch von Thorsten Schneider«. Solche Kombinationen wurden in der Vergangenheit häufig beim Link Building verwendet und sind, wenn sie zu häufig vorkommen, ein Indiz für ein unnatürliches Linkprofil.

  Sonstige Begriffe: Sehr weit verbreitet/üblich ist die Verlinkung von unspezifischen Begriffen, die mit dem Inhalt der verlinkten Webseite nichts zu tun haben, wie z.B. (Klicken Sie) »hier«, (finden Sie auf) »dieser Website« usw. Auch diese Art von Ankertexten sind völlig natürlich und werden von Google als Indiz für ein natürliches Linkprofil gewertet.

Bei einer natürlichen Ankertextverteilung bilden diese vier Typen in der Regel mehr als 50% aller Ankertexte. Der restliche Anteil teilt sich auf sehr viele unterschiedliche Ankertexte auf.

Besonders unnatürlich (hohes Abstrafungs-Risiko) sehen Ankertextverteilungen aus, bei denen einige wenige Ankertexte die Mehrheit aller vorkommenden Ankertexte bilden. Wenn z.B. fünf verschiedene Ankertexte, die dann auch noch aus harten Keywords bestehen, mehr als 2/3 der Backlinks ausmachen, dann sieht das aus Sicht von Google sehr unnatürlich aus.

Es gibt einen fünften Typ von Keywords, die natürlicherweise eher selten vorkommen:

Keywords: Harte Keywords in Ankertexten (Beispiele: »SEO Seminar«, »günstiger Kredit«, »iPhone kaufen«, d.h. exakt das Keyword, für das die Zielsseite gut ranken soll, waren vor Penguin eine SEO-Wunderwaffe, mit der erstaunliche Rankingsteigerungen erzielt werden konnten. Solche Backlinks können auch heute noch einen positiven Ranking-Effekt haben, **aber nur dann**, wenn sie in der Verteilung der Ankertexte nur einen kleinen Anteil haben (ich würde auf keinen Fall über 30% gehen). Achten Sie darauf, dass es in Ihrem Linkprofil nicht zu viele derartige Backlinks gibt.

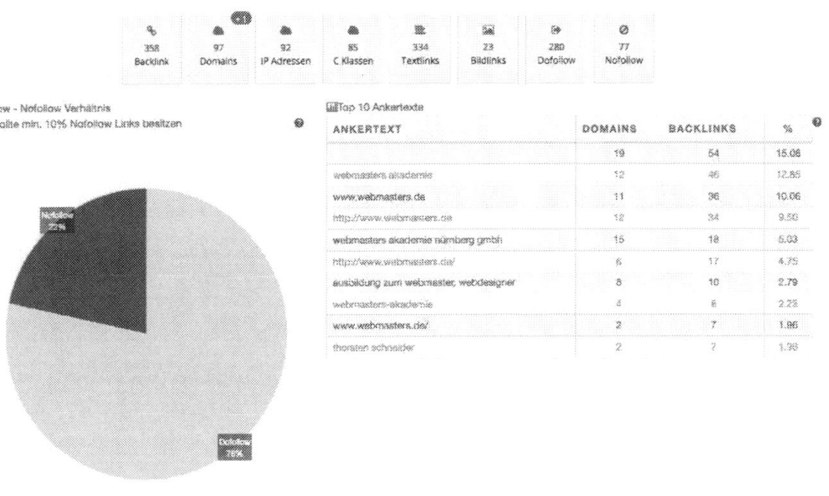

Abb. 11.8 *Beispiel eines natürlich aussehenden Linkprofils. Links ohne Ankertext sind z.B. verlinkte Bilder. Benutztes Tool: http://www.backlink-tool.org/ankertext-checker/*

Diversität der verlinkenden Websites

Wichtig für ein natürliches Linkprofil ist auch, dass Backlinks von unterschiedlichen Website-Typen vorhanden sind wie u. a.:

- Links von Authority Websites
- Links von thematisch verwandten Websites
- Links aus Web-Verzeichnissen
- nofollow-Links aus Foren und Blogs
- hochwertiger Linktausch
- Links aus sozialen Netzwerken

Eine optimale prozentuale Verteilung für diese Backlink-Kategorien gibt es nicht, da dies sehr von der Branche, in der sich eine Website befindet, abhängig ist.

Link-Wachstum

Ein kontinuierliches Linkwachstum spricht für ein anhaltendes Interesse an einer Website, während eine Verlangsamung des Linkwachstums oder ein Rückgang der Backlinks dafür sprechen können, dass die Inhalte einer Website weniger relevant, weniger beliebt oder nicht mehr aktuell sind.

Google analysiert das Linkwachstum jedoch auch kritisch: Bekommt eine Website z.B. innerhalb sehr kurzer Zeit sehr viele Backlinks und danach abrupt keine mehr, liegt ein *unnatürliches*, man könnte auch sagen *künstliches* Linkwachstum vor – ein Indiz für unlautere Methoden. Generell werden plötzlich auftretende, drastische Änderungen beim Linkwachstum von Google kritisch beäugt. Ein zu schwaches Linkwachstum oder gar ein Linkverlust beeinflussen das Ranking aber ebenfalls negativ.

Welches Linkwachstum Google als »natürlich« bewertet und das beste positive Rankingsignal sendet, lässt sich allerdings nicht pauschal sagen, da dies von der Branche, dem Land bzw. der Sprache und den Keywords abhängt[161].

> Das einzige mir bekannte SEO-Tool, mit dem Sie Linkwachstum und Linkprofil umfassend und bezogen auf bestimmte Marktsegmente und im Vergleich zum Wettbewerb untersuchen können, sind die *LinkResearchTools*[162].

161. Quelle: *http://www.linkresearchtools.com/technology/link-velocity/*
162. *http://www.linkresearchtools.com/*

Was ist zu tun?

Überwachen Sie Ihr Linkprofil und achten Sie darauf, dass es natürlich aussieht und dass das so bleibt. Berücksichtigen Sie dies beim Link Building, insbesondere, was die Verteilung der Ankertexte anbelangt.

11.4 Link Building Strategien

11.4.1 Prinzipielle Erwägungen

Wie sieht eine gute Link Building-Strategie in Zeiten von Penguin, Hummingbird und RankBrain aus? Behalten Sie die folgenden Überlegungen im Hinterkopf, wenn Sie Link Building betreiben:

PageRank

> Wie ich in Abschnitt 4.2 erläutert habe, publiziert Google keine PageRank-Metrik mehr. Verwenden Sie daher eine der in Abschnitt 4.4 besprochenen Alternativen bei der Arbeit mit diesem Rankingfaktor.

Wie schon eingehend erläutert, hat der Google PageRank auch heute noch einen nicht zu vernachlässigenden Einfluss auf das Ranking Ihrer Seiten. Ihr Ziel muss daher sein, bis hin zu den einzelnen Content- oder Artikelseiten möglichst hohe PageRank-Werte zu erreichen.

Das geht nur über Backlinks. Dabei zählt aber nicht jeder Link gleich. Links von bedeutenden Webseiten (solche mit hohem PageRank) zählen ungleich mehr als Links von unbedeutenden Webseiten mit niedrigem PageRank.

Außerdem gilt: Je weniger ausgehende Links auf einer Seite stehen, desto mehr PageRank wird vererbt, da die Zahl der ausgehenden Links in der PageRank-Formel im Nenner steht.

Außerdem dürfen die Links nicht das Attribut *rel="nofollow"* haben, da Google diese dann für die PageRank-Berechnung nicht berücksichtigt.

Trust

Trust ist ein eigenes Rankingsignal, das ebenfalls nur über Backlinks erworben werden kann. Der zugrundeliegende Algorithmus wertet vor allem die Nähe zu sog. ***Authority Domains*** aus (vergl. Abschnitt 4.3). Welche Domains dazu zählen, lässt sich nur vermuten. Zu solchen Domains gehören u. a. Websites von Universitäten, bekannten Organisationen (z. B. Berufsverbände, Branchenverbände), seriösen Publikationsorganen und vermutlich auch Wikipedia. Achten Sie beim Link Building darauf, Links von solchen Domains zu bekommen, um den Trust Ihrer Website zu steigern. Verwenden Sie eine Trust-Metrik (z. B. LRT Trust), um den Erfolg Ihrer Arbeit zu überprüfen.

Thematische Nähe

Backlinks von Webseiten, die sich in derselben Branche befinden und sich mit ähnlichen Themen beschäftigen, bringen am meisten. Backlinks von anderen Websites sind nicht per se schädlich und können auch nützlich sein, wenn es sich um seriöse Websites handelt, die hohe PageRank- und Trust-Werte haben. Achten Sie jedoch beim Link Building unbedingt darauf, dass Sie auch Links von thematisch verwandten Sites bekommen.

Platzierung der Backlinks

Backlinks aus dem Haupt-Inhaltsbereich (Textbereich) einer Webseite bringen mehr als Links aus Boilerplate-Elementen (Elemente, die sich auf vielen Seiten wiederholen. Diese können sogar schädlich sein und sollten daher vermieden werden.

Follow- versus Nofollow-Links

Ein gesundes Verhältnis aus Follow- und Nofollow-Links gehört zu einem natürlichen Linkprofil. Nofollow-Links schaden nicht. Für die Vererbung von PageRank (und wahrscheinlich auch Trust) werden von Google aber nur die Follow-Links berücksichtigt.

11.4.2 Was Sie nicht tun sollten ...

Bevor ich Ihnen erläutere, was Sie tun sollten, erkläre ich Ihnen erst einmal, was Sie nicht tun sollten, weil es entweder nichts bringt oder gegen Googles *Richtlinien für Webmaster*[163] verstößt und damit gefährlich ist: Google könnte Ihre Seiten im Ranking herabstufen oder gar vollständig aus dem Index löschen.

163. *https://support.google.com/webmasters/answer/35769*

Linktauschprogramme

Beteiligen Sie sich nicht an sog. Linktauschprogrammen! Erstens besteht die Gefahr, dass Sie selbst Links auf Spam-Seiten setzen und Ihre Website dadurch BadRank (vergl. Abschnitt 4.5) sammelt. Zweitens verliert Ihr Website-System durch viele ausgehende Links insgesamt PageRank, den Sie besser auf Ihre eigenen Unterseiten vererben sollten. Drittens erkennt Google natürlich, dass es sich bei den Backlinks, die Sie (eventuell) erhalten, nur um ein Tauschgeschäft handelt, und gewichtet diese nicht oder kaum oder straft Ihre Seiten sogar ab.

Link-Kauf

Kaufen Sie keine Links, zumindest nicht mit dem Ziel, PageRank zu steigern! Erstens verstößt dies gegen Googles Richtlinien für Webmaster und wird, sofern Google dies erkennt, mit drakonischen Strafen belegt, wie z.B. der Löschung aus dem Suchindex. Googles Richtlinien besagen eindeutig, dass Links, für die Geld bezahlt wird, mit dem nofollow-Attribut versehen werden müssen.

Zweitens besteht die große Gefahr, dass Sie von dem Verkäufer betrogen werden und der Link, den Sie bekommen, nicht den versprochenen Wert hat. Beliebte Tricks der Linkverkäufer sind:

- Der Link wird mit einem "nofollow"-Attribut versehen, so dass Google den Link nicht auswertet.
- Der Link wird mit Hilfe von JavaScript generiert, so dass er zwar in Webbrowsern funktioniert, der Googlebot ihn aber nicht erkennt.
- Die verlinkende Seite hat sehr viele ausgehene Links, so dass ein einzelner Link sehr wenig PageRank vererbt, also wenig ***Linkpower*** hat.

Linkfarmen und sonstige unlautere Methoden

Es versteht sich eigentlich von selbst, dass Sie keine Linkfarmen aufbauen sollten und keine SEO-Agentur beauftragen sollten, die mit Linkfarmen arbeitet. Google hat inzwischen Technologien entwickelt, um solche Manipulationsversuche zu erkennen und zu ahnden.

Eintrag in jedes noch so spammig aussehende Verzeichnis

Es gibt im Web unzählige »Verzeichnisse« (Branchenverzeichnisse, Dienstleisterverzeichnisse, Webseiten-Verzeichnisse, ...), in die man sich eintragen kann. Viele dieser Verzeichnisse wurden nur dafür erstellt, um mit Werbebannern auf ihren Seiten Geld zu verdienen. Inhalt, der nur darin besteht, dass andere ihre Website dort eintragen, ist kostenlos und nutzlos. Widerstehen Sie der Versuchung, Ihre

Website in solche Verzeichnisse einzutragen. Gerade solche Backlinks gelten als schädlich und können zu einer Penguin-Abstrafung führen!

> Tipp: Solche Verzeichnisse sind in der Regel leicht zu erkennen: Über ein einfaches Formular kann sich jeder eintragen, eine Überpüfung des Eintrags oder Qualitätskontrolle findet in der Regel nicht statt (manchmal wird behauptet, dass es eine Kontrolle gäbe, die es de facto nicht gibt). Die Werbebanner oder Affiliate Links sind prominent und nicht zu übersehen. Layout und Technik der Site ist meistens unprofessionell und veraltet (Konkrete Beispiele möchte ich nicht nennen, da ich das ungerne vor Gericht ausdiskutieren möchte, ob ich bei dem gezeigten Beispiel Recht habe mit meiner Analyse).

11.5 Was Sie tun sollten: Sieben Link Building Methoden, die funktionieren

11.5.1 Selbst Backlinks setzen

Die meisten Webseitenbetreiber verfügen nicht nur über eine Website/Domain, sondern über mehrere. Websites haben die erstaunliche Eigenschaft, sich zu vermehren ;-)

Die erste und einfachste Methode des Linkaufbaus ist naheliegenderweise, auf anderen Websites, die Sie besitzen oder kontrollieren, Backlinks zu der Website, die Sie promoten wollen, zu platzieren. Sie können z.B. einen Bericht über die neue Website schreiben, oder in bestehenden Artikeln/Webseiten, die sich in thematischer Nähe zur neuen Site befinden, den einen oder anderen Link platzieren.

11.5.2 Verzeichnisse

Einige Backlinks aus guten Verzeichnissen können nichts schaden und tragen zu einem natürlichen Linkprofil bei. Schauen Sie sich das jeweilige Verzeichnis aber genau an und vermeiden Sie qualitativ minderwertige Verzeichnisse, vor allem solche, die mit Werbebannern vollgepflastert sind und schon vom Layout her unprofessionell und veraltet wirken. Backlinks aus solchen Verzeichnissen können sich negativ auswirken. Achten Sie außerdem darauf, dass der Anteil an Backlinks aus Verzeichnissen nicht zu hoch wird - mehr als 10-15% sollte er nicht betragen.

Ein Verzeichnis, in das sich ein Eintrag möglicherweise (immer noch) lohnt, ist das *Open Directory Project (ODP)*[164]. Dieses Verzeichnis wurde ursprünglich von der Firma Netscape unter dem Namen *Directory Mozilla (DMOZ)*[165] ins Leben gerufen und wird heute von AOL betrieben. Es ist nach eigenen Angaben das größte durch Menschen geschaffene Verzeichnis des World Wide Web. Websites können nicht einfach eingetragen, sondern nur vorgeschlagen werden. Jeder Vorschlag wird von einem *Editor* überprüft, nicht jede Website wird aufgenommen. Editoren sind Freiwillige, die ehrenamtlich am Aufbau und der Pflege des Verzeichnisses mitwirken.

Das Open Directory Project ist werbefrei, und der Inhalt ist »open content«, kann also frei genutzt werden. Google hat jahrelang den Inhalt des ODP für sein Google Directory (inzwischen eingestellt) verwendet und Daten daraus sogar in den organischen Suchergebnissen angezeigt. AOL hat das Design des Verzeichnisses vor Kurzem modernisiert und die Website responsive gemacht. Die Zukunft des ODP scheint erst einmal gesichert. Es ist gut möglich (und plausibel), dass ein Eintrag im ODP bzw. ein Backlink aus dem ODP auch heute noch ein positives Rankingsignal sendet.

164. *http://www.dmoz.org/*

165. Mozilla war der Codename des in den 1990er Jahren verbreiteten Webbrowsers Netscape

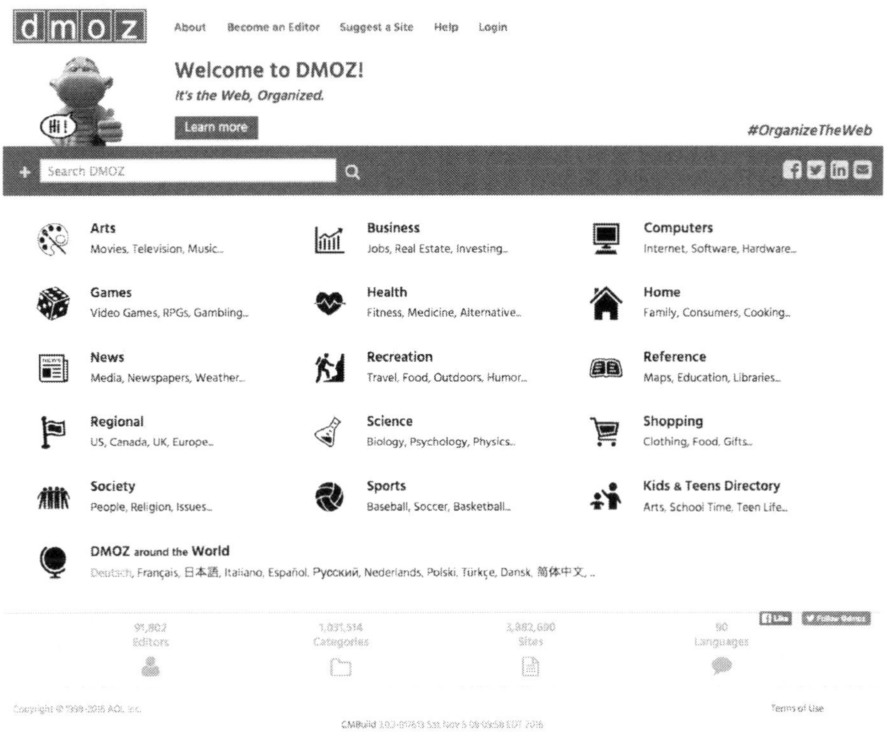

Abb. 11.9 *DMOZ ist eines der wenigen Verzeichnisse, wo sich ein Eintrag aus SEO-Aspekten eventuell noch lohnt.*

Meine Empfehlung: Prüfen Sie, ob Ihre Website bereits einen Eintrag im DMOZ hat (gerade bei älteren Domains ist das oft der Fall). Falls nicht, schlagen Sie Ihre Website zur Aufnahme vor. Wie das geht, erkläre ich in der folgenden Anleitung:

Schritt für Schritt:

1. Besuchen Sie die Website *http://www.dmoz.org/*
2. Geben Sie den Domainnamen Ihrer Website in das Suchfeld ein. Beispiel: example.org Wenn Ihre Website bereits eingetragen ist, wird sie auf diese Weise verlässlich gefunden.
3. Falls Ihre Website noch nicht eingetragen ist, beantragen Sie die Aufnahme in das Verzeichnis.
4. Suchen Sie sich dazu zuerst eine passende Kategorie (in der Sprache Ihrer Website), in die Sie die Aufnahme beantragen möchten.

5. Auf den Kategorien-Seiten gibt es rechts neben dem Kategorien-Pfad ein Icon, das zum Eintragsformular führt (siehe Pfeil in Abb. 11.10).

6. Klicken Sie auf diese Icon und füllen Sie das Eintragsformular aus.

7. Wenn das Icon fehlt, nimmt die Kategorie keine Vorschläge entgegen. Suchen Sie sich in diesem Fall eine andere, spezifischere Kategorie.

8. Sie erhalten keine Benachrichtigung über die Bearbeitung Ihres Vorschlags. Wenn Ihre Website nach vier Wochen nicht im Verzeichnis gelistet ist, versuchen Sie es in einer anderen Kategorie erneut.

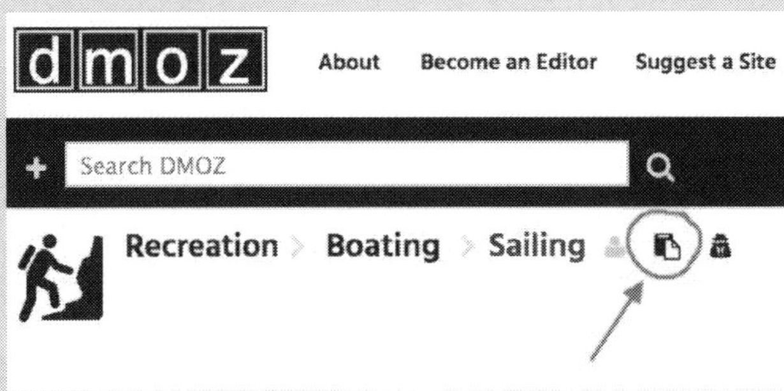

Abb. 11.10 *Eintrag ins ODP*

Tipp: Sie können im DMOZ nicht nur Websites, sondern sogar einzelne Webseiten vorschlagen, auf denen es um spezielle Themen geht. Auf diese Weise können Sie direkte Backlinks auf Ihre wichtigsten Landing Pages bekommen.

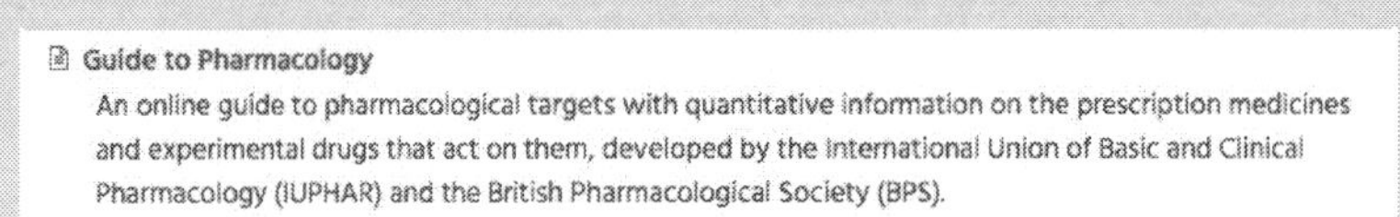

Abb. 11.11 *Eintrag im ODP, der auf die Webseite https://www.coursera.org/course/pharm101 verlinkt.*

11.5.3 Vitamin B nutzen

Sie können auch Webseitenbetreiber, vornehmlich solche, die Sie persönlich kennen (Sie pflegen doch Ihr LinkedIN oder XING-Netzwerk?), um eine Verlinkung auf Ihre Seiten bitten. Selbst, wenn Sie dafür im Gegenzug ebenfalls einen Link setzen müssen, macht das Sinn, weil eine gegenseitige Verlinkung hochwertiger Websites zu einem gesunden Linkverhältnis beiträgt.

Sinn macht ein solcher Linktausch vor allem unter folgenden Bedingungen:

- Die Website besitzt eine thematische Nähe zu Ihrer Website.
- Die Seite, die den Backlink zu Ihrer Website trägt, hat einen Toolbar-PageRank (z.B. gemessen mit LRT Power) von mindestens 1.
- Die Seite, die den Backlink zu Ihrer Website trägt, hat eine überschaubare Anzahl an externen Links (je weniger, desto besser).
- Idealerweise ist der Seitenbetreiber bereit, Ihren Vorschlag zum Ankertext (vergl. Abschnitt 11.8) umzusetzen.

Am besten ist es natürlich, wenn diese Webseiten einen Link setzen, ohne von Ihnen das Gleiche zu fordern. Falls Sie im Gegenzug auch einen Link setzen müssen, verwenden Sie dazu eine Unterseite, auf keinen Fall aber z.B. die Startseite Ihrer Website. Auf diese Weise behalten Sie trotz der ausgehenden Links den Großteil des PageRanks in Ihrem Website-System.

> Denken Sie daran, dass sich PageRank auch innerhalb eines Website-Systems von Seite zu Seite vererbt. Das Ausmaß der Vererbung hängt davon ab, wie viele Hyperlinks insgesamt auf der Seite stehen. Viele nach extern verweisende Hyperlinks auf der Startseite oder auf Seiten, die in der Navigationshierarchie weit oben angeordnet sind, führen dazu, dass die PageRank-Vererbung auf die Unterseiten regelrecht einbricht. Auf fremde Websites verweisende Links sollten Sie daher mit Bedacht setzen, vorzugsweise auf Seiten weiter unten in der Informationsarchitektur Ihrer Site.

11.5.4 Wettbewerber-Analyse

Von großem Interesse für Sie ist, welche Backlinks Ihre stärksten Wettbewerber haben. Vielleicht sind darunter auch potenzielle Linkgeber für Ihre Website? Um die wertvollsten Backlinks Ihrer direkten Wettbewerber zu finden, gehen Sie folgendermaßen vor:

Schritt für Schritt:

1. Nehmen Sie sich eine zu optimierende Seite vor, für die Sie bereits die relevanten Keywords definiert haben, und geben Sie diese Keywords in der Google-Suche ein. Achten Sie dabei darauf, die Personalisierungseffekte von Google so gut wie möglich abzuschalten (siehe

Abschnitt 13.1.1) oder verwenden Sie einen Anonymizer wie z.B. *Startpage.com*.

2. Betrachten Sie sich die Treffer, die über der URL Ihrer Seite stehen, die also besser ranken als Ihre Seite.
3. Kopieren Sie die jeweiligen URLs in ein Backlink-Analyse-Tool Ihrer Wahl (siehe Abschnitt 11.3).
4. Schauen Sie sich sowohl die direkten Backlinks auf die betrachtete URL an als auch die Backlinks auf die Startseite der Domain Ihres Wettbewerbers.
5. Sortieren Sie das Ergebnis jeweils nach der Metrik, die über die Qualität des Links etwas aussagt (z.B. MOZ PA oder Ahrefs UR usw.).
6. Schauen Sie sich die verlinkenden Webseiten und Domains an. Welche davon könnten ggf. Interesse daran haben, auch auf Ihre Website/Webseite zu verlinken? Warum verlinkt die Website auf die Website Ihres Wettbewerbers? Was könnten Sie ggf. dafür bieten, was müssten Sie tun? Wie groß dürfte der Aufwand dafür sein?
7. Treffen Sie eine Entscheidung und werden Sie aktiv!

11.5.5 Gast-Artikel (»Guest Blogging«)

Wenn Sie selbst z.B. als Autor Zugang zu hochwertigen Websites mit Inhalten, die thematisch Ihrer eigenen Website nahe stehen, haben, dann sollten Sie versuchen, dort Content zu platzieren, der einen Backlink auf ihre Website enthält. Solche Möglichkeiten sind z.B. Gastbeiträge in Expertenblogs, Artikel in Online-Publikationen oder Nachrichten auf den Websites von Fachverbänden.

Prinzipiell trifft das auch auf die Möglichkeit zu, in Forenbeiträgen, Blog-Kommentaren oder anderen Website, die mit User Generated Content arbeiten, Inhalte mit Backlinks zu generieren. Dabei ist allerdings zu beachten, dass die meisten Foren und Blogs inzwischen automatisch das nofollow-Attribut setzen, Google den Backlink also nicht zur Berechnung des PageRanks heranzieht.

Das heißt aber nicht, dass Google den Backlink nicht sieht und – z.B. bei der Analyse der Linkverteilung – berücksichtigt! Ein gewisser Anteil an »nofollow-Backlinks« wirkt sich durchaus positiv aus, weil dies für ein natürliches Linkwachstum spricht.

Leider ist der Ansatz, sich mit Hilfe von Gastartikeln Backlinks zu »erkaufen« in den letzten Jahren eskaliert, so dass Google sich diese Links heute sehr genau »anschaut«.[166] Achten Sie daher, wenn Sie diesen Ansatz verfolgen, auf Folgendes:

- Wählen Sie die Portale/Blogs, auf denen Sie publizieren, mit Bedacht aus. Vermeiden Sie Sites, auf denen es vor Gastbeiträgen wimmelt oder die sich gar Geld dafür bezahlen lassen, dass Sie dort publizieren.
- Publizieren Sie nicht denselben Artikel auf mehreren Portalen.
- Übertreiben Sie nicht. Weniger ist hier eindeutig mehr.
- Vermeiden Sie Backlinks aus der Autor-Box heraus. Besser und unverfänglicher sind Links im Content-Bereich.
- Google bestraft Sites, die durch eine massive Gastblogging-Aktivität versuchen, Backlinks zu bekommen.[167]

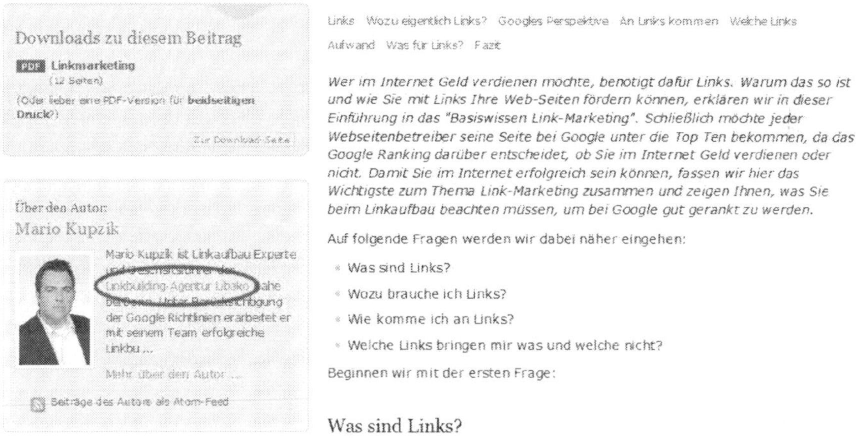

Abb. 11.12 *Beispiel für einen Gast-Artikel mit einem Backlink zur Website des Autors aus der »Autor-Box« heraus.*

11.5.6 Verlinkenswerte Inhalte schaffen

Ihre Möglichkeiten, selbst Links zu setzen und andere Webseiten-Betreiber gezielt um Backlinks zu bitten, sind vermutlich relativ schnell ausgeschöpft.

Sie merken dann:

166. Quelle: *https://www.youtube.com/watch?v=qozPhALuQQw*
167. Quelle: *https://www.youtube.com/watch?v=qpbCKWu0I0A*

> Die einzige wirklich *nachhaltig* funktionierende Link-Building-Strategie besteht darin, Maßahmen zu ergreifen, die dazu führen, dass andere Webseitenbetreiber freiwillig auf Ihre Webseiten verlinken.

Dieses Ziel erreichen Sie durch die folgenden beiden Schritte:

1. Verlinkenswerten Content schaffen
2. Die Nachricht über diesen Content im Netz verbreiten

Sie kennen die alte Web-Weisheit

Content is King?

Nützlicher Inhalt, der für die Besucher einen echten Mehrwert darstellt, war schon immer der Königsweg bei der Website-Entwicklung. Das alleine reicht aber nicht. Die Frage ist vielmehr: Was macht Webseiten eigentlich *verlinkenswert*?

Die Antwort auf diese Frage hat vor allem mit Psychologie zu tun. Wenn die Psychologie recht hat und die Befriedigung von Bedürfnissen die hauptsächliche Triebkraft für das ist, was Menschen tun, dann stellt sich die Frage so:

Was hat ein Webseiten-Betreiber eigentlich davon, wenn er auf eine oder mehrere Ihrer Webseiten verlinkt? Welche seiner eigenen Bedürfnisse möchte er/sie damit befriedigen?

Oder anders ausgedrückt: Wer auf seiner Website einen Link zu einer anderen Website setzt, möchte davon auch etwas haben.

Ich habe hierzu etliche Webseitenbetreiber nach ihren Motiven befragt, freiwillig, d.h. ohne konkrete Gegenleistung wie Geld oder gegenseitige Verlinkung andere Webseite zu verlinken. Interessanterweise scheinen sich alle Motive, einen Link zu setzen, auf nur vier grundlegende Motive zurückführen zu lassen. Davon ausgehend habe ich eine Art psychologisch motivierte Link-Taxonomie erstellt und die folgenden vier Linktypen benannt:

- Mehrwertlinks
- Egolinks
- Referenzlinks
- Gefälligkeits-Links

Schauen wir uns diese Link-Typen genauer an:

Mehrwertlinks

Die Zielseite bietet den Besuchern der eigenen Seite einen **Mehrwert**, der Link ist ein **Service** für die eigenen Besucher. Der Nutzwert der eigenen Seite steigt dadurch.

Egolinks

Sage mir, was du liest und ich sage dir, was du bist.[168]

Durch das Setzen des Links möchte der Seitenbetreiber demonstrieren, **dass er selbst über eine bestimmte Eigenschaft verfügt**, z.B. dass er up to date, cool, witzig oder originell ist, dass er über Insider-Informationen verfügt, dass er sich mit einem bestimmten Thema beschäftigt oder bestimmte Websites kennt und/ oder regelmäßig liest. Dazu zählen auch typisch menschliche Eigenschaften wie das Streben nach Aufmerksamkeit, Anerkennung, Gemeinschaft, Vergnügen, Spiel, Entspannung, Erheiterung, Anregung, Sensationslust, Schadenfreude, Gier oder Geiz, Lust an der Verbreitung von Klatsch und Tratsch oder von Gerüchten. Gemäß dem Motto: Die Seiten, auf die ich verlinke, sagen auch über mich selbst etwas aus!

Referenzlinks

Durch das Setzen des Links möchte der Seitenbetreiber eine **Aussage oder Position untermauern oder beweisen**, die verlinkte Seite dient also als **Referenz** oder **Nachweis**. Er möchte vom **Expertenstatus** der verlinkten Webseite profitieren.

Gefälligkeitslinks

Durch das Setzen des Links möchte der Seitenbetreiber dem Betreiber oder Autor der verlinkten Webseite einen **Gefallen** tun oder sich für etwas revanchieren, das der Betreiber oder Autor für ihn getan hat; oder er tut es einfach nur, weil man sich kennt und weil es dem Networking dient.

So wie es aussieht, gibt es bestenfalls eine Handvoll Motive, warum ein Website-Betreiber auf eine andere Webseite verlinkt.[169]

Wenn wir die Verlinkungs-Psychologie verstehen, dann ist uns auch sofort klar, warum es für die meisten Websites so schwierig ist, Backlinks zu bekommen. Sie

---

168. Pierre de La Gorçe, Rede à l'assemblée de la Société bibliographique, 7. Mai 1920

169. Wenn Ihnen noch etwas anderes einfällt, dann wäre ich daran sehr interessiert! Bitte kontaktieren Sie mich in diesem Fall, damit ich das Motiv hier aufnehmen kann.

bieten einfach zu wenig Anreize dafür. Selbst eine designerisch und in Bezug auf die Usability hervorragende Website oder ein Online-Shop mit guten und preiswerten Produkten ist in der Regel arm an Motiven, darauf zu verlinken!

Für den Linkaufbau muss also das oberste Ziel sein, diese Defizite mit entsprechendem Content zu beseitigen bzw. zu verringern. Nur damit können wir andere Webseitenbetreiber davon überzeugen, dass es sich für sie lohnt, unsere Webseiten nicht nur zu lesen, sondern auch darauf zu verlinken.

Bei dem verlinkenswerten Content muss es sich aber nicht unbedingt um elektronische Inhalte handeln, sondern es bieten sich auch gezielte Aktionen im »Real Life« an wie z.B. die Organisation einer kostenlosen Veranstaltung oder Party, zu der Kunden eingeladen werden, das Verschenken von Produkten usw.

Wichtig ist hierbei der Aspekt **kostenlos**. Die Motivation, auf kostenpflichtige (kommerzielle) Angebote zu verlinken, ist generell praktisch nicht existent! Sie müssen erst Dinge finden, die Sie verschenken können, um dann im zweiten (oder dritten) Schritt etwas zu verkaufen!

Die folgende Tabelle bietet Ihnen einige Ideen für verlinkenswerten Content:

Website-Content	**bietet Anreize für Link-Art**
Sachliche Informationen wie z.B. Fachartikel, Beiträge in einem Experten-Blog, Whitepapers, E-Books, Infografiken, Statistiken, Checklisten, Cheat-Sheets, Tutorials/Video-Tutorials, Anleitungen, Fachforen (fachliche Diskussionsforen)	Mehrwert-Links Ego-Links Referenzlinks
Gewinnspiele, Wettbewerbe, Werbegeschenke	Mehrwert-Links Ego-Links
Software zum Download (Tools, Widgets, Plugins, ...)	Mehrwert-Links Ego-Links
Umfragen, Interviews, Enthüllungsgeschichten	Ego-Links

Tabelle 11.1 *Content und Aktionen, die Backlinks bringen können*

Website-Content	**bietet Anreize für Link-Art**
Lustiges und Skurriles wie z. B. lustige/skurrile Bilder, Videos, Animationen, Texte	Ego-Links
Kostenlose Mehrwerte wie z. B. Informationen, die sonst Geld kosten, z. B. Bücher, E-Books, Ratgeber, Lernmaterialien, Videos; Veranstaltungen, die sonst Geld kosten, z. B. Seminare, Workshops, Vorführungen; Produkte, die sonst Geld kosten, z. B. Software oder Gegenständliches jeder Art; Entertainment, das sonst Geld kostet, z. B. Spiele	Mehrwert-Links Ego-Links

Tabelle 11.1 *Content und Aktionen, die Backlinks bringen können*

11.5.7 Unorthodoxe Methoden

Es gibt noch zahlreiche, eher »unorthodoxe« Methoden, mit denen einige SEOs arbeiten und Erfolge vermeldet haben. Diesbezüglich empfehle ich Ihnen die Lektüre des Blogbeitrags *16 nicht entdeckte Backlink Quellen*[170] auf backlink-tool.org.

> Mein genereller Rat fürs Link Building: Weniger ist mehr! Wenige Backlinks von Webseiten mit hohem PageRank und wenigen ausgehenden Links bringen viel mehr, als viele Backlinks von minderwertigen Seiten (d. h. Webseiten mit niedrigem PageRank und/oder vielen ausgehenden Links).

11.6 Optimierung von Online-Shops

Wie aber können Sie die Links auf Ihre nützlichen, aber kostenlosen Inhalte selbst für Ihre kommerziellen Websites nutzen?

Der Trick besteht darin, dass Sie selbst von Ihren kostenlosen Content-Seiten auf Ihre kommerziellen Angebote verlinken. Ihre Content-Seiten können dabei Teil der kommerziellen Website sein oder auch auf einer eigenen Domain gehostet werden. Durch die Verlinkung (dabei nicht übertreiben, die Links dürfen nicht nach Spam aussehen!) steigern Sie PageRank und Trust der kommerziellen Seiten und senden mit thematisch passenden Ankertexten und dem Text in der Nähe der

170. *http://www.backlink-tool.org/backlink-quellen-unentdeckt/*

Links zusätzlich positive Signale. Auf diese Weise profitieren Ihre kommerziellen Webseiten von Ihrer Content-Strategie mit kostenlosem Content.

Besonders gut für diesen Zweck funktioniert Content, der typische Probleme und Fragen löst, wie sie durch Suchbegriffe z. B. »kostenloses Material für …«, »wie funktioniert …«, oder nach Begriffen wie »Checkliste«, »Ratgeber«, »Tutorial«, »Infografik« usw. zum Ausdruck kommen.

Alternativ dazu ist es auch möglich, den Content geschickt in die kommerzielle Website einzubauen. Viele Online-Shops haben ihre Kategorienseiten mit Content, z. B. umfangreichen Ratgebern, angereichert und erzielen damit hervorragende Rankings in Google. Das ist auch dann der richtige Weg, wenn dieser Content keine oder nur wenige Backlinks generiert, da die Seiten wegen ihres guten Informationsgehaltes einen hohen Nutzwert haben (positive User Signals!) und schon alleine wegen ihres Contents gut ranken (Hummingbird!).

Dazu zwei Beispiele:

Bergfreunde.de

Der Online-Shop für Outdoor-Equipment rankt für viele Branchen-Keywords wie z. B. »Outdoorjacke« extrem gut. Ein Grund dafür ist vermutlich, dass auf den Kategorien-Seiten umfassende Informationen zum Thema zu finden sind (Abb. 11.13).

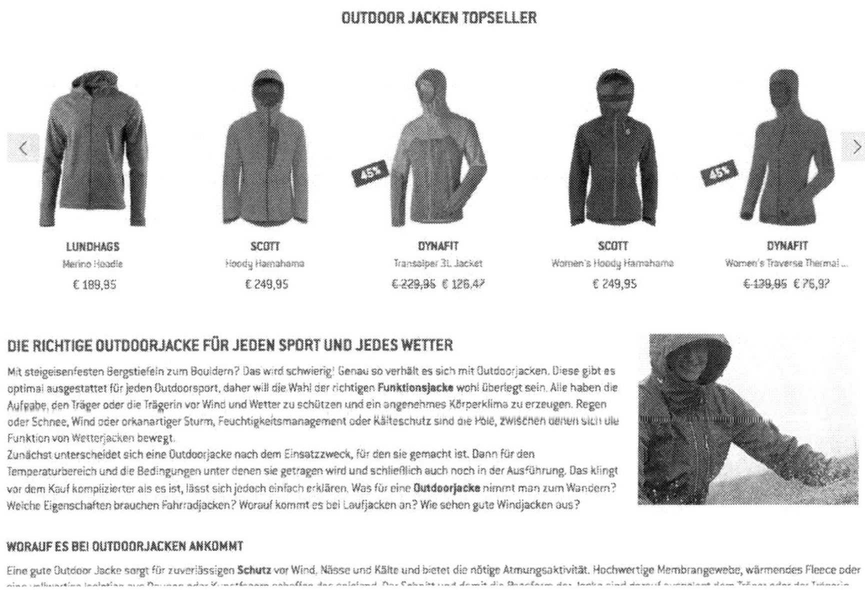

Abb. 11.13 *Der Onlineshop bergfreunde.de hat seine Kategorienseiten mit umfassenden Informationen zum jeweiligen Thema der Kategorie angereichert.*

Thomann.de

Das Musikhaus Thomann betreibt den weltweit umsatzstärksten Onlineshop für Musikinstrumente und Musikerbedarf. Die Welt der Musikinstrumente, PAs und Lichtanlagen ist komplex, und potentielle Käufer haben viele Fragen. Folgerichtig hat Thomann seinen Shop mit umfangreichen Informationen aufgewertet (Abb. 11.14).

Abb. 11.14 Der Onlineshop des Muskihaus' Thomann rankt für viele Branchen-Keywords an Top-Positionen. Ein Grund dafür ist wohl der nahtlos in den Shop integrierte Ratgeber.

> Die beiden Beispiele bergfreunde.de und thomann.de ranken aber nicht nur wegen der gut in den Shop integrierten Produktinformationen so gut, sondern sicherlich auch wegen ihrer hohen PageRank und Trust-Werte. Die Domain thomann.de hat einen Power*Trust-Wert von 42, die Domain bergfreunde.de hat 36. Jeder Wettbewerber, dessen Shop weniger hat, wird es schwer haben, da beide Shops bei den beiden wichtigsten Ranking-Signalen (Content und Backlinks) sehr gut dastehen.

11.7 Die Nachricht verbreiten

Den Content zu erstellen reicht aber noch nicht. Wir haben es hier mit dem klassischen Henne-Ei-Problem zu tun: Ohne Backlinks wird Ihr toller Content nicht gefunden und ohne gefunden zu werden bekommen Sie keine Backlinks!

Diesen Teufelskreis müssen Sie durchbrechen. Sie müssen die Welt wissen lassen, dass es bei Ihnen verlinkenswerten Content gibt. Das funktioniert im Internet am besten über Soziale Netzwerke, E-Mail-Marketing und reichweitenstarke Websites. Im Folgenden ein paar Ideen, was Sie konkret tun könnten:

- Erarbeiten Sie eine Social-Media-Strategie und setzen Sie sie um: Über Social Media wie Xing, Twitter, Facebook & Co. können Sie mit etwas Geschick viele Menschen erreichen, die Ihre Nachrichten dann möglicherweise weiterverbreiten. Suchen Sie insbesondere nach Entscheidern, Experten und Personen, die ihrerseits viele Kontakte haben. Man hat herausgefunden, dass manche Personen in sozialen Netzwerken sehr viele Kontakte pflegen und so eine extrem hohe Reichweite haben. Solche Personen werden auch als ***Super Spreader*** oder ***Influencer*** bezeichnet – sie haben das Potential, eine Nachricht besonders effektiv zu verbreiten.
- Informieren Sie über Ihren Content in Newslettern. E-Mail-Marketing gehört immer noch zu den erfolgreichsten Online-Marketing-Instrumenten.
- Betreiben Sie einen Corporate Blog: Die Blogbeiträge sind nicht nur »Futter für Google« und erhöhen so die Reichweite Ihrer Website, sondern Blogger zitieren und verlinken sich gerne gegenseitig. Publizieren Sie eine Blogroll[171] und informieren Sie die Betreiber der von Ihnen verlinkten Blogs darüber, dass Sie sie verlinkt haben. Mit etwas Glück werden Sie mit Backlinks belohnt.
- Nutzen Sie auch die Möglichkeiten des Offline-Marketings, vor allem, wenn Ihr Unternehmen in diesem Bereich sowieso bereits aktiv ist. Sie könnten den ver-

171. zur Definition siehe: http://weblogs.about.com/od/partsofablog/qt/WhatIsaBlogroll.htm

linkenswerten Content auf Ihrer Website z. B. innerhalb einer Anzeigen- oder TV-Kampagne thematisieren, in gedrucktem Marketing-Material thematisieren usw.

11.8 Optimale Linktexte

Sie sollten Keyword-Links mit Bedacht platzieren: Wenn gar zu viele Links mit den exakt gleichen, ausschließlich Keywords enthaltenen Ankertexten auf eine Seite verweisen, gehen bei Google möglicherweise die Alarmlampen an, die einen Manipulationsversuch signalisieren! Besonders vorsichtig sollten Sie mit Keywords sein, die für eine direkte kommerziellen Nutzung sprechen, z. B. Produktbezeichnungn wie »Senseo Kaffeemaschine« oder »iPhone kaufen«, da Google hier besonders sensibel reagiert.

Berücksichtigen Sie daher bitte Folgendes:

- Achten Sie darauf, dass diese Backlinks von seriösen Webseiten kommen, deren Content in thematischer Nähe zu Ihren Seiten angesiedelt ist.
- Stellen Sie sicher, dass die Backlinks nicht alle denselben Keyword-Ankertext verwenden, sondern dass es Variationen gibt.
- Achten Sie darauf, dass Keyword-Links insgesamt nicht mehr als maximal 30% aller Backlinks ausmachen. Laut einer Beobachtung von MicrositeMasters werden nach dem sog. Penguin-Update von Google im Jahr 2012 vor allem Websites abgestraft, die mehr als 60% Keyword-Links haben.[172] **Ich persönlich würde aus Sicherheitsgründen unter 30% bleiben.**

11.9 Trust steigern durch Authority Links

Ein SEO-Ziel muss also sein, Backlinks von Seiten mit hohem Trust zu erhalten. Direkte Links sind natürlich am besten, aber da der Trust sich vermutlich – ähnlich wie der PageRank – auch über eine Kette von Links »vererbt«, profitiert eine Website auch dann, wenn sie Links von solchen Websites über mehrere Stufen erreichen.

SEO auf dieser Ebene ist aufwendig, aber notwendig, um bei stark kompetitiven Keywords gute Rankings zu erreichen.

172. Quelle: *Penguin Analysis: SEO Isn't Dead, But You Need to Act Smarter (And 5 Easy Ways to Do So!) (http://www.micrositemasters.com/blog/penguin-analysis-seo-isnt-dead-but-you-need-to-act-smarter-and-5-easy-ways-to-do-so)*

Was konkret kann man nun tun, um solche »Authority Links« (direkt oder indirekt) zu bekommen? Ich habe einige konkrete Tipps für Sie zusammengestellt:

- Recherchieren Sie gezielt nach möglichen Authority Domains in Ihrem (thematischen) Umfeld. Das können z. B. Websites von Berufs- oder Fachverbänden, Weblogs der einschlägig bekannten Fachexperten, Wissensportale, E-Zines und die Websites bekannter Publikationsorgane (Zeitungen, Zeitschriften, Fachzeitschriften) sein. Überlegen Sie, an welchem von Ihnen gelieferten Content diese Authority Sites jeweils Interesse haben könnten, und bieten Sie ihnen Ihren Content zur exklusiven Veröffentlichung an. Klären Sie zuvor, ob Sie in Ihrem Beitrag auch auf Ihre Website verlinken dürfen. In der Regel ist dies möglich, wenn auch nicht unbedingt im eigentlichen Content, sondern z. B. in einer kurzen Autoren-Information.
- Arbeiten Sie an Wikipedia mit: Wikipedia-Seiten haben höchstwahrscheinlich einen sehr hohen TrustRank, wahrscheinlich gehört Wikipedia, oder zumindest etliche Seiten daraus, zu den Seed-Seiten. Backlinks in Wikipedia zu platzieren, ist jedoch nicht einfach. Es macht wenig Sinn, einfach einen Backlink zu Ihrer Website im Abschnitt »Weblinks« zu platzieren. Der Link wird wahrscheinlich schneller wieder entfernt als Sie schauen können ... Erfolgversprechender ist, wenn Sie einen Backlink auf einen Fachartikel, den Sie auf der Website Ihres Berufsverbandes oder in Ihrem Blog publiziert haben, als Referenz (»Einzelnachweis«) einfügen. Insbesondere Referenzen sind relativ lösch-resistent, weil Referenzen, die bestimmte Aussagen des Artikels belegen, bei Wikipedia höchst erwünscht sind — dies entspricht der wissenschaftlichen Methode.
- Publizieren Sie Fachartikel und Bücher: Ich vermute, dass Google in Zukunft (oder vielleicht sogar jetzt schon) Links auswertet, die in Büchern und wissenschaftlichen Veröffentlichungen publiziert werden. Auch interessant in diesem Zusammenhang: Amazon hat inzwischen ein eigenes Verlagsgeschäft, und die Amazon-Seite selbst weist Züge eines sozialen Netzwerks auf. Z. B. können sich auf der Amazon-Website Autoren umfassend vorstellen und mit ihren Lesern diskutieren.
- Suchen Sie die Nähe zu seriösen Medien: Bauen Sie einen eigenen Presseverteiler und persönliche Kontakte zu Journalisten, die sich für Ihre Branche interessieren, auf. Schicken Sie Pressemitteilungen personalisiert an diesen handverlesenen Presseverteiler. Verbreiten Sie Pressemitteilungen online (z. B. über die Portale *pressebox.de* und *openpr.de*): Journalisten sind auf Pressemitteilungen angewiesen und mit etwas Glück bekommen Sie Veröffentlichungen auf redaktionell betreuten Websites bekannter Publikationsorgane – und mit noch etwas mehr Glück auch einen Backlink.

Ich hoffe, ich habe Sie durch die obige Liste nicht demotiviert? Den Trust einer zu optimierenden Website zu erhöhen, ist sicherlich eine der schwierigsten SEO-Aufgaben überhaupt und lässt sich nur langfristig strategisch umsetzen.

Der Aufwand lohnt sich jedoch in jedem Fall – u.a. da die genannten Maßnahmen sich über den reinen SEO-Effekt noch zusätzlich positiv auf die Bekanntheit Ihrer Marken und die Reichweite Ihrer Website auswirken.

11.10 Schlechte/schädliche Links entfernen

Aufgrund der massiven Link-Building-Aktivitäten der letzten Jahre schaut sich Google heute die Backlinks einer Website sehr genau an. Eine unnatürliche Linkverteilung oder sog. schlechte/schädliche Links (solche, die gegen die Google Webmaster-Richtlinien verstoßen) können einer Website sogar schaden.

Wie erkennt man, ob eine Website bereits von Google abgestraft wird?

Ob eine Website von Google bereits mit einer Penalty belegt, sprich heruntergerankt wird, können Sie in der Google Search Console erkennen (siehe Abb. 5.5).

Wie findet man heraus, welche Links schädlich sind?

Leider benennt Google die schädlichen Links nicht. Wer selbst Link-Aufbau mit unlauteren Methoden betrieben hat, kennt diese Backlinks aber natürlich in der Regel.

Es ist aber nicht ausgeschlossen, dass es aus anderen Gründen schädliche Backlinks gibt. So nehmen z.B. Betreiber von Verzeichnissen, die nur zu dem Zweck erstellt wurden, um mit Werbebannern Geld zu verdienen, Websites oft ungefragt in ihre spammigen Verzeichnisse auf. Denkbar sind grundsätzlich auch Sabotage-Aktionen, z.B. von Wettbewerbern, die auf dem gezielten Setzen schädlicher Backlinks beruhen (»negative SEO«).

Diese Links finden Sie in der Regel relativ leicht mit Hilfe einer Backlink-Analyse. Schauen Sie sich die verdächtig aussehenden Links/Websites einfach mal näher an. Qualitativ minderwertige Spam-Seiten erkennen Sie sofort.

Falls Sie durch eine Backlink-Analyse nicht weiterkommen: Einige SEO-Tools können solche schlechten Links erkennen, z.B. das Tool *Link Detox*[173] von LinkResearchTools (LRT) (Abb. 11.15).

173. *http://www.linkresearchtools.de/tools/dtox/*

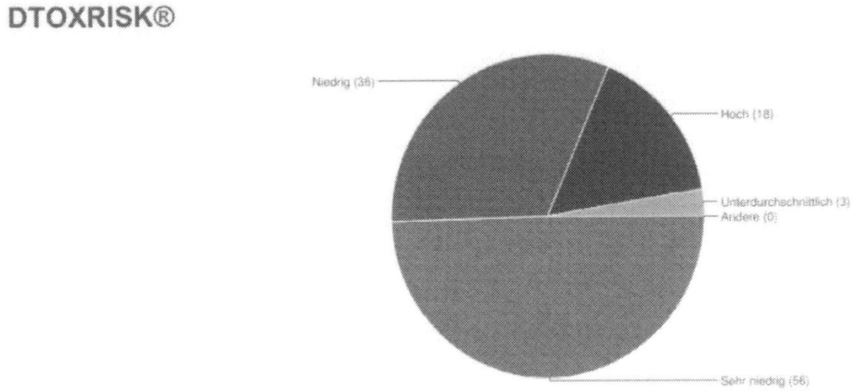

Abb. 11.15 *Link Detox von LRT ist eines der ausgereiftsten Tools zum Aufspüren schädlicher Backlinks. Im gezeigten Beispiel werden 18 Backlinks als besonders schädlich identifiziert. Diese Links werden von dem Tool natürlich auch aufgelistet.*

Wie geht man vor, wenn eine Penalty wegen schädlicher Backlinks vorliegt?

Fordern Sie in diesem Fall die Betreiber/Webmaster der Websites mit den schädlichen Links auf, diese zu entfernen.

Leider werden diese in vielen Fällen nicht reagieren. Für diesen Fall bietet Google das sog. ***Disavow Tool*** an (und nur in diesem Fall sollten Sie dieses Tool verwenden!). Mit Hilfe dieses Tools können Sie Google mitteilen, von welchen Backlinks Sie sich distanzieren, welche Google also nicht mehr auswerten soll.

Diese müssen Sie in einer Textdatei zusammenstellen. Eine Anleitung dazu finden Sie in der Google Search Console Hilfe unter dem Suchbegriff »Backlinks für ungültig erklären«.

Die Datei müssen Sie dann über die Seite *https://www.google.com/webmasters/tools/disavow-links-main* bei Google einreichen.

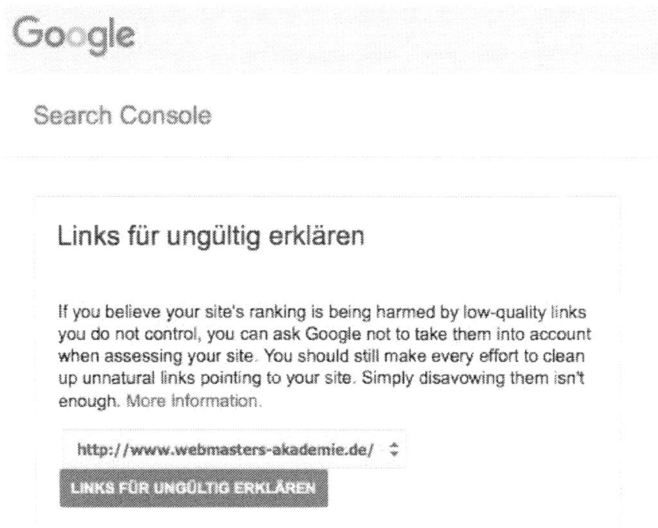

Abb. 11.16 *Das Google Disavow Tool: Sich von Backlinks distanzieren*

Google fügt dann diesen Links ein unsichtbares nofollow-Attribut hinzu. Die Links werden in der Backlink-Analyse der Google Search Console jedoch weiterhin angezeigt.

Anschließend teilen Sie Google über die Search Console (»Überprüfung anfordern«) mit, dass Sie eine erneute Überprüfung Ihrer Website wünschen.[174]

Für ungültig erklärte Backlinks wieder reaktivieren

Das Disavow-Tool ist mit Vorsicht zu genießen. Schnell kann es passieren, dass Sie gute/wertvolle Links fälschlich als schlecht bewertet und bei Google für ungültig erklärt haben.

Sie können das aber zum Glück rückgängig machen: Dazu löschen Sie die betroffenen Links aus der Disavow-Datei heraus und reichen diese neu ein. Google wird diese Links dann bei der nächsten Backlink-Analyse wieder berücksichtigen.

174. Quelle: *https://support.google.com/webmasters/answer/35843?hl=de*

11.11 Übungen

Übung 4: Backlink-Analyse

1. Führen Sie für Ihre eigene Website (falls vorhanden) eine Backlinkanalyse mit Hilfe der folgenden Tools durch:
   - → Google Search Console
   - → Backlink-Tool.org
   - → OpenLinkprofiler
   - → Open Site Explorer (vergessen Sie nicht, sich bei MOZ kostenlos zu registrieren, damit Sie mehr Daten einsehen können).
2. Wie viele Backlinks insgesamt von wie vielen verschiedenen Domains hat Ihre Website (je nach verwendetem Tool)?
3. Welche Ankertexte (Linktexte) werden in den Backlinks verwendet?
4. Welcher Backlink ist Ihrer Meinung nach der wertvollste? Warum?
5. Identifizieren Sie potentiell schädliche Backlinks!
6. Analysieren Sie das Ankertext-Profil: Sieht es »natürlich« oder »unnatürlich« aus?

11.12 Testen Sie Ihr Wissen!

1. Nennen Sie drei Ansätze, mehr eingehende Links zu bekommen.
2. Warum ist es sinnvoll, die Backlinks Ihrer direkten Wettbewerber zu recherchieren?
3. Erläutern Sie den Begriff »Google Bombing«.
4. Ist es immer noch sinnvoll, dass in den Ankertexten der Backlinks zu Ihrer Website die jeweils relevanten Keywords der Seite, auf die verlinkt wird, stehen?
5. Nennen Sie drei Ansätze, eingehende Links von »Authority Domains« zu bekommen.
6. Wie finden Sie heraus, ob Google Ihre Website mit einer Penalty belegt hat?
7. Wie werden Sie schädliche Backlinks wieder los?

12 Local SEO

In dieser Lektion lernen Sie

- welche zusätzlichen SEO-Maßnahmen ein lokal operierendes Unternehmen oder Geschäft durchführen sollte.

Das Thema *Local SEO* ist für alle Unternehmen relevant, die an einem bestimmten Ort etwas verkaufen wollen, also z. B. für Gaststätten, Einzelhandelsgeschäfte, Fitness-Studios, Kinos und Dienstleister wie Ärzte, Apotheker, Physiotherapeuten, Rechtsanwälte, Friseure, Handwerker usw.

> Auch für lokale Unternehmen, Dienstleister und Geschäfte sind die bisher beschriebenen SEO-Maßnahmen gleichermaßen relevant. Es sollten jedoch **zusätzlich** die in dieser Lektion beschriebenen Maßnahmen umgesetzt werden.

12.1 Suchanfragen mit lokalem Bezug

Bei einer *Suche mit lokalem Bezug* bemüht sich Google, relevante Suchergebnisse in der Nähe des gesuchten Ortes bzw. in der Nähe des Suchenden anzuzeigen.

Was genau sind *Suchanfragen mit lokalem Bezug*?

Ich gehe davon aus, dass Google bei **jeder Suchanfrage** einen lokalen Bezug vermutet. Wenn der Suchende einen Ortsbegriff in der Suche verwendet, ist der lokale Bezug sofort klar. Aber auch, wenn in den Suchbegriffen keine Ortsbezeichnung verwendet wird, gibt es einen lokalen Bezug, nämlich über den mittels *Geotargeting*[175] ermittelten Standort des Suchenden!

175. Beim Geotargeting wird die IP-Adresse des Client-Rechners einer bestimmten geografischen Position zugeordnet. Das ist möglich, weil IP-Adressen weltweit koordiniert vergeben werden und daher bekannt ist, welcher IP-Adressbereich welcher Region der Erde zugeordnet ist. Für nähere Informationen dazu: http://de.wikipedia.org/wiki/Geotargeting

Dies ist Teil der Personalisierung der Suchergebnisse, die Google immer stärker betreibt. Das bedeutet, dass Sie unterschiedliche Suchergebnisse sehen, wenn Sie dieselbe Suchanfrage z. B. von Hamburg oder München aus an *google.de* stellen.

Wie stark dieser Effekt ausgeprägt ist, hängt aber von den Suchbegriffen selbst ab. Manche Suchbegriffe haben per se einen starken lokalen Bezug, andere einen weniger starken.

Bei dem Suchbegriff *Pizzeria* z. B. unterstellt Google, dass Sie gerade eine Pizzeria in der Nähe Ihres aktuellen Standorts suchen. Da ich zum Zeitpunkt der Suchanfrage in Nürnberg in meinem Büro war, zeigt mir Google Pizzerien in der Nähe an (Abb. 12.1).

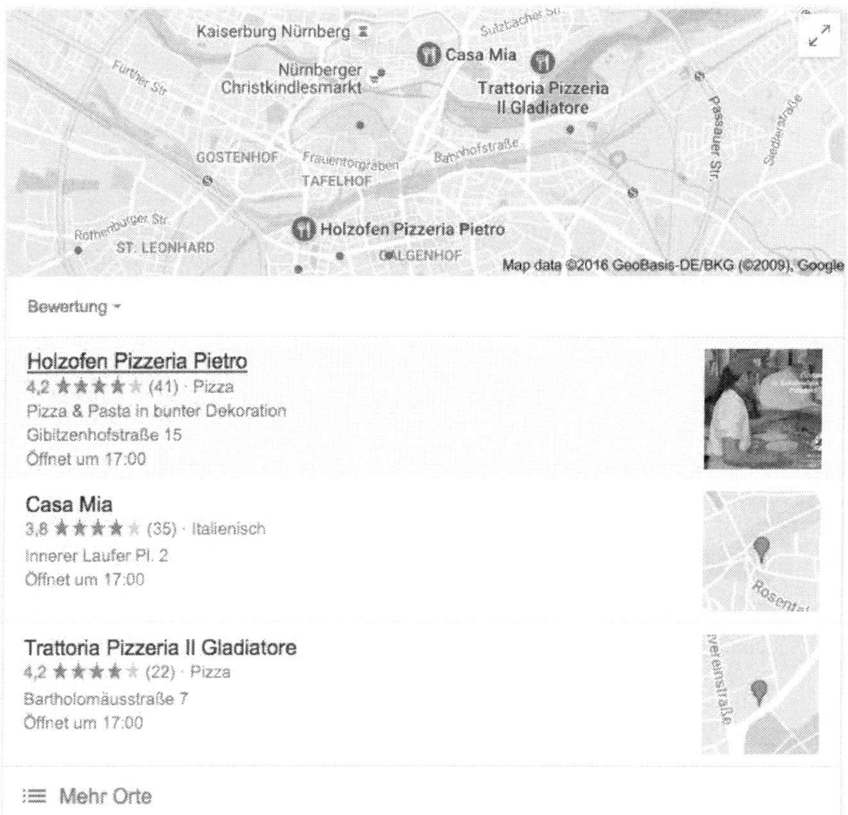

Abb. 12.1 *Suchergebnisseite für den Suchbegriff »Pizzeria«, wenn sich der Suchende gerade in Nürnberg befindet.*

Obwohl die Suchanfrage selbst keinen Ortsbegriff enthält, stellt Google einen lokalen Bezug her und wertet dafür den Standort des Client-Rechners, von dem aus die Suchanfrage gesendet wurde, aus. Befindet sich der Computer des Suchenden z.B. in Nürnberg, so wird eine Google Maps-Karte von Nürnberg mit den Standorten von Pizzerien eingeblendet, sowie im oberen Teil der Suchergebnisseite Informationen zu drei dieser Standorte. Befindet sich der Computer des Suchenden jedoch in Hamburg, so werden Informationen zu Pizzerien in Hamburg angezeigt. Die angezeigten Informationen stammen dabei größtenteils aus ***Google My Business***, Google Branchenverzeichnis.

12.2 Lokale Ranking-Faktoren

Was sind die lokalen Ranking-Faktoren (Signale), die darüber entscheiden, welche lokalen Unternehmen auf der Suchergebnisseite so prominent erscheinen?

Wertet man die Erfahrungen verschiedener SEO-Agenturen aus, dann gibt es eine relativ starke Übereinkunft darüber, dass zwei Faktoren besonders wichtig sind:

- Adresse
- Google My Business

12.2.1 Adresse

Der Anbieter muss eine Adresse in der Stadt, in der er gefunden werden möchte, besitzen. Die Adressinformation sollte vollständig auf jeder Seite der Website enthalten sein, z.B. im Footer.

12.2.2 Eintrag in Google My Business

Ein Eintrag in Googles Branchenverzeichnis Google My Business (ehemals Google Places) ist ein absolutes Muss für Unternehmen und Dienstleister, die an einem bestimmten Ort etwas verkaufen und bei Google gefunden werden möchten. Die URL der Registrierungsseite lautet: *https://www.google.de/intl/de/business/*

Google bezieht die Informationen für die Anzeige auf der Suchergebnisseite für Suchanfragen mit lokalem Bezug größtenteils aus den Google My Business-Einträgen. Auch die lokalen Rankingsignale beziehen sich zum Teil auf die Google My Business-Einträge. Daher ist bei der Anfertigung des Eintrags einiges zu beachten.

Schritt für Schritt: Unternehmen in Google My Business eintragen

1. Rufen Sie die *Startseite von Google My Business*[176] auf.

Abb. 12.2 *Startseite von Google My Business*

2. Falls Sie noch kein Google-Konto haben, erstellen Sie eines. Ansonsten loggen Sie sich ein.

3. Stimmen Sie ggf. den Datenschutzbestimmungen zu.
4. Fügen Sie einen Unternehmensstandort hinzu (Plus-Zeichen bei der Liste der Standorte).

176. *https://www.google.de/intl/de/business/*

5. Füllen Sie das Formular vollständig aus. Wählen Sie dabei die am besten passende Kategorie aus der Kategorienliste von Google aus.

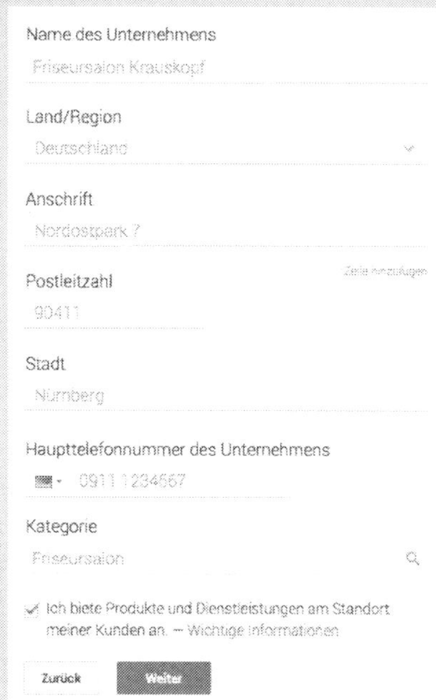

6. Legen Sie im nächsten Schritt fest, in welcher Stadt oder in welchem Umkreis Sie Ihre Dienstleistungen anbieten.

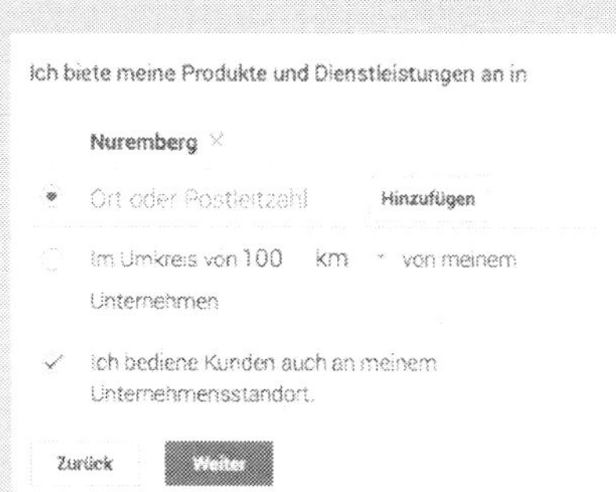

Externe Erwähnungen

Google wertet aus, wie häufig und auf welchen Websites das lokale Unternehmen erwähnt wird, um Informationen über die Relevanz, Prominenz und Seriosität des Anbieters zu gewinnen. Es ist daher wichtig, Einträge in möglichst vielen lokalen und überregionalen Branchenverzeichnissen sowie Berichte in lokalen Online-Medien (z.B. Stadtmagazin, Tageszeitung o.ä.) zu haben, die Google dem Google My Business-Eintrag zuordnen kann. Achten Sie daher darauf, dass der Name exakt dem Eintrag bei Google My Business entspricht und nach Möglichkeit Adresse und Telefonnummer angegeben sind! Google scheint zur Identifikation vor allem die Telefonnummer zu benutzen.

Regelmäßig Beiträge in Google+ erstellen

Google+, das soziale Netzwerk von Google, ist mit den anderen Google-Diensten (Google My Business, Google Maps) stark verzahnt. Unternehmen, die in Google My Business eingetragen sind, können in Google+ eigene Seiten anlegen und Meldungen veröffentlichen.

Sofern Sie die zeitlichen Ressourcen dafür haben, sollten Sie regelmäßig Beiträge erstellen, die dann auf Ihrer Unternehmensseite in Google+ angezeigt werden. Posten Sie dabei unbedingt regelmäßig Fotos und Videos und bauen Sie Ihre Keywords in die Beiträge ein. Das alles sind ebenfalls Rankingsignale.

10. Um Beiträge zu erstellen und zu teilen, wechseln Sie von Google My Business nach Google+. Das ist erst möglich, wenn der Standort bestätigt und veröffentlicht ist.

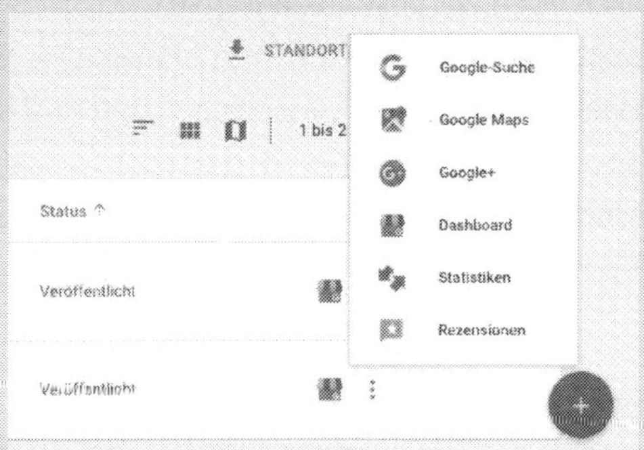

11. In Google+ können Sie dann Beiträge erstellen und teilen.

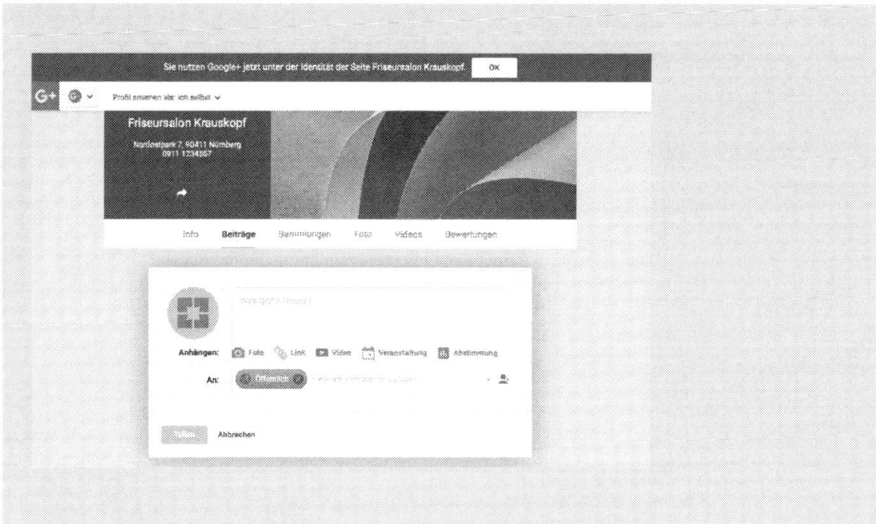

Bewertungen und Reviews

Kunden können zu Google My Business-Einträgen Erfahrungsberichte schreiben und Bewertungen abgeben. Google wertet diese aus und zeigt bevorzugt Einträge mit vielen positiven Bewertungen an. Dabei ist davon auszugehen, dass die Google-Algorithmen Alarm schlagen, wenn die Bewertungen ein unnatürliches Bild abgeben, es also Hinweise auf Fakes gibt. Wie Google dabei genau vorgeht, bleibt vorerst ein Geheimnis.

12. Geben Sie Ihren Kunden Anreize dafür, Ihren Standort bei Google+ bzw. über Google Maps zu bewerten (am besten natürlich positiv :-).

13. Schauen Sie sich die Bewertungen regelmäßig an und reagieren Sie ggf. auf geäußerte Kritik.

12.3 Testen Sie Ihr Wissen!

1. Worin besteht der »lokale Bezug« bei einer Suchanfrage, die keinen Ortsnamen enthält?

2. Was ist die wichtigste Maßnahme für *Local SEO*?

3. Was hat Google My Business mit Google+ zu tun?

4. An welchen Stellen eines Google My Business-Eintrags sollten Sie Ihre wichtigsten Keywords hinterlegen?

5. Welche Signale außerhalb eines Google-Places-Eintrags spielen bei lokalen Suchergebnissen eine wichtige Rolle?

Erfolgskontrolle

13

In dieser Lektion lernen Sie

- wie Sie eine SEO-Erfolgskontrolle durchführen.
- wie Sie die Personalisierungs-Funktionen von Google ausschalten bzw. umgehen.

Ihre Mühen werden sicherlich bald durch eine bessere Auffindbarkeit in Suchmaschinen, allen voran Google, belohnt. Vergessen Sie aber auch die Erfolgskontrolle nicht: Analysieren Sie regelmäßig, auf welchen Positionen Google Ihre Seiten mit den von Ihnen gewählten Keywords listet. Sind Sie mit dem Ranking noch nicht zufrieden, drehen Sie noch ein bisschen an den vielen Stellschrauben, die wir diskutiert haben, und kontrollieren das Ranking jede Woche wieder.

In dieser Lektion beschreibe ich zunächst, wie Sie mit einfachsten Mitteln und völlig kostenfrei eine simple Erfolgskontrolle durchführen können.

Anschließend weise ich noch auf einige kostenpflichtige Tools hin, die dafür in Frage kommen.

13.1 Erfolgskontrolle mit Google

Eine einfache und kostenlose Möglichkeit der Erfolgskontrolle ist das Überprüfen der Rankings direkt in Google. Geben Sie einfach die entsprechenden Suchbegriffe, für die Sie optimiert haben, in Google ein und schauen Sie nach, an welcher Position Ihre Seiten gelistet werden. Dabei ist es nicht notwendig, so lange durch die Ergebnisliste zu klicken, bis Sie Ihre Seite vielleicht auf Position 1025 finden. Mehr als die ersten 10 Seiten würde ich mir nicht anschauen.

13.1.1 Personalisierungsfunktionen deaktivieren

Um ein verlässliches Resultat zu erhalten, müssen Sie die Personalisierungsfunktionen von Google deaktivieren oder umgehen. Google personalisiert das Suchergebnis anhand des Suchverlaufs und wertet sowohl Suchanfragen, die Sie durchgeführt haben, als auch Ergebnisse, auf die Sie geklickt haben, aus.

Dabei unterscheidet Google, ob Sie in Ihrem Google-Konto eingeloggt sind oder nicht. Sind Sie in Ihrem Google-Konto eingeloggt, personalisiert Google das Suchergebnis anhand der Analyse des sog. ***Webprotokolls***, in dem alle Ihre Suchanfragen gespeichert sind. Sie finden Ihr Webprotokoll unter der URL *https://history.google.com/history/settings*

Dort können Sie Ihre »Suchanfragen und Browseraktivitäten« deaktivieren und damit die Personalisierungsfunktionen, die darauf basieren, blocken.

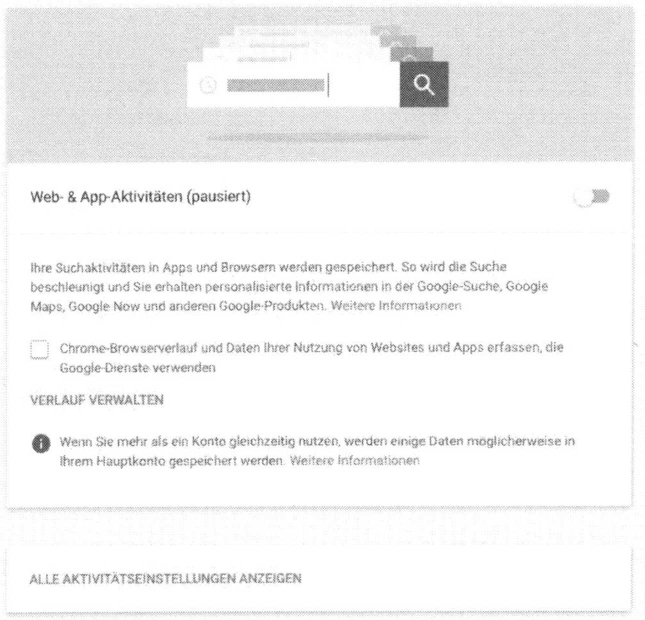

Abb. 13.1 *Google speichert Ihre Suchanfragen und andere »Browseraktivitäten« in einem »Webprotokoll« und personalisiert damit die Suchergebnisseite. Um diesen Effekt auszuschalten, müssen Sie die Protokollierung deaktivieren.*

Wenn Sie **nicht** in Ihrem Google-Konto eingeloggt sind, personalisiert Google die Suchergebnisse auf Basis Ihrer bisherigen Suchaktivitäten, die in einem Cookie gespeichert sind. Um diese Art der Personalisierung zu deaktivieren, rufen Sie die URL *https://www.google.com/history/optout* auf und passen die Einstellung entsprechend an (vergl. Abb. 13.2).

Die Einstellung können Sie auf derselben Seite wieder rückgängig machen, wenn Sie die Seite nochmals aufrufen.

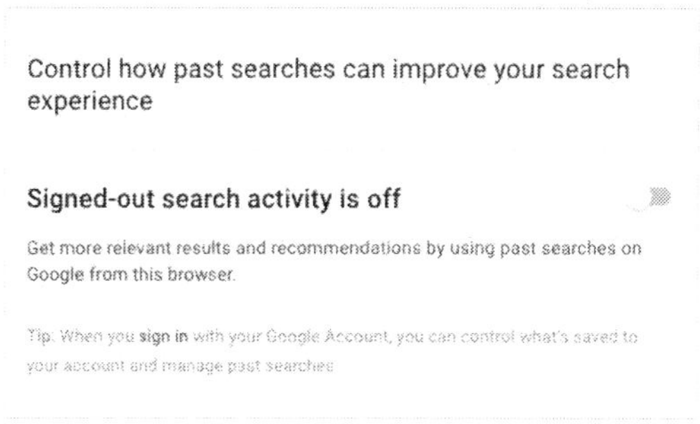

Abb. 13.2 *Auf der Seite https://www.google.com/history/optout können auch nicht bei Google eingeloggte Benutzer das Webprotokoll (das in diesem Fall in einem Browser-Cookie gespeichert wird) deaktivieren.*

> Da Google die Personalisierungsfunktion ständig erweitert, rate ich Ihnen, um ganz sicher zu gehen, sich nicht auf die o.g. Einstellungen zu verlassen, sondern sich vor dem Testen von Ihrem Google-Konto abzumelden und Ihren Webbrowser im privaten Modus zu starten. Sowohl Firefox als auch Chrome bieten ein solches Feature.

13.1.2 Lokalisierungsfunktionen beachten

Google erkennt automatisch den Standort Ihres Computers anhand seiner IP-Adresse, des Standortverlaufs, sofern dieser aktiviert ist, sowie der zuletzt gesuchten Standorte Der erkannte Standort wird auf der Suchergebnisseite unten angezeigt (Abb. 13.3). Google lokalisiert die Suchergebnisse anhand des Standorts. Das ist oft sogar dann der Fall, wenn in der Suche keine Ortsbegriffe verwendet werden. Sitzen Sie mit ihrem Notebook z.B. gerade in einem Café in München und suchen nach »Pizzeria«, so zeigt Ihnen Google Pizzerien in der Nähe an. Es ist daher in jedem Fall wichtig zu überprüfen, welchen Einfluss die Lokalisierungsfunktion auf die Suchergebnisse für Ihre Keywords hat.

Abb. 13.3 *Der von Google automatische ermittelte Standort Ihres Computers wird unten auf der Ergebnisseite angezeigt.*

Leider können Sie ihren eigenen Standort nicht mehr ändern (bis Ende 2015 war das möglich).

Eine gute Alternative ist die Website *I Search From*[177]. Hier können Sie Sprache und genauen Standort angeben, mit denen die Suche simuliert werden soll.

Abb. 13.4 *Mit I Search From lassen sich Suchanfragen von beliebigen Standorten aus simulieren.*

13.2 Erfolgskontrolle mit Startpage

Eine sehr gute alternative Option der Erfolgskontrolle bietet sich mit der Suchmaschine *Startpage*[178]. Startpage bezeichnet sich selbst als »die diskreteste Suchmaschine der Welt«. Sie speichert keinerlei persönliche Daten, weder Ihre IP-Adresse, noch wird Ihre Suche protokolliert oder Ihr Besuch durch Cookies getrackt. Startpage selbst verfügt nicht über eine eigene Suchtechnologie, sondern fragt Google ab. Die Ergebnisse kann Google nicht personalisieren oder lokalisieren, und der Weg über Startpage stellt damit eine sehr gute Möglichkeit dar, Ihre Positionen bei Google möglichst neutral zu überwachen.

177. *http://isearchfrom.com/*
178. *https://startpage.com*

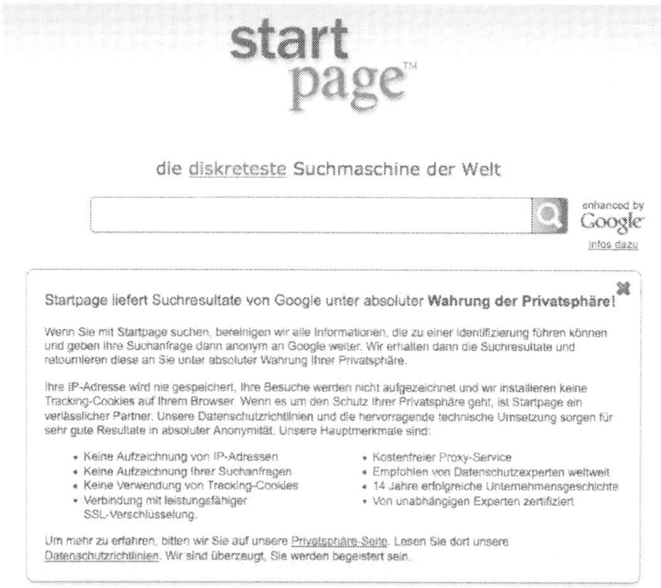

Abb. 13.5 *Startpage bezeichnet sich selbst als »die diskreteste Suchmaschine der Welt«*

13.3 Datenverwaltung im Spreadsheeet

Wenn Sie auf diese Weise Ihre Keyword-Rankings überwachen, tragen Sie die Ergebnisse Ihrer Analyse am besten in ein Spreadsheet (Tabellenkalkulation) wie z.B. MS Excel oder OpenOffice bzw. LibreOffice ein. Schauen Sie sich maximal die ersten 100 Treffer der SERP an. Lassen Sie die Zelle einfach leer, wenn Ihre URL auf den ersten 10 Ergebnisseiten nicht auftaucht. Ein Beispiel, wie die Datenerfassung in einer Spreadsheet-Datei aussehen könnte, sehen Sie in Abb. 13.6.

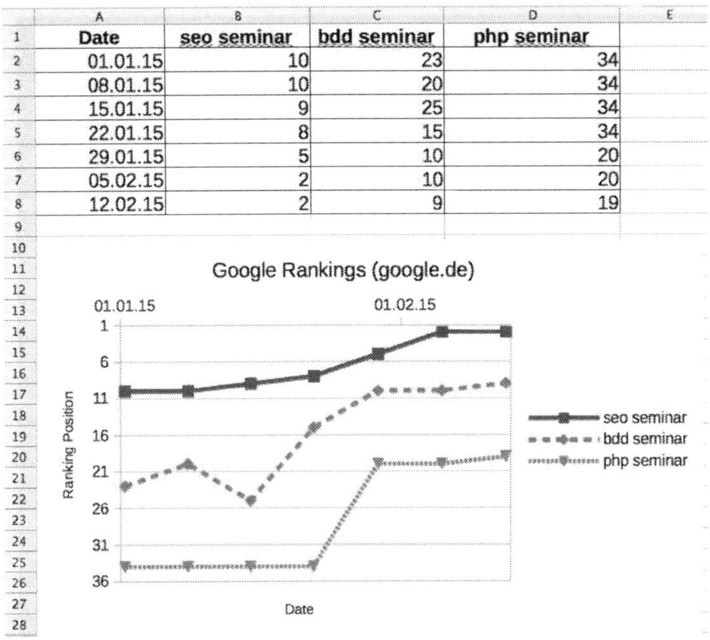

Date	seo seminar	bdd seminar	php seminar
01.01.15	10	23	34
08.01.15	10	20	34
15.01.15	9	25	34
22.01.15	8	15	34
29.01.15	5	10	20
05.02.15	2	10	20
12.02.15	2	9	19

Abb. 13.6 *Dokumentation der Keyword-Rankings mit Hilfe eines Spreadsheets (hier: LibreOffice)*

13.4 Kommerzielle Keyword Monitoring Tools

Wenn Sie in Google die Begriffe »Keyword Monitoring« oder »Ranking Checker« eingeben, finden Sie kommerzielle Tools, die Ihnen diese Arbeit erleichtern. Sie sparen sich dann den Aufwand, alle Keywords regelmäßig manuell zu überprüfen und die Ergebnisse zu dokumentieren. Insbesondere, wenn Sie viele Keywords überwachen wollen/müsssen, ist der Einsatz eines spezialisierten Tools unerlässlich.

Die meisten dieser Tools bieten kostenlose Test-Zugänge an, die entweder zeitlich oder vom Funktionsumfang her begrenzt sind. Auf eine ausführliche Produktbeschreibung oder gar einen Test verzichte ich an dieser Stelle, da sich die Funktionen der Tools typischerweise schnell ändern.

Zum Ausprobieren empfehle ich Ihnen, sich einmal die folgenden Tools anzuschauen:

Rankscanner

Rankscanner[179] ist ein einfaches, auf das Keyword Monitoring spezialisiertes Tool. Sie können bis zu 5 Keywords einer Domain kostenlos überwachen.

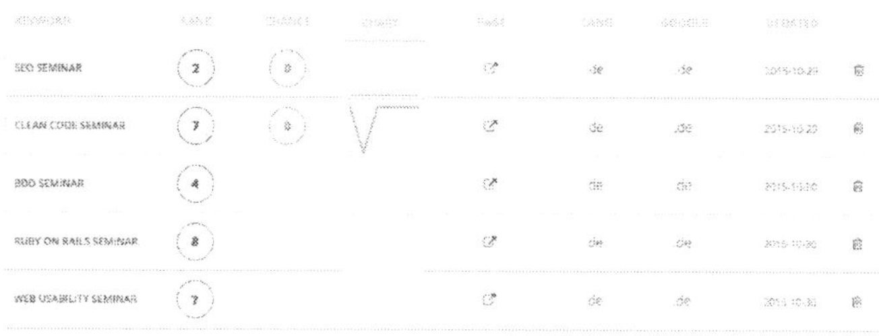

Abb. 13.7 *Keyword Monitoring mit Rankscanner*

OnPage.org

OnPage.org ist ein auf die Onpage-Optimierung spezialisiertes Tool, bietet jedoch auch ein Keyword-Monitoring an. Mit dem kostenlosen Testzugang können ebenfalls bis zu 5 Keywords überwacht werden.

Abb. 13.8 *Keyword Monitoring mit OnPage.org. Bildnachweis: https://de.onpage.org/blog/wp-content/uploads/2015/05/Keywords.png*

Weitere, mir bekannte Tools, die sich für Keyword Monitoring eignen (alle Angaben ohne Gewähr!):

- *Positionly*[180]
- *SEOlytics*[181]
- *Semrush*[182]
- *MOZ*[183]
- *XOVI*[184]

179. *https://www.rankscanner.com/*
180. *https://positionly.com/*
181. *http://www.seolytics.de/*
182. *http://www.semrush.com*
183. *https://moz.com/*

- *Sistrix*[185]
- *Ahrefs*[186]

13.5 Sichtbarkeitsindex

Wenn es um eine größere Domain mit vielen Seiten und Keywords geht, kann es sinnvoll sein, einen Sichtbarkeitswert wie z. B. den »Sistrix Sichtbarkeitsindex«, die »Seo Visibility« von Searchmetrics, den »Seolytics Visibility Rank (SVR)« oder den »Online Value Index (OVI)« von Xovi zu überwachen (vergl. Abschnitt 14.4).

13.6 Übungen

Übung 5: Ranking-Überwachung einrichten

Testen Sie die in dieser Lektion geschilderten Optionen/Möglichkeiten der Ranking-Überwachung und wählen Sie die für Ihre Zwecke geeignete Option aus. Testen und vergleichen Sie:

- Ranking-Check mit Google (vergessen Sie nicht, die Personalisierungsfunktionen zu deaktivieren).
- Ranking-Check mit der Suchmaschine Startpage.
- *Rankscanner.com* und *OnPage.org*
- Legen Sie eine Spreadheet-Datei an und tragen Sie die ermittelten Positionen für jedes Tool ein. Gibt es Unterschiede?

13.7 Testen Sie Ihr Wissen!

1. Wie personalisiert Google die Suchergebnisse?
2. Wie können Sie bei der Kontrolle des Rankings in Google ausschließen, dass das Ergebnis durch Google-Personalisierungsfunktionen verfälscht wird?

184. *http://www.xovi.de/*
185. *https://www.sistrix.de/*
186. *https://ahrefs.com/*

Der SEO-Check

14

In dieser Lektion lernen Sie

- wie Sie einen ersten, schnellen SEO-Check durchführen.
- wie Sie daraus bereits die ersten Anforderungen an die Optimierung ableiten können.

Bevor Sie mit der eigentlichen SEO-Arbeit beginnen, sollten Sie erst einmal analysieren, wie gut oder schlecht die zu optimierende Website SEO-mäßig dasteht. Dabei können wir auch bereits einige der Tools ausprobieren, die für die Optimierungsarbeit wichtig sind, und einige wichtige Erkenntnisse für die Optimierungsschritte gewinnen.

14.1 Schneller Ranking-Check

Wie gut wird die Seite für die relevanten Keywords gefunden? Bei bestehenden Websites hat der Seitenbetreiber meistens eine genaue Vorstellung davon, welche Suchbegriffe für ihn wichtig sind (trotzdem sind diese im Zuge des SEO-Schritts *Keywords* (Lektion 7) zu hinterfragen). Der erste Check besteht oft darin, die (relevanten oder vielleicht auch nur vermuteten) Keywords in Google oder Startpage.com einzugeben und nachzuschauen, ob eine Seite der zu optimierenden Domain unter den Top 50 Treffern vorkommt. Rankt die Zielseite bereits auf Position 1, können Sie sich die Optimierungsarbeit sparen ;-) Rankt sie nicht auf der ersten Ergebnisseite, sondern z. B. auf der zweiten oder dritten, dürfte die Optimierung relativ einfach sein. Rankt sie gar nicht unter den Top 50, liegt ein weiterer Weg vor Ihnen.

14.2 Die Seiten im Google-Index

Zuerst schauen wir einmal nach, ob und wie vollständig die zu optimierende Website bereits in den Google-Index aufgenommen wurde.

Google bietet dazu einen einfachen Befehl an:

```
site:www.example.org
```

Geben Sie diesen Befehl in den Google-Suchschlitz ein, und Google zeigt Ihnen eine Liste aller Webseiten Ihrer Website an, die sich bereits im Google-Index befinden.

Diese Liste prüfen Sie hinsichtlich der folgenden Aspekte:

- Zahl der Seiten im Index: Google zeigt an, wie viele Seiten der Website sich im Index befinden. Ist diese Zahl kleiner als die Zahl der tatsächlich existierenden Webseiten, gibt es ein Problem. Das Ziel muss sein, dass alle öffentlich abrufbaren Webseiten Ihrer Website von Google indexiert sind. Prinzipiell ist es für Google kein Problem, 100.000 Seiten oder 1.000.000 Seiten eines Online-Shops zu indexieren. Geben Sie einfach einmal `site:www.amazon.com` ein... Und genau das muss auch Ihr Ziel sein: Jede einzelne Artikel- /Produktseite muss von Google indexiert sein, damit sie eine Chance hat, gefunden zu werden. Ist dies nicht der Fall, so gibt es Handlungsbedarf.
- Schauen Sie sich die ersten ca. 10 Seiten der Ergebnisliste an und analysieren Sie die Treffer. Ein Beispiel dafür finden Sie in Abb. 14.1. Wie Sie wissen, stammt der Titel des Treffers aus dem `<title>`-Tag der Webseite, der Beschreibungstext in der Regel aus dem `<meta name="description">`-Tag der Webseite, auf die der Treffer verweist. Oftmals erkennt man hier schon grundsätzliche Probleme. Wichtig ist, dass jede Seite einen passenden Seitentitel sowie eine dazu passende Meta-Beschreibung hat. Häufig findet man jedoch, dass viele Seiten exakt den gleichen Seitentitel und/oder die gleiche Beschreibung haben. Das kann an Eigenarten des Shop- oder CMS-Systems liegen oder auch einfach nur daran, dass sich niemand die Mühe gemacht hat, die entsprechenden Felder in der Shop- oder CMS-Software für jede Seite individuell auszufüllen. An der Trefferliste erkennen Sie auch sofort, ob es Probleme mit den URLs der einzelnen Trefferseiten gibt. Die URLs sollten die seitenspezifischen Keywords enthalten und möglichst keine Parameter (Parameter erkennen Sie in der Regel daran, dass sie mit einem Fragezeichen eingeleitet und mit einem &-Zeichen mit weiteren Parametern verknüpft werden).

Das Beispiel aus Abb. 14.1, die Analyse der Webseiten eines Online-Shops im Google-Index, enthüllt gleich drei Probleme:

1. Die Seitentitel der einzelnen Artikelseiten sind alle identisch.
2. Die Beschreibungstexte sind ebenfalls alle identisch und nicht auf die einzelne Artikelseite optimiert.
3. Die URLs zu den Trefferseiten enthalten keine Keywords und sind nicht »suchmaschinenfreundlich«, da sie mehrere Parameter enthalten.

Foto Woehl - Produkt-Detailansicht
www.fotowoehl.de/default.aspx?type=1&oid=b224c0f1-6166...
Foto Offenbach, Passbilder Offenbach, super 8 normal 8 auf dvd, bewerbungsbilder auf cd, leica händler, passbilder kuba cuba, bilder für us visum 5x5, ...

Foto Woehl - Produkt-Detailansicht
www.fotowoehl.de/default.aspx?type=1&oid=de7f8ad2-f796...
Foto Offenbach, Passbilder Offenbach, super 8 normal 8 auf dvd, bewerbungsbilder auf cd, leica händler, passbilder kuba cuba, bilder für us visum 5x5, ...

Foto Woehl - Produkt-Detailansicht
www.fotowoehl.de/default.aspx?type=1&oid=cebd27e3-4ea0...
Foto Offenbach, Passbilder Offenbach, super 8 normal 8 auf dvd, bewerbungsbilder auf cd, leica händler, passbilder kuba cuba, bilder für us visum 5x5, ...

Foto Woehl - Produkt-Detailansicht
www.fotowoehl.de/default.aspx?type=1&oid=c8c5bd20-d127...
Foto Offenbach, Passbilder Offenbach, super 8 normal 8 auf dvd, bewerbungsbilder auf cd, leica händler, passbilder kuba cuba, bilder für us visum 5x5, ...

Foto Woehl - Produkt-Detailansicht
www.fotowoehl.de/default.aspx?type=1&oid=3047f2a3-085d...
Foto Offenbach, Passbilder Offenbach, super 8 normal 8 auf dvd, bewerbungsbilder auf cd, leica händler, passbilder kuba cuba, bilder für us visum 5x5, ...

Foto Woehl - Veranstaltungen
www.fotowoehl.de/default.aspx?type=8&oid=215e4b93-a794...
8. Okt. 2011 – Foto Offenbach, Passbilder Offenbach, super 8 normal 8 auf dvd, bewerbungsbilder auf cd, leica händler, passbilder kuba cuba, bilder für us ...

Foto Woehl - Produkt-Detailansicht
www.fotowoehl.de/default.aspx?type=1&oid=82cfac6e-5382...
Foto Offenbach, Passbilder Offenbach, super 8 normal 8 auf dvd, bewerbungsbilder auf cd, leica händler, passbilder kuba cuba, bilder für us visum 5x5, ...

Foto Woehl - Produkt-Detailansicht
www.fotowoehl.de/default.aspx?type=1&oid=267738d9-3492...
Foto Offenbach, Passbilder Offenbach, super 8 normal 8 auf dvd, bewerbungsbilder auf cd, leica händler, passbilder kuba cuba, bilder für us visum 5x5, ...

Foto Woehl - Produkt-Detailansicht
www.fotowoehl.de/default.aspx?type=1&oid=d79f3577-e31a...
Foto Offenbach, Passbilder Offenbach, super 8 normal 8 auf dvd, bewerbungsbilder auf cd, leica händler, passbilder kuba cuba, bilder für us visum 5x5, ...

Foto Woehl - Produkt-Detailansicht
www.fotowoehl.de/default.aspx?type=1&oid=d5f18f90-296b...
Foto Offenbach, Passbilder Offenbach, super 8 normal 8 auf dvd, bewerbungsbilder auf cd, leica händler, passbilder kuba cuba, bilder für us visum 5x5, ...

Abb. 14.1 *Die Analyse der Webseiten eines Online-Shops im Google-Index*

Wir bekommen auf diese Weise bereits einige Anregungen bzw. zwingende Aufgaben für Optimierung, z. B. Optimierung der URLs (Abschnitt 10.1), der Title-Tags und der Meta-Descriptions (Abschnitt 8.7.5).

14.3 Backlinks: PageRank und Trust

Ohne eine ausreichende Menge an qualitativ hochwertigen Backlinks schafft es kaum eine Webseite auf Top-Positionen in Suchmaschinen. Wie ich in Abschnitt 4.2.8 erläutert habe, publiziert Google die sog. Toolbar-PageRank-Werte seit April 2016 nicht mehr, arbeitet jedoch intern weiterhin mit dem PageRank und wahrscheinlich einer speziellen Metrik für Trust.

Rufen wir uns einige wichtige Tatsachen zum PageRank-Wert noch einmal in Erinnerung:

- Der PageRank-Wert wird von Google *für jede einzelne Webseite im Index* berechnet. Es ist daher falsch zu sagen, eine Web*site* habe einen bestimmten PageRank-Wert, sondern jede Web*seite* ist einzeln zu betrachten. Bei den meisten Websites hat die Startseite den höchsten PageRank-Wert, das muss aber nicht so sein. Gibt es z. B. eine Unterseite, die sehr viele eingehende Links hat oder Links von Seiten mit hohem PageRank, dann kann es durchaus passieren, dass eine Unterseite der Website einen höheren PageRank-Wert als die Startseite hat.
- Der PageRank ist ein allgemeines Maß für die Wichtigkeit oder Beliebtheit einer Webseite, die völlig unabhängig von irgendwelchen Keywords ist. Der PageRank beeinflusst aber die Relevanz einer Webseite für jedes relevante Keyword. Aus diesem Grund muss das Ziel sein, dass nicht nur die Startseite einen hohen PageRank-Wert hat, sondern vor allem auch die einzelnen Unterseiten einer Website, insbesondere z. B. die einzelnen Artikel- oder Produktseiten eines Online-Shops.
- Google hat die echten PageRank-Werte nie verraten, sondern lediglich einen Wert, der als Toolbar-PageRank bezeichnet wurde. Das war nicht der echte PageRank, sondern eine logarithmisch transformierte Form davon mit einem Wertebereich zwischen 0 und 10. Der Wertebereich des tatsächlichen PageRanks wird mit höherem Toolbar-PageRank-Wert immer größer. Es macht daher einen erheblichen Unterschied, ob eine Webseite mit Toolbar-PageRank 5 sich am unteren oder oberen Ende des 5er-Wertebereiches befindet (Abschnitt 4.2.4).
- Da Google auch die Toolbar-PageRank-Werte nicht mehr verrät, müssen wir auf SEO-Toolanbieter ausweichen, die den Toolbar-PageRank auf eigene Faust, so gut es geht, berechnen. Einige diese Anbieter berechnen auch eigene Werte für Trust auf Basis bekannter TrustRank-Algorithmen.

Interpretation des Untersuchungsergebnisses

Was bedeutet nun aber ein bestimmter Wert für Toolbar-PageRank, DA oder LRT Power*Trust? Je höher der Wert, desto besser – das ist klar. Aber welche Werte sind für eine bestimmte Website erreichbar bzw. realistisch?

Um das beurteilen zu können, ist eine Wettbewerber-Analyse hilfreich. Auf welche Werte bringen es die Websites Ihrer direkten und erfolgreichen Wettbewerber? In Tabelle 14.1 habe ich einen kleinen Marktüberblick zusammengestellt, sortiert nach dem Google Toolbar-PageRank (ermittelt, kurz bevor die Publikation dieses Werts von Google abgeschaltet wurde). Dies kann Ihnen eine erste Orientierung geben und dabei helfen, die Werte Ihrer oder einer von Ihnen zu optimierenden Website einzuordnen.

Google Toolbar PageRank	Beispiele für Websites (Startseite) mit diesem Toolbar PageRank	MozRank (mR)	Moz Domain Authority (DA)	LRT Power	LRT Trust
10	twitter.com	8,38	100	10	10
9	www.w3.org	8,09	100	9	10
8	www.amazon.de	7,66	95	9	9
	www.spiegel.de	7,26	95	8	8
	www.berlin.de	7,60	91	6	8
7	www.taz.de	6,81	87	7	7
	web.de	7,03	89	6	7
6	www.hotel.de	6,27	80	6	6
	www.bmw.de	6,56	81	6	7
	www.kassel.de	6,34	65	5	5
5	www.aeg.de	6,32	62	4	3
	www.wetzlar.de	6,04	56	5	6

Tabelle 14.1 *Toolbar-PageRank und alternative Metriken für die Startseite einiger Websites in der Top Level Domain .de (mit Ausnahme der obersten beiden).*

Google Toolbar PageRank	Beispiele für Websites (Startseite) mit diesem Toolbar PageRank	MozRank (mR)	Moz Domain Authority (DA)	LRT Power	LRT Trust
4	www.friatec.de	4,67	45	5	5
	www.herzogenaurach.de	5,81	45	5	6
3	de.webmasters-europe.org	6,24	43	4	3
	hersbruck.de	5,83	50	3	4
2	www.biketothefuture.de	3,77	14	3	1
	www.hiltpoltstein.de	4,12	18	2	2
1	www.wirtamdom.com	3,86	19	3	1

Tabelle 14.1 *Toolbar-PageRank und alternative Metriken für die Startseite einiger Websites in der Top Level Domain .de (mit Ausnahme der obersten beiden).*

Bei meiner kleinen Recherche hatten in der Toplevel-Domain .de die Websites mit dem höchsten Toolbar-PageRank den Wert 8. Websites mit Toolbar-PageRank 9 oder 10 fand ich nicht. Diese werden werden in der Regel nur von global bekannten und sehr häufig genutzten Websites wie z. B. Twitter erreicht.

In den Bereichen 7-8 fand ich z. B. die Websites bekannter Web-Unternehmen, Publikationsorgane und bekannter Großstädte.

In den Bereichen 5-6 waren u. a. regional bekannte Web-Unternehmen (Hotel.de), die Websites von Traditionsunternehmen außerhalb des IT-Bereichs (z. B. der Elektrogeräte-Hersteller AEG), die Sites bekannter Automobil-Marken und die mittelgroßer Städte angesiedelt.

In den Zonen 3-4 fand ich u. a. die Websites mittelständischer Unternehmen außerhalb des IT-Bereichs, die Sites bekannterer lokaler Unternehmen und kleinerer Städte.

Und in den Bereichen 1-2 fanden sich vor allem die Websites kleiner Gemeinden und kleine, weniger bekannte oder nur regional tätige Unternehmen wie z. B. Handwerksbetriebe, Einzelhandel und Gastronomie.

Wie Tabelle 14.1 zeigt, reflektieren die alternativen Metriken von MOZ und LRT recht gut die Google-Toolbar-PageRank-Bereiche. Dass die Werte von MOZ und

LRT in den niedrigeren PageRank-Zonen tendenziell höher sind, ist nur logisch, wenn man bedenkt, dass die Toolbar-PageRank-Werte seit Dezember 2013 nicht mehr aktualisiert wurden und die betrachteten Websites seitdem sicherlich Backlinks hinzugewinnen konnten.

Offenbar ist es diesen Tool-Anbietern recht gut gelungen, die Google PageRank-Metrik »nachzubauen«, und sie liefern valide Werte. Interessant ist auch, dass LRT Power und Trust bei den betrachteten Websites kaum voneinander abweichen, was man als Merkmal seriöser Websites werten könnte.

Dieser kleine Marktüberblick kann Ihnen dabei helfen, die Metriken Ihrer eigenen Website besser einzuordnen.

Wichtig ist dabei vor allem eines: Liegt Ihre Website unter den Werten Ihrer erfolgreichen Mitbewerber, besteht in jedem Fall Handlungsbedarf.

14.4 Sichtbarkeitsindex

Einige SEO-Toolanbieter wie z.B. *Sistrix*[187], *Searchmetrics*[188], *Seolytics*[189] und *Xovi*[190] errechnen eine Metrik für die Sichtbarkeit einer Domain in Google. Sistrix nennt diese Kennzahl »Sistrix Sichtbarkeitsindex«, Searchmetrics nennt sie »Seo Visibility«, Seolytics »Visibility Rank (SVR)« und Xovi bezeichnet den Wert als »Online Value Index (OVI)«.

Die Tool-Anbieter gehen dabei so vor, dass sie zu einem mehr oder weniger großen Keyword-Set, das sie selbst definieren, die Rankings in Google abfragen und dann einen Wert berechnen, der etwas darüber aussagen soll, wie gut eine Domain insgesamt, über alle untersuchten Keywords, in Google zu finden ist. Sistrix gibt z.B. an, ein Keyword-Set von mehr als einer Million Terme zu verwenden.

Je höher der Sichtbarkeits-Wert, desto häufiger und besser werden die Seiten einer Domain in Google gefunden, und desto größer sollte dementsprechend auch der Besucher-Traffic sein und damit auch der wirtschaftliche Wert der Domain.

Diese Sichtbarkeits-Metriken taugen jedoch, obwohl häufig verwendet und zitiert, für SEO-Zwecke nur bedingt, wie Julian Dziki von Seokratie in einem Blogbeitrag herausgearbeitet hat.[191] Die Gründe dafür sind folgende:

187. *https://www.sistrix.com/*

188. *http://www.searchmetrics.com/*

189. *http://www.seolytics.com/*

190. *http://www.xovi.com/*

- Bei kleineren Domains, die für spezielle Keywords optimiert sind, liefern die Sichtbarkeits-Metriken keine aussagekräftigen Daten, weil die relevanten Keywords in dem verwendeten Keyword-Set möglicherweise gar nicht vorhanden sind.
- Es ist im Einzelnen unklar, woher die Tool-Anbieter ihre Daten beziehen und wie die Berechnungen im Detail aussehen. Sie sind also weder nachvollziehbar noch überprüfbar.

In der Praxis zeigt sich:

- Die Sichtbarkeits-Metriken sind vor allem für große Domains, die viele Keywords haben, geeignet, um einen schnellen Überblick zu bekommen, wie gut die Seiten dieser Domain ranken und wie sich das Ranking insgesamt durch SEO-Maßnahmen verändert, ohne einzelne Keywords betrachten zu müssen.
- Die Sichtbarkeits-Metriken eignen sich insbesondere dafür, um nach Updates des Google-Algorithmus (Panda, Penguin, Hummingbird, ...) herauszufinden, welche Domains an Sichtbarkeit verloren haben, um dann durch einen Vergleich dieser Domains darauf zu schließen, welche Faktoren Google negativ bewertet haben könnte.

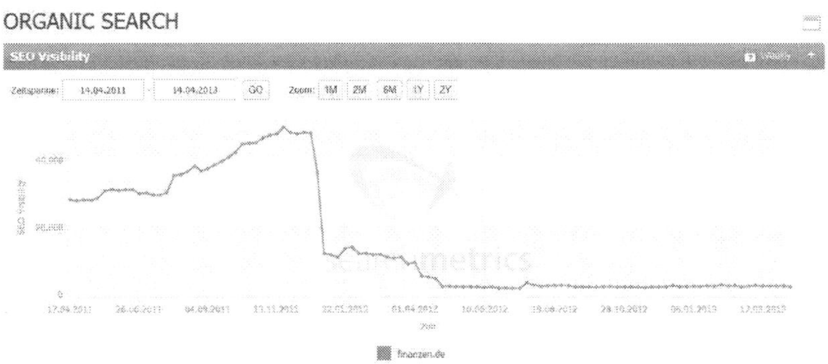

Abb. 14.2 *Sichtbarkeitsverlust der Domain finanzen.de nach einem bedeutenden Update des Google-Algorithmus im Jahr 2011, analysiert mit dem Tool von Searchmetrics.*

> Unter der Adresse *www.sichtbarkeitsindex.de*[192] können Sie den Sistrix-Sichtbarkeitsindex einer Domain abfragen. Machen Sie das ruhig einmal für bekannte große Domains wie z. B. amazon.de, ebay.de o. ä. sowie für Ihre eigenen Domains und ggf. andere kleinere Domains.

191. *Pfeif auf die Sichtbarkeit!!! Ein Beitrag von Julian Dziki (http://www.seokratie.de/pfeif-auf-die-sichtbarkeit/)*
192. *http://www.sichtbarkeitsindex.de/*

14.5 Seitenanalyse

Ein erster Blick auf die Webseiten, deren Ranking verbessert werden soll, gibt Hinweise auf Defizite und Ideen für die Optimierung.

Keyword-Verteilung

Mit Hilfe der Webbrowser-Erweiterung *MultiHighlighter von CCDevGroup* für Chrome (für Firefox gibt es ein ähnliches Addon) schaue ich mir die Keyword-Verteilung auf der Webseite an. Der MultiHighlighter hebt ein oder mehrere Keywords auf der betrachteten Website farblich hervor. Damit bekommt man einen wunderbaren, schnellen Überblick darüber, ob, wie häufig und wo auf der Webseite das Keywords/die Keywords vorkommen (Abb. 14.3). Von gar nicht bis zu häufig (Über-Optimierung mit bedenklich hoher Keyword-Dichte) habe ich schon alles gesehen. Auch sieht man direkt, ob das Keyword z. B. in den Überschriften vorkommt, oder nur im Fließtext.

Abb. 14.3 *Hervorhebung des Keywords »SEO Seminar« auf einer dafür optimierten Webseite (Ausschnitt) mit Hilfe des Webbrowser-Addons MultiHighlighter.*

HTML-Struktur

Sowohl der Webbrowser Chrome als auch Firefox verfügen über tolle Webdeveloper-Tools, die bereits standardmäßig integriert sind.

Schritt für Schritt:

1. Klicken Sie mit der rechten Maustaste auf ein Element der Webseite und wählen Sie im Context-Menü *Untersuchen* (Chrome) oder *Element untersuchen* (Firefox). Es öffnet sich dann eine Toolbox mit zahlreichen Werkzeugen für Web Developer.

2. Aktivieren Sie den Inspektor (in dem Sie auf das Symbol mit dem Quadrat und dem Pfeil klicken).

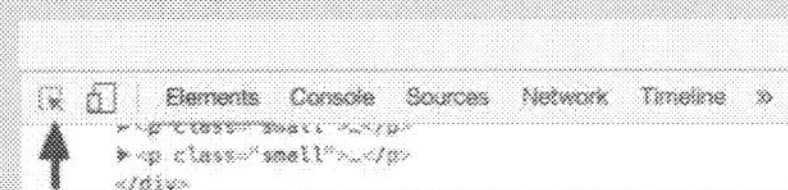

Abb. 14.4 *Aktivierung des Element-Inspektors in den Google Chrome Developer Tools.*

3. Anschließend können Sie mit der Maus über ein Element der Webseite gehen und Informationen zum Quellcode werden eingeblendet. So sehen Sie z. B. gleich, ob ein Element als Überschrift (h1 oder h2) ausgezeichnet ist.

Abb. 14.5 *Information zur Quellcode des ausgewählten Elements. Das Element steht in einer h1-Überschrift.*

Oft genug habe ich gesehen, dass Webseiten gar keine korrekt mit h-Tags ausgezeichnete Überschriften haben oder die Keywords in den Überschriften nicht vorkommen, oder dass in den h1-Überschriften keine Keywords stehen. Im Zuge der Seitenoptimierung (Lektion 8) sollten solche Fehler bereinigt werden.

14.6 Übungen

Übung 6: Ihre Website im Google-Index

1. Schauen Sie sich mit Hilfe des `site:` -Befehls in Google an, wie eine Ergebnisliste mit den Seiten Ihrer Website aussieht. Achten Sie insbesondere auf die URLs, die Title Tags und die Beschreibungstexte.
2. Sehen Sie offensichtliche Defizite, die es zu beheben gilt?

Übung 7: Backlink-Metriken

1. Untersuchen Sie für Ihre eigene Website sowie für fünf Ihrer Wettbewerber die Metriken *LRT Power*Trust, MOZ Domain Authority (DA)* und *MOZ Page Authority (PA)* jeweils für die Startseite der Domains.
2. Stellen Sie das Ergebnis in einer Tabelle zusammen und vergleichen Sie die Werte. Welche Metrik ist Ihrer Meinung nach am nützlichsten?

14.7 Testen Sie Ihr Wissen!

1. Wie finden Sie heraus, wie viele und welche Seiten einer Website im Google-Index enthalten sind?
2. Welche Probleme lassen sich mit einem Blick erkennen, wenn Sie sich die Liste der Webseiten einer Website im Google-Index anschauen?
3. Welche Metriken eignen sich für ein allgemeines Maß der Qualität und Quantität der Verlinkung einer Website im WWW?
4. Wie können Sie die Backlinks zu einer von Ihnen verwalteten Website ermitteln?
5. Wie können Sie die Backlinks zu von Ihnen **nicht** verwalteten Websites ermitteln?

15 Bleiben Sie up to date!

In dieser Lektion lernen Sie

- wie Sie Ihr SEO-Knowhow stets aktuell halten können.

Folgende Ressourcen bieten sich an, um auf dem aktuellen Stand zu bleiben:

15.1 Buch und Seminar

Dieses Buch :-)

Das Buch, das Sie gerade lesen, wird jedes Jahr aktualisiert, da es als Lehrbuch in diversen Ausbildungs- und Zertifizierungsprogrammen eingesetzt wird, und ich mich nach besten Kräften bemühe, es aktuell zu halten. Wir haben daher die aktuelle Jahreszahl in den Buchtitel mit aufgenommen.

Das SEO-Seminar zum Buch

Mehrmals im Jahr biete ich ein für alle Interessenten offenes zweitägiges Intensivseminar zum Thema SEO an. Dabei gehen wir alle Optimierungsschritte für die Websites der Teilnehmer durch, und ich gebe individuelle Tipps zur Optimierung. Nähere Infos zum Seminar und die aktuellen Termine finden Sie auf der *Website der Webmasters Akademie*[193].

Das Seminar biete ich auch als Firmen-Inhouse-Seminar bei Ihnen vor Ort an. Fragen Sie einfach bei mir nach (t.schneider@webmasters.de), und wir erstellen Ihnen gerne ein unverbindliches Angebot.

193. *https://www.webmasters-akademie.de/seminare/seo-seminar.html*

15.2 Google

Google selbst stellt für Webseitenbetreiber umfangreiche Informationen zur Verfügung und hält über diverse Kanäle Kontakt zu den Webmastern und Suchmaschinenoptimierern dieser Welt. Einige der interessanten Ressourcen sind:

- Webmaster Central Blog (englisch): *http://googlewebmastercentral.blogspot.de/*
- Webmaster Central Blog (deutsch): *http://googlewebmastercentral-de.blogspot.de/*
- Google Inside Search Blog (englisch): *http://insidesearch.blogspot.de/*
- Google Webmasters Videos auf Youtube (verschiedene Sprachen): *https://www.youtube.com/user/GoogleWebmasterHelp/videos*
- Webmaster Central Live Office Hours in Google Hangouts. Google führt »Webmaster-Sprechstunden« in verschiedenen Sprachen in Google Hangouts durch, an denen jeder teilnehmen kann. Nehmen Sie teil, und stellen Sie Fragen: *https://sites.google.com/site/webmasterhelpforum/en/office-hours*.

Matt Cutts

Matt Cutts ist wahrscheinlich der bekannteste Angestellte von Google, vor allem in SEO-Kreisen. Er ist Leiter des Webspam-Teams und Googles Sprachrohr für die SEO-Gemeinde. In seinem Blog und seinen Webmaster-Videosprechstunden, die im Youtube-Kanal *GoogleWebmasterHelp* publiziert sind, beantwortet er Fragen und erklärt Googles Sicht auf typische SEO-Fragen und -Aspekte. Auch wenn Matt Cutts zur Zeit eine Auszeit nimmt, sind seine Videos immer noch eine interessante Informationsquelle.

- Blog: *https://www.mattcutts.com/blog/type/googleseo/*
- Videos: *https://www.youtube.com/user/GoogleWebmasterHelp/videos* (im Channel nach Matt Cutts suchen)

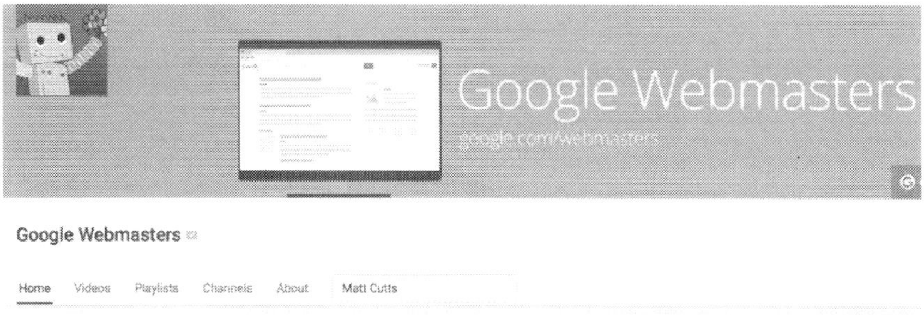

- *The Short Cutts*: Die Videos von Matt Cutts finden Sie auch auf der Website *http://www.theshortcutts.com/*. Dort hat man sich die Mühe gemacht, die Kernaussagen jedes Videos in ein kurzes Statement zu packen und unter die Videos zu schreiben.

Beachten Sie jedoch, dass viele Videos von Matt Cutts schon älteren Datums und manche Aussagen eventuell heute überholt sind.

15.3 Experten-Blogs

Deutschsprachige Blogs

Es gibt natürlich auch zahlreiche Websites und Blogs zum Thema SEO. Die folgende Liste erhebt selbstverständlich keinen Anspruch auf Vollständigkeit.

- @-web Suchmaschinen Blog von Klaus Patzwaldt: *http://www.at-web.de/blog/*
- SEO-Book-Notizbuch für die Suchmaschinenoptimierung von Eric Kubitz: *http://www.seo-book.de/*
- SEO-Blog von Stefan Fischerländer (Gipfelstolz GmbH): *https://expiredweb.net/seo*
- Online Marketing Blog von Karl Kratz: *http://www.karlkratz.de/onlinemarketing-blog/*
- SEO-Blog von seo-united.de: *http://www.seo-united.de/blog/*
- SEOKRATIE-Blog: *http://www.seokratie.de/blog/*
- tagSeoBlog von Martin Mißfeldt: *http://www.tagseoblog.de/*
- Sistrix-Blog: *http://www.sistrix.de/news/*
- Search Metrics-SEO-Blog: *http://blog.searchmetrics.com/de/*
- OnPageMagazin — Für innovative Digitale Marketer: *https://de.onpage.org/blog/*

Englischsprachige Blogs

- Search Engine Journal: *http://www.searchenginejournal.com/*
- Search Engine Watch: *http://searchenginewatch.com/category/seo*
- The Moz Blog: *https://moz.com/blog*

Tipp: Um einen Überblick über diese Blogs und neue Beiträge darin zu behalten, ist es sehr praktisch, einen RSS-Feedreader zu verwenden. Ich persönlich nutze für diesen Zweck *feedly*[194].

15.4 Konferenzen und Unkonferenzen

Zu den profiliertesten Konferenzen im deutschen Sprachraum zum Thema SEO bzw. mit Schwerpunkt im SEO-Bereich gehören:

- SMX München: *http://smxmuenchen.de/*
- Seo Campixx Days: *http://www.campixx-week.de/thementage/seo-campixx-days/*
- SEODay Köln: *https://www.seo-day.de/*
- SEOkomm: *http://www.seokomm.at/*

Weitere Konferenzen und Veranstaltungen zum Thema finden Sie u. a. auf der Seite *http://www.seo-book.de/seo-konferenzen*

194. *http://feedly.com*

Lösungen der Übungsaufgaben

Übung 1: PageRank-Alternativen

Sie werden beobachten, dass große, bekannte, ältere Domains in der Regel höhere Werte für LRT Power und Trust bzw. MOZ Domain Authority (DA) aufweisen als kleinere, unbekannte oder noch neue Domains. Das bedeutet, dass erstere über höhere PageRank- und Trust-Werte verfügen, und da dies wichtige Ranking-Signale sind, ist es für Unterseiten diese Domains leichter, gute Rankings zu erzielen.

Sie werden auch bemerken, dass die verschiedenen Metriken unterschiedliche Werte liefern, aber in der Regel im Vergleich mehrerer Websites dieselben Trends aufzeigen. Es kann aber auch passieren, dass das eine oder andere Tool für bestimmte URLs keine oder keine nachvollziehbaren Werte anzeigt. Keines der Tools arbeitet 100% verlässlich und fehlerfrei oder kennt alle Domains! Seien Sie daher stets vorsichtig in der Interpretation der Ergebnisse. Es ist immer sinnvoll, sich nicht nur auf ein einziges Tool zu verlassen.

Übung 2: WDF*IDF-Textassistent

Ich habe, um das Tool zu testen, als Keyword »Pseudogetreide« eingegeben und mir einen Textausschnitt aus dem Wikipedia-Artikel zum Thema kopiert (Quelle: *https://de.wikipedia.org/wiki/Pseudogetreide*). Der Screenshot zeigt, welche Begriffe laut WDF*IDF-Analyse fehlen (Reis, Bio, Buchweizen ...), welche häufiger verwendet werden sollten (Pseudogetreide, Quinoa, Amarant, ...) und welche weniger oft verwendet werden sollten (Getreidearten). Das hilft dabei, den Text so zu verändern, dass er optimale Ranking-Signale aussendet. Beachten Sie jedoch unbedingt, nur Begriffe einzubauen, die für Ihren Text auch tatsächlich Sinn machen! Begriffe, die keinen Sinn machen, lassen Sie unbedingt weg.

Übung 3: Informationen mit HTML-Mikrodaten semantisch auszeichnen

Die Übung ist vielleicht etwas schwieriger als sie im ersten Moment aussieht. Ich möchte den Lösungsweg daher schrittweise und ausführlich erklären. In meiner Beispiel-Lösung (die nicht die einzig richtige sein muss) gehe ich in drei Schritten vor. Zuerst notiere ich die semantischen Informationen, die der Quellcode der Übung enthält:

```
Typ: Film
Titel: Gloomy Sunday
Dauer: 112 Minuten
Regisseur: Rolf Schübel
Hauptdarstellerin: Erika Marozsán
Foto: erikamarozsan.jpg
```

Jetzt geht es darum, in Elementen (Items) und Eigenschaften (properties) zu denken, um die semantischen Informationen im Sinne der Mikrodaten-Spezifikation darzustellen. Es gibt hier offensichtlich drei Elemente: einen Film (mit 4 Eigenschaften) und zwei Personen (mit einer bzw. zwei Eigenschaften). Es wird also nötig sein, insgesamt drei Items zu erzeugen, von denen die beiden Personen-Items Eigenschaften des Film-Items sind. Schreiben wir im nächsten Schritt die Semantik in der Logik der Mikrodaten-Spezifikation und mit den schema.org-Vokabularen auf. Dazu recherchiere ich zunächst auf schema.org, welche Vokabulare zur Verfügung stehen und finde dafür */Movie* und */Person*.

```
Item
type: http://schema.org/Movie
property:
  name: Gloomy Sunday
  duration: PT112M
  director: item 1
  actor:    item 2

Item 1
type: http://schema.org/Person
property:
  name: Rolf Schübel

Item 2
type: http://schema.org/Person
property:
  name: Erika Marozsán
  image: erikamarozsan.jpg
```

Wir haben jetzt drei Items, wobei zwei davon (die beiden Personen-Items) Eigenschaften des ersten sind. Für die Länge des Films steht im Movie-Vokabular die Eigenschaft *duration* zur Verfügung. Dort steht auch, dass die Dauer im *ISO 8601 date format* angegeben werden soll, das ich dann hier gleich genommen habe. Im nächsten Schritt schreibe ich nun das HTML dazu, und das sieht folgendermaßen aus:

```
<section itemscope itemtype="http://schema.org/Movie">
Der Film mit dem Titel <em itemprop="name">Gloomy Sunday</em>
dauert <time itemprop="duration" datetime="PT112M">112
Minuten</time>.
  <section itemprop="director" itemscope
itemtype="http://schema.org/Person">
  Der Regisseur des Films ist <strong itemprop="name">Rolf
Schübel</strong>.
  </section>
  <section itemprop="actor" itemscope itemtype="http://schema.org/
Person">
  Die Hauptdarstellerin ist <strong itemprop="name">Erika
Marozsán</strong> <img itemprop="image" src="erikamarozsan.jpg"
alt="Erika Marozsán">.
  </section>
</section>
```

Im letzten Schritt überprüfe ich den HTML-Code mit Hilfe des Google Test-Tools für strukturierte Daten. Das Ergebnis sollte so aussehen:

Extrahierte strukturierte Daten

Item

type:	http://schema.org/movie
property:	
name:	Gloomy Sunday
duration:	PT112M
director:	*Item 1*
actor:	*Item 2*

Item 1

type:	http://schema.org/person
property:	
name:	Rolf Schübel

Item 2

type:	http://schema.org/person
property:	
name:	Erika Marozsán
image:	http://www.example.com/erikamarozsan.jpg

Wenn das Ergebnis bei Ihnen anders aussieht, ist der Quellcode fehlerhaft. Suchen Sie in diesem Fall den Fehler und überarbeiten Sie den Quellcode so lange, bis Sie bei der Überprüfung das korrekte Ergebnis erhalten.

Übung 4: Backlink-Analyse

Der ideale Backlink ist ein Follow-Link von einer Webseite mit hohem PageRank und Trust, wenigen externen Links und thematischer Nähe zur eigenen Seite. Mit der Google Search Console haben wir keine direkte Möglichkeit, darüber eine Aussage zu treffen, da uns entsprechende Metriken fehlen. Die anderen Tools bieten eigene Metriken, die mit PageRank und Trust korrelieren. Beispiel: Bei der Analyse im Open Site Explorer betrachten Sie ausschließlich die follow-Links (Filter setzen) und sortieren die Ergebnisliste dann absteigend nach Page Authority. Der Link von der Seite mit der höchsten Page Authority ist wahrscheinlich der wertvollste. Kontrollieren Sie die wertvollen Links aber immer dadurch, dass Sie sich die verlinkende Seite anschauen und dort den Link suchen. Um schädliche Backlinks zu finden, gehen Sie die Backlinks durch und sehen sich die Webseiten von verdächtig aussehenden Backlinks (zu erkennen oft schon am Domainnamen) näher an. Ein natürlich aussehendes Ankertextprofil zeichnet sich durch eine große Diversität der Ankertexte und einen nicht zu hohen Anteil an harten Keyword-Ankertexten aus.

Übung 5: Ranking-Überwachung einrichten

Sie werden wahrscheinlich feststellen, dass die Ranking-Positionen sich für manche Keywords je nach Tool unterscheiden können. Das liegt daran, dass Google sehr weitgehende Funktionen zur Personalisierung und Lokalisierung verwendet, die kein Tool zu 100% ausschließen kann.

Übung 6: Ihre Website im Google-Index

Welche Defizite das sein könnten, können Sie in Abb. 14.1 in geballter Form bewundern ;-)

Übung 7: Backlink-Metriken

Sie werden möglicherweise, so wie ich, zu dem Ergebnis kommen, dass es sinnvoll ist, verschiedene Metriken zu betrachten, und dass alle genannten ihren individuellen Nutzen haben. Vielleicht sind Sie aber auch anderer Meinung?

Lösungen der Wissensfragen

Lektion 1: Die Macht der Suchmaschinen

1. **Warum ist es für den Erfolg einer Website so wichtig, in Suchmaschinen gut gefunden zu werden?**

   Lösung:

   → Weil fast jeder Internetnutzer Suchmaschinen regelmäßig nutzt

   → Weil Suchmaschinen in jeder Phase des Kaufprozesses eine Rolle spielen

2. **In welchen Ländern der Erde ist Google nicht Marktführer?**

   Lösung:

   Südkorea, China, Russland

3. **Wie heißen die marktführenden Suchmaschinen in diesen Ländern?**

   Lösung:

   China: Baidu; Russland: Yandex; Südkorea: Naver

4. **Nennen Sie einen wichtigen Grund für den großen Erfolg der Suchmaschine Google!**

   Lösung:

   Die Erfindung des PageRank-Algorithmus, der es Google erlaubte, deutlich bessere Suchresultate zu liefern als andere Suchmaschinen zu dieser Zeit (Ende der 1990er Jahre).

5. **Woher bezieht die Suchmaschine Yahoo! seit 2013 ihre Ergebnisse?**

   Lösung:

   Von Bing

6. **Nennen Sie drei Suchmaschinen, die damit werben, keine persönlichen Informationen des Suchenden zu speichern.**

   Lösung:

   DuckDuckGo, Startpage, Ixquick

7. Wie unterscheidet sich DuckDuckGo von Startpage und Ixquick?

Lösung:

DuckDuckGo setzt einen eigenen Crawler ein, während Startpage und Ixquick lediglich Meta-Suchmaschinen sind, die andere Suchmaschinen abfragen.

Lektion 2: Aufbau und Funktionsweise von Suchmaschinen

1. Wie lässt sich die Größe des WWW näherungsweise ermitteln?

Lösung:

Durch die Bestimmung der Zahl der Webseiten im Index der marktführenden Suchmaschinen (Google, Yahoo!, Bing)

2. Aus welchen Systemkomponenten bestehen indexbasierte Suchmaschinen?

Lösung:

Webcrawler, Index, Scheduler, Such-Interface

3. Welche Aufgabe hat das Subsystem *Webcrawler*?

Lösung:

Die Webcrawler (auch Robots oder Spider genannt) rufen Webseiten auf und laden diese herunter, so dass der Quellcode analysiert werden kann. Sie folgen den Hyperlinks auf einer Webseite und rufen die Zielseiten auf. Auf diese Weise »wandern« sie durch das WWW und können prinzipiell alle Seiten finden, die von anderen Seiten aus verlinkt sind.

4. Welche beiden Arten von Googlebots gibt es und wie unterscheiden sie sich?

Lösung:

- → Freshbot: findet sehr schnell neue Seiten im WWW und Seiten, deren Inhalt sich geändert hat. Geht bei der Indexierung aber nicht sehr tief in die Site und verarbeitet nur wenige Dateiformate (HTML, TXT)
- → Deepbot: Indexiert möglichst viele Seiten einer Website und verarbeitet ein sehr breites Spektrum an Dateiformaten, u.a. auch PDF, SWF, PS, Word usw.

5. Welche Aufgabe hat das Subsystem *Scheduler*?

Lösung:

Der Scheduler sammelt und verwaltet die durch die Crawler ermittelten URLs und steuert die Aussendung der Crawler.

6. Erklären Sie den Begriff *Deep Web*!

Lösung:

Das Deep Web umfasst die Webseiten, die durch Suchmaschinen nicht gefunden werden und folglich nicht in den Index aufgenommen werden können. Das kann z. B. daran liegen, dass die Seiten nur für registrierte und eingeloggte Besucher sichtbar sind oder dass man diese Seiten nur nach Ausfüllen eines Formulars aufrufen kann.

7. Was ist ein *invertierter Index*?

Lösung:

Ein Index, in dem Keywords den URLs von Webseiten zugeordnet werden, so dass man sehr schnell und effektiv URLs finden kann, die für bestimmte Suchanfragen relevant sind.

8. Wie arbeitet die *Google Instant Search*?

Lösung:

Bei Google Instant wird das Suchergebnis bereits während der Eingabe der Suchanfrage eingeblendet und passt sich der Eingabe in Echtzeit dynamisch an.

Lektion 3: Die Google-Suchergebnisseite

1. Was sind die sog. Google Spezialsuchmaschinen (vertical search)? Nennen Sie die wichtigsten!

Lösung:

Suche nach speziellen Dateiformaten, wie z. B. Bilder (Google Bildersuche), Videos (Google Videosuche) und nach speziellen Informationen, die nicht direkt Teil des WWW sind, z. B. Bücher (Google Books), wissenschaftliche Fachartikel (Google Scholar), Karten (Google Maps).

2. **Erläutern Sie, wie *Google Universal Search* funktioniert.**

   Lösung:

   Bei einer Standard-Suchanfrage werden immer auch die Spezialsuchmaschinen abgefragt und Ergebnisse dieser »Vertical Search« auf der Suchergebnisseite ggf. auch eingeblendet.

3. **Erläutern Sie, wie im einfachsten Fall ein einzelner Suchtreffer auf der Suchergebnisseite von Google aufgebaut ist.**

   Lösung:

   Ein Suchtreffer besteht mindestens aus einem Titel, der URL zur Trefferseite und einer Kurzbeschreibung.

4. **Aus welchen Quellen kann der auf der Ergebnisseite von Google angezeigte Beschreibungstext für einen Suchtreffer stammen?**

   Lösung:

   Aus dem Inhalt des <meta name="description"...>-HTML-Tags der Trefferseite oder aus einem eigenen »Snippet«, das Google aus dem Text im Body-Bereich der Seite um die Keywords herum erstellt.

5. **Was sind *Sitelinks*?**

   Lösung:

   Bei einem Suchtreffer zusätzlich angezeigte Links, die zu Unterseiten der gefundenen Website führen.

6. **Erläutern Sie den Begriff *Rich Snippets*! Wie können Sie als Webseiten-Autor/Web-Entwickler die Wahrscheinlichkeit erhöhen, dass Google für Ihre Webseiten auf der Suchergebnisseite Rich Snippets anzeigt?**

   Lösung:

   Rich Snippets sind Suchergebnisse, die über die traditionellen Elemente wie Titel, Beschreibung und URL weitergehende Informationen zum Suchtreffer zeigen, z. B. Autorinformationen, Bewertungen und Erfahrungsberichte, spezifische semantische Informationen aus der Zielseite des Treffers. Sie können die Wahrscheinlichkeit, dass Google Rich Snippets erstellt, dadurch erhöhen, dass Sie Ihre Webseiten semantisch auszeichnen.

7. Was ist die *Google Answer Box*? Nennen Sie ein Beispiel!

Lösung:

Die Google Answer Box ist ein Bereich ganz oben auf der Suchergebnisseite, der angezeigt wird, wenn Google eine direkte Antwort auf die Frage oder Lösung des Problems hat, z. B. die Umrechnung einer Währung in eine andere mit Hilfe eines Widgets.

8. Beschreiben Sie in ein bis zwei Sätzen, was genau der Knowledge Graph ist!

Lösung:

Der Knowledge Graph ist eine Google-Suchtechnologie, die versucht, die Bedeutung der Suchbegriffe zu erkennen und auf der Ergebnisseite der Google-Suche dazu passende Erläuterungen, Informationen, alternative Bedeutungen und Verweise in der rechten Spalte einzublenden.

9. Unter welchen Umständen werden auf der Suchergebnisseite von Google Informationen aus dem Knowledge Graph eingeblendet und wo?

Lösung:

Es werden dann Informationen eingeblendet, wenn der Suchbegriff/die Suchbegriffe im Knowledge Graph enthalten sind.

10. Nennen Sie drei Quellen, aus denen der Knowledge Graph seine Informationen bezieht.

Lösung:

→ Wikipedia

→ Wikidata

→ IMDb

→ ...

Lektion 4: Das Ranking

1. **Welches Problem ergibt sich typischerweise, wenn eine Suchmaschine ausschließlich den Quellcode der Webseiten untersucht, um die Relevanz für die Keywords zu berechnen?**

   Lösung:

   Webseiten-Autoren manipulieren den HTML-Code, damit ihre Webseiten möglichst gut gefunden werden, und die Qualität der Suchergebnisse nimmt sehr schnell ab.

2. **Erläutern Sie das Modell des Zufalls-Surfers!**

   Lösung:

   Die Google-Gründer Page und Brin dachten sich dieses Modell als Basis für ein mathematisches Verfahren zur Berechnung der Beliebtheit von Webseiten aus. Der Zufalls-Surfer ist eine fiktive Person, die durch das Web surft und auf jeder Seite zufällig auf einen der dort vorhandenen Links klickt. Auf diese Weise bewegt sich der Zufalls-Surfer durch das gesamte WWW. Die Wahrscheinlichkeit, dass er sich gerade auf einer bestimmten Seite befindet, wird durch den PageRank-Algorithmus berechnet

3. **Was genau bedeutet der PageRank-Wert einer Webseite?**

   Lösung:

   Ein Wert, der durch die PageRank-Formel für jede einzelne Seite im Google-Index berechnet wird und der über die Zahl aller Dokumente im Index (N) direkt mit der Wahrscheinlichkeit korreliert ist, dass der Zufalls-Surfer diese Seite aufruft.

4. **Wie hängt der sog. Toolbar-PageRank bzw. alternative Metriken von SEO-Toolanbietern mit dem tatsächlichen Google PageRank zusammen?**

   Lösung:

   Der sog. Toolbar-PageRank ist eine logarithmische Transformation des tatsächlichen PageRank-Wertes und hat einen Wertebereich von 0-10. Dasselbe gilt für alternative Metriken wie LRT Power oder MozRank.

5. **Wie kann man den Google Toolbar-PageRank ermitteln?**

   Lösung:

   Gar nicht mehr, da Google die Veröffentlichung dieses Werts im April 2016 endgültig eingestellt hat. Zuvor waren die Werte seit Dezember 2013 von Google nicht mehr aktualisiert worden. Heute müssen wir daher auf alternative Metriken von SEO-Toolanbietern wie LRT, MOZ, Ahrefs oder Searchmetrics zurückgreifen, die den Google PageRank bzw. eine auf ähnlichen Algorithmen basierende eigene Metrik auf eigene Faust berechnen.

6. Erläutern Sie die Begriffe *Backlink, Link Popularity* und *Domain Popularity*.

Lösung:

→ Link Popularity: Die absolute Zahl aller eingehenden Links auf eine Webseite

→ Domain Popularity: Die Summe aller verschiedenen Domains, die auf eine Webseite verlinken. Pro Domain wird nur ein Link gezählt, auch wenn viele Links von einer Domain eingehen.

7. Erläutern Sie den Begriff *BadRank*!

Lösung:

Ein mutmaßliches Konzept von Google, das Suchmaschinenspamming aufdecken soll und auf der Umkehrung des PageRank-Verfahrens beruht. Seiten erhalten BadRank, wenn sie auf andere Seiten mit hohem BadRank verweisen (z.B. Seiten aus Linkfarmen). Ab einem bestimmten Schwellenwert wird eine Seite aus dem Google-Index verbannt.

8. Erläutern Sie, wie das TrustRank-Verfahren funktioniert.

Lösung:

Bestimmten von Hand ausgewählten und überprüften Websites/Domains wird der höchste TrustRank-Wert zugewiesen. Der TrustRank vererbt sich durch ausgehende Links an die verlinkten Seiten, ähnlich wie beim PageRank-Verfahren. Je nähere eine Domain an einer Authority Domain liegt, d.h. je weniger Klicks von einer solchen Domain sie entfernt ist, desto höher ist der Trust.

9. Was wollte Google mit dem Panda-Update erreichen?

Lösung:

Mit dem Panda-Update wollte Google Webseiten mit minderwertigen Content (z.B. automatisch erstellte oder kopierte Inhalte mit viel Werbung) erkennen und im Ranking herabstufen.

10. Was macht der Penguin-Algorithmus?

Lösung:

Der Penguin-Algorithmus analysiert vor allem das Linkprofil einer Website, mit dem Ziel, künstlich erzeugte Backlinkstrukturen und Backlinks minderer

Qualität zu identifizieren und die betroffenen Websites im Ranking herabzustufen.

11. Was ist RankBrain?

Lösung:

Ein Algorithmus, der versucht, die Intention des Suchenden zu erkennen und damit zu besseren Suchergebnisse zu gelangen.

12. Was unterscheidet RankBrain von anderen Google-Algorithmen?

Lösung:

Der Algorithmus setzt die Technologie des maschinellen Lernens ein, um sich automatisch weiterzuentwickeln.

Lektion 5: Die 60 wichtigsten Google-Rankingsignale

1. Woher stammt unser Wissen über die Google-Rankingfaktoren?

Lösung:

Von Google selbst und von den Untersuchungen und Beobachtungen der SEO-Experten.

2. Wie beurteilt Google die Qualität einer Webseite?

Lösung:

Zur Beurteilung der Qualität einer Webseite setzt Google u. a. folgende Maßnahmen ein:

- Vorhandensein bestimmter Signale wie: geringe Menge an originalen Inhalten, wenige oder keine qualitativen Backlinks, hoher Prozentsatz an sog. Boilerplate-Inhalten, viele irrelevanten Anzeigen, Seiteninhalt und Seitentitel stimmen nicht mit der Suchanfrage überein, unnatürlich häufiges Vorkommen eines Wortes auf einer Seite
- Analyse der Interaktion der Besucher mit der gefundenen Webseite (User Signals)
- Einsatz eines eigenen Search Quality Teams (Bewertung von Webseiten durch menschliche Bewerter)

3. **Was versteht Google unter »Supplementary Content«?**

   Lösung:

   Webseiten mit zusätzlichen Funktionen, die einen Nutzwert für die User habe, z. B. Links zu verwandten Themen oder Widgets, die den Nutzwert der Seite erhöhen.

4. **Sie können Sie es Google erleichtern, für eine Website Rich Snippets zu erzeugen?**

   Lösung:

   Durch semantische Auszeichnung mit Mikrodaten (siehe)

5. **Warum ist die interne Verlinkung einer Website wichtig?**

   Lösung:

   Weil durch eine geschickte interne Verlinkung positive Rankingsignale gesendet werden können (z. B. PageRank-Vererbung, Relevanzsteigerungen für einzelne Keywords über entsprechende Ankertexte u. a.m.)

6. **Wie viel Prozent sollte die Keyworddichte idealerweise betragen?**

   Lösung:

   Man sollte die Keyworddichte überhaupt nicht prozentual betrachten, da Google mit dieser einfachen Metrik gar nicht arbeitet.

7. **Nennen Sie drei User Signals, die Google höchstwahrscheinlich als Rankingsignal verwendet.**

   Lösung:

   Click Through Rate, SERP Return Rate, Time one Site

8. **Was ist Cloaking?**

   Lösung:

   Eine Technik, mit der dem Robot einer Suchmaschine eine andere, speziell für die Suchmaschine optimierte Webseite ausgeliefert wird, also eine andere als einem menschlichen Besucher mit einem normalen Webbrowser. Gilt heute als gefährlich, da Suchmaschinen die erkennen können und als Täuschungsversuch mit einer Penalty ahnden.

9. Was sind Brückenseiten?

Lösung:

Seiten, die (in der Regel mit Hilfe von JavaScript) einen normalen Webbrowser, nicht jedoch den Robot einer Suchmaschine, auf eine andere Seite weiterleiten, so dass der Robot die Brückenseite indexiert. Gilt heute ebenfalls als gefährlich, da moderne Suchmaschinen dies erkennen können.

10. Nennen Sie weitere SEO-Techniken, die heute nicht mehr angewandt werden sollten.

Lösung:

- → Automatisch erstellter Content.
- → Einfügen von Inhalten anderer Webseiten.
- → Teilnahme an Linktauschprogrammen.
- → Kaufen von Backlinks.
- → Verborgener Text (hidden content).

Lektion 6: SEO-Prozess und SEO-Ziele

1. Welche SEO-Schritte werden unter dem Begriff Onpage-Optimierung zusammengefasst?

Lösung:

Die Optimierung des Contents und des Quellcodes.

2. Nennen Sie drei Beispiele für strategische SEO-Ziele!

Lösung:

- → Mehr Website-Besucher bekommen
- → Marketing-Kosten einsparen
- → Bekannheitsgrad einer Marke erhöhen

3. Mit welchem Schritt beginnt der SEO-Prozess für eine komplett neu zu erstellende Website?

Lösung:

Mit der Keyword-Analyse

4. Mit welchem Schritt beginnt der SEO-Prozess für eine existierende Website, die optimiert werden soll?

Lösung:

Mit dem SEO-Check

5. Wie formuliert man klassischerweise ein SEO-Ziel? Formulieren Sie ein Beispiel!

Lösung:

SEO-Ziele sollten, wie alle Projektziele, klar, eindeutig und erreichbar sein. Damit ein SEO-Ziel erreichbar ist, sollte die Konkurrenz (die Zahl der Suchergebnisse, die Google anzeigt) nicht zu groß, die Keywords also in der Regel nicht zu allgemein sein. In der Praxis haben sich Keyword-Kombinationen aus 2-3 Keywords bewährt. Beispiel: Für das Keyword »SEO Seminar« soll die Webseite (URL) bis spätestens (Datum) auf google.de auf der ersten Ergebnisseite (erste 10 Treffer) zu finden sein.

6. Ein Online-Shop verfügt über 1000 Artikelseiten mit jeweils einem spezifischen, relevanten Keyword. Wie könnte ein SEO-Ziel für diesen Shop aussehen?

Lösung:

Ein SEO-Ziel könnte beispielsweise so formuliert werden: Bis spätestens (Datum) sollen der Shop für mindestens 100 Keywords Top 10-Rankings in google.de besitzen.

Lektion 7: Keywords

1. Wie unterscheiden sich *Keyword-Kandidaten* von *relevanten Keywords*?

Lösung:

Relevante Keywords sind Suchbegriffe, die ein hohes bzw. signifikantes Suchvolumen haben, Keyword-Kandidaten sind Suchwörter, deren Suchvolumen noch nicht ermittelt wurde oder deren Suchvolumen niedrig ist.

2. Nennen Sie vier Techniken, um Keyword-Kandidaten zu ermitteln.

Lösung:

- → Brainstorming
- → Kundenbefragung
- → Analyse von Webseiten der Wettbewerber

→ Online-Tools wie z. B. MetaGer Web-Assoziator oder Google Keyword-Planer

3. **Wie hat *Google Instant* das Suchverhalten beeinflusst?**

Lösung:

Die Suchanfragen bestehen aus immer mehr Begriffen/Keywords.

4. **Was sind *Money Keywords* und wie findet man diese?**

Lösung:

Keywords mit hohem Suchvolumen, aber wenigen Ergebnisseiten (Konkurrenz) in der organischen Suche, also mit einem hohen KEI-Wert

5. **Was ändert sich in Tabelle 7.1, wenn Sie in der KEI-Formel als Exponent nicht 2, sondern 1,5 verwenden? Welches Keyword hat dann den höchsten KEI-Wert?**

Lösung:

Mit dem Exponenten 1,5 statt 2 wird das Suchvolumen in der KEI-Berechnung weniger stark gewichtet. Das Keyword mit dem höchsten KEI-Wert ist dann nicht mehr »urlaub buchen«, sondern »billig urlaub« mit einem KEI von 24,25, dicht gefolgt von »seychellen urlaub« mit KEI=22,25 und »urlaub buchen« mit KEI=21.

6. **Mit wie vielen zusätzlichen Konversionen pro Monat können Sie (ganz grob überschlagen) rechnen, wenn Sie eine Seite für ein Keyword erfolgreich optimieren, nach dem pro Monat durchschnittlich 5000 Mal gesucht wird?**

Lösung:

Sie können mit ca. 25 Konversionen rechnen (5000/200).

7. **Was ist das Ergebnis der Keyword-Analyse?**

Lösung:

Eine Tabelle, die die relevanten Keywords und zu jedem Keyword die URL der zu optimierenden Webseite enthält. Weitere Spalten sind möglich.

Lektion 8: Seitenoptimierung

1. **Warum ist valider HTML-Code wichtig?**

   Lösung:

   → Suchmaschinen-Robots sind weniger fehlertolerant als Webbrowser und können fehlerhaften HTML-Code möglicherweise nicht korrekt parsen.

   → Valider HTML-Code ist ein Qualitätskriterium daher möglicherweise auch ein (wenn auch schwaches) Rankingsignal.

2. **Warum sollte ein Webseiten-Betreiber auf Framesets und reine Flash-Sites verzichten?**

   Lösung:

   → Framesets verstoßen gegen das Grundprinzip des WWW (für jede Seite eine eindeutige URL) und gelten mittlerweile als obsolet.

   → Flash-Animationen lassen sich nur schlecht indexieren, über die Ranking-Kriterien ist fast nichts bekannt. Sie werden bei einer normalen Suche fast nie auf den ersten Ergebnisseiten angezeigt. Außerdem werden Sie auf mobilen Endgeräten mit dem iOS-Betriebssystem von Apple nicht angezeigt.

3. **Welchen Meta-Tag können Sie getrost weglassen?**

   Lösung:

   <meta name="keywords"> – wird von den großen Suchmaschinen ignoriert

4. **Welchen Wert hat die IDF, wenn ein Term in einem von 100.000 Dokumenten (Dokumentenkorpus) vorkommt?**

   Lösung:

   5

5. **Was sagt ein hoher WDF*IDF-Wert für einen bestimmten Term in einem Dokument in der Regel aus?**

   Lösung:

   Der Term kommt in dem betrachteten Dokument häufig vor, insgesamt jedoch nur in wenigen Dokumenten der betrachteten Dokumentensammlung.

6. **Wie können Sie verhindern, dass eine einzelne Webseite von Suchmaschinen indexiert wird?**

   Lösung:

   Durch Einfügen von `<meta name="robots" content="noindex">` in den `<head>`-Bereich der HTML-Seite

7. **Sie haben auf verschiedenen Domains zwei Seiten mit identischem Inhalt. Welche der beiden Seiten wird wahrscheinlich im Google-Index gelistet werden, wenn Sie keinen »Canonical«-Tag setzen?**

   Lösung:

   Die Seite mit dem höheren PageRank.

8. **Wie können Sie Google mitteilen, dass von mehreren Dubletten-Seiten die Seite A die Orignal-Seite ist und im Index gefunden werden soll?**

   Lösung:

   Durch Einfügen des HTML-Tags `<link rel="canonical" href="#http://www.example.org/page-a.html">` in jede einzelne Dubletten-Seite außer der Seite A.

9. **In welchen Abschnitten des HTML-Dokuments sollten die relevanten Keywords auf jeden Fall vorkommen?**

   Lösung:

   Im Title-Tag, in der Meta-Description, in der ersten h1-Überschrift und im ersten Absatz des Fließtextes.

10. **Wie können Sie die Gültigkeit (Validität) des HTML-Quellcodes überprüfen?**

    Lösung:

    Mit Hilfe des W3C-Validators.

Lektion 9: Semantische Optimierung mit Mikroformaten

1. **Worum geht es beim *semantischen Web*? Erklären Sie!**

   Lösung:

   Beim semantischen Web geht es darum, Inhalte im WWW so aufzubereiten, dass Maschinen (Computerprogramme) die Bedeutung der Inhalte und Sinnzusammenhänge erfassen und verarbeiten können. Auf diese Weise soll die Kommunikation zwischen Menschen und Computern verbessert werden, um neue Anwendungen und einen größeren Nutzwert bisheriger Anwendungen zu ermöglichen.

2. **Welcher technische Ansatz für das Semantische Web wird von den führenden Suchmaschinen empfohlen?**

   Lösung:

   Die sog. HTML-Mikrodaten-Spezifikation der WHATWG.

3. **Was ist *schema.org*?**

   Lösung:

   Eine Initiative einiger marktführender Suchmaschinenbetreiber (Google, Microsoft, Yandex) zur Schaffung eines einheitlichen Vokabulars für die semantische Auszeichnung von Ressourcen im WWW mit HTML-Mikrodaten.

4. **Erläutern Sie den Aufbau der HTML-Mikrodaten!**

   Lösung:

   Die Mikrodaten bestehen aus Elementen (Items), die Eigenschaften (Properties) haben, die aus Name-Wert-Paaren bestehen. Eigenschaften können wiederum eigene Elemente darstellen, wodurch verschiedene Elemente miteinander verknüpft werden können.

5. **Welchen Vorteil hat es aus SEO-Sicht, Webseiten mit Mikrodaten semantisch auszuzeichnen?**

   Lösung:

   Der Hauptvorteil ist eine prominentere Darstellung als Suchtreffer auf der Suchergebnisseite von Suchmaschinen, bei Google in Form von sog. Rich Snippets oder (aktuell zumindest bei Bildern) auch im Knowledge Graph.

6. **Sie fügen in ein <img>-Tag das `itemprop="image"`-Attribut ein. Woher bezieht die Eigenschaft *image* ihren Wert?**

   Lösung:

   Aus dem src-Attribut des <img>-Tags

Lektion 10: Site-Optimierung

1. **In welchem Abschnitt einer URL hat ein Keyword die höchste Relevanz?**

   Lösung:

   Im Domain-Namen (Second Level Domain).

2. **Wie sieht eine suchmaschinenfreundliche und suchmaschinenoptimierte URL aus?**

   Lösung:

   → Die relevanten Keywords kommen direkt zu Beginn des lokalen Pfades.

   → Die URL enthält keine oder nur wenige Parameter.

3. **Was sollte man bei der Informationsarchitektur einer Website beachten?**

   Lösung:

   → Dass sich der PageRank auch innerhalb einer Website vererbt und daher flache Strukturen in der Regel besser sind als stark hierarchische Strukturen.

   → Dass aus demselben Grund Hyperlinks, die auf fremde Websites verweisen, nicht zu weit oben in der Hierarchie, vor allem nicht auf der Startseite, gesetzt werden sollten. Die Zahl der ausgehenden Links steht in der PageRank-Formel im Nenner. Je mehr Links eine Webseite hat, desto weniger PageRank vererbt sie auf jede einzelne verlinkte Seite. Durch viele Links auf fremde Websites auf der Startseite würde Ihr gesamtes Website-System viel PageRank verlieren und jede einzelne Unterseite schlechter ranken.

4. **Was sollten Sie bei der Wahl des Webservers unbedingt berücksichtigen?**

   Lösung:

   → Es sollte ein dedizierter Server mit einer eigenen IP-Adresse sein, kein sog. »Webspace«.

   → Der Server sollte ausfallsicher und performant sein.

5. **Mit welchen Maßnahmen kann eine Webanwendung insgesamt für Suchmaschinen optimiert werden?**

   Lösung:

   → Die Webanwendung sollte auf schnelle Auslieferung von Seiten optimiert werden.

- → Die Webanwendung sollte möglichst ausfallsicher sein (z. B. durch Hosting in der Cloud, Load-Balancing oder ähnliche Verfahren).

6. Wie können Sie verhindern, dass alle Webseiten, die im Verzeichnis *‌/private* einer Website liegen, von Suchmaschinen indexiert werden?

Lösung:

Mit Hilfe eines Eintrags in der Datei robots.txt:

```
User Agent: *
Disallow: /private
```

Lektion 11: Backlink-Management

1. Nennen Sie drei Ansätze, mehr eingehende Links zu bekommen.

Lösung:

- → Verlinkenswerten Content bieten.
- → Webseiten-Betreiber mit Websites in thematischer Nähe gezielt um Backlinks bitten.
- → Selbst gezielt Backlinks setzen, z. B. in Blogs, Foren oder Artikeln, die Sie auf anderen Domains publizieren.

2. Warum ist es sinnvoll, die Backlinks Ihrer direkten Wettbewerber zu recherchieren?

Lösung:

Weil Sie dadurch Websites identifizieren können, die eventuell auch für Ihre Website als Backlink-Geber in Frage kommen.

3. Erläutern Sie den Begriff »Google Bombing«.

Lösung:

Eine bis Januar 2007 mögliche Methode, Webseiten in der Google-Suche gezielt mit bestimmten Begriffen zu assoziieren, obwohl diese Begriffe auf der Webseite gar nicht vorkamen, da Google dem Vorkommen von Keywords in den Ankertexten eingehender Links ein besonders starke Bedeutung beimaß.

4. **Ist es immer noch sinnvoll, dass in den Ankertexten der Backlinks zu Ihrer Website die jeweils relevanten Keywords der Seite, auf die verlinkt wird, stehen?**

   Lösung:

   Ja, unbedingt! Jedoch sollten insgesamt in nicht mehr als 30% der Backlinks dieselben Ankertexte stehen.

5. **Nennen Sie drei Ansätze, eingehende Links von »Authority Domains« zu bekommen.**

   Lösung:

   - Eigene Texte auf Websites mit mutmaßlich hohem TrustRank z. B. als Gastbeitrag publizieren.
   - Kontakte zu seriösen Medien aufbauen und diese regelmäßig mit News und Pressemitteilungen versorgen.
   - Bei Wikipedia mitarbeiten und löschresistente Backlinks in Form von Referenzen setzen.

6. **Wie finden Sie heraus, ob Google Ihre Website mit einer Penalty belegt hat?**

   Lösung:

   Mit Hilfe der Google Search Console (»Manuelle Maßnahmen«).

7. **Wie werden Sie schädliche Backlinks wieder los?**

   Lösung:

   Sie fordern die Betreiber der Websites, auf denen sich diese Links befinden, dazu auf, diese zu entfernen. Wenn die Betreiber nicht reagieren, nutzen Sie das Google Disavow Tool, um diese Backlinks für ungültig zu erklären.

Lektion 12: Local SEO

1. **Worin besteht der »lokale Bezug« bei einer Suchanfrage, die keinen Ortsnamen enthält?**

   Lösung:

   In diesem Fall besteht der lokale Bezug darin, dass Google über die IP-Adresse des Rechners, von dem aus die Suchanfrage abgesetzt wird, den Standort ermittelt und das Suchergebnis ggf. anpasst.

2. **Was ist die wichtigste Maßnahme für *Local SEO*?**

   Lösung:

   Die Erstellung eines Eintrags in Google My Business.

3. **Was hat Google My Business mit Google+ zu tun?**

   Lösung:

   Google My Business ist inzwischen in Google+ integriert. Damit stehen Nutzern von Google+ die Google My Business-Funktionen unmittelbar zur Verfügung.

4. **An welchen Stellen eines Google My Business-Eintrags sollten Sie Ihre wichtigsten Keywords hinterlegen?**

   Lösung:

   → In den Kategorien-Einträgen, sofern es passende Kategorien gibt.

   → In den *Beiträgen*, die Sie regelmäßig in Google+ erstellen.

5. **Welche Signale außerhalb eines Google-Places-Eintrags spielen bei lokalen Suchergebnissen eine wichtige Rolle?**

   Lösung:

   → Erwähnungen des Unternehmens/Dienstleisters auf anderen Websites.

   → Bewertungen und Reviews.

   → Alle anderen Rankingsignale (siehe Lektion 5).

Lektion 13: Erfolgskontrolle

1. **Wie personalisiert Google die Suchergebnisse?**

   Lösung:

   Anhand des sog. »Webprotokolls« und verschiedener sog. »Browser-Aktivitäten«. Außerdem anhand des geografischen Standorts des Suchenden, der über die IP-Adresse des verwendeten Clients (PC, Tablet, Handy …) ermittelt wird (IP Address Geo Location).

2. Wie können Sie bei der Kontrolle des Rankings in Google ausschließen, dass das Ergebnis durch Google-Personalisierungsfunktionen verfälscht wird?

Lösung:

Komplett ausschließen können Sie das nicht. Sie können jedoch die Personalisierung weitgehend abschalten, in dem Sie Folgendes beachten:

- Bei Google nicht einloggen.
- Das Google-Webprotokoll deaktivieren.
- Alternativ: Browser-Fenster im sog. »privaten Modus« öffnen.
- Alternativ: Die Suchmaschine *Startpage* anstelle von Google verwenden.

Lektion 14: Der SEO-Check

1. Wie finden Sie heraus, wie viele und welche Seiten einer Website im Google-Index enthalten sind?

Lösung:

Mit Hilfe des Befehls `site:www.example.org` (Eingabe in das Google-Suchformular).

2. Welche Probleme lassen sich mit einem Blick erkennen, wenn Sie sich die Liste der Webseiten einer Website im Google-Index anschauen?

Lösung:

- Sie können erkennen, wenn Google nicht alle Seiten Ihrer Website indexiert hat, und der Sache dann auf den Grund gehen. Vielleicht gibt es technische Hürden auf Ihrer Site, die Google nicht überwinden kann?
- Probleme mit dem Seitentitel (Inhalt des <title>-Tags), z. B. keine individuellen Titel pro Seite
- Probleme mit dem Inhalt des <meta name="description">-Tags, z. B. derselbe Inhalt für viele Webseiten
- Probleme mit den URLs, z. B. keine suchmaschinenfreundlichen URLs, URLs ohne Keywords, URLs mit Parametern

3. Welche Metriken eignen sich für ein allgemeines Maß der Qualität und Quantität der Verlinkung einer Website im WWW?

Lösung:

Da der Google Toolbar-PageRank nicht mehr zur Verfügung steht, kommen Metriken von SEO-Toolanbietern wie z. B. LRT Power*Trust, MOZ Domain und

Page Authority, Ahrefs Rank (AR), Trustflow (Majestic SEO), Page Strength (Searchmetrics) und sicherlich auch noch andere in Frage.

4. Wie können Sie die Backlinks zu einer von Ihnen verwalteten Website ermitteln?

Lösung:

→ Mit Hilfe der Google Search Console (oder auch den Bing Webmaster-Tools).

→ Mit Hilfe von kostenfreien Backlink-Checkern wie z. B. dem OpenLinkprofiler oder Backlink-Tool.org

→ Mit Hilfe kostenpflichtiger SEO-Tools wie z. B. Majestic SEO, Ahrefs.com, LRT oder MOZ.

5. Wie können Sie die Backlinks zu von Ihnen nicht verwalteten Websites ermitteln?

Lösung:

→ Mit Hilfe von kostenfreien Backlink-Checkern wie z. B. dem OpenLinkprofiler oder Backlink-Tool.org.

→ Mit Hilfe kostenpflichtiger SEO-Tools wie z. B. Majestic SEO, Ahrefs.com, LRT oder MOZ.

Index

A

B

C

D

E

F

G

H

I

J

K

L

M

N

O

P

R

S

T

U

V

W

X

Y

Z

8713370R00195

Printed in Germany
by Amazon Distribution
GmbH, Leipzig